KB070052

인간의 정서

| 함세정 · 함승환 공저 |

학지사

[감사의 글]

옛날 어릴 적 이웃집 교수님의 자상한 모습을 보고 막연한 동경심으로 교수가 되고자 마음을 정한 것이 엊그제 같은데 벌써 칠순을 맞이하게 되었다.

지금 생각하면 그저 한 소년의 치기(稚氣)에 불과하였던 것인데 운이 좋게도 교수가 평생의 직업이 되었다. 선친께서 창업하여 운영하시던 회사를 가업으로 이어받으라고 하시는 말씀도 뿌리치고 교수의 길을 택하였다. 그리하여 멋도 모르고 학자의 길로 들어서게 되었다. 지금까지 주변에서 동료 교수들이 이런저런 책을 펴내는 것을 자주 보게 되면서 '이것이 학자의 숙명이구나.' 하는 생각을 하며 지내왔다. 하지만 책은 고사하고, 한 편의 논문을 작성하는 일도 나에게는 무척이나 버거운 일 중 하나였다. 우선 석사 · 박사 논문을 작성하고 소정의 심사를 거치기까지 얼마나 어렵고 애간장을 태우는 일이었는지 지금도 기억이 생생하다.

대학교수로 임용되기 위해 기본적으로 요구되는 몇 편의 논문을 필두로 지금까지 수십 편의 논문을 작성하였지만, 아직까지도 논문을 작성한다는 것은 무척이나 까다롭고 어려운 작업 중의 하나이다. 더욱이 나의 생각을 한 권의 책으로 펴낸다는 것은 쉽게 범접할 수 있는 일이 아니었다. 간혹 주변의 교수들 중에 일 년 동안에도 몇 권의 책을 출간하여 발군의 능력을 발휘하는 경우도 있었지만, 나에게는 그저 부러운 일일 따름이었다.

하지만 나는 평생 학자의 길을 걸어오면서 지적 호기심에 대한 열정만큼은 단 한순간도 놓을 수가 없었다. 특히 그동안 선배 학자들이 미처 알려 주지 못한 사안들에 대하여서는 더욱 강렬한 호기심이 발동하였다.

그러한 와중에 이 책의 표제가 알려 주듯이 인간의 정서는 인간을 이해하는 중핵에 속하는 것임에도 불구하고 지금까지 보다 심층적 연구가 없다는 점이 항상 가슴 한구석에 아쉬움으로 남아 있었다. 그래서 그동안 책을 벗하며 수많은 학생을 대하느라 세상일을 거의 잊고 살면서도 정서에 대한 생각만은 놓을 수가 없었다. 이에 십여 년에 걸친 기획과 연구의 결과로 이 책이 세상에 모습을 드러내게 되었다.

타고난 체력과 재능이 부족하여 여러 문제점이 있다는 생각을 하면서도 이 책으로 인하여 혹시 정서에 대한 연구가 더욱 활성화될 수 있는 계기가 마련될 수도 있다는 바람을 꿈꾸며 발간을 결심하였다. 비록 부족한 글이지만 다소라도 정서에 대한 이해의 폭을 넓힐 수 있는 여지가 있다는 생각으로 위안을 삼고자 한다.

이제 여기에 감사의 글을 적는다. 이 책이 세상에 나오기까지 보이지 않는 손길로 안내하여 주신 신(神)께 한없는 감사를 드린다. 집필을 하는 동안 수많은 변곡점에서 필자의 능력을 넘어서는 번득이는 생각을 일깨워 주신 신의 한없는 가호와 은밀한 안내의 손길이 없었다면 이 책의 탈고는 불가능한 것이었다.

또한 아비의 뒤를 이어 학자로서 같은 길을 걷고 있는 큰아들 함승환 교수의 뒷받침도 큰 힘이 되어 주었다. 그는 언제라도 이 아비의 연구 동반자로서의 든든한 역할을 해낼 수 있는 역량을 충분히 갖추기 위해 항상 연구에 몰두하고 있다. 이 책의 제반 보완 작업 역시 그의 몫이 되었다.

그리고 나의 사랑하는 제자 김여경 박사에게도 감사의 뜻을 전하고 싶다. 언제나 묵묵히 나의 곁에서 함께 연구하며, 한 치의 흐트러짐이 없이 학자의 길을 걷고 있는 모습이 큰 힘이 되어 주었다. 뿐만 아니라 몇 번이고 원고를 읽어 문장을 다듬어 주고, 문제 제기를 통하여 글을 바로잡는 일에 많은 시간을 할애하여 주었다.

이제 이 책을 평생 내 옆을 지켜 오며 항상 따뜻한 격려와 내조를 아끼지 않은 아내에게 바친다. 아내는 타고난 약골임에도 불구하고 두 아들이 성장하여 사회의 역군으로서 각자 맡은 바 직분에 전념할 때까지 온 정성을 다하여 세심하게 보살펴 주고, 넉넉하지 못한 형편에도 근검절약하며 집안 대소사를 도맡

아온 덕분에 이 책의 출간이 가능하였다. 이 모든 것은 신의 은총과 선대 어른들의 음덕이 아닐 수 없다.

여기에 이미 여러 해 전에 유명을 달리하신 동국대 배종근 선생님도 결코 잊을 수 없는 분이다. 선생님은 학부 시절 생면부지의 한 편입생을 흔쾌히 학자의 길로 들어설 수 있도록 안내하여 주셨다. 선생님의 자상하신 보살핌이 아니었으면 이 책은 세상에 나올 수 없었다.

그 밖에도 주변의 여러 선생님과 동료, 후배, 친척, 가족의 격려와 협조가 없이 이 책은 불가능하였다. 다시 한 번 더 모든 분들께 감사드린다.

끝으로 이 책의 출간에 여러 가지 협조를 아끼지 않으신 학지사 김진환 대표이사님과 설승환 과장님 그리고 김순호 편집이사님과 관계자 여러분께 감사드린다.

2019년 4월
다락골 정산재에서
주 저자 함세정 배

[서문]

　태초 지구상에 인간이 등장한 이후 오늘에 이르기까지 거대 담론은 오로지 두 가지로 집약된다. 그것은 '나는 누구인가'와 '나는 어떻게 살아갈 것인가' 하는 것이다. 전자가 '인간이란 무엇인가' '나는 어디에서 오고, 어디로 가는 것인가' 하는 등의 존재 본질에 대한 의문이라면, 후자는 '산다는 것은 무엇인가' 또는 '살아가는 이유는 무엇인가' 하는 등의 존재 방식에 대한 의문이 된다.

　하지만 그러한 담론 이전에 생명체로서 인간의 의식주 문제는 가장 원초적인 당면 과제가 된다. 이처럼 운명적으로 주어진 생존을 위한 인간의 기본 과제는 앞서 제기한 두 가지 거대 담론과 밀접하게 연계되어 있으면서도 때로는 별개의 문제가 된다. 모든 생명체가 자신의 생명을 보호하기 위한 이기적 본능을 지니고 있다는 점을 감안한다면 의식주 해결이 인간의 기본 과제가 되는 것은 지극히 당연하다.

　여기에서 인간의 딜레마(dilemma)가 나타난다. 한편으로 생존을 위한 과제를 해결해 나가면서 다른 한편으로는 자신의 생존에 따른 존재 본질과 그 방식을 문제 삼는 것이다. 이것은 그 자체가 일면 상호 배타적 성향이기 때문이다.

　이러한 인간의 특성을 예민하게 바라보는 일부의 사람은 의식주 문제에 따르는 자신의 생존보다 오히려 존재 본질 그 자체를 더욱 심각하게 문제 삼으려 한다. 이러한 사람들은 과연 '인간이란 무엇인가' 하는 문제를 뚜렷하게 제기하는 동시에 인간으로서의 특징을 분명하게 밝히고자 노력한다.

　그동안 이와 관련하여 수많은 연구가 이어 내려오고 있다. 그 결과 일반적으로 신체, 인지, 정서 등의 세 가지로 인간의 이해 영역을 구분하고 있다. 따라서 인간을 보다 총체적으로 이해하기 위해서는 무엇보다 이 세 가지 영역에서 지금까지 논의되어 온 주요 개념의 실체와 개념 간 상호 관계 그리고 그 변화에 대한 충분한 인식이 선행되지 않으면 안 된다.

그런데 특히 신체 영역에 대한 탐구는 그동안 의학, 생리학, 해부학 등의 발달과 함께 많은 연구가 진행되었다. 이제는 신체발달의 핵심 정보를 간직하고 있는 유전자 물질인 디옥시리보핵산(DNA)의 나선형 구조 내에 있는 아데닌(A), 구아닌(G), 티민(T), 사이토신(C) 등의 염기 서열을 나타내는 소위 유전자 지도까지 세밀하게 규명하는 수준에 이르고 있다. 그야말로 인간 이해의 획기적 전기를 마련했다고 해도 과언이 아니다. 물론 이로 인하여 인간 복제라고 하는 윤리적 문제에서 벗어나기 어렵게 되었다는 점도 숨길 수 없는 사실이지만, 적어도 신체 영역에서 인간 이해의 폭이 대폭 증대되었다는 점도 엄연한 사실이다.

또한 인지 영역 역시 피아제(Piaget, 1896~1980)의 뛰어난 연구를 통하여 그동안 소위 사고력 또는 정신적 작용으로 막연히 여겨지던 지적 능력이 언어 구사에 따른 개념발달과 밀접한 관계가 있음을 밝혀냄으로써 이제는 인지발달 수준에 따른 인지 작용을 비교적 상세하게 추측해 볼 수 있는 정도에 이르게 되었다. 좀 더 구체적으로 말하면 감각적, 구체적, 형식적 단계의 발달 수준에 따라 고유의 개념을 형성하여 사고하는 과정이 비교적 분명하게 밝혀진 것이다. 아울러 이것은 지각, 인식, 사고, 이념 등에 이르는 일련의 인지 과정을 보다 정밀하게 추론해 볼 수 있는 계기를 마련하였다.

하지만 오직 정서 영역에 관해서는 지금까지 수많은 논의가 진행되어 왔음에도 불구하고 전문가들 사이에서도 아직까지 그 실체에 대한 최소한의 개념적 합의조차 도출해 내지 못하고 있는 실정에 있다. 그 이유는 인간의 심리를 면밀하게 분석하는 것이 매우 난해한 측면이 있기 때문이기도 하지만, 그보다는 정서 그 자체가 다른 것들과 상당히 복잡한 상호 관계적 특성을 지니고 있기 때문이다.

정서 이해의 난해함에 대한 하나의 단적인 예로, 조선왕조 중기에 성리학의 대가들이었던 퇴계 이황(1502~1571)과 고봉 기대승(1527~1572) 사이에 8년여에 걸쳐 주고받은 "사단칠정논변(四端七情論辯)"을 들 수 있다. 정서의 단초가 되는 사단과 칠정이 서로 다른 것이라고 규정한 퇴계와 그것들이 근본적으로 같다고 주장한 고봉이 서로의 논리를 굽히지 않고 대립하였던 것이다. 아울러 당시 변화의 원리(原理)를 대변하는 이(理)와 변화하는 실체(實體)를 대변하는 기(氣)를 중심으로 한 주리파와 주기파의 극단적 의견 대립은 서로가 분명한 논리적 근거를 마련하여 상대를 명쾌하게 설득할 수 없었던 양자의 답답함이 숨겨져 있는 대목이 아닐 수 없다. 즉, 인간의 성(性)이 물(物)에 촉발되면 이(理)와 기(氣)가 움직여 나타나는 것이기는 하나, 과연 정(情)은 어느 중심에 있는 것인지가 끊임없는 논쟁을 부른 것이다.

이와 같이 정서에 대한 탐구에는 많은 어려움이 가로놓여 있는 것이 분명하지만, 그것이 인간의 삶 속에 차지하고 있는 의미를 감안한다면 하루속히 그 실체를 밝혀내야 할 필요가 있는 것이다. 특히 18세기 산업혁명을 기점으로 하는 기술 집약의 서구 근대 산업 문명이 현재 전 세계 인류의 삶을 주도하여 나감으로써 오늘날 소시오패스(sociopath)나 사이코패스(psychopath)와 같은 정신질환들이 여기저기에서 나타나는 심각한 부작용을 겪고 있다.

예컨대, 인종 간의 극한 테러, 집단 인질극, 직계존비속의 비정한 살해, 순간 발작에 의한 무차별 상해, 자살 및 자해 등이 전 세계 도처에 만연되어 있는 것이 오늘의 현실이다.

이러한 현상은 기본적으로 정서의 불안정에서 그 원인을 찾을 수 있는 것으로 현대인들이 얼마나 정서적으로 불안정한 상태에 있는지를 반증한다. 이제 정서에 대한 탐구는 그 어느 것보다 시급한 과제가 아닐 수 없다.

그런데 문제는 정서나 인지와 같은 심리는 그 실체를 명확하게 파악하기가 쉽지 않으며, 어떠한 의미에서는 영원히 불가능한 문제일지도 모른다는 점이다. 본래 심리라는 것이 물리적 감각에 의존하지 않는 것일 뿐만 아니라 오히려 드높은 이념적 표상에 더 가까운 특성마저 간직하고 있기 때문이다. 곧, 시대를 초월하여 적용할 수 있는 마음의 원리를 찾아내 심리를 파악하는 일은 결코 쉬운 작업이 아닌 것이다. 하지만 심리는 인간의 생존이 지속되는 한 끊임없이 우리에게 문제를 제기하는 것으로 항상 주요 관심의 대상에서 벗어날 수 없다.

심리연구는 다른 연구와 같이 주로 가설을 설정하고 검증하는 방법을 사용한다. 그러나 전자는 후자와 달리 검증이 까다롭다. 그래서 심리 문제를 다룰 때 검증 방식의 조그만 빈틈이라도 발생하여 타당성이 무너지면 그것은 곧바로 가설에 따른 억지 논리를 펴는 결과를 초래하게 된다. 심리연구에서 검증이 소홀하다는 것은 그만큼 그 결과가 단순한 상상 또는 공상에 머물 가능성이 크며, 일차적으로 연구평가 대상으로서의 가치가 반감된다. 더욱이 심리연구의 결과는 일차적으로 생명체가 주변의 환경에 효율적으로 대처해 나가기 위한 수단적 방편으로 활용되는 것이므로 장기간에 걸쳐서 오직 실재와 심리의 끊임없는 대화 속에서 심리연구의 의미가 검증되어야 한다.

이러한 의미에서, 특히 인간의 심리발달을 위주로 하는 교육에 있어 뚜렷한 검증이 뒷받침되지 않은 연구 결과를 활용하는 것은 매우 위험천만한 일이 아닐 수 없으며, 절대로 그러한 일이 조금이라도 있어서는 안 된다. 그것은 자칫 그와 관련된 수많은 학생의 장래를 뒤엎는 일이 되기 때문이다.

따라서 이 책에서는 우선 인간 심리의 중핵을 이루는 정서를 상세하게 살펴보고, 그 결과를 검증받고자 한다.

이를 위하여 크게 자아의 형성, 정서의 형성과 발현, 신체와 정서 그리고 인지의 세 부분으로 구성하였다. 먼저, 제1부 '자아의 형성'에서는 정서의 주체가 되는 인간의 실체를 파악하기 위해 감성, 이성, 인성 등의 주요 영역을 중심으로 주요 개념체계를 탐구하였다. 제2부 '정서의 형성과 발현'에서는 정서의 의미를 탐구하기 위해 다양한 정서의 핵심적 의미를 정립한 후, 나아가 그 발달에 따른 제반 의미를 논의하였다. 마지막으로, 제3부 '신체와 정서 그리고 인지'에서는 인간의 심리에서 정서가 어떠한 의미를 지니는 것인가를 살펴보기 위해 신체와 정서의 관계 그리고 정서와 인지의 관계를 논의하였다.

그러나 이 책은 오직 정서 이해를 위한 연구와 논의의 수준이 중심을 이루고 있으며, 아직 검증과 적용에는 다소의 한계가 있음을 밝혀 둔다.

[차례]

제2부 정서의 형성과 발현

[제4장] 정서의 개념 ·············· 225

제3부   신체와 정서 그리고 인지

제1부

자아의 형성

 이 책의 목적은 일차적으로 인간의 정서를 보다 명확하게 이해하기 위하여 그 실체를 밝혀 보고자 하는 것이다. 하지만 정서는 각 개인의 특성에 따라 그 실체가 다르게 표출되기 때문에 각 개인에 대한 이해도 저버릴 수가 없다. 다시 말해, 정서에 대한 보편적 이해와 특수적 이해를 포괄해야만 한다. 이를 위해 양자를 각각 탐구하여 상호 연계하는 방법이 더 정확하지만, 그것은 워낙 방대한 연구이기에 이 책에서는 우선 정서에 대한 보편적 이해를 중심으로 그 의미를 탐구하는 것이 효율적이라는 판단을 하였다.

 정서의 이해를 위하여 무엇보다 중요한 것은 인식이다. 인식능력이 없이는 인간의 감각 작용은 물론 정서 활동도 거의 불가능한 일이기 때문이다. 그런데 기본적으로 인간은 다른 생명체에 비하여 인식능력이 매우 우수하다. 그것은 무엇보다 자아인식에서 확인할 수 있다. 인간은 자신이 인식의 주체이면서 동시에 자신을 객체화할 수 있는 것이다.

이러한 능력을 토대로 하여 인간은 자신을 스스로 살펴서 자신의 잘못을 반성하고, 부족한 부분과 넘치는 부분을 평가하여 냉철한 자아의식에까지 이르게 된다. 이러한 자아의식은 인간에게 있어서는 거의 필수적인 것이지만, 무엇보다 정서의 중요한 토대가 된다는 점에서 중요한 의미가 있다. 일차적으로 자아의식이 전제되지 않고서는 자신만의 생각을 반영하는 정서란 생각할 수 없기 때문이다. 단, 아직 뚜렷한 자아의식이 없는 영·유아들의 정서에 대하여는 추후 관련 부분에서 상세하게 논의할 예정이다.

여하튼 인식은 필수적으로 감각을 요구하고 사고를 부른다. 감각은 외부 자극을 수용하는 **감성**에 의한 것이며, 인식과 사고는 주로 감각자료를 파악하고 정리하는 **이성**에 의한 것이다. 여타 동물들은 먹이를 구하기 위한 감성을 위주로 생활하여 나가는 것에 반해, 인간은 의식주 문제보다 자아성찰에 따른 자아인식을 위한 이성에 더 중점을 두어 생활해 나가는 측면이 강하다. 그렇다면 인간과 여타 동물들의 이러한 차이가 나타나는 이유는 어디에서 찾을 수 있는가. 그것은 오직 인간에게만 주어진 **인성**에서 비롯되는 자아인식이 아닐 수 없다. 인성은 인간으로 태어났기에 천부적으로 내재되어 있는 인간의 본질적 성향이다. 그러나 이것이 아무리 중요한 인간의 성향일지라도 감성과 이성의 도움이 없이는 그 실현이 불가능하다.

따라서 이 책의 제1부에서는 우선 감성과 이성 그리고 인성 등을 중심으로 주요 개념과 관계를 살펴봄으로써 자아의 형성 과정을 밝히고자 한다. 이것은 정서의 이해에서 없어서는 안 될 매우 중요한 토대가 됨은 다시 언급할 필요가 없다.

제1장

감성 영역

 감성은 한마디로 신체가 내·외적 자극을 수용하고 그에 대한 일정한 변화를 나타내는 성향을 일컫는다. 여기에서 보다 중요한 것은 자극에 대한 모종의 신체 반응 성향이다. 이와 관련하여 이 장에서는 신체가 어떻게 제반 자극을 수용하고 반응하는가 하는 문제를 심도 있게 살펴보고자 한다. 이를 위하여 먼저 신체의 본질에 대하여 살펴볼 필요가 있다.

1. 신체

 인간의 신체는 여타 생명체와 마찬가지로 생명을 지닌 물체이다. 그러므로 만약 생명을 잃으면 신체는 단지 여러 가지 물질로 구성된 하나의 물체가 되어 결국은 각 물질의 기본 단위로 환원하게 된다. 그러므로 신체의 가치는 생명을 담보로 하고 있는 경우로 한정된다.

 그런데 신체의 가치를 계속 유지하기 위해서는 절대적으로 호흡이 필요하다. 그것은 신체가 근원적으로 기(氣)로 이루어져 있을 뿐만 아니라 생명체로서 언제든지 여분의 활력이 필요하기 때문이다. 물론 저 광활한 우주 공간 안에 유·무형의 모든 실체가 기(氣)로 이루어져 있지만, 특히 생명체는 외부와 신속하게 기(氣)를 교환하는 가운데 그 생명이 유지되는 것임을 우리는 먼저 알아야 한다. 그렇다면 기(氣)의 교류와 생명체 유지는 어떠한 관련이 있는가를 살펴볼 필요가 있다.

이러한 점에서 물체이자 생명체로서 하나의 신체를 이해하기 위해서는 무엇보다 기(氣)에 대한 이해가 선행되지 않으면 안 된다. 이를 위해서 기(氣)의 본질과 작용, 취합과 이산 등을 살펴보고, 이러한 기(氣)의 작용에 적극적으로 대처하는 생명력의 의미와 그에 따른 자아의식 등을 살펴보고자 한다.

1) 기의 본질과 작용

흔히 사람들은 자신의 건강을 유지하기 위하여 먼저 좋은 음식과 적당한 운동 등을 생각하는 경향이 있다. 하지만 좋은 음식 자체가 이미 기(氣)로 이루어진 실체이며, 운동 역시 기(氣)의 유기적 관계에 따른 순환을 촉진하는 것이라는 점은 잘 알지 못한다.

일단 기(氣)는 그 자체가 에너지이면서 모든 실체의 기본 단위(primordial element)가 되는 그러한 존재이다. 또한 기(氣)는 상호 간 끊임없는 교류를 통하여 모든 실체의 취합(聚合, cohering)과 이산(離散, dispersing)을 항구적으로 주도해 나가는 원동력으로 실체에 일정한 생명을 부여할 수 있는 원천이 되기도 한다. 이러한 의미에서 기(氣)는 우주상의 크고 작은 모든 실체를 구성하는 필수 질적 요소가 될 뿐만 아니라 동시에 실체의 변화를 주도하는 주체가 된다는 점에서 각별한 주의를 기울여야만 한다.

실제로 기(氣)는 무한의 광활한 우주 공간을 추호의 빈틈도 없이 가득 채우고 있는 것으로 일정한 질서에 따라 서로 유기적 관계를 조성하면서 실체를 구성하거나 변화시키며 소멸시키는 등 실로 인간의 상상을 초월하는 다양한 활동을 전개한다. 우주상에 존재하는 모든 실체와 그 변화는 예외 없이 기본적으로 이러한 기(氣)의 작용에 의한 것이라는 사실에서 단 한 치도 벗어날 수가 없다.

결국 우주의 삼라만상(森羅萬象)은 한결같이 기(氣)의 작용에 의한 것이 된다. 이러한 작용에 의한 모든 변화는 기(氣)의 자체 에너지로 활동하는 것에 따른 것이기에 우리는 이것을 소위 자연(自然, nature)이라고 부른다.

그런데 여기에서 중요한 것은 아무리 기(氣)의 작용에 의한 변화, 곧 자연이 있어도 기(氣) 본래의 모습에는 전혀 변화가 없다는 점이다. 기(氣)는 항상 일정한 모습으로 나름대로의 본원적 속성을 지니고 있는 동시에 또한 각기 결속력과 항구성을 지니고 있기 때문이다.

기(氣)는 대체로 고체, 액체 그리고 기체 등의 다양한 형태로 우주상에 존재하는데, 일반적으로 수소(H)와 헬륨(He)이라는 기체의 형태가 대부분이다. 또한 둥근 지구의 표면을 에워싸고 있는 대기(大氣)는 전형적 기체로서 지구를 중심으로 대류권, 성층권, 중간권, 열권 등으로 구분되어 있다. 이 중 대류권을 형성하고 있는 대기는 주로 질소(N)와 산소(O)라고 하는 원소(元素, element)로 이루어져 있으며, 그 밖에 여러 가지 소량의 원소를 함유하고 있는 것으로 알려져 있다.

원소는 한마디로 대기의 원질(原質, elementary substance)이라고 할 수 있다. 그러나 근본적으로 모든 물체를 구성하는 기본 입자는 원자(原子, atom)이다. 원자는 원자핵을 중심으로 하여 외곽으로 소위 전자(電子, electron)층을 이루고 내부에는 양성자(陽性子, proton), 중성자(中性子, neutron) 등과 같은 더 작은 아원자 입자(亞元子 粒子, subatomic particle)들로 구성되어 있다. 이 중에서도 특히 양성자의 수는 원자의 특성을 결정하는 중요한 요소가 된다. 그 수가 동일한 원자들을 통틀어서 원소라고 하며, 같은 원소이면서도 중성자의 수가 다른 것은 동위원소라고 한다. 다시 말해, 원소는 각기 고유한 상호작용의 특성을 띠는 동종의 원자들을 지칭한다.

최근에는 양성자나 중성자 등의 입자도 더 미세한 쿼크(quark)나 렙톤(lepton) 그리고 일정한 매개 입자와 힉스 입자(Higg's boson) 등 17개 기본 입자로 구분되어 있음이 확인되었으며, 이들을 일컬어 페르미온(fermion)이라고 한다. 뿐만 아니라 렙톤에 속하는 기본 입자의 하나인 중성미자(neutrino)는 에너지의 근원으로 인식되고 있다. 이들은 극히 미세하기는 하나, 음과 양 또는 중성의 전기적 에너지를 띠고 원자핵의 전기적 안정성을 확보하기 위하여 방사선이나 음이온을 방출하는 등 끊임없이 역동적으로 일정한 활동을 유지하고 있는 것으로 알려져 있다. 중요한 것은 그 어떠한 입자라고 할지라도 양과 음 또는 중성 중의 어느 한 가지 전기적 특성을 지닌다는 점과 원자가 물질 변화의 중심이라는 점에서는 결코 예외가 될 수 없다는 점이다.

기본적으로 각 원자 간 서로 분리되거나 화합하는 성향을 지니는 것은 바로 이러한 전기적 에너지 때문이다. 그러한 의미에서 볼 때, 대기를 이루고 있는 기(氣)를 한마디로 단정하여 말할 수는 없다. 하지만 기(氣)라는 것은 페르미온과 같은 미립자들의 존재가 갖는 질량과 부피의 의미조차 무산되는 보다 더 초극미(超極微)한 것으로서 역동적 전기에너지를 지니고 있는 그 무엇을 의미한다는 점에서는 의심의 여지가 없다. 그럼에도 불구하고 에너지를 지닌 그 무엇은 역동적 특성과 동시에 일정 부분 물질적 특성이 있음을 부정할 수 없다.

이때, 그 역동적 전기에너지를 물질적 특성의 관점에서는 기(氣, energy)라 하고, 역동적 특성의 관점에서는 이(理, order)라고 한다. 그러므로 기(氣)에 의하여 실체가 형성되면, 이(理)에 의하여 다양한 변화를 하는 작용이 나타난다. 이러한 의미에서 모든 존재는 전기에너지를 갖고 물질적 특성을 지니는 실체(實體, substance) 그리고 그 실체 내·외의 전기에너지에 따른 상호작용(相互作用, interaction)의 두 가지 측면을 지니고 있다고 파악된다.

다만, 여기에서 주의를 요하는 것은 작용 법칙으로서의 이(理)와 물질적 특성으로서의 기(氣)를 구분하여 오로지 어느 한 측면에서만 기(氣)를 고려할 때 논리적 모순에 접어들게 된다는 점이다. 즉, 실체가 없는 작용 법칙은 그 자체가 모순이 된다. 작용하는 그 무엇과 연계되지 않은 어떠한 작용도 있을 수 없기 때문이다.

예를 들어, 중력의 법칙은 낙하 원점과 낙하지점 간에 형성되는 작용 원칙을 나타내는 것으로 당연히 낙하하는 실체도 결코 빼놓을 수 없다. 다시 말해, 낙하 작용은 그 자체가 이미 어떠한 실체의 위치 변화가 이루어지는 상황을 나타낸다. 그럼에도 불구하고 끝내 낙하의 작용성만을 고집하는 경우, 결국 낙하는 실체가 없는 낙하 작용이라고 하는 모순이 발생한다.

따라서 소위 실체[體]와 작용[用]을 논리적으로 구분할 수 있는 것은 분명하지만, 실제로 양자를 결코 분리할 수는 없다. 이러한 의미에서 세상의 어떠한 존재도 기(氣) 없는 이(理) 또는 이(理) 없는 기(氣)로서는 절대로 설명할 수가 없다. 모종의 작용이 이루어지고 있다면 그 이면에는 반드시 일정한 실체가 연계되어 있다. 좀 더 구체적으로 말하면 적어도 우주 내에서 이루어지는 작용의 특성은 일차적으로 모종의 실체를 담보하는 것이며, 또한 실체나 주변 여건에 의하여 제약될 수밖에 없다.

그러므로 항시 우주 내에서 펼쳐지고 있는 다양한 현상을 감안한다면 고정되어 있는 기(氣)란 일체 없으며, 절대로 있을 수가 없다. 기(氣)는 내·외부와 연계하여 어느 한순간이라도 결코 동일한 상황이나 여건이 조성됨을 허용하지 않는다. 매 순간마다 끊임없는 취합과 이산으로 다양한 양태의 변화를 유발하며, 그에 따른 존재의 점유 공간도 쉴 새 없이 변화한다. 이것은 오직 기(氣) 작용의 항구적인 영원불변의 대원칙에 따르는 것이며, 존재의 어느 것도 거부할 수 없는 신성불가침의 절대 영역이다.

이러한 변화 작용은 기본적으로 기(氣)가 음(陰)과 양(陽)의 성질을 띤 강약의 전기에너지를 지니고 있기 때문이다. 음과 양의 기(氣)는 항상 상호 간 세력 불균형에 따른 가변적 전기에너지를 형성하는 원인을 제공한다. 음과 양의 에너지는 같은 유형 간에는 서로 배척하고, 다른 유형 간에는 서로 끌어당기며 또한 강한 것은 약화되고, 약한 것은 강화되는 특성이 있다. 세상 만물이 지니고 있는 각각의 힘, 곧 만유인력(萬有引力)이라는 표현은 이것을 단적으로 나타내고 있다. 이것은 다시 만유척력(萬有斥力)도 생각하지 않으면 안 된다.

기(氣)는 매 순간 필연적으로 음과 양의 세력 불균형을 초래하여 상호 간 연계의 단초가 되는 에너지의 변화를 발생시킨다. 모든 변화는 바로 이러한 불균형에 의한 기(氣)의 상호 연계에 따른 것이라고 해도 과언이 아니다. 그리하여 기(氣)는 항시 자신의 일정한 정체성을 유지하는 가운데 그 전기적 속성에 따라 서로 연계함으로써 취합과 이산의 순환을 거듭하면서 우주의 총체적 변환을 이끌어 나가고 있다. 이러한 의미에서 기(氣)는 우주를 형성하는 가장 원초적 원동력이면서 동시에 모든 존재의 기본 단위가 되는 원질이라고 할 수 있다.

그리고 이러한 변화는 그 이면에서 상호 연계에 따른 기(氣)의 상호 간 정보의 소통 작용이 뒷받침되고 있기에 가능하다. 기본적으로 기(氣)는 상대가 현재 처하고 있는 위치, 움직이고 있는 속도, 소유하고 있는 에너지의 정도 그리고 상호 협력 가능성 등의 정보를 항시 서로 교류한다. 다시 말해, 기(氣)의 취합과 이산은 반드시 사전에 상호 연계하고자 하는 기(氣)에 대한 정보를 서로 주고받은 이후에 이루어진다. 이러한 정보의 소통에서 단 한 치의 오차도 허락하지 않는 것은 더 말할 필요가 없다. 이제 기(氣)의 작용에서 핵심적 의미를 지니는 취합과 이산의 의미를 보다 상세히 살펴보고자 한다.

2) 취합과 이산

기(氣)의 작용에 따른 현상을 한마디로 표현하면 취합(聚合)과 이산(離散)이라고 할 수 있다. 이러한 작용의 원천은 기(氣)가 지닌 에너지가 음기(陰氣)와 양기(陽氣)의 두 가지 전기적 특성으로 구분되어 있다는 점에서 찾을 수 있다. 일반적으로 물과 불은 각각 음기와 양기의 대표적 실체이다. 물은 음의 한기(寒氣)로서 기(氣)의 취합에, 불은 양의 열기(熱氣)로서 기(氣)의 이산에 주로 관여한다. 예컨대, 물에 한기를 점차 증대시켜 나가면 응고되어 견고한 얼음이 되고, 아무리 단단한 쇳덩어리라고 할지라도 열기를 가하면 용해되어 물처럼 흘러내리게 된다.

이러한 의미를 조금 더 원론적으로 말하면 다음과 같다. 기(氣)의 실체적 최소 단위로서의 원자는 대다수 전기적으로 불안정하기 때문에 이온(ion) 상태에 있게 된다. 그리하여 원자는 안정을 찾기 위하여 음기인 전자를 내보내려 하거나 또는 확보하려 하며, 때로는 원자핵에서 알파(α), 베타(β), 감마(γ) 등의 방사선을 방출하기도 한다. 원자가 가급적 다른 원자와 결합하여 분자(分子)를 형성하려는 경향은 바로 이러한 원자의 불안정성 때문이다. 그러나 분자 역시 불안정한 상태가 되면 다른 분자들과 결합하여 안정된 물체를 이루고자 한다. 이처럼 원자가 모여 분자를 이루고, 분자는 또 다른 분자들과 합하여 하나의 실체를 이루게 되는데 이것을 취합이라고 한다. 취합은 결국 기(氣)가 전기적 안정을 위하여 하나의 실체를 이루는 작용인 것이다.

반면, 이산은 전기적으로 어느 정도 안정을 이루고 있던 실체가 시간이 지남에 따라 자체 에너지의 손실이나 주변 여건의 영향으로 내부에서 전기적 불안정이 발생하여 본래의 단위 분자나 원자로 환원되는 과정을 말한다. 이것은 기본적으로 실체 내부의 불안정으로 원자나 분자들 간의 응집력이 약화되었기 때문이다.

따라서 기(氣)의 취합은 전기적으로 불안정한 원자와 분자들이 각기 음과 양의 균형 상태를 강화하기 위하여 서로 결합하는 것이며, 이산은 이와 반대로 안정적이던 원자와 분자들이 특정의 상황에서 불안정한 상태로 전환되어 활성화됨으로써 또 다른 안정 상태를 추구하기 위해 분리되는 것이다.

중요한 것은 실체는 원래 원자나 분자들의 취합에 의한 것이기에 처음 아무리 안정을 도모하여 실체를 이루었다고 해도 여건에 따라 전기적 안정이 훼손되면, 언제든지 그 실체를 이루고 있던 원자나 분자들은 다시 흩어져 안정을 찾으려는 강한 성향을 지닌다는 점이다. 이처럼 실체가 본래의 원자나 분자로 환원되는 것을 이산이라고 한다. 그러므로 이산은 곧 기체로 되돌아감을 의미한다. 이산이 되면 실체의 형체가 온데간데없이 사라지는 것은 이 때문이다.

물론 취합과 이산에 따른 결합과 분리의 정도는 각 원자나 분자의 안정도에 따라 상대적인 것일 수밖에 없음은 재론의 여지가 없다. 실제로 어느 특정의 실체를 기준으로 일정한 에너지가 소모된다는 것은 바로 자신을 형성하고 있는 기(氣)의 안정이 회복되거나 약화되고 있음을 의미한다. 이와 같이 기(氣)는 내·외적 여건에 따라 에너지를 취합하여 물체를 형성하기도 하고 또한 일정한 정점에 이르면 이산하여 전과는 반대로 점차 기화한다.

일반적으로 기(氣)의 취합이 이루어지는 경우는 그만큼의 에너지를 지닌 사물이 형성되며, 반대로 이산이 되는 경우에는 비록 사물의 실체는 사라지지만 그가 지닌 에너지는 그대로 우주 공간에 흩어져 단위 존재로서 기(氣)가 된다. 이것은 단지 기(氣)의 변화에 따른 일종의 순환이다. 실제로 모든 실체의 생멸(生滅), 허실(虛實), 냉열(冷熱), 강약(強弱), 대소(大小), 경중(輕重), 장단(長短) 등의 현상이 모두 이러한 기(氣)의 순환일 뿐이다. 이러한 순환을 에너지의 특성을 중심으로 보면 음기와 양기의 순환이 된다.

이러한 음기와 양기는 대체로 일정한 성질을 갖고 있다. 이산을 위주로 하는 양기의 경우에는 목기(木氣)와 화기(火氣)로 그리고 취합을 위주로 하는 음기는 금기(金氣)와 수기(水氣)로 구분한다. 여기에 양기를 조화시키는 토기(土氣)를 더하여 목, 화, 토, 금, 수의 다섯 가지 기(氣)가 있다. 기(氣)의 순환은 목기, 화기, 토기, 금기, 수기의 순서에 따라 진행되며, 이것을 소위 오행(五行)이라고 한다. 취합과 이산의 다양한 형태는 결국 이러한 순환이 얼마나 조화롭게 이루어지는가에 달려 있다고 볼 수 있다. 이러한 순차적 변화의 대표적인 예는 연중 사계절의 변화이다.

봄은 목기가 활성화되는 시기이다. 목기는 양기가 조금씩 확대되는 기운으로 봄에 새싹이 서서히 돋아나게 한다. 여름은 화기가 왕성해지는 시기이다. 화기는 목기를 이어받아 기(氣)를 더욱 활성화하여 만물이 무성하도록 한다.

여기에서 한 가지 주의를 기울여야 하는 것은 봄과 여름이 양기의 계절임에도 감각적 현상은 기(氣)의 이산이 아닌 취합이 이루어진다는 사실이다. 이것은 거대한 양기의 작용 속에서 작은 음기도 함께 상호작용하고 있기 때문이다. 우주 내의 거대한 양기가 대세를 이루어 이산하고 있는 가운데 다만 사소한 음기가 모여 취합하고 있는 것뿐이다. 따라서 나무줄기에서 가지가 솟아나고 잎이 돋고 꽃이 피는 것 등은 모두 기(氣)가 주로 이산되는 가운데 작은 취합이 이루어지고 있는 것이다.

여하튼 이처럼 양기가 고조되어 절정에 이르는 여름의 끝 무렵이 되면, 더 이상의 양기를 진정시키는 토기가 나타나 점차 그 양기가 스스로 감소되고 이제 조금씩 음기가 나타나기 시작한다. 가을은 토기를 이어서 음기인 금기가 나타나는 시기이다. 금기는 아직도 토기에 남아 있는 양기를 가라앉히고 조금씩 냉각시켜 취합시키는 기세로서 현 상태의 작물에 각기 열매가 맺히도록 한다. 또한 겨울은 가을의 금기를 이어받아 음기를 더욱 활성화하여 기(氣)를 취합하는 수기로서 모든 기(氣)의 활성을 최대한 억제한다.

이러한 기(氣)의 변화는 취합과 이산에 따른 지극히 자연스러운 순환 과정으로 볼 수 있다. 다시 말해, 모든 물체는 오행의 어느 한 순환 과정에 속해 있으며, 어떠한 경우에도 이것을 벗어날 수는 없다.

예를 들면, 음기가 연중 지속되는 북극과 남극 그리고 양기가 지속되는 적도 부근과 같은 극한의 상황일지라고 하여도 비록 변화의 폭은 작지만, 그 나름대로의 오행에 따른 일정한 변화는 절대로 피할 수가 없다. 뿐만 아니라 적어도 지구상에서는 하루 24시간, 한 달 30일, 일 년 365일 등 대자연의 순환 주기에서도 결코 예외가 될 수 없다.

따라서 모든 존재는 적어도 감각적 측면에서 볼 때, 음과 양을 중심으로 하여 유(有, 生)와 무(無, 死)의 양극단을 오가는 변화 속에 있다. 존재에 대한 논의에서 기(氣)의 변화를 살피는 것은 바로 이 때문이다.

따라서 기(氣)의 취합과 이산의 원동력이 되는 음양의 에너지는 취합이 더욱 강화되는 경우에는 당연히 실체의 부피나 무게를 증대시키고, 반대로 이산되는 경우에는 실체가 줄어들면서 외부로 방출된다. 여기에서 중요한 것은 취합하여 실체가 되는 경우에는 에너지가 응축되는 것이며, 반대로 이산하여 실체가 줄어드는 경우에는 에너지가 분산되는 과정이라는 점이다. 다시 말해, 물체의 부피와 무게가 점차 줄어드는 것은 곧 내부의 기(氣)가 일부 이산되는 것이며, 물체의 부피가 늘어나는 것은 외부의 기(氣)가 일부분 취합되고 있음을 나타낸다. 그러나 원자나 분자의 활성도 측면에서 보면 전자는 증가하는 반면, 후자는 감소한다.

이러한 기(氣)의 활성화와 취합과 이산의 관계에서 우리는 한 가지 중요한 사실을 발견할 수 있다. 그것은 실체의 입장에서 기(氣)의 취합은 곧 잠재적 에너지의 증대가 되며, 이산은 곧 에너지의 손실을 의미한다는 것이다. 즉, 취합이 이루어진 기(氣)는 비교적 안정되어 활성이 약화되지만, 이산하는 기(氣)는 각자 본래의 제자리로 돌아가기 위해 활성이 강화되는 것이다. 그런데 문제는 취합과 이산이 별개로 이루어지는 것도 아니며, 한 번 취합하거나 이산한 상태가 지속되는 것도 아니라는 점이다. 기(氣)의 취합과 이산은 단 한순간도 그대로 머물러 있지 않고 또한 한 개체의 취합은 다른 어떠한 개체의 이산을 의미하는 것이며, 그 반대의 경우도 매한가지다. 한마디로 말해 기(氣)의 취합과 이산은 원자와 분자의 안정과 불안정에 의한 활성화 정도에 따른 것이지만, 사실 이들은 매 순간마다 동시에 발생하는 다른 현상이다. 이것은 온도에 따른 물과 불의 변화를 조금 더 세밀하게 관찰하면 알 수 있다.

예컨대, 일단 한 번 단단히 응고된 얼음이 물로 융해되는 현상을 보면, 이것은 얼음이 주변에 있는 양기인 열기를 흡수하는 동시에 주변으로 음기인 냉기를 발산하면서 가능하게 되는 것임을 알 수 있다. 이와는 반대로 물이 얼음으로 응고되는 현상을 보면, 이 역시 물이 지니고 있던 기존의 열기를 주변에 빼앗기는 동시에 주변의 음기가 침투하는 것임을 알 수 있다.

다시 말하면, 개체는 기(氣)를 흡수하고 발산하는 과정에서 자신의 필요량에 비하여 조금이라도 더 많은 기(氣)를 흡수하면 여분의 기(氣)는 자연히 발산시키며, 반대로 만약 조금이라도 과다하게 발산이 이루어지면 상대적으로 주변에서 다시 부족한 기(氣)를 흡수하는 경향을 지닌다. 그러나 만일 과도한 발산으로 인하여 개체의 기량이 부족함에도 불구하고 주변에서 기(氣)를 흡수할 수 있는 여건이 허락되지 않는 경우에는 그대로 이산이 지속되어 개체 자체가 사라진다. 이러한 의미는 생명체들에게 매우 중요한 의미를 지닌다. 대체로 흡수에 의한 취합이나 발산에 의한 이산은 자체 기(氣)의 결속력에 크게 의존한다고 할 수 있다. 따라서 인간과 같은 생명체의 경우에 생명력은 곧 기(氣)의 결속력이 된다.

예를 들어, 어린아이가 성장하여 가는 것은 기(氣)의 흡수를 통한 취합의 강

화인 것이며, 노인이 병들어 죽어 가는 것은 기(氣)의 발산으로 인한 이산의 활
성화이다.

여기에서 우리는 모든 생명체의 지속 여부가 바로 생명력에 의한 에너지 관
리에 달려 있는 것임을 알 수 있다.

3) 생명력

일반적으로 물체들은 생명의 유무에 따라 무생물과 유생물로 구분한다. 대
체로 무생물체는 그 조직이 비교적 단순하며, 기(氣)의 작용에 따른 변화 속도
가 매우 느리고 여건에 따라 구성 원소와 실체의 형태 등이 각기 다양한 것이
특징이다. 그러므로 무생물체는 단지 자신이 처한 여건에 따라 다소 보완되어
그 조직이 강화되기도 하지만, 결국은 점차 분해되어 새로운 물체로 변환되어
나갈 뿐이다.

이에 반하여 유생물로서 생명체는 기(氣)를 흡수하여 화합(化合)하고 분리하
여 배출하는 순환 과정이 비교적 빠르고, 일정한 주기에 따라 세대교체를 이루
어 나간다는 중요한 특징이 있다. 이처럼 생명체가 무생물체와는 달리 기(氣)
의 변화를 촉진하고 세대교체를 이어 가는 것은 호흡, 혈액순환, 소화와 흡수,
신진대사 등 여러 가지 활동을 통하여 기(氣)를 소모하고 다시 보충할 수 있는
다소의 자율적 역량, 곧 생명력을 지니고 있기 때문이다.

이러한 활동들은 대체로 일정한 시기를 기준으로 하여 동일한 형식으로 반
복되는 것이 특징이다. 특히 들숨과 날숨이 반복되는 호흡은 생명력(vitality)의
원천이 된다고 할 수 있다. 즉, 신체의 내부에서 기(氣)를 순환시키면서 동시에
외부의 기(氣)와 서로 교류함으로써 생명이 유지되도록 한다. 여기에서 호흡과
생명력의 관계를 조금 더 살펴보면 호흡의 중요성을 알 수 있다.

호흡은 문자 그대로 외부의 기(氣)를 흡수하고 내부의 기(氣)를 배출하는 것
이다. 이러한 호흡은 생명체에 있어서 적어도 두 가지 중요한 의미를 지닌다.

첫째, 생명체 자체의 응집력을 강화하는 것이다. 모든 실체는 이산을 전제로 하는 것이기에 이것을 피하기 위하여 자신의 체질을 강화하는 것이다.

둘째, 생명체의 활력을 증대시키는 것이다. 생명체의 고유한 특성을 발휘하기 위해서는 활력을 위한 에너지의 확충이 요구되는 바, 그 기초 작업이 곧 호흡인 것이다. 또한 생명체의 이산을 방지하기 위하여 호흡만으로는 부족하기 때문에 직접 나서서 먹이를 구해 활력을 보충하지 않으면 안 된다. 뿐만 아니라 생명체 스스로 먹이를 소화하고 각종 대사 작용을 위한 활력 역시 긴요한 사안이다.

이러한 의미에서 생명체는 결국 에너지 관리를 통하여 활력을 얻어 내는 실체임을 알 수 있다. 호흡은 이러한 활력을 일구어 내는 원동력인 것이다. 다만, 호흡은 일정한 기간 생물의 활력을 도모하는 것뿐이며, 이것이 없는 무생물은 비록 활력은 없어도 장기간의 결속이 가능한 것이다. 좀 더 구체적으로 말해서 생물은 외부의 기(氣)와 교류하는 것을 빠르게 진행하며, 무생물은 그 반대인 것이다.

그러므로 외부 환경의 측면에서 볼 때, 모든 존재는 아무리 각기 다양한 특성을 지닌다고 해도 이 역시 단순히 고립되어 있는 존재가 아닌 외부와 끊임없이 교류를 이어 가는 존재이기 때문에 각자 처한 환경의 변화에 절대로 독립적일 수가 없다.

예컨대, 나무, 바위, 흙, 물, 쇠 등과 같은 실체나 산소, 탄소, 수소, 질소, 수소 등의 기체 또는 냉기, 열기, 습기 등과 같은 기세(氣勢)와 심지어 전기, 빛, 공기 등과 같은 에너지도 주변 여건과의 교류는 피해갈 수가 없다.

이처럼 기(氣)는 자신이 처한 여건에 따라 있는 그대로 스스로의 변화 작용을 끊임없이 이어 나간다. 우주 공간 내의 모든 현상은 이러한 기(氣)의 상호작용에 의한 변화 과정인 것이며, 이것이 바로 자연이다. 만약 혹시라도 이와 같은 자연의 활동이 어느 순간 정지되어 변화가 이루어지지 않는다면 그러한 물체는 오직 한 가지 기운이 지배하게 됨으로써 영원히 소멸하지 않을 수 있는 물체가 될 수도 있다. 그러나 자연의 이치가 변하지 않는 한 세상에 그러한 존재는 있을 수가 없다.

모든 생명체는 나름대로 지니고 있는 생명력의 한계와 거대한 외부 환경의 변화를 거스를 수 없다. 다만, 인간은 생명체로서 활력을 동원하여 주어진 기간 동안 환경을 개선할 뿐만 아니라 어느 정도 한계를 극복하는 능력을 길러 보다 효율적으로 적응할 수 있다는 점이 여타 생명체와는 다소 차이가 있을 뿐이다. 모든 생명체는 이처럼 외부 환경과 소통을 거듭하는 대자연의 거스를 수 없는 순환의 큰 변화 속에 있으면서 또한 생명체 내부에서 소통하는 내적인 작은 변화 속에 있음을 알지 않으면 안 된다.

단지 내적으로만 볼 때, 모든 생명체는 각자 나름대로 자신을 구성하고 있는 기(氣)의 양과 질 그리고 구조가 서로 다르기 때문에 그 특성에 따라 변화 양태는 각기 다른 모습을 나타낸다.

예를 들어, 생명체의 경우 기(氣)의 소통과 교류는 기본적으로 각 생명체별로 기(氣)의 청탁(淸濁)과 수박(粹駁)에 따라서 혹은 물체의 대소(大小)에 따라서 다르며, 같은 생명체일지라도 식물이나 동물은 그 종류에 따라서 다양한 양상을 나타낸다.

이러한 차이는 특히 모든 생명체에서 매우 중요한 의미를 지닌다. 왜냐하면 기(氣)의 미세한 차이에도 불구하고 순환이 조화롭게 이루어져 생명에 도움이 되기도 하며, 반대로 지체되어 생명에 위협적 요소가 될 수도 있기 때문이다. 즉, 모든 생명체는 기(氣)의 취합과 이산의 형태가 각기 다르기 때문에 매 순간 그에 따른 기(氣)의 순환과 변화는 피할 수 없다.

생명력은 바로 이러한 의미에 대응하는 개념이다. 생명력은 전적으로 기(氣)의 조직 특성에 따른 것으로서 얼마나 다양하고 좋은 기질이 각 부분 간에 상호 유기적으로 세밀하게 조직되어 있는가에 따라 다른 것이다. 이러한 면에서 적어도 인간의 신체는 다른 생명체들에 비하여 그 조직이 비교적 우위에 있다고 할 수 있다. 그렇다면 이러한 생명력이란 과연 무엇을 의미하는 것인가. 이를 위하여 기(氣)의 작용을 조금 더 구체적으로 살펴보고자 한다.

소위 생명력은 전적으로 물체가 처음 형성되는 순간 내부에 자체적으로 지니고 있게 되는 그런 것이다. 이것의 중요성은 생명체가 자신을 이루고 있는 조직체 기(氣)의 변화 과정에 능동적으로 참여할 수 있는 재량권을 어느 정도 지니고 있다는 점에서 찾을 수 있다. 보다 강한 생명력은 그만큼 더 자신의 조직체를 보호하기 위한 재량권을 많이 확보하고 있으며, 이것은 세대교체를 통하여 보다 자신의 조직체를 더 지속해 나갈 수 있는 여지를 남긴다.

이를 테면, 우리는 생활 주변에서 흔히 발생되고 있는 사태 중의 하나로 동일한 조건하에서도 각자의 생각과 행동 여하에 따라 생사가 서로 갈라지는 경우를 종종 목도하게 된다. 물론 생명체마다 하늘로부터 부여받은 기질에도 다소의 차이가 있고 성장 과정도 각기 다른 때문이기도 하지만, 자신의 자율적 역량에 따라 얼마든지 생사가 다르게 나타날 수 있는 여지가 있다는 것은 움직일 수 없는 직감적 사실이다.

아무리 세상에 그 어느 것도 기(氣)의 취합과 이산이라고 하는 절대적 순환 법칙을 거역할 수 없다 하여도 이처럼 생명력에 따른 자율적 역량의 여지가 다소 있다는 점은 매우 주목해야 한다. 이러한 역량의 근원은 물론 앞서 언급한 생명체가 지닌 활력이 아닐 수 없다.

이러한 의미에서 볼 때, 생명체란 호흡에서 비롯된 기(氣)의 활력으로 내·외적 여건에 따라 기(氣)를 능동적으로 흡수하고 배출하여 자체 응집력을 관리할 수 있는 물체임을 알 수 있다. 좀 더 구체적으로 말하면, 생명체란 자신을 에워싸고 있는 기(氣)와 상호 관계를 조절하여 이산 속도를 다소 지연시키고 동종의 형질을 지닌 새로운 개체 생산을 통하여 일정 기간 기(氣)의 응집을 계속 이어나가는 힘, 곧 생명력을 지니고 있는 물체이다.

이것은 세상의 모든 물체는 어떠한 형식으로든지 주변과 관계적으로 존재하는 것임을 의미하며, 그 어떠한 경우에도 기본적으로 지니고 있는 물(物) 자체의 응집력만으로는 결코 항구적으로 존재할 수 없음을 나타낸다. 생명체의 존폐는 결국 기(氣)의 흡수와 배출 조절 능력에 달려 있다고 해도 과언은 아니다. 이러한 생명체의 기본적 기능을 담당하고 있는 것이 바로 단위세포이다.

세포는 모든 생명체를 구성하는 조직의 기본 단위이자 생명 활동의 최소 단위이다. 그리하여 세포는 스스로 주변 환경과 상호 관계에 매우 민감하게 반응한다. 기(氣)의 효과적 흡수와 배출을 위하여 주기적으로 자신을 증식하고 폐기하며, 손상된 세포를 다른 세포로 교체하는 등의 활발한 활동을 잠시도 쉬지 않고 행한다. 이와 같이 세포는 주변 조직과의 연계는 물론 더 큰 조직의 한 부분으로서의 삶을 도모하기도 한다. 세포는 하나하나가 그 자체로서 이미 작은 생명체이면서 전체의 한 부분이 되어 스스로의 생존 여건을 조성하고 보다 안정된 상태를 유지해 나간다.

물론 이러한 세포들의 생명 유지는 기본적으로 세포 자체의 고유 기능으로 이루어지기는 하나 일반적으로 그것은 다양한 세포를 유기적으로 통합하여 조직하고 있는 물체, 즉 개체의 통합 조정과 주변 여건의 유기적 관련하에 이루어지는 것이 보통이다. 모든 생명체의 생명 활동은 그 생명체를 이루고 있는 단위세포들의 부분적 자율 활동과 생명체의 전체적 자율 활동이 상호 유기적 관련성을 갖게 됨으로써 비로소 가능하게 된다.

이때, 물적 측면만을 강조하여 그 조직 일반을 일컬어 신체라고 하며, 생명체로서의 자율적 능력의 측면을 강조하여 그 자율적 활동 경향 일반을 정신이라고 한다. 특히 인간은 그 조직 특성으로 인하여 어떠한 생명체보다 정신의 활동이 왕성한 것으로 파악되고 있다.

4) 자아의식의 형성

기(氣)가 우리에게 감각적으로 그 존재를 드러내는 것은 일정한 물체로서 그 외양을 지니게 되는 순간 이후이다. 우주 내에 있는 모든 존재의 근간을 이루는 소위 항성이나 행성 그리고 위성 등의 별은 기(氣)의 일차 생성물이다. 이들은 주로 원형을 이루고 있으면서 생성에서 사멸에 이르는 과정의 변화 속도가 매우 느린 것이 특징이다.

그러나 그것과는 달리 적어도 지구상의 모든 존재는 이차 생성물로 실로 형언하기 어려울 정도의 다양한 외양을 나타내면서 비교적 빠른 생멸(生滅)의 변화를 나타내고 있다. 이처럼 같은 기(氣)의 생성물임에도 불구하고 모양과 변화 속도에서는 많은 차이가 있다. 하지만 그 어떠한 경우일지라도 존재 자체가 바로 기(氣)의 작용에 의한 것이라고 하는 점에서는 전혀 차이가 없다.

이러한 점에서 인간의 신체 역시 예외가 될 수 없다. 이를 테면, 신체를 이루는 기본 단위인 세포도 호흡과 혈액순환 또는 신진대사 작용을 기초로 하여 짧게는 약 2~3시간에서 길게는 6~7개월 정도의 주기로 생성되고 소멸하는 가운데 허실, 냉열, 강약 등의 순환이 나타나며, 이것을 기반으로 하여 신체가 유지되어 간다.

모든 존재의 유지에서 중요한 것은 자기동일성이다. 이것은 어떠한 존재든지 그 존재를 구성하고 있는 기(氣)의 질과 구조 그리고 최소한의 절대량이 일정 기간 유지되는 것을 말한다. 만일 어떠한 존재가 자기동일성을 잃고 기(氣)의 질과 양 그리고 구조가 수시로 변한다면 그것은 존재보다 순간의 변화 사태에 불과한 것이 되고 말기 때문이다.

예컨대, 물은 온도가 영하로 떨어져 얼음으로 변화되어도 수소와 산소의 일정한 결합인 구조와 질 그리고 양은 계속 유지된다. 하지만 석탄이 연소되어 물과 가스로 변화하면 탄소와 수소의 일정한 결합인 석탄은 그러한 자기동일성을 잃게 되어 존재 유지가 어렵게 된다.

그러므로 모든 존재의 유지는 적어도 일정 기간은 내·외부의 기(氣)와 끊임없이 서로 소통하는 가운데에서도 항상 자기동일성을 잃지 않는 현상에 따른 것이다. 이것은 단순하게 존재 자체만의 기질과 양이 이미 어느 정도 정해져 있기 때문이기도 하지만, 그보다는 존재의 유지를 위하여 내·외부의 기(氣)와 활발한 교류가 이어지는 가운데에서도 가급적 자기동일성에는 변함이 없도록 하는 기(氣)의 특성 때문이다. 아니, 어떠한 의미에서 존재 상호 간 기(氣)의 교류는 자기동일성을 유지하기 위한 것이라고 할 수 있다. 따라서 존재의 자기동일성이 점차 사라진다는 것은 곧 자기동일성이 한계에 이른 것이며, 이것은 곧 그 존재의 한계가 다가오는 것을 의미한다.

이러한 존재의 자기동일성의 문제는 모든 존재로 하여금 한시성과 개별성이라고 하는 물적 특성을 나타내도록 하는 원인이 된다.

우선 존재의 한시성은 존재가 기(氣)의 집합체인 까닭에 이미 시간상에서 일정 기간 한정되어 있음을 나타낸다. 비록 생명체는 생명력에 따라 이산이 다소지연되거나 축소되는 것은 사실이지만, 분명히 취합에 따른 이산의 활동에서벗어날 수가 없다. 이와 같이 존재는 기(氣)의 작용에 따른 취합과 이산이 단 한순간도 멈춤이 없이 항구적으로 이루어지는 가운데 형성되므로 언제인가는 반드시 소멸되는 것을 피할 수가 없다. 존재의 필연적 한시성(限時性)이 여기에서나타난다. 여기에서 존재의 한시성이라는 의미는 인간의 삶에 매우 중차대한의미를 지닌다.

그리고 존재의 개별성은 기(氣)의 취합과 이산이 어느 한순간에도 결코 동일한 과정과 결과를 가져오는 일은 없다는 점이다. 비록 그것이 일정한 원리에따라 이루어는 것은 어김없는 사실이라고 할 수 있으나 그러한 상황은 각기 다르게 나타난다. 이러한 점은 비단 생명체뿐만 아니라 광대무변(廣大無邊)의 우주 공간에 존재하는 만물에게도 예외 없이 두루 적용되는 법칙이다. 또한 존재는 각자의 기질과 양, 존재 형태 등에 따라 기본적으로 공간을 점유하고, 각기주어진 주변의 여건과 시간의 흐름에 따라 변화를 거듭할 수밖에 없기 때문에특유의 존재 양식을 지닐 수밖에 없다. 이것이 바로 존재의 개별성(個別性)이 제기되는 대목이다. 아무리 일란성 쌍생아라고 할지라도 각자의 개별성은 부여되어 있는 것이다.

결국 기(氣)로 이루어진 세상 만물은 한시적인 것으로 각기 개별적 특성을 지니고 있음을 알 수 있다. 그런데 이러한 두 가지 특성이 인간에게 있어서는 자아의식을 형성하는 모태가 된다는 점에서 중요한 의미를 지닌다.

자아란 일반적으로 지각, 사고, 감정 등의 활동을 주도하는 정신을 일컫는 개념이다. 따라서 이러한 정신의 존재를 의식하는 자아의식은 인간이 신체라고하는 단순한 물질적 특성을 벗어나 역동성을 지닌 새로운 차원의 존재로 거듭나게 하는 원동력이 된다. 인간은 자아의식을 지니고 있는 한, 단순하게 여러 가지 물질로 구성되어 있는 존재로서의 물체가 아니다. 비록 한시적 존재이지만 자신이 특유의 개별성을 지닌 존재임을 인식한다.

이것이 가능한 것은 인간의 신체가 단위세포를 이루고 있는 초미세한 기본 입자에서부터 매우 복잡한 구조를 이루고 있는 각종 장기에 이르기까지 저마다의 개별적 특성을 발휘하며, 상호 유기적 관계를 형성하면서 하나의 총화를 이루어 내기 때문이다.

다시 말해, 자아의식은 신체라는 물질의 조화가 이루어 낸 새로운 차원의 그 무엇이다. 즉, 존재의 조직이 정교하면 할수록 기(氣)의 소통이 그만큼 원활하여지고 그에 따라 새로운 활력이 생성되어 정신이 나타나고 더 나아가 자아의식이 형성된다. 자아의식은 이처럼 신체의 활력에 의하여 형성되기는 하지만, 동시에 활력을 불러일으키는 원인이 되기도 한다. 소위 몸은 그러한 내부의 활력이 자신의 신체에 고루 깃들어 있는 상태를 의미한다. 따라서 신체가 단순히 물질적 측면에서의 의미를 지닌다면 몸은 물질에 모종의 유기적 활력이 더 가해진 의미를 지닌다고 할 수 있다.

기실 정신 작용의 근저에 바로 이러한 신체의 활력이 자리하고 있음을 알지 않으면 안 된다. 그러나 어디까지나 신체가 정신의 뿌리가 된다는 점은 간과할 수 없는 매우 중요한 점이다. 여기에서 한 가지 유의해야 할 점은 몸에 의한 이러한 자아의식은 후에 논의하게 될 정서의 기원이 된다는 점이다. 왜냐하면 자아의식에 의한 정체성이 명료하여지면 질수록 자신이라고 하는 개별성이 한시성이라는 숙명적 과제와 정면으로 대치되면서 절대 단독의 불안을 조성하기 때문이다.

자아의식은 개별적 특성에 따라 서로 다르기 때문에 타인과의 비교에서는 항상 모자람과 넘침이 존재하게 된다. 따라서 모자람은 채우려 하고 넘침은 덜어 내려 하는 것은 매우 자연스러운 현상이다. 이때, 자신의 결핍과 잉여에 대한 상세한 정보를 얻어 내는 것이 감각이다.

이상으로 신체와 관련하여 살펴본 존재로서의 기(氣), 그것의 순환과 생명체,

신체의 한시성과 개별성, 몸과 자아의식의 관계 등은 앞으로 전개될 감각 논의의 기초로서 매우 중요한 의미를 지닌다. 이제 감각과 정신의 관계를 통하여 감각의 의미를 보다 면밀하게 살펴보고자 한다.

2. 감각

혼히 감각은 정신 작용에 의하여 이루어지는 것으로 착각하기 쉽다. 물론 그러한 의미가 전혀 없다고 할 수는 없다. 그러나 실제로는 먼저 몸이 감각을 불러일으킴으로써 정신 작용이 형성되는 것이라고 보는 것이 타당하다. 왜냐하면 정신은 감각을 포함한 각각의 생명력을 지닌 세포들의 유기적 조직들 간 연계 활동에 의하여 이루어지기 때문이다. 즉, 감각은 세포들의 부분적인 연계 활동으로도 가능하지만 정신은 전체적인 연계 활동으로만 가능하며, 특히 수많은 신경조직과 감각 활동이 연계되어야 가능하다고 볼 수 있다.

감각은 신경세포의 한 종류인 감각수용기가 특정 자극을 수용하여 그것을 전기적 신호로 변환하여 대뇌로 보내는 일련의 기능적 작용이다. 이러한 의미에서 감각은 철저하게 신체 조직의 특성에 따른 기계적 작용에 해당된다. 그러나 정신은 신체 내에서 정보의 소통이 원활하게 이루어질 수 있는 기반이 마련됨에 따라서 다양한 감각 정보를 종합하여 지각하거나 그와 관련된 기억 정보를 인출하는 등의 단순한 기계적 작용과 때로는 모든 인지와 정서의 기능적 작용에 개별적 체험에 따른 고유의 의지나 의도를 개입하는 등의 자율적 활동의 종합인 것이다.

물론 결과적으로 보면, 정신에 의하여 감각이 통제되는 상황이 연출되는 것도 사실이다. 그래서 대부분의 사람은 감각이 정신에 의하여 이루어지고 있다고 생각한다. 하지만 그것은 하나의 착각일 뿐이다. 분명히 감각은 신체로부터 자연히 우러나오는 자극 수용 기능에 기반을 두고 있는 것으로 정신과 별개의 독자적 활동 성향이 강하다고 할 수 있다.

그 단적인 예가 바로 식물의 감각 작용이다. 대부분의 식물이 지닌 대표적 감각이 광합성을 위한 향태양성이다. 식물이 태양의 빛을 감각하는 것은 정신이 있어서라기보다 그저 감각 그 자체에 따른 것이라고 할 수밖에 없다. 이것은 식물 내부에 저장되어 있는 감각 기능이 스스로 작동하는 것이다.

이러한 현상은 포유류 동물의 경우에 더욱 뚜렷하게 나타난다. 갓 태어난 새끼들은 거의 무의식 상태에서도 감각만으로 어미의 젖꼭지를 찾아간다. 이들에게 감각 이외의 어떠한 의식이나 정신을 기대하기는 어렵다.

이러한 의미에서 감각은 신체가 자신의 개별적 생명 활동에 따르는 유익한 정보를 얻어 내는 역할을 담당하는 것으로 볼 수 있다. 이것은 역으로 말하면 신체에서 얻은 감각 정보는 내부에서 기(氣)의 소통이 보다 원활하게 이루어질 수 있도록 하는 것이기에 감각은 일종의 자체 보호 장치라고도 할 수 있다.

예컨대, 통증은 내부 소통에 대한 경고이기 때문에 관련 부위의 소통 문제를 해결할 수 있는 계기를 마련하는 것이 그것이다.

여기에서 감각은 기본적으로 신체에 뿌리를 내리고 있으며, 차츰 의식 또는 정신과 연계되어 나간다는 단초를 찾아볼 수 있다. 즉, 감각은 기본적으로 독자적 기능을 수행하지만 신체 각 부분을 이루는 기(氣)의 조화와 소통 정도에 따른 정신과도 깊이 연계되어 있다고 할 수 있다. 다시 말해, 모든 감각의 정보 수집과 처리는 일차적으로 신체를 구성하고 있는 신경조직의 단순 기억에 의존하고 부수적으로 정신의 작용에 따르는 것이다.

한마디로 말해 감각은 자신의 신체에 깃들어 있는 생명에 대한 원초적인 애착에 따른 생리적 반사 작용이다. 다만, 정신은 그러한 감각자료들을 효율적으로 관리하기 위하여 신체와 혼연일체가 되어 차원 높은 정보처리 기능을 담당하고 있는 것으로 파악된다. 따라서 감각 활동이 자기 신체의 생명력을 토대로 하는 것임은 다시 언급할 필요가 없다.

여기에서 감각의 수용에 수동적 작용과 능동적 활동을 구분할 수 있다. 전자는 거의 무의식적으로 감각이 이루어지는 것임에 반해, 후자는 자신의 의도가 개입되어 감각이 이루어지기 때문이다. 즉, 감각이 무차별적으로 이루어지는 전자와 달리, 후자는 자신의 의도에 따른 일정한 의식이 개입되는 것이다.

이러한 의미를 좀 더 자세히 언급하자면, 신체를 구성하는 기(氣)의 취합과 이산은 여건에 따라 다양한 차이가 있을 수밖에 없기 때문에 모든 생명체가 각자 지니고 있는 기(氣)의 성향은 서로 다를 뿐만 아니라 그것의 순환에서도 각기 다른 한계를 노정(露呈)시키지 않을 수 없다. 감각은 곧 이러한 개별적 특성에 따른 자기 한계를 가급적 신속하고 명확하게 인지하는 작용에서 비롯된다.

예를 들면, 매일 일상적으로 음식을 섭취하고 배설하는 순환 과정에 만약 감각의 도움이 없다면 우리 생명의 지속은 단 한순간이라도 보장받을 수 없다. 즉, 인간은 매 순간 자신의 적절한 대응 방안을 모색해야 하는 바, 이것은 내부 장기로부터의 크고 작은 각종 자극은 물론이려니와 외부 환경의 변화에 따라 자신의 몸에 나타나는 미세한 변화 상황까지 수시로 파악할 수 있는 감각을 활용할 수 있어야 비로소 가능하다.

이것은 감각이 철저하게 각 개인의 신체적 특성에 따라 다른 개별성(個別性)을 지니는 소이가 된다. 따라서 특별한 경우를 제외하고 모든 사람의 감각 능력이나 기능이 서로 다를 수밖에 없다.

그러므로 신체의 생명력이 의식에 따른 감각의 개별성으로 또한 이러한 개별성이 신체의 생명력으로 상호 순환적으로 연계되어 나타난다. 이와 같은 상호 연계는 단순 물리적 자극을 감각하는 차원을 넘어서 이제는 미세한 정서적 자극에 대한 알아차림, 곧 고도의 감지 능력을 촉발시키는 원인이 된다. 여기에서 한 가지 더 언급하고자 하는 것은 이와 같은 감각의 개별성이 정신의 개별성까지 연계된다는 점이다. 이 점은 기(氣)의 소통이라는 측면에서 보면 감각에 의하여 의식이 발생하고, 의식은 다시 정신 작용을 촉발하여 곧이어 다시 신체 감각으로 연계되어 작용하는 순환을 거듭하고 있는 것임을 내포하고 있다.

이에 대하여는 이후에 보다 상세하게 다루게 되지만, 소위 정서도 자세히 살펴보면 이처럼 신체와 정신의 연계 속에 매 순간마다 기(氣)의 순환 활동이 조화와 불균형의 정도에 따라 변화하면서 감각에 포착되어 발아하는 것으로 볼 수 있다. 즉, 모든 감각과 정신 활동은 자신의 신체를 보호하기 위한 모종의 정보를 유통하고 처리하는 과정으로 정서와 깊이 연계되어 있는 것이다.

하지만 인식의 측면에서 보면 감각은 단지 내·외부의 자극을 받아들이는 단계일 뿐이다. 이것은 단순히 정보의 수용에 불과하지만 이미 자극의 강도가 신체의 감각기관을 자극할 수 있는 정도 이상의 수준으로 높아져 말초신경망에 닿아 수용되고 있는 상태를 의미한다. 물론 이때 받아들이는 자극의 강도는 자극을 유발하는 물체의 자극 강도에 따라 다르기도 하지만 그보다 각자 지닌 감각기관의 민감성(敏感性) 여하에 따라서 더 크게 좌우된다.

따라서 모든 생명체는 언제나 자신을 의식하는 순간 이러한 기(氣)의 순환 상황을 직감적으로 감지하여 안전을 도모하려는 원초적 성향을 지니며, 이것을 얼마나 효율적으로 처리하여 나가는가에 따라 자신의 존폐 여부가 결정된다. 다시 말해, 감각의 주체성과 민감성이야말로 자신의 생명을 담보할 수 있는 토대가 되는 것이다.

이제 감각의 제반 특성을 살펴볼 수 있는 계기가 마련되었다. 기본적으로 감각에는 유형과 내용 그리고 형식 등이 있다. 이미 주지하는 바와 같이 감각에는 시각, 청각, 후각, 미각, 촉각 등의 다섯 가지 유형, 즉 오감(五感)이 있다. 그리고 기본적 감각 내용은 시각에서 형태, 색, 길이, 넓이, 부피, 속도, 경사도, 위험 여부 등, 청각에서 소리, 위치, 방향, 위험 여부 등, 후각에서 향과 위험 여부 등, 미각에서 맛과 위험 여부 등, 촉각에서 온도, 습도, 점도, 경도, 질감, 경중, 위험 여부 등이 있다. 감각 형식에는 지속과 완급, 전후좌우와 상하, 농도와 빈도, 강약과 대소 등이 있다.

이러한 감각 내용과 형식의 각 요소는 어느 한 가지라도 결코 소홀히 할 수 없는 감각 요소들이다. 이러한 요소들이 나름대로의 의미를 지니기 위해서는 다음과 같은 감각 방식을 고려하지 않을 수 없다. 이것은 크게 초기 감각과 통제 감각으로 구분해 볼 수 있다.

1) 초기 감각

초기 감각은 몸으로 다가오는 직접적인 자극을 수동적으로 수용하는 방식을 취하며, 언어 이전의 시기가 주로 여기에 해당한다. 초기 감각의 전기인 0세에서 2세까지는 환경에 적응하기 위한 수동적 감각이 주를 이루는 반면, 후기인 3세에서 6세까지는 환경을 탐색하기 위한 능동적 감각을 하는 것이 특징이다. 감각의 참다운 의미는 초기 감각의 전기에서 찾아볼 수 있다. 이 시기에는 오로지 자신의 몸속에 내재하여 있는 생명력으로 자극을 수용하는 원초적 방식을 사용한다.

여기에서 중요한 것은 바로 자신의 신체를 구성하고 있는 조직의 특성이다. 이것이 얼마나 조화롭고 유기적으로 조직되어 있는가에 따라서 자극의 수용 정도가 다르게 나타난다. 다시 말해, 조직 특성이 우수할수록 주변의 다양한 감각 정보가 몸속으로 깊숙하게 파고들게 된다.

이러한 감각 정보에 의한 자극의 수용은 시간이 흐름에 따라 점차 기억에 저장되어 관심을 자아내고 순간적으로 의식의 집중을 촉발시키게 된다. 이처럼 관심과 집중이 나타나는 것은 곧 의식이 형성되기 시작했음을 나타낸다.

예를 들어, 약 2~3개월 정도의 아기를 방에 뉘어 놓고 천장에 모빌을 달아 놓으면 처음에는 아무런 반응이 없다가 얼마 후에는 모빌의 움직임에 따라 반응하기 시작한다.

이것은 점차 의식을 형성하여 나가는 단초가 된다. 그러나 그러한 의식의 발아가 바로 능동적인 감각이 이루어지는 것을 의미하는 것은 아니다. 물론 이러한 초기 감각에 의한 정보들은 일차적으로 자신의 신체가 지니고 있는 생명 유지에 즉각 활용되는 것은 사실이다.

이와 같이 초기 감각은 언어에 의한 감각자료의 해석을 배제하고 오로지 감각기관에서 받아들인 자극을 가감 없이 감각 본래의 순수성에 의해서 감각 자체만으로 이루어진다는 점이 매우 중요하다. 다시 말해, 초기 감각은 자극을 있는 그대로 몸속으로 전달함으로써 신체 활동을 강하게 유발시키면서 부분적으로 뇌를 자극하는 감각을 일컫는다. 언어 이전 시기의 감각을 초기 감각이라고 하는 것은 이 때문이다. 그러므로 초기 감각은 대부분 통합적이며, 분석적인 특성은 배제된다.

이러한 의미에서 감각의 정확성 측면에서만 보면 초기 감각은 감각으로서 다소 치명적 약점을 지닐 수밖에 없다. 여러 가지 감각기관이 아직 미숙한 단계에 있을 뿐만 아니라 자극 정보를 전달하는 신경조직과 신경전달 물질의 생성 등도 아직 미숙한 상태이기 때문이다. 하지만 이처럼 미숙한 상황은 스스로 그 부족함의 불안을 초래하게 됨으로써 오히려 완숙의 단계로 나가는 원동력이 된다는 점에 각별한 의미가 있음을 알아야 한다.

간혹 아직 언어능력이 구비되어 있지 못한 영·유아의 경우에도 모든 자극을 대뇌에서 수용하는 것으로 잘못 알고 있는 경우가 있으나, 이것은 기(氣)의 작용에 대한 근본적 이해가 부족한 까닭이다. 이들의 대뇌가 자극을 수용하는 것은 단지 몸의 일차적 자극에 대한 쾌와 고통 등의 단순 감각 수준일 뿐이며, 자극이 일단 모종의 상징으로 변환된 이후 그 의미에 대한 해석이 가해지는 일반적 인식은 거의 불가능하다. 따라서 영·유아는 전적으로 몸에 의한 초기 감각에 의존한다.

초기 감각의 중요성은 자극의 대상과 신체의 기(氣)가 상호 간 직접 맞닿아 이루어진다는 점에서 찾을 수 있다. 신체가 기(氣)의 정교한 조직을 이루고 자극 대상이 제공하는 자극을 수용하는 활동 중에 있는 것이라고 한다면, 자극은 대체로 단편적 자극에 불과하다. 즉, 자극 대상으로부터 촉발된 자극이 인간의 신체라고 하는 일정한 조직에 침투하고 있는 상황이 전개되는 것이다. 이러한 경우 비교적 안정적인 상황을 유지하고 있는 신체에 외부로부터 자극이 침투하여 들어옴으로써 자연히 신체 내부의 불안정을 유발시킨다.

이때, 자극의 수용 여부는 대체로 기존 조직 내부 기(氣)의 안정 상태가 매우 중요한 변수가 된다. 조직 내의 기(氣)가 안정적일수록 가급적 외부 자극을 거부하려는 경향이 있으며, 불안정할수록 안정을 얻고자 자극을 수용하려는 경향이 있어 서로 상반된 경향을 나타낸다. 여기에서 신체와 자극이 서로 어떻게 상호작용하는 것인지를 좀 더 자세히 살펴보면 다음과 같다.

　엄마의 애정 어린 보호하에 있는 초기 감각 전기에는 신체의 내부 안정이 비교적 용이하기 때문에 신체의 모든 기(氣)가 일상적 자극 이외에 외부 자극을 가급적 합심하여 저항하고 배척하려 한다. 또한 간혹 외부 자극의 수용에도 쉽게 안정 상태를 이루어 유쾌한 자극을 얻게 된다. 그럼에도 불구하고 필요 이상으로 외부 자극의 강도가 거세지면 신체도 자연히 저항의 강도를 높이게 되고 그만큼 신체 내부 기(氣) 순환의 질서가 일부 무너지는 것은 필연적일 수밖에 없다. 이때, 신체가 다시 이전의 안정적 질서를 회복하기까지 다소의 불쾌한 자극이 수반되는 것은 피할 수 없다.

　이처럼 유쾌한 자극과 불쾌한 자극이 반복적으로 초래되는 것은 기본적으로 기(氣) 상호 간의 교류가 모두 이미 정하여진 기(氣)와 기(氣)의 동질성 여부 또는 상호 안정성의 여부에 따라 결정될 수밖에 없기 때문이다. 결국은 그 어느 경우에도 자신에게 안정을 도모하는 유쾌한 경우에만 기(氣)의 교류가 가능하게 되고, 불쾌한 경우는 기(氣)의 교류 자체가 거부되는 상황이 된다. 곧, 개별 취향이 나타나는 것이다.

　그러므로 적어도 초기 감각의 시기에는 유쾌하면서도 불쾌한 감각이 동시에 이루어지는 그런 경우는 애당초 성립할 수가 없다. 이것은 자극에 따른 감각은 결국 기(氣)의 흐름이기 때문에 어떠한 자극도 기(氣)의 일정한 규칙에 따라서 수용될 수밖에 없기 때문이다. 이와 같이 기(氣) 자체는 항상 상호 교류를 통하여 어느 한편에서 다른 한편으로 일방적 이동만이 있을 뿐이다. 다만, 여기에는 기(氣)가 소통되는 여건에 따라 적정량을 초과하거나 부족한 현상도 자주 나타난다.

　이러한 기(氣)의 특성은 다양한 우주 변화의 원리가 되며, 매우 중요한 의미를 지닌다. 광활한 우주 공간에서 언제나 이와 같은 기(氣)의 소통이 계속되고 있다는 사실 자체가 이미 세상의 모든 각각의 개체가 그만큼 불안정한 상태에 있는 것임을 반증한다. 또한 어느 한편에서 또 다른 한편으로 일방적인 기(氣)의 투입이 지속된다면, 그것은 기(氣)를 수용하는 편이 상대적으로 불안정한 상태임을 의미한다.

이처럼 특정 자극에 대한 수용과 거부가 일상생활 속에서 지속적으로 반복됨에 따라 신체 내부에는 기(氣)가 순환되는 일정한 길이 형성되기도 하는데, 이때가 바로 자극이 몸과 일치되는 순간이 된다. 즉, 자극이 온몸 깊숙이 배어들어 자극으로서의 가치를 잃게 되는 바, 이제는 아예 자극이 없어도 그 자극에 따른 특정의 반응을 하는 상태가 나타나게 된다. 이른바 습관이다.

예를 들면, 어린아이가 처음에는 생소한 그림책을 단지 호기심에서 보게 되지만 한번 흥미를 느끼고 계속 접하여 익숙해지면 어느 순간 습관적으로 그림책을 찾게 되는 상황에 이른다. 몸으로 익히는 것이 중요한 까닭이 바로 여기에 있다.

이제 이러한 습관성이 미약하게나마 형성된 이후, 엄마로부터의 보호가 약화되는 초기 감각의 후기에는 자신의 심리적 안정 역시 약화되어 다소의 불안감을 스스로 지각하게 된다. 이러한 심리적 안정에 대한 요구가 싹트게 되면 서서히 자아의식이 발생한다. 이제는 적극적으로 자신이 필요한 해법을 찾아 능동적으로 감각자극을 수용할 수 있게 된다. 신체 외부로부터 들어오는 자극을 변별하여 해당 자극만 수용하는 것이다. 이러한 때에는 자연히 신체 내부에서 기(氣)의 순환이 활성화되고 순조롭게 이루어지게 되므로 다소 유쾌한 자극이 수반된다.

이에 따라 일상의 생활 속에서 감각 활동은 자신의 기호에 따라 계속 이어 나가게 된다. 능동적 감각 활동이 곧 생활의 중심이 된다. 그리하여 이제 초기 감각 전기와 달리 자신이 능동적으로 자극에 다가서는 초기 감각 후기 단계에 이르면 감각의 민감성(敏感性, sensitiveness)이 나타나게 된다. 이것은 감각을 유발하는 자극의 최소의 강도에 해당하는 소위 식역(識閾) 수준을 낮추어 주고 감각의 정확성을 높여 주는 경향성이다. 식역이 낮을수록 순간의 감각으로 많은 정보를 명확하게 얻을 수 있는 가능성이 증가하는 것이다.

따라서 감각은 무엇보다 민감성을 갖추는 것이 중요한 관건이 된다. 대개 감각 능력이 부족하여 식역 수준이 높거나 자극에 대한 지각의 정확성이 떨어지면 여러 번 반복하여 감지하거나 부분적 혹은 그릇된 정보만을 얻을 수밖에 없는 것이 숨길 수 없는 이치이다.

유아기의 감각 발달이 매우 중요한 것은 바로 이 점 때문이다. 유아기는 눈, 귀, 코, 입, 피부 등의 각 감각기관이 바른 감각 능력을 갖추어 나가는 초기 감각의 후기에 해당되기 때문이다. 이때에 감각 능력을 충실하게 신장시켜 나가지 못하면 평생에 걸쳐 감각에 어려움을 겪게 된다. 이러한 의미에서 유치원 원아들의 활동은 무엇보다 감각 능력의 발달과 밀접하게 연계되어 있다는 점을 깊이 유념하지 않으면 안 된다.

대체로 유아들은 감각 능력이 미숙하기 때문에 인식에 어려움을 겪을 수밖에 없다. 그런데 이것은 유아들이 오히려 쉽고 빠르게 배울 수 있을 뿐만 아니라 더욱 견실하게 배울 수 있는 가능성을 열어 준다는 점에서 매우 중요한 의미가 있다. 이러한 가능성은 초기의 감각 활동에서 다음과 같은 두 가지 특징으로 나타난다.

첫째, 동일 자극에 대한 감각 활동을 수없이 반복하는 특성을 지닌다. 많은 경우 초기 감각이 부정확함에도 불구하고 장시간 기억되는 것은 어느 때보다 감각이 예민하게 작동하면서 집중적 반복이 이루어지기 때문이다.

예를 들어, 유아들이 놀이터에서 그네, 시소, 미끄럼 타기와 같은 동일한 행동을 매번 쉬지 않고 반복하는 것은 감각 능력을 높여 나가는 한 가지 방편이다.

특히 학습에 있어 기민한 복습은 학습 내용의 정확성을 더해 나감은 물론 기억의 장기화를 추구하는 관건이 된다. 여기에서 기억의 장기화와 관련하여 한 가지 언급해 둘 것은 자극의 정도가 강한 경우와 빈도가 잦은 경우로 구분하여 생각할 필요가 있다는 점이다. 다시 말해, 전자는 어느 한 순간 충격적 장면을 목도한 경우이며, 후자는 생활 속에서 일상적으로 동일한 대상을 자주 접하게 되는 경우이다. 두 가지 경우 모두 장기 기억 속에 남아 있게 되지만 그 특성은 매우 다르다. 그 이유는 전자가 오로지 자극의 한순간 정보만 기억하고 있는 것에 반해, 후자는 장기간에 따른 변화의 다양한 정보를 통합적으로 기억하고 있기 때문이다. 전자는 후자에 비하여 자연히 정보로서의 조직적 특성이 빈약할 수밖에 없다. 이처럼 빈약한 정보는 정보로서의 활용 가치가 그만큼 떨어지기 때문에 그것을 활용하기에는 어느 정도 정서적 불안감을 갖게 된다.

하지만 후자의 경우에는 사뭇 사정이 다르다. 장기간 삶 속에서 변화를 함께하는 동안 상대 자극과 크고 작은 관계맺음, 즉 일화들이 이미 기억 속에 뚜렷하게 배어 있어 자신도 모르게 친밀감을 느끼게 되는 현상이 나타난다. 이러한 현상은 특히 초기 감각으로 기억이 형성된 경우 더욱 강하게 나타나고 있다.

예컨대, 나이가 들어갈수록 고향에 대한 그리움이 더해 가는 것은 바로 어린 시절 이러한 초기 감각의 특성 때문인 것으로 볼 수 있다.

이러한 의미에서 정서의 안정은 초기 감각에 의한 기억과 깊은 관련이 있음을 알 수 있다.

한편 이러한 기능이 장기간 반복적으로 발생하면서 대뇌는 점차 자신에게 보다 유용한 정보와 그렇지 못한 것을 구분할 수 있는 능력을 새롭게 갖추게 된다. 또한 언어를 익혀 나감에 따라 점차 개념적 인식능력이 신장되어 사고력이 발달함으로써 문제 발생에 따른 사후 처리 방식에서 사전 대처 방식으로의 전환이 가능하게 된다.

둘째, 모든 행동에서 놀이의 행동양식을 나타낸다. 대체로 언어 이전의 통합적 감각은 감각의 부정확성을 부른다. 그리고 그것은 일차적으로 강한 탐구심과 호기심을 유발하게 된다. 놀이는 그러한 모호성이 작용하여 특정 대상에 한없이 몰입하는 현상에서 나타내는 행동의 하나이다. 물론 이것은 스스로 미숙함을 무의식적으로 감지하고 그 대상에 대한 감각의 확실성을 더하는 노력의 일환이지만 나아가서 개인의 감각 능력을 높이는 기회로 작용한다는 점에 더 큰 의미가 있다.

더욱이 이들은 아직 기억 능력마저 미숙한 상태이기 때문에 감각의 정확성을 유지하는 데 어려움이 따르고 감각은 오로지 반복에 의존할 수밖에 없기 때문에 감각 능력 부족에 따른 정서적 안정감은 매우 미약할 수밖에 없다. 유아기의 정서가 수시로 변하는 것은 이와 같이 감각에서 정확성이 부족하고 기억력이 항상 한계에 부딪히고 있기 때문이다. 유아들에게 놀이라고 하는 활동이 집중적으로 나타나는 특유의 현상은 이처럼 자극 대상과 감각의 괴리를 크게 겪을 수밖에 없는 절박한 현실에서 자연히 긴장이 고조되고 그러한 긴장을 자연스럽게 해소하려는 경향으로 나타나는 현상이다.

이러한 개별적 놀이 현상이 지속되는 가운데 놀이는 점차 또래들과 함께하는 경향으로 발전하게 된다. 하지만 자신의 생각대로 하던 과거와 달리 이제는 상대가 저항하거나 심지어 놀이 자체가 무산되는 사태를 겪게 되면서 조금씩 자아를 의식하게 되는 단계에 이른다. 타인과의 차별성을 인식한 이후 자신의 감각과 신체의 일체감을 바탕으로 한 사고의 경향성이 나타난다. 곧 주체성(主體性, subjectivity)의 단초가 마련된다.

본래 주체성이란 문자 그대로 각 개체별 신체적 특성에 따른 주인의식이다. 즉, 자기 신체[體]의 주인[主]이 자신임을 뚜렷하게 자각하는 성향이다. 물론 천차만별의 여건과 상황에 따라 주체성이 다소 다르게 형성되는 것도 사실이지만, 궁극적으로는 신체적 개별 특성이 주요 관건이 된다는 점은 부인할 수 없다. 즉, 기(氣)의 소통은 언제나 신체의 개별적 특성에 따라 다르게 진행되어 나간다는 사실을 주목해야 한다. 다시 말해, 개체별 기(氣)의 소통 차이는 일차적으로는 감각의 개별성으로 나타나며, 이것을 기화로 하여 이차적으로 정신의 개별성이 결정된다는 것은 너무나도 분명한 사실이다. 곧, 신체의 개별적 특성은 감각의 개별성과 연계되어 외부와의 차별성을 인식하는 근간이다.

여하튼 유아들은 이러한 신체의 개별적 특성에 따라 감각 대상을 오로지 욕구 충족을 위한 도구로 파악하고 자신의 호불호를 투사하여 인식하는 수단적 인식이 싹트기 시작한다. 자기중심적 사고 성향을 강하게 나타내는 시기가 바로 이때이다. 하지만 실상 이러한 성향은 점차 객관적 인식으로 발달하여 나가는 과정에서 저해 요인이 된다는 점에서 오히려 주의를 요하는 부분이다. 그러므로 일상생활 속에서 부모는 가급적 수단적 인식에서 벗어나 솔선하여 사물의 본질을 파악하기 위하여 노력하는 것이 자녀교육에 매우 중요하다고 할 수 있다.

2) 통제 감각

앞서 언급한 초기 감각의 토대 위에서 인간은 그것을 초월하여 자주정신에 의한 통제 감각의 전기를 마련하게 된다. 신체에 기반을 두고 단지 주변 자극에 대한 일차적 반응을 하던 감각이 그 역할과 기능에서 이전과는 완연히 다른 모습을 나타낸다. 자극에 의한 감각이 감각에 의한 자극으로 전환된다. 이것이 바로 자신만의 고유한 정신의 통제하에 이루어지는 통제 감각이다. 물론 이것은 정신 작용의 강화에 따른 언어에 의한 인식과 개념의 지원이 없이는 절대로 불가능하다. 이러한 과정을 자세히 살펴보면 다음과 같다.

통제 감각 단계에 처음 들어서면, 아직까지는 기존과 같이 단순히 자신의 몸으로 습득한 자극에 대한 감각 정보를 단지 매개개념으로 변환하여 대뇌에 전달한 다음 그것에 대한 확인을 위해 다시 몸을 통하여 개념적 정보를 되돌려 반응을 나타내는 정도에 불과하다. 이러한 통제 감각의 초기 단계인 만 6세에서 12세까지는 모든 자극의 수용이 주로 초기 감각의 형태로 이루어지되 자극에 대한 반응에 있어서는 과거와는 달리 통제 감각의 특성을 지니는 양상을 나타낸다. 그러므로 이 시기에는 자극의 수용과 그에 따른 반응 과정에서 매개개념의 변환에 따른 다소의 혼란을 초래하는 경우가 나타난다.

하지만 이러한 과정이 반복적으로 이어지면 점차적으로 감각의 정확성이 보다 정교해지면서 그에 따른 개념 인식도 매우 상당한 수준에 이르게 된다. 이와 같이 개념적 인식 수준이 어느 정도 강화되면 이제는 개념체계가 조금씩 형성되기 시작한다. 이러한 변화는 기억의 회상 능력을 신장시켜 사고력을 증가시키는 원동력이 된다. 이처럼 사고력이 급속하게 신장되는 시기가 통제 감각의 중기 단계로서 대체로 만 13세에서 18세 이전까지이다.

그러나 아직까지는 감각에 따른 자극의 수용은 거의 기계적 작용을 벗어나지 못하고 있는 상태이다. 다시 말해, 아직 정신의 자율적 활동은 찾아볼 수 없는 단계인 것이다. 그러므로 이 시기에는 유독 새로운 자극이 아닌 경우를 제외하고서는 자극을 기존의 감각 개념과 연계하여 인식하려는 경향을 나타낸다. 모든 자극을 일일이 수용하여 인식하던 초기 단계의 형식을 벗어나 기존의 개념에 비추어 유사하거나 또는 동일한 자극에 대하여는 그대로 인식하는 성향을 나타낸다. 그만큼 자극의 정보처리에 요구되는 대뇌 활동에는 여유를 갖게 된다. 그러나 만일 기존 개념에 부합하지 않는 경우에는 부득이 새로운 개념을 형성하여 인식할 수밖에 없다.

그러나 이제 통제 감각의 후기 단계인 만 18세 이후가 되면, 감각자극은 단지 감각의 단초가 되어 감각과 인식은 서로 분리되는 현상이 나타나게 된다. 자극을 감각하여 인식하는 기존 순방향의 대뇌 활동이 아닌 대뇌의 기존 인식과 판단에 따라 그에 알맞은 자극을 선택적으로 찾아 나서는 역방향의 감각 활동을 하게 된다. 그리하여 대뇌가 단순히 일정한 자극을 수동적으로 감각하여 그에 대한 정보처리를 하던 기존의 방식을 뛰어넘어 이제는 자신을 보호하기 위한 예방적이고 보다 적극적인 감각 활동에 나서게 된다.

이러한 감각에서 특히 중요한 것은 추후에 논의될 구상이 사고의 한 영역으로 자리 잡게 된다는 점이다. 다시 말해, 사전의 계획에 따라 자신에게 더욱 유용한 정보를 찾아 나서는 정신의 자율적 활동이 나타나는 것이다. 이러한 경우에는 집중에 더하여 일정한 판단에 따른 사전 선택이 필요하게 된다. 또한 아무리 강한 자극이 옆에 있어도 일단 대뇌의 판단에서 벗어나 있다면 감각에서 제외된다. 소위 말하여 선택적 감각이 가능해진다. 이러한 선택적 감각에 따른 지각이야말로 바로 통제 감각의 본령이다.

그러한 의미에서 초기 감각의 다양성과 견실성은 무엇보다 중요하지 않을 수 없다. 통제 감각을 위한 기본 판단은 기존 초기 감각에 따른 풍부한 개념의 명확성과 회상 능력의 보장이 없이는 불가능하기 때문이다. 즉, 초기 감각의 부실은 바로 통제 감각의 약화를 초래한다. 아무리 통제 감각이 개념적 인식을 토대로 하는 것이기는 하지만 그 개념의 명확성은 직접적인 감각의 생생한 체험이 없이는 거의 불가능한 것이기 때문이다.

유아기에서 가상공간의 체험이 위험한 까닭이 여기에 있다. 일반적 의미에서 초기 감각은 신체의 각 부분에서 촉발되는 정보를 일차적으로 감지하는 원초적 역할을 벗어날 수는 없지만, 역설적으로 초기 감각의 수준을 충실하게 벗어날 때만이 통제 감각으로서의 자격을 얻을 수 있다는 점을 분명히 알지 않으면 안 된다.

여기서 감각에 따른 대뇌의 주체적 작용을 주목해야 한다. 적어도 일상의 감각 정보는 주로 통제 감각 상황에서 이루어지며, 이것은 대뇌의 자율적 판단 여하에 달려 있다는 점이다. 즉, 감각 이전에 선제적 대뇌의 선택과 집중에 따라 감각 활동이 완성된다는 점이다. 이처럼 주체의 자율적 판단에 숨겨져 있으면서 정보의 수집을 통제 조정하고 활용하는 것이 곧 정신 활동이다. 만약 감각이 일정한 정보를 그대로 받아들여 단순히 대뇌에 전달하는 본래의 역할에 그친다면 감각 특유의 주체성을 잃게 됨은 너무나 자명한 이치이다.

일반적으로 인간이 여타 동물과 뚜렷한 차이를 나타내는 점이 바로 이러한 통제 감각이다. 이에 의하여 인간은 비로소 주체의식에 따른 자주성(自主性, independence)을 확보해 나갈 수 있으며, 그에 따라 자유롭게 사유할 수 있는 정신적 존재가 되기 때문이다. 초기 감각에서 주체성은 단지 다른 사람들과의 신체적 차별성의 근거로서 의미를 지니는 것이라 한다면, 통제 감각에서의 자주성은 자신의 삶을 경영하는 권한을 지닌 정신적 근거로서 의미를 지닌다고 할 수 있다. 이후 이러한 자주성은 주관성에서 객관성 그리고 자아초월성으로 점차 발달해 나아간다. 이러한 과정을 간단히 살펴보면 다음과 같다.

우선 주관성은 자기중심적 사고 경향에 따른 것이다. 물론 아직 개념 형성 이전의 유아들도 이러한 성향을 어느 정도 나타내지만, 이들은 단지 본능적으로 자기중심적 행동 성향을 나타낼 뿐 자기중심적 사고에 의한 행동을 하지는 못한다. 그러나 통제 감각 단계에 나타나는 사고에는 주체적으로 자신의 감각을 통제하고 조정하는 대뇌의 정신 활동이 나타난다. 이것의 중요한 특성 중의 하나는 주체적 사고를 통한 창의적 판단을 한다는 점이다. 즉, 자주성이 확보되는 것이 된다. 그런데 이것은 대뇌의 구상 작용이 주요 근간이 된다.

구상(構想)은 기본적으로 일정 수준의 창의를 요하는 것으로 여기에 반드시 주체의 조작 기능이 수반된다. 달리 말하면, 구상은 자신의 내부 세계를 겉으로 드러내기 위하여 일정한 의도에 따라 조작을 꾀하는 것이다. 이러한 조작은 일차적으로 자신의 신체를 근거로 한 초기 감각에 의한 직감이나 개념체계일 수밖에 없기 때문에 자연히 과거 자신의 감각 활동에 따른 경험 수준을 넘어설 수 없는 한계를 지닌다. 이처럼 한계를 벗어나지 못하고 오로지 자신의 직감이나 개념체계를 중심으로 조작을 꾀하는 구상의 주체적 성향을 주관성(主觀性, subjectivity)이라고 한다.

다음으로 객관성은 자기비판의 경향에 따른 것이다. 이것은 주관성 중심의 삶에서 무엇인가 문제가 있음을 조금씩 의식하면서부터 시작된다. 점차 자신의 결함을 스스로 느끼게 되거나 아니면 다른 사람의 생각이 자신의 것보다 더 나은 것임을 깨닫고 모종의 문제를 의식하게 됨에 따라 객관의 세계로 나아가게 된다. 이러한 문제의식은 자기비판의 결정적 모태가 된다. 그리고 자기비판의 성향은 대뇌의 일차적 기능인 감각의 통제에서 이차적 기능인 자기 정신의 통제로 전환시키는 토대가 된다. 좀 더 구체적으로 말하면, 그동안 자극과 인식의 결과가 오롯이 일치되지 않는 부분이 더욱 분명해지면서 자극은 물론 자신의 생각에도 허점이 있음을 비판적으로 의식하게 된다.

이처럼 자신의 인식과 사고를 비판적으로 보는 성향을 객관성(客觀性, objectivity)이라고 한다. 이것은 그야말로 대뇌 활동의 본령이라고 할 수 있는 인간의 숭고한 정신이다. 여기에서 대뇌의 일차적 기능은 감각의 통제에서 출발하지만 이것이 한계를 드러냄에 따라 이제는 감각을 통제하는 기능 그 자체를 통제하는 자아통제력 즉, 정신을 잉태하고 있다는 점을 확인하여 둘 필요가 있다. 다시 말해, 정신의 자기비판 성향은 지금까지의 감각에 대한 단순 통제 속에 숨겨져 있던 자주성이 한걸음 더 진전되고 주관성을 벗어나는 계기를 마련한다.

마지막으로, 자아초월성은 주관과 객관의 초월이다. 주관성의 한계를 객관성에 의하여 어느 정도 보완한 것은 분명하지만 살아 있는 비판 정신은 아직도 자신의 판단에 대한 의심의 여지를 떨쳐 버릴 수가 없다. 그것은 감각적 주관과 개념적 객관이 모두 무의미하게 될 때이다. 주관과 객관 모두가 분명 아무런 하자가 없는 경우에도 단순히 매듭지을 수 없는 또 다른 문제가 있음을 의식하게 된다. 주관과 객관이 상대적으로 인정할 수밖에 없는 딜레마에 봉착하게 되는 순간을 접하게 된다.

예컨대, 어느 한 사람만 구해야 하는 절체절명의 순간에 부모님과 자식의 양자 선택의 기로에 서면 그 어떤 입장에서도 대안을 찾을 수 없는 갈등의 질곡에 빠져들게 된다. 여기에서는 나의 주관과 타(他)의 객관도 아무런 의미가 없다. 지금까지 주관의 상대로서 대립적으로 인정하던 객관이라고 하는 도식적 구도가 허물어진다. 이것의 핵심적 사안은 바로 주관과 객관 모두가 오로지 감각의 개념적 틀에 기반을 두고 있는 때문이다. 그리하여 이제 대뇌의 작용 영역은 서서히 감각에서 벗어나는 상태로 나아가게 된다.

대뇌의 활동은 역으로 점차 감각에 따른 주체성을 상실해 나가면서 순수논리에 따른 객관적 세계도 벗어나게 되는 계기가 형성된다. 주관과 객관의 대립이 사라지고 자아초월의 경계에 진입할 수 있는 계기가 마련된다. 이처럼 자신의 존재를 넘어서 또 다른 차원의 인식의 세계를 열어 가는 것을 자아초월성(自我超越性)이라고 한다.

이러한 의미에서 특별한 경우를 제외하고 현실적 감각자극을 토대로 형성되는 사고는 역시 개별적 특성을 지닐 수밖에 없는 것임을 알 수 있다. 이와 같은 사고, 감각과 정서 그리고 감각과 정신의 관계는 후에 논의되는 관련 부분에서 더 자세히 다루고자 한다.

이상으로 기(氣)의 소통과 감각의 관계, 초기 감각과 주체성, 통제 감각과 자주성, 정신으로서 대뇌의 자기통제에 따른 주관성과 객관성 그리고 자아초월성 등의 의미를 살펴보았다. 이제 감각의 꽃이라고 할 수 있는 직관을 살펴볼 수 있는 계기가 마련되었다. 신체에서 감각을 분리할 수 없다면 감각에서 직관 역시 거의 절대적 의미를 지닌다고 해도 과언이 아니다.

3. 직관

직관은 직감을 토대로 형성된다. 그러므로 우선 직감에 대하여 살펴볼 필요
가 있다. 그런데 직감은 또한 초기 감각과 밀접하게 관련되어 있다. 직감과 초
기 감각은 모두 감각에 뿌리를 두고 있는 인식 작용이라는 점에서 매우 엇비
슷하게 대비되는 점이 있다. 초기 감각이 비교적 시간적 여유를 가지고 온몸
을 활용하여 충분한 자극 정보를 수동적으로 수용해서 인식하는 방식을 취하
는 반면, 직감은 순간적 상황에서 극히 부분적 감각자극을 활용하여 선제적 인
식을 꾀한다는 점에서 그 특징이 대조된다. 뿐만 아니라 전자는 대체로 자극의
수용에 중점을 두고 추후에 호불호의 감정을 유발한다면, 후자는 유불리의 판
단을 전제로 하여 자극의 실체 파악에 중점을 둔다는 점에서 차이가 있다. 한
마디로 말해 초기 감각이 자극의 실체를 정확하게 인식하는 데 중점이 있다면,
직감은 자극과 신체의 상호 관계를 순간적으로 살피는 것에 초점이 있다.

물론 직감도 상호 관계 파악을 위하여 자극의 명확한 실체 파악이 선행되어
야 하는 것은 분명하지만, 그것은 주어진 상황과 자극의 한계로 불가능한 일이
다. 어디까지나 수동적 입장에서 이미 주어진 자극을 있는 그대로 여유 있게
받아들일 수 있는 초기 감각의 경우와는 사정이 완연히 다른 것이다. 직감의
특성은 자극의 실체를 미처 접하지 못한 상황에서 오직 자극의 단서만으로 자
신의 모든 감각을 활용하여 순간적으로 실체의 전모를 파악하는 데 있다.

이러한 인식에 필수적으로 활용되는 것이 느낌이다. 여기에서 소위 느낌
(feeling)이라고 말하는 것의 의미를 살펴보지 않을 수 없다. 모든 인식은 일단
감각자료를 토대로 이루어지는 것이 보통이다. 느낌 역시 인식에 감각자료를
활용한다는 점에서는 일반적 인식과 다름이 없다. 다만, 느낌은 그 감각자료가
자신의 신체 내부 신경망에서 유통되는 각종의 정보라는 점에서 매우 특수한
인식 작용의 하나이다. 즉, 신체 내부에서 소통되고 있는 모든 정보의 유통 속
도는 물론 그 질과 양 그리고 정보의 형태 등 가급적 인식 가능한 모든 정보를

탐색하여 인식하려 한다. 한마디로 말해, 느낌은 감각과 인식이 통합된 특수한 인식의 형태 중 하나로 오로지 신체 내부에서 에너지, 즉 기(氣)가 소통되고 있는 진행 상황에 대한 감각적 인식이다.

이러한 의미에서 느낌과 직감이 모두 감각을 중심으로 하지만 그 대상은 분명히 다르다. 직감은 외부 실체나 현상이 그 대상이 되는 반면, 느낌은 신체 내부 기(氣)의 소통과 그 변화에 따른 상태가 대상이 된다.

예를 들어, 어떤 영화를 감상할 때 무엇인가를 직감하거나 느낄 수 있다. 영화에서 특정 배역을 담당하고 있으면서도 아직 정체를 드러내지 않고 있는 인물의 실체를 오직 암시나 복선의 예비 단서 하나에 의존하여 순간적으로 인식하면 직감이 되지만, 그러한 인식의 순간 이면에 자신의 내부에서 진행되고 있는 기(氣)의 소통에 따른 변화에 대한 인식은 느낌이 된다.

이러한 의미에서 느낌과 직감이 분명히 다른 것임에는 틀림이 없다. 직감이 순간에 이루어지는 점을 감안한다면 여기에는 모종의 예지(豫知)가 작동되고 있다고 달리 표현할 방법이 없다. 하지만 문제는 직감 이전에 반드시 모종의 느낌이 선행된다는 점을 인식해야 한다.

여기에서 직관에 대한 보다 명료한 이해를 위하여 인식의 한 가지 대안으로서 먼저 직감과 인식의 관계를 확인할 필요가 있다.

1) 직감과 인식

인식은 그 중심이 신체와 대뇌 중 어디에 있는가에 따라 감각적 인식과 개념적 인식으로 구분된다.

전자는 태내에서 최초 심장박동이 이루어지는 순간 이후 가능하지만, 후자는 일정한 준비와 능력이 구비되어 있어야 한다. 즉, 감각자료의 변환에 요구되는 일정한 형식이 구비되어 있어야 함은 물론 자료의 분석, 비교, 판단, 종합, 평가 등 일련의 대뇌 활동 능력이 반드시 필요하다. 이러한 제반 능력의 핵심은 각 사안에 따라 일정한 기준을 스스로 정립할 수 있는 능력에 있다.

우선 감각적 인식에 대하여 살펴보면 다음과 같다.

이것은 주로 영·유아들에게서 찾아볼 수 있다. 일반적으로 유아기에는 대뇌 능력 자체도 부족할 뿐만 아니라 개념적 인식에 따른 일정한 변환 형식을 적용할 수도 없기 때문에 오로지 순수 감각을 통한 감각적 인식을 할 수밖에 없다.

따라서 특히 영아들은 단지 경험에 의하여 대상으로부터의 감각자극을 일부분 수용하여 그것을 거의 그대로 기억 속에 저장하는 정도의 극히 미약한 수준의 감각적 인식이 이루어질 뿐이다. 다시 말해, 감각자극을 겨우 저장하기 위하여 뇌에 힘겹게 연결하는 정도의 인식이다. 이들에게 있어 감각은 어느 정도 가능하나 인식이 명확하지 못하기 때문에 제대로 알 수 있는 것은 거의 없다고 해도 과언이 아니다.

그럼에도 불구하고 이러한 반복적 감각 활동에 의한 인식은 자신의 신체에 직접적 느낌으로 다가오는 불쾌감과 쾌감 등에 대한 감각기억도 함께 증진시켜 나간다. 이것은 결국 감각자극의 명료성을 더해 감으로써 인식능력을 증진시키는 원동력이 된다. 하지만 아직은 충분하게 인식의 확실성을 보장하지 못한다는 것을 스스로 느끼게 된다. 이때 나타나는 것을 소위 눈치라고 한다. 이것은 인식능력을 신장시켜 나가는 초기 감각 단계에서 어린 유아들이 자신의 느낌과 인식에 의한 판단보다는 다른 사람들의 동정을 살피는 경향에 따른 것이다. 즉, 눈치는 인식의 불안에 대처하는 생존 방식의 하나이다.

그러나 초기 감각은 매우 활발하게 작동하고 있으며, 감각 활동에 따른 감각의 발달은 오직 이 시기에 집중되고 있다. 특히 환경 적응에 주력하는 초기 감각의 전기와 달리 3세 이후 6세까지의 후기는 소위 감각 민감기로서 매우 기민하게 감각을 활용하는 시기이다. 이때는 직감과 거의 유사한 감각 활동을 나타낸다. 그리하여 소위 감각 민감기인 유아기에 접어들면 주체할 수 없는 호기심이 발하며, 그에 따라 감각을 더 명확하게 하려는 의도가 깊어지고 더 나아가 감각신경의 성장이 촉진되는 계기가 마련된다.

이제 이러한 성장을 바탕으로 반복적으로 감각 활동이 이어지면 점차 자신도 모르게 인식의 확실성이 강화되어 어느 정도 감각적 인식에 대한 확신이 가능한 단계에 이른다. 이러한 단계에 이르면 이제 감각기억이 자극을 수용하게 됨으로써 일반적 감각자극은 습관적으로 받아들이고, 한편에서는 감각의 단초만으로도 인식할 수 있는 능력이 확보된다. 이때, 자신도 모르게 체내에 각각의 인식 결과뿐만 아니라 그 인식의 과정에서 겪었던 느낌까지 함께 배어들게 된다. 이러한 경험이 점차 축적되어 가면 이제는 인식의 결과 이전에 그 과정의 단초만으로도 결과를 판별할 수 있는 가능성이 열리게 된다.

이처럼 별다른 준비가 필요 없이 거의 본능적 감각 능력에 따라 감각자극의 단초만으로도 순간적인 감각적 인식이 이루어지는 것을 소위 **직감**(直感, immediate perception)이라고 한다. 앞에서 언급한 예지는 바로 이러한 것을 의미한다고 할 수 있다. 이것은 가급적 감각의 일차 정보인 간접 자료를 그대로 활용하여 순간적으로 인식하기 때문에 일정한 형식은 물론 언어로의 변환도 허용되지 않는다. 여기에는 오직 감각과 그것의 직접적이며, 순간적 인식 작용이 있을 뿐이다. 이 때문에 직감에서 무엇보다 중요한 것은 주요 감각자료에 대한 정확한 선택적 감각 능력과 동물적 감각 능력이다.

이러한 의미에서 직감은 일정한 목적하에 순간적으로 이루어지는 데 반해, 감각적 인식은 자신에게 다가오는 자극을 수용하여 여러 가지 특성을 종합하고 판단하여 이루어지는 것이라는 점에서 차이가 있다. 직감은 주로 신체로부터 직접 얻어 낸 자극 정보를 활용하므로 때로는 육감(肉感)이라고도 한다. 인간의 모든 인식은 사실 이러한 직감이나 감각적 인식에서 비롯되는 것이라고 해도 과언은 아니다.

이와 같은 직감과 감각적 인식은 후에 기술되는 정서의 기반이 되며, 매우 깊은 관심을 요한다. 다시 말해, 모든 인식은 실상 정서 감각에서 시작된다는 의미를 주의 깊게 살펴볼 필요가 있다. 인간은 그 어떠한 경우에도 자신의 신체가 최우선이 되기 때문이다. 다음에 논의될 개념적 인식이 아무리 중요하다 하여도 그 이전에 자신의 신체가 우선이다. 그것은 자신의 생명 기반이 되는 동시에 그 자체가 생명 유지의 도구가 되기 때문이다. 모든 인식은 그러한 도구의 한 방편일 뿐이다.

이러한 의미에서 감각적 인식은 아직 충분한 인식능력이 준비되어 있지 못한 상황에서 신체가 요구하는 최소한의 수단적 인식 방법이며, 또한 이것이 제반 인식능력의 토대가 되는 것임을 알 수 있다.

이제 비로소 개념적 인식에 대하여 살펴볼 수 있는 계기가 마련되었다. 개념적 인식이 이루어지는 것은 자극과 언어를 연결하는 경험이 축적되어 나가면서 다소의 일정한 기호 형식을 마련한 이후가 된다. 그 이전에 감각적 인식은 주로 개념적 인식의 기초를 공고하게 마련하고 나아가 기호 형식을 점차 신장시켜 나가는 준비 과정으로서의 의미를 지닌다고 할 수 있다. 일상적 학교교육은 대부분 이러한 개념적 인식과 밀접한 관련이 있다고 할 수 있다.

학교교육은 오랜 기간에 걸쳐 학생들에게 여러 가지 능력을 신장시켜 나가지만, 특히 개념적 인식능력의 신장은 그 중심에 있다고 해도 과언은 아니다. 그리하여 대다수의 사람은 학교교육의 성패가 지적 능력의 발달 정도에 달려 있다고 굳게 믿고 있는 것이 현실이다. 이것은 지적 능력이 기본적으로 개념적 인식능력을 중심으로 하여 기억력, 이해력, 사고력 등 다양한 능력을 포함하고 있기 때문이다.

개념적 인식에서 이처럼 다양한 능력의 신장이 가능하게 되는 것은 전적으로 개념의 특성에서 찾을 수 있다. 개념은 사물의 실체를 의미 있게 부호화하여 사물이나 의미 상호 간에 관계를 형성할 수 있도록 함으로써 인식의 깊이와 폭을 확대하는 원동력이 되기 때문이다. 단순 감각적 인식에 비하여 개념적 인식에서는 인식의 명확성이 더 정밀해지는 것은 물론 새로운 의미의 창출이 가능해진다. 이에 따라 개념적 인식은 특히 시·공간을 넘나드는 추상적 사고가 가능하도록 함은 물론 상호 의사소통의 중요한 방편이 되는 등 여러 가지 강점을 지닌다. 즉, 개념적 인식은 다양한 사물과 현상에 대한 이해를 촉진하고 그러한 이해는 안정된 기억을 보장하며, 더 나아가 다양한 사고의 길을 마련하여 준다. 이러한 관점에서 누구나 개념적 인식능력의 중요성은 아무리 강조해도 오히려 부족하다고 할 수 있다.

감각적 인식이 거의 대부분 정서 안정에 활용되는 것임에 비해, 개념적 인식은 비록 엄청난 노력과 준비가 필요하지만 그 후에는 그 어느 도구보다 인식과 사고에 활용할 수 있는 범위가 거의 무한으로 열려 있다는 점에서 분명한 차이가 있다.

2) 인식의 한계와 직관

지금까지 간략하게 살펴본 감각적 또는 개념적 인식은 인간이 비교적 쉽게 활용할 수 있는 측면이 있으나, 인식의 명확성에서는 다음과 같은 몇 가지 일정한 한계를 지닌다.

우선 감각적 또는 개념적 인식은 기본적으로 인식 대상의 부분적 자료를 종합하여 이루어지는 것이므로 하나의 전체를 부분으로 분석하고 종합하는 과정에서 일정한 한계를 나타낸다. 또한 인식의 부분적 자료가 일정한 제약을 지닌 육체의 감각기관을 매개로 하므로 인간의 감각 능력에 따른 한계를 피할 수 없다. 뿐만 아니라 그러한 인식은 개별적 감각과 경험에 의한 개념을 활용하기 때문에 그에 따른 개념의 주관성, 사회 문화적 편향성 등을 벗어날 수 없다. 여기에 더하여 인식은 그 자체가 이미 본래적으로 지니고 있는 인식의 주체와 감각 대상 간의 괴리, 언어 자체의 한계 등 제반 문제로 그 확실성에 대한 의심의 눈초리를 도저히 피하기 어렵다.

이와 같이 모든 사물과 현상에 대한 인식은 필연적 한계가 있다. 대개 학자들이 자신의 학문에 깊이를 더해 가려 하는 것은 이러한 인식 수준의 한계를 절감하고 스스로 극복하고자 하는 것에 일차적 목적이 있다고 할 수 있다. 그러나 문제는 그 깊이를 더해 갈수록 어느 정도 명확성이 확보되기도 하지만, 다른 한편으로는 또 다른 의문이 더욱 증폭되어 가는 현상을 피할 수 없다. 다시 말해, 인식의 명확성을 더해 가는 과정과 결과에서도 동일한 인식의 한계를 노정시킨다. 물론 그러한 과정에서 어느 정도 명확성이 확보되는 것은 분명하지만 확실한 결과를 보장하지 못한다는 점에서는 별다른 차이가 없는 것이다. 그동안 이에 대한 다각적인 해결책을 모색해 오고 있는 것도 사실이다.

예컨대, 형이상학, 현상학, 논리학, 과학 등을 동원하여 인식의 한계를 해결하기 위한 방안을 모색하고 있지만 근본적 해결에는 아직도 미치지 못하고 있다는 점에서 역시 별다른 차이는 없다고 할 수 있다.

이에 하나의 대안으로 제기되는 것이 총체적 의미의 함축성이다. 복합적 다양을 함축적 단순으로 변환하는 것이다. 직관(直觀, intuition)이 요구되는 것은 바로 이 때문이다. 이러한 직관의 특성은 무엇보다 **총체성**과 **함축성**에서 찾을 수 있다. 한마디로 말해 직관은 직감을 포함한 제반 인식의 과정과 결과가 함께 통합되어 순간의 감각으로 인식하는 총체적 인식의 방법이다. 따라서 직관은 앞서 살펴본 직감이 거의 필수적이라 해도 과언이 아니다.

직관은 특히 예술과 종교 등의 분야에서 매우 유용하게 활용되고 있다. 윤리적 갈등과 예술적 판단에는 단순 감각과 개념적 판단으로는 도저히 해결할 수 없는 한계를 극명하게 드러내기 때문이다.

상식적으로도 예술 분야는 개념적 판단의 여지가 적은 것임을 직감할 수 있다. 그것은 예술이 **복합성**과 **함축성**을 필수적으로 요구하기 때문이다. 이것은 일차적으로 개념적 인식의 변환 형식을 거부하며, 그렇다고 하여 감각적 사태를 분석하여 비교하거나 판단하는 것도 아닌, 있는 그대로의 감각자료를 온몸으로 수용하는 직접적 인식의 방식이라는 점에서 직관과 부분적으로 맥을 함께한다.

특히 인간의 주요 인식 대상이 되는 자연은 앞서 언급한대로 하나로 연계되어 있는 총체로서 사실 어느 한 부분을 따로 구분하여 파악하기에는 필연적 한계가 있을 수밖에 없다. 모름지기 부분은 전체를 전제로 의미를 지니기 때문이다.

예를 들어, 이른 아침에 숲속의 산장에서 느낄 수 있는 상쾌함은 주변 환경이 전해 주는 그 복잡하고 다양한 정보를 일정한 도식(scheme)에 적용하고 해석하여 형용할 수 있는 것이 결코 아니다. 이것은 굳이 감각자료 이면에 숨겨 있을지도 모르는 그 무엇을 찾아 궁리하는 것도, 그것의 존재 이유를 묻는 것도 아니다. 오히려 일상적 행위 자체가 한갓 부질없는 것이 되는 또 다른 차원의 세계가 전개된다. 다시 말하면, 인식에서 특정한 개념적 결과를 허용치 않는다. 이것이 바로 직관이다. 여기에는 인식 대상에 따른 인식의 과정과 결과에 인식 주체의 순수성과 진실성만이 오롯이 담겨 있을 뿐이다.

그러므로 직관은 기존의 감각적 또는 개념적 인식의 틀과는 다른 형식의 인식을 불러일으킨다. 여기에서 흔히 사용되는 방법 중의 하나가 바로 **총체적 인식**이나 **함축적 인식**이다.

우선 총체적 인식은 다양한 자극 정보를 낱낱이 분별하기 전에 총체적 의미 체계에 대한 직감이 선행된다. 이것은 개념적 인식과는 반대로 전체를 있는 그대로 받아들이는 것이 주가 되며, 이후 부분으로 변환하는 과정은 단지 보조적 의미를 지닐 뿐이다. 물론 이러한 인식은 사전에 이미 수많은 정보의 치밀성과 관련성을 확보한 개념체계가 형성되어 있을 경우에 보다 더 그 의미의 생산성을 극대화할 수 있다. 그러한 개념체계는 신체의 기(氣)와 자극에 대한 정보 상호 간에 의미 있는 관련성을 간편하게 확보하거나 자극의 핵심적 정보를 확인하기 위한 다양한 정보처리의 과정을 대부분 생략할 수 있는 바탕이 되기 때문이다.

어떠한 의미에서 총체적 인식의 성패는 직감 능력의 예리함과 개념체계의 성숙 정도 여하에 달려 있다고 해도 과언이 아니다. 한마디로 말해 직감 능력과 방대한 개념체계의 정밀성이야말로 인식의 총체성을 확보할 수 있는 관건이 된다고 볼 수 있기 때문이다.

따라서 어느 정도 성숙한 개념체계가 조성되면, 그 이후 모든 개별 사태에 대한 인식은 한결같이 사전에 구축되어 있는 개념체계 내에 융해되어 사라지는 현상이 발생하게 된다. 다시 말해, 부분적 의미에 의하여 총체적 의미를 구성하는 것이 아니라 총체적 의미에서 부분적 의미를 새롭게 해석하게 된다. 이러한 인식의 특징은 특수한 경우를 제외하고는 수단적 인식의 방법으로 거의 활용되지 않는다는 점이다. 이것이 수단적 인식으로 변모되는 순간 자기중심의 인식의 왜곡이 발생하는 것은 필연이기 때문이다. 총체적 인식의 가치가 그 자체로 소중한 까닭이 여기에 있다.

또한 함축적 인식은 기본적으로 복잡하고 다양한 감각을 가장 간명하게 인식하는 것으로 여기에는 부분이 나타내는 감각의 한계를 넘어 전체를 조망하되 그 핵심을 찌르는 것이 요체이다. 전체의 핵심을 잡아내면 복잡하고 다양한 부분은 하나로 통합되어 응축되는 바, 굳이 부분에 얽매일 필요가 없게 된다. 따라서 함축을 통한 직관은 통쾌함 그 자체이다. 어설픈 설명이나 복잡한 논리의 도움이 더 이상 필요 없는 상황을 창출해 낸다.

예컨대, 백여 개의 다양을 단 한 가지로 대체할 수 있는 상황을 일컫는 일이관지(一以貫之) 또는 단 한마디 말로 여러 상대의 급소를 공격하는 의미로서의 촌철살인(寸鐵殺人) 그리고 삶의 애환을 몇 마디의 낱말로 담아내는 시(詩)적 표현 등에서 찾아볼 수 있는 함축이 바로 그것이다.

어떤 의미에서 직관의 정수는 바로 이러한 함축성에서 찾아볼 수 있다고 해도 과언이 아니다. 이 역시 앞서 언급한 예리한 직감 능력과 성숙한 총체적 개념체계에 깊이 연계되어 있음은 다시 언급할 필요가 없다.

이상의 의미를 종합하면 직관은 인식의 명확성을 찾는 인식의 또 다른 형태인 것이며, 여기에는 복잡하고 다양한 감각의 한계를 극복하고 감각의 직접성과 순수성을 직감과 개념체계의 총체적 인식을 통하여 명확성을 확보하려는 새로운 인식 방법의 하나임을 알 수 있다.

이러한 과정에는 보통 미리 자신의 신체와 기억 속에 저장해 두기 위한 일정한 수용 형식이 통합적으로 활용되는 것으로 알려져 있다. 이러한 수용 형식은 기본적으로 감각 형식과 기호 형식 그리고 논리 형식 등의 세 가지로 구분해 볼 수 있다.

첫째, 감각 형식은 앞서 언급한 감각 유형에 따른 형식으로 감각의 원초적인 다양한 자극을 일정 영역으로 구분해 놓은 것이다. 시각에서 모양에 따른 감각 형식으로 삼각, 사각, 마름모, 원 등과 규모나 길이에서 대, 중, 소 등이 있으며, 청각에서는 소리의 고저, 장단, 지속, 원근, 리듬 등의 형식이 있다. 이외 후각,

미각, 촉각 등에도 사정은 동일하다.

둘째, 기호 형식은 감각자료를 기호로 대치하여 수용하는 것이다. 소리를 중심으로 형태와 의미를 지니고 있는 글자와 형태를 중심으로 의미를 지니고 있는 문자는 대표적 기호 형식이다. 주변에서 여러 가지 모습을 시각적으로 산, 강, 들판, ☺, ♂, ♨, ☎ 등과 같은 문자나 상징으로 변환하여 받아들인다.

셋째, 논리 형식은 사고의 기본 원리를 규정해 놓은 것이다. 여기에는 동일원리, 모순원리, 배중원리, 충족원리 등이 있으나 기본적으로는 매사에 동일성을 근거로 하여 모순성을 배제하려는 성향에 따른 것이다. 이러한 경우 그 동질성과 이질성을 가름하는 기준을 얼마나 엄밀하게 적용하는가에 따라 논리의 정확성이 정하여지는 것은 사실이지만 이것이 너무 정확성으로 치우치면 사고의 경직성이, 반대로 모호성에 치우치면 사고의 모순이 나타나는 경계가 되기도 한다. 그러므로 그 기준의 설정은 경우에 따라 신축성 있게 적용해야 한다.

여하튼 이러한 형식은 선험적 또는 경험적으로 점차 증가하여 내부의 기억 속에 축적되어 가면서 점차 하나의 통합적 인식 형식으로 전환됨에 따라 비로소 직관에 다가설 수 있는 터전을 마련한다. 그러나 이러한 직관은 아무리 명확한 것일지라도 아직은 단지 인식의 단계에 머물고 있으므로 뚜렷한 의미를 부여하기가 어렵다. 무엇인가 자극에 대한 중요한 함축적이고 총체적인 정보를 방금 얻어 내어 내부에 간직하고 있다는 정도의 의미일 뿐이다.

직관이 보다 진정한 의미를 발하기 위해서는 그 본모습을 세상 밖으로 드러낼 수 있어야 한다. 그리고 이러한 표현에는 반드시 창의적 구상력이 부가된다. 물론 순수 감각적 인식과 개념적 인식에 구상력이 부가되는 경우에도 전혀 의미가 없는 것은 아니다. 문제는 이러한 경우는 직관과 달리 진실 접근에 대한 가능성이 상대적으로 미약한 측면이 있다는 점이다. 다시 말해, 그 어떠한 인식도 직관이 지니고 있는 특성에 이르지 못하기 때문이다. 즉, 부분적 측면을 넘어서는 인식의 **통합적 규모**, 다양하고 복잡한 사태 속에서 핵심을 간명하게 적시해 내는 예지, 숨 가쁘게 이어지는 시간 속에서 찰나를 놓치지 않는 민첩성 등은 직관이 아니고서는 도저히 흉내 낼 수가 없다.

이러한 직관은 보통 일상생활 속에서 갑자기 닥쳐오는 긴급한 위기의 상황에서 자신을 보호할 수 있는 하나의 방편으로 활용되기도 한다. 촌각을 다투는 위급한 상황에서 핵심이 되는 것은 무엇보다 상황적 시각이 지니는 단발성이다. 절대로 다시는 같은 상황이 반복되지 않는 긴급의 사태에서 순간적으로 자신에게 유용한 대처 방식의 확보 여부는 생존과 파멸을 좌우하는 열쇠가 된다. 즉, 긴급사태에서는 순간적 판단에 따라 여부가 전혀 다르게 나타난다. 따라서 통합적 인식은 필수적이며, 여기에는 반드시 예지와 민첩성이 따르지 않으면 안 된다.

일반적으로 이러한 경우 대부분의 사람은 과거에 겪어 본 긴급사태에서 얻은 경험을 토대로 행동하려 한다. 그러나 갑자기 당면하게 되는 그러한 긴급사태의 성격이 대부분 과거의 그것과 같지 않다는 점에 사태의 심각성이 있다. 그러므로 사태의 진상을 순간적으로 가급적 분명하게 파악하는 것은 무엇보다 필수적 요건이 된다. 이러한 인식에서는 그것의 변환 형식이 개입될 수 있는 여지가 거의 없다. 자신의 존폐 여부에 관련된 결정적 판단을 대부분 감각 그 자체에서 순간적으로 이끌어 내야만 한다. 즉, 순간의 감각적 인식, 곧 직감이 발동한다. 하지만 그것이 아직 인식의 명확성 또는 충실성을 확보하고 있는 것은 아니기 때문에 개념적 인식이 내포되어 있는 직관을 활용하게 된다. 여기에서 구상의 필요성이 제기된다.

4. 구상

앞서 언급한 대로 구상(構想)은 내부의 의미를 외부로 드러내는 과정에서 나타나는 직관에 의한 대뇌의 창의적 연계 작용이다. 다시 말해, 내부의 각종 정보 또는 기존의 자료를 일정한 목적하에 활용하기 위해 서로 연계하여 효율적 방안을 강구하는 것이 바로 구상이다. 이것은 기본적으로 생존을 위한 지능의 조작 기능에 따른 것이다.

일반적으로 구상은 창의력이 핵심이 되는 바, 이것을 논하는 경우 흔히 상상을 위한 창의력과 혼동하는 경우가 적지 않다. 상상이나 구상은 모두가 감각적 인식을 토대로 이루어지는 창의적 정신 활동이지만 양자는 서로 커다란 차이점이 있다. 상상은 현실과 다소 괴리가 있는 가상의 세계를 추구하는 데 반해, 구상은 철저히 현실적 세계에 관여한다. 물론 상상이 현실로 다가오는 경우도 가끔 발생하지만 결코 쉬운 일은 아니며, 설령 상상이 바로 현실이 된다고 하면 이미 그때는 상상의 의미를 상실하게 된다.

또한 상상은 현실의 한계를 절감하고 그것을 벗어나기 위하여 실현 가능성은 매우 희박하지만, 나름대로 소망하는 새로운 세계를 추구하려는 지극히 소극적 의욕의 발로에서 시작되기 때문에 자연히 피상적이고 이상적인 모습에 대한 향수를 벗어나지 못한다. 그러나 구상은 현실의 당면 문제를 해결하고자 하는 매우 적극적 의욕에 따른 것이기 때문에 상상과는 확연한 대조를 나타낸다. 즉, 모든 현실적 문제의 해결을 위해서는 일차적으로 지능의 조작 기능에 따른 구상이 수반되어야 한다. 구상이 어려울 수밖에 없는 소이가 여기에 있다. 구상은 크게 감각적 구상과 개념적 구상으로 구분하여 볼 수 있다.

1) 감각적 구상

감각적 구상은 일차적으로 앞서 언급한 직감에 뿌리를 두고 있다. 이것은 당면한 문제 상황을 특정한 수용 형식을 빌리지 않고 대뇌의 일반적 정보처리 이전에 단순히 감각적 인식 자료만으로 신속하고도 정확하게 대처 방안을 얻어 내려는 본능적 의지가 작용함으로써 나타난다. 따라서 개념을 근간으로 하는 일반적 사고와는 사뭇 다른 형식을 취한다.

이러한 순간의 구상 의욕은 매우 중요한 의미를 지닌다. 이에 따라 구상의 성패가 좌우되기 때문이다. 의욕은 곧 의지(意志)를 뜻한다. 이것은 특정 대상에 관하여 자신의 생각이 지향하고 있는 바라고 할 수 있다. 다시 말해, 이미 특정 대상에 고정되어 있는 마음의 상태를 말한다. 일종의 주의집중 상태이다. 결국 의욕은 결핍에 따른 일정한 심리적 동요를 감지한 후, 오로지 그것을 해소하려는 수준의 동적 마음 상태임을 알 수 있다.

이러한 의욕은 자신의 신체에 다가오는 각종 자극으로 인한 다양한 감각에 따른 정신적 쾌와 고를 생각하기 이전 숨길 수 없는 하나의 즉지(卽知)의 사실이며, 생생한 체험 그 자체이다. 그러므로 정신적 안정은 먼저 그러한 구상 의욕을 전제로 하지 않을 수 없다. 이것은 지극히 자연스러운 현상이며, 어찌 보면 당연한 것이라 할 수 있다.

따라서 신체적 고통이 강하면 강할수록 그에 따르는 정신적 불쾌감이 강하게 발생하고 연이어 당면 문제 해결에 대한 구상 의욕이 발아하게 된다. 물론 주체할 수 없을 정도의 기쁨이 넘쳐 그에 대한 해소 의욕으로 발아하는 경우도 없는 것은 아니지만, 극히 이례적인 일이다.

감각적 구상은 바로 이러한 구상 의욕을 촉매로 하여 보다 더 적극적으로 문제를 해결하려는 마음의 작동이 이루어지고 있는 상태이다. 좀 더 구체적으로 말해, 당면한 문제를 해소할 수 있는 방안을 모색하고 있으나 아직 확실한 해결 방안을 찾아내지 못한 상태에서 그 해결 방안을 모색하는 과정이다.

이때 수반되는 현상이 감각적 구상에 따른 심한 정신적 고통이다. 감각적 문제 해결의 난맥상과 해결을 위한 강한 구상 의지가 서로 충돌하면서 발생하는 피할 수 없는 현상이다. 만약 문제 해결에 대한 단서가 포착되지 않는 가운데 이러한 사태가 한동안 지속되면, 이제는 문제를 해결하려는 의욕보다 우선 정신적 고통을 안정시키는 일이 가중되어 사태를 더욱 악화시키는 결과를 맞이할 수도 있게 된다. 이처럼 구상에 따르는 고통이 일정한 인내의 한계를 넘어서면 자칫 구상 의욕 자체가 좌초될 수 있는 위험한 상황이 도래할 수도 있다.

하지만 진정한 구상 활동은 이러한 마음의 혼돈이 가중될수록 그러한 와중에서도 전환점을 마련하여 더욱 강한 욕구 의식이 다시 발아하게 될 때 비로소 전개되기 시작한다. 즉, 문제 해결의 절박성이 심적 고통을 초월하는 현상이 나타난다. 상황의 절박성을 바탕으로 보다 효율적 문제 해결을 위한 처절한 사투의 구상 과정이 문제의 본질을 천착(穿鑿)하게 함으로써 비로소 해결의 단초를 찾아낼 수 있게 된다.

이러한 의미에서 감각적 구상은 문제를 해결하기 위한 가장 최적의 방안을 찾아 수많은 난관을 극복하며 감각적으로 다양한 통로를 탐색하는 과정이다. 모든 구상의 진정한 가치는 이처럼 해결 방안을 쉽게 찾을 수 없거나 기본적으로 거의 봉쇄되어 있음을 직감하면서도 해결 의지를 더욱 불태워 나감으로써 결국 해결책을 찾아낸다는 점에서 찾을 수 있다. 물론 구상은 대뇌의 작용에 따르기는 하지만, 일단 그 이전 신체적 고통에 대한 초연함이 전제되지 않고서는 생각할 수 없기 때문이다. 그러나 이처럼 매사에 구상력이 발휘되어 문제를 해결해 나간다는 것은 결코 흔한 일이 아니다. 어쩌면 오히려 매사에 막히고 부딪쳐서 어려움을 겪게 되는 것이 우리의 현실이다.

여기에 다소 이러한 구상과는 다른 방식인 공감의 필요성이 나타나게 된다. 그 어떠한 방식으로도 해결 방안이 근원적으로 차단되어 있는 경우에 공감의 필요성이 나타난다. 특히, 감각자극에 따른 내부의 고통은 계속 이어지지만, 도저히 어찌할 수가 없는 경우 자연히 외부의 도움과 공감을 요청하게 된다. 이때, 가장 중요한 것은 자신의 내적 고통을 가급적 정확하게 외부에 알려서 타인들의 공감을 얻어 내는 일이다. 만약 외부의 공감을 얻어 낸다면 그것만으로도 최소한 자신의 심리적 안정을 도모할 수 있는 여지를 마련할 수 있기 때문이다. 그러나 문제는 그러한 공감을 얻어 내는 일 역시 나름대로 일정한 구상을 요하는 일이다. 때문에 이 역시 그에 따르는 고통에서 완전히 벗어나지는 못한다는 점이다. 어떠한 방식이든 간에 자신의 내부에 존재하고 있는 고통의 진면목을 가급적 최대한 효율적으로 표현하여 외부의 공감을 얻어 일차적으로 심리적 안정을 취할 수 있어야 한다.

이러한 의미에서 같은 구상이라고 하여도 스스로 직접적으로 문제 해결이 가능한 직접 구상의 경우와 공감을 통한 외부의 도움으로 간접적으로 문제 해결이 가능한 간접 구상의 경우, 그 구상의 특성이 다소 차이가 있는 것임을 분명하게 구분해 둘 필요가 있다. 전자는 구상 그 자체가 심리적 안정을 도모하는 것임에 반해, 후자는 구상이 단지 외부의 공감을 얻기 위한 수단이 된다. 이를 감안한다면 전자야말로 감각적 구상의 본 영역이 아닐 수 없다. 특히 예술은 이러한 본 영역과 깊게 연관되어 있다.

예술은 일차적으로 직감에 따른 자신의 신체 내부에서 자신도 모르게 꿈틀거리며 요구하는 그 무엇을 감각적 구상을 통하여 가급적 있는 그대로 겉으로 드러내는 과정과 그 자체의 호소력 있는 진실성을 요체로 한다. 이것은 역으로 말하여 그러한 구상 이전에 예술가 자신만의 참으로 감내하기 어려운 체험을 넘어선 자취가 내재되어 있다는 점에서 그 매력을 저버릴 수 없다. 다만, 그것이 비록 철저하게 개인적인 것임에도 불구하고 여러 사람에게 엄청난 공감을 불러일으킬 수 있는 잠재적 가능성마저 함께 있다는 점도 부인할 수는 없다.

여기에서 중요한 것은 직감에 의한 대처 방안의 기민성이다. 현재 자신이 처하고 있는 문제 상황을 기존의 개념체계와는 별개로 대뇌 속에서 순간적으로 전개되는 일정한 체험의 특수성을 고려해야 한다. 즉, 자신만의 고유한 그리고 중대한 사안에 대한 그 순수성을 고스란히 살린 구상을 실현해 내야 한다. 이것은 총체적 의미의 명쾌함과 진실성이 담겨 있는 보다 독창적이며 함축적이고 본질적인 감각적 구상 의욕이 없이는 불가능하다.

그러므로 예술은 감각의 특성을 최대한 활용하여 개념의 한계를 직감적으로 극복하는 좋은 대안으로 여겨지고 있는 분야이다. 개념은 일단 획일적 기호에 의한 변환을 통한 인식이기에 그 변환에 따르는 원래 자료의 순수성을 찾기 어렵다는 한계를 근원적으로 벗어날 수가 없기 때문이다. 이러한 의미는 인간이 개념을 활용하여 서로 의사를 전달하며 생활하고 있는 것은 분명한 사실이지만, 개념은 단지 실체를 대변하는 하나의 도구일 뿐이지 그것이 실체 그 자체를 드러내는 것은 아니라는 점을 고려할 때 더욱 부각되어 나타난다. 감각적 구상에 굳이 개념을 사용하는 것은 마지막 수단에 지나지 않는 것이라고 생각하면 거의 틀림이 없다.

따라서 감각적 구상은 언어 이전의 감각만으로 내부의 고통과 기쁨의 진실성, 절박함, 호소력, 고유한 특성, 중요한 가치 등을 담아 의미 있고 아름답게 엮어 낼 수 있는 자주적 표현력이 요구된다. 다시 말해, 자신의 문제 상황을 있는 그대로 표출해 낼 수 있는 독창적 구상이 가능한 것인지의 여부가 중요하다. 즉, 구상은 자신의 특수한 문제 상황을 외부로 나타낼 수 있는 절묘한 방안을 스스로 찾아내는 데 중요한 의미가 있다. 그러므로 그 어떠한 경우에도 절대로 타인의 도움을 얻을 수 없는 것이 바로 감각적 구상이다. 결국 예술의 가치는 이러한 구상이 얼마나 발휘되는가의 여부에 달려 있다고 해도 과언이 아니다.

따라서 예술에 따른 구상에서는 주로 시각과 청각을 활용한다. 우리의 오감 중에서 특히 시각과 청각은 자신은 물론 다른 사람들 내부의 고통과 기쁨을 구현해 낼 때 그것을 받아들일 수 있는 좋은 수단이 되기 때문이다. 시각에서 형태와 움직임 그리고 청각에서 소리와 가락은 자신만의 특유한 구상력을 발휘하여 내면의 형언할 수 없는 고통 또는 기쁨을 밖으로 표출해 낼 수 있는 원천이 된다.

예컨대, 음악에서 가창과 악기 연주, 미술에서 회화와 조각, 연극에서 율동과 음악 등을 통하여 예술 세계를 열어 나가게 된다.

물론 미각과 후각 그리고 촉각 등에 따른 냄새와 맛 그리고 촉감 등도 예술에 일부 활용되고는 있지만, 구상에 따른 표현의 한계로 거의 활용되지 않고 있다고 보는 것이 더 타당하다고 할 수 있다.

이러한 구상에 따른 표현의 한계는 예술적 가치를 높여 주는 계기를 조성하지만, 한편으로는 사이비 예술적 구상 또는 단지 공감을 위한 간접 구상을 조장하는 계기를 조성하기도 한다는 점에 유의할 필요가 있다.

예를 들면, 예술가가 자신의 작품을 단지 명예나 재물을 얻기 위한 수단으로 활용하려는 경우에는 그의 구상 속에 자연히 소비자를 위한 다소의 트릭(trick)이 개입된다. 또한 우리가 흔히 말하는 예능은 단순히 자신의 문제에 대한 난맥상에 대한 도움이나 공감을 얻으려는 것이 아닌 대중의 공감을 얻어 재물이나 명예를 얻기 위한 특유의 구상 재능을 활용하는 기술이 중심이 된다. 즉, 예능은 자신의 난맥상을 해결하기 위한 구상이 아니라 오로지 재물이나 명예를 위한 구상으로 주객이 전도되는 것이다.

　이러한 의미에서 감각적 구상은 오직 자신이 표현해 내고자 하는 실체를 얼마나 독창적으로 창의성을 발휘하여 함축적으로 표현해 낼 수 있는가 하는 것이 항상 관건이 된다. 그러므로 감각적 구상의 성패는 표현의 본질성, 독창성, 함축성 등에 좌우된다고 할 수 있다.

2) 개념적 구상

　개념적 구상은 감각이 아닌 개념체계를 활용하여 문제 상황의 실체를 먼저 파악한 후 그 원인을 제거하려는 것에 초점이 있다. 감각자료를 있는 그대로 활용하는 감각적 구상과 달리 개념적 구상은 감각자료가 이미 일정한 언어로 변환되어 있는 가운데 문제 해결을 모색하는 활동이다. 따라서 감각적 구상과 같이 실체적 감각의식은 거의 찾아볼 수 없다. 여기에서는 관련 개념들 속에 내재하여 있는 의미가 상호 간 밀접하게 교류되고 있을 뿐이다.

　이러한 의미로 본다면 개념적 구상과 사고는 개념을 중심으로 한다는 점에서 서로 커다란 차이가 있을 수 없다. 사고가 기존 개념의 관계를 중심으로 새로운 의미를 창출하는 것이라면, 개념적 구상은 의미를 중심으로 각 개념 간의 관계를 조정하는 작용이 중심이 되기 때문이다. 다시 말해, 사고는 의미 창출이라는 결과에, 구상은 관계 조정이라는 과정에 초점이 있다는 차이는 있으나 모두가 주로 개념에 의한 새로움을 추구하려는 정신적 활동이라는 점에서 동일한 측면을 지니고 있다.

　다소의 차이가 있다면 개념적 구상은 주로 문제 상황의 구조적 대안을 마련하려는 수단적 의미에 한정되지만, 사고는 특별한 문제 상황이 아니어도 자체적으로 개념, 판단, 추리를 축으로 하여 새로운 의미의 창출을 통해 개념체계의 안정을 도모한다는 점에서 서로 차이가 있다. 따라서 넓은 의미에서 개념적 구상은 사고의 일부이다.

　그러므로 사고는 기본적으로 관련 개념의 의미를 면밀하게 파악하여 가급적 단 한 치라도 의심의 여지를 없게 하는 것이 선행된다. 그다음에야 비로소 문제 상황에 따른 관련 개념 간 의미 소통에 의한 새로운 개념의 창출이 가능하기 때문이다. 즉, 문제와 원인 분석, 대책 수립과 검토 그리고 결정과 확신에 대한 판단 등은 모두 의미의 소통이 원만하게 이루어져야 가능하다. 이러한 의미의 소통 과정에서 조금이라도 새로운 의혹을 발견하게 되는 경우, 그것을 해소하기 위해 관련 사항을 탐구하며, 때로는 당면한 문제를 심도 있게 재검토하고 새로운 대안을 모색할 수 있는 바탕이 된다.

따라서 개념적 구상에서 무엇보다 중요한 것은 먼저 정확한 개념 정립이 이루어져야 한다. 물론 이러한 개념 정립의 기초는 자신의 다양한 감각적 체험이 아닐 수 없다. 다시 말하면, 체험을 통한 각각의 구체적 개념이 점차 추상성을 더해 감으로써 의미가 다양해지고 개념의 정확성이 증가되는 곧 실체의 관념화가 진행되어 나간다. 이러한 의미는 추후 관련 부분에서 더욱 상세하게 살펴보게 되지만, 분명한 것은 관념화의 정도에 따라 개념이 시·공간의 제약을 벗어나 자유로운 의미의 소통이 가능해진다는 점이다.

이러한 가능성은 의미의 소통 그 자체만으로도 매우 중요한 것이지만, 더 나아가 스스로 자신을 객관화하여 냉철하게 비판적으로 볼 수 있는 능력을 갖게 한다는 점에서 더 큰 의미를 지닌다. 즉, 이러한 능력은 지금까지 인식하지 못했던 자신만의 특유한 개별성을 확인할 수 있는 발판이 된다. 이때 나타나는 것이 바로 진정한 주체의식이다.

모든 사고를 포함한 구상은 이러한 주체의식이 중심이 된다. 이것이 없으면 원인 분석에서부터 허점이 발생하기 때문이다. 어찌 보면 구상이라는 개념 속에 이미 그러한 의미가 내포되어 있다고 할 수 있다. 우리가 구상을 통하여 해결하고자 하는 문제는 결국 자신을 위한 고유 사항이라는 점을 감안해야만 하기 때문이다. 즉, 자신만의 고유한 문제 해결 방안의 구안이 되어야 한다. 조금 과한 표현을 빌리면 자신만의 고유한 특성을 확인하는 일에 이미 해결의 실마리가 포함되어 있다고 볼 수 있다. 여기에서 비로소 정신의 자주성이 그 고귀함을 드러낸다.

　　인간의 자주성은 자신이 하나의 독립된 인격체로서 또한 더 나아가 타인의 동반자요, 후원자로서 거듭 태어나도록 하는 중요한 준거가 되며, 주체의식에 결부되어 인간의 자유와 의무의 확고한 근거가 됨은 더 이상 언급의 필요가 없다. 결국 개념적 구상은 개념의 명확성에 주체의식이 강하게 작용함으로써 비로소 그 구상력에 따른 창의성이 발휘된다. 이러한 의미에서 개념적 구상은 개인적 문제의 난맥상을 개념의 논리적 관계에 따른 의미를 발판으로 일관성 있게 체계화하는 과정이다.

　　이러한 개념적 구상은 **논술**에서 한층 그 빛을 발산한다. 논술은 개념의 관계적 이해 속에서 새로운 의미의 개념을 창출해 내는 것이 요체이기 때문이다. 여기에서는 개념적 구상의 일차적 목표인 자주적 문제 해결의 차원을 넘어서는 것이 매우 중요하다. 이제는 자신만의 문제가 아닌 공동의 문제의식을 견지해야 한다. 비록 자신의 구상에 따른 결과가 아무리 자신에게 유용한 것일지라도 그것이 반드시 다른 사람에게도 그대로 적용될 수 있는 것은 아니다. 그러므로 논술을 이러한 한계를 넘어서 항상 모든 사람에게 적용될 수 있는 객관적 타당성을 지녀야 한다.

　　이를 위하여 무엇보다 새로운 개념이 기존의 관련 개념들과 얼마나 객관적으로 상호 불가분의 관계를 형성하는가를 구조적으로 증명하는 과정이 요구된다. 따라서 개념적 구상은 그러한 개념 간의 관계에 따른 명증에 초점이 있을 뿐 실제로 그러한 사태의 실현 가능성은 관심 밖의 영역에 속한다. 개념적 구상에서는 그만큼 의미의 소통에 따른 개념의 관계를 소중하게 다룬다. 어떠한 의미에서 언어의 유희라는 말이 연상되는 부분이 아닐 수 없다.

　　여기에는 이미 앞서 잠시 논한 바와 같이 자신의 구상을 스스로 비판적으로 검토해 보려는 진지한 자세가 선행되어야 한다. 논술이 본래 일정한 비판의식을 중핵으로 하므로 먼저 자신에 대한 비판의식이 바로 서지 않으면 안 되기 때문이다. 그러한 의미에서 논술은 인간의 사고 활동에 익어가는 알찬 열매라고 할 수 있다. 나무에서 꽃을 피워 알찬 열매를 얻기가 결코 쉽지 않듯이 논술 역시 아무나 할 수 있는 것은 아니다. 논술능력이 장시간의 공부와 노력을 요구하는 까닭이 여기에 있다.

이러한 의미에서 개념적 구상은 자신이 표현하고자 하는 실체를 자주성을 근간으로 하여 비판적으로 검토하고, 독창적으로 객관적이고 타당성 있게 표현해 낼 수 있는가에 관건이 달려 있다. 그러므로 개념적 구상은 자주성, 독창성, 객관적 타당성, 비판적 태도 등이 성패를 좌우한다고 볼 수 있다.

이제 감각적 구상과 개념적 구상의 관계를 종합적으로 살펴보면 다음과 같다.

우선 감각적 구상에서는 개인의 절실한 문제 상황에서 해결이 난항에 부딪혀 신체적 또는 정신적 고통이 한계 상황에 이르렀을 때 언어를 초월한 감각 그대로의 하지만 극히 절제된 표현 방식이 요구된다. 여기에 바로 감각적 구상의 작용에 따른 예술이 나타나는 계기가 되며, 이때 개념적 구상은 더 이상 의미를 찾을 수 없게 된다. 다시 말해, 감각적 자극에 대한 후자의 한계로 전자가 새로운 의미로 살아나게 된다.

하지만 개념적 구상은 비록 감각으로부터 오는 생동감은 없지만, 개념의 정확성을 바탕으로 자신의 주체적 의지로 비판적 검토와 활발한 의미 소통을 통하여 새로운 독창적 의미를 찾아냄으로써 보다 진보된 상황으로 나아갈 수 있는 계기를 마련한다는 점에서 결코 가볍게 여길 수 없는 활동이다. 이러한 개념적 구상은 보다 객관적 의미를 확보하게 됨으로써 감각적 구상이 갖는 자극의 주관적 의미를 벗어나 보다 다양한 실체의 핵심에 접근할 수 있는 가능성이 열린다. 그러므로 개념적 구상의 대표적 사례가 되는 논술은 언어발달의 정점에서나 가능하며, 누구에게나 가능한 것이 절대 아니다. 또 다른 의미의 측면에서 보면 감각적 구상의 백배 진보된 모습이다.

이러한 상호 관계 속에서 양자를 다소 통합하고 있는 분야가 문학이다. 동일한 한계 상황에서 감각적 구상과 개념적 구상의 상호작용을 통하여 나타나는 것이 바로 문학이기 때문이다. 따라서 문학은 감각적 의미를 언어의 섬세함으로 아름답게 담아냄으로써 양자의 장점을 두루 갖추게 된다.

물론 위대한 사상도 이러한 문학적 특성이 없는 것은 아니지만, 이것은 일정한 지적 수준 이상의 자격이 요구된다는 점에서 다소 차이가 있다. 다시 말해, 문학과 예술은 사상보다 비교적 쉽게 접근이 가능하며, 지적 의미의 추구보다는 감정적 유대의 형성에 관계한다는 점에서 사상과는 분명한 차이가 있다.

또한 문학과 예술이 모두 작가의 내면세계를 독창적으로 드러낸다는 점에서 동일하지만, 전자는 작품성에 대한 평가가 어느 정도 가능하지만 후자는 그것이 쉽지 않다는 점이다. 물론 전혀 기준이 없는 것은 아니지만, 표현상에서 문학보다 더 주관적 의미를 전제로 하기 때문에 그다지 큰 의미를 찾아서 논하기 어려운 것이 사실이다. 한 가지 분명한 것은 개인에게 정서적 감흥을 안겨 주기보다는 인간의 다양한 삶 속에서 누구나 쉽게 도전할 수 없는 인간의 한계를 초월하여 자신에게 운명적으로 다가오는 극한을 극복하는 정신 또는 인류를 향한 무한의 사랑을 몸소 실천하는 헌신적 자세 등의 소위 숭고한 가치의식이 묻어나는 예술을 사람들은 그 어느 것보다 우수하게 바라보고 있다는 점이다.

이상으로 문제 상황과 구상, 감각적 구상의 자주적 특성, 예술과의 관계, 개념적 구상의 주체의식, 사고와 논술의 관계, 감각적 구상과 개념적 구상의 관계 등을 살펴보았다. 이제 이들을 모두 포함하는 감성이란 무엇인가를 보다 구체적으로 살펴볼 수 있는 계기가 마련되었음을 알 수 있다. 직관과 구상이 중심이 되는 문학과 예술은 감성을 벗어나 생각할 수가 없기 때문이다.

5. 감성

신체의 작동적 특성을 감성이라고 한다. 감성은 신체가 지닌 생명력에 의한 작동성이다. 생명력은 감성을 활성화하고, 감성은 생명의 파수꾼이 된다. 그리하여 감성은 생명을 유지하기 위하여 신체 내·외부에서 소통되고 있는 기(氣)의 다양한 변화에 따른 불균형 또는 부조화를 항상 직감적으로 파악하여 해결하거나 외부로 표출하여 주변 사람들의 도움을 청하고자 하는 성향을 지니는 지극히 주체적 특징을 지닌다.

물론 여기에는 이성의 기능도 많이 활용되지만, 그것은 일단 감성 이후의 문제가 된다. 이러한 측면에서 감성은 이성과 달리 매우 비이성적이며, 오로지 자신의 생명 보호와 유지를 위한 기능을 담당한다. 그러므로 감성은 기본적으로 자신의 신체 변화와 연계하여 강한 주체성을 띤다. 또한 그 어떠한 자극에도 매우 예민하게 작용하는 민감성이 있다. 이러한 주체성과 민감성은 감성의 중요한 특성이 된다. 그러나 중요한 것은 주체성이 무엇보다 중요한 감성의 특성이라는 점이다.

이러한 감성의 특성은 그것이 얻어 낸 소중한 정보자료를 처리하는 과정에도 영향을 준다. 가끔 적당한 해결 방안을 찾지 못하는 경우에도 차라리 심적 고통을 감수하는 한이 있어도 좀처럼 주체성만큼은 포기하려 하지 않는다. 심지어 이성의 도움을 구하면 쉽게 처리할 수 있는 경우에도 가급적 자신만의 해결 방안을 고수하려 한다. 감성만의 고유한 주체성 때문이다.

예컨대, 허기를 느껴 먹을 것을 찾아 나서는 경우에도 반드시 자신이 필요로 하는 특정 음식이 있다. 여기에서 단순히 허기를 채울 수 있는 여타 음식은 별 의미가 없다.

이것은 한편으로 보면 가장 진솔한 자신의 보호 성향이지만, 다른 한편으로는 오히려 자신의 문제를 더욱 악화시키는 위험을 안고 있다. 바로 이 점에서 감성 특유의 딜레마가 발생한다. 이성을 활용하여 감성의 주체적 제약에서 벗어나 조속히 당면 문제를 해결하고 싶은 욕구와 어려움을 감내하면서도 감성의 주체성을 고수하여 스스로 해결하려는 욕구가 서로 상충하는 상황에서 항상 갈등한다.

이러한 감성의 주체성 고수와 이성에 의한 감성의 처리가 갈등하는 상황을 조금 더 살펴보면 다음과 같다.

신체에 따른 감성은 감각의 단순 수용에 중점을 두고 있는 것에 반해, 이성에 따른 감성은 감각자료의 즉각적인 처리과정에 중점을 둔다는 점에서 갈등은 발생한다. 그리하여 전자는 개별적 특수 의미를 지니지만, 후자는 어느 정도의 보편적 의미를 숨길 수 없다.

하지만 여기에서 매우 유의하지 않으면 안 될 점이 하나가 있다. 그것은 아무리 이성에 의해 처리되는 감성이 나름대로의 보편성을 지닌다고 하여도 그것은 그 개인의 특수한 신체적 감각의 기초 위에서 성립한다는 점이다. 여기서 다음과 같은 두 가지 의미를 조심해야 한다. 첫째, 감각은 각각의 개별적 특성을 지니기 때문에 주체성의 형성에 기초가 된다는 점이다. 둘째, 모든 감각은 신체의 개별적 감각 특성에 의하여 발아하는 것임에도 불구하고 이성의 **통제**에 의한 처리에서 비로소 그 존재 의미를 확인해 볼 수 있다는 사실이다.

이러한 갈등의 한가운데에서 감성의 초월적 예술 감각이 나타난다. 즉, 주체성에 따른 인내의 고통도 또한 이성의 통제에 따른 불만족스러움도 모두 거부하고 오직 감성의 진면목을 공감에 호소하여 도움을 청하는 것이다.

따라서 감성에는 자극의 수용에 따른 주체성을 토대로 한 존재감과 그 수용 자료를 처리하기 위한 이성의 통제 그리고 초월적 예술 감각 등의 의미가 복합적으로 내포되어 있다. 이것은 감성의 핵심적 의미로 사실 이 책에서 찾고자 하는 정서의 의미와 깊이 연계되어 있다고 해도 과언은 아니다. 이들을 구체적으로 살펴보면 다음과 같다.

1) 존재감

감성의 중심에는 항상 주체성에 따른 존재감이 자리 잡고 있다. 존재감은 자신의 정체성을 토대로 하여 형성되며, 모두 그 단초는 자아의식이 된다. 인간에게 있어서 자아의식은 필수 불가결의 그 무엇이다. 이것이 결여되면 정체성의 혼란이 나타나게 되고 이어서 감각과 인식에 심각한 혼란을 피할 수 없기 때문이다. 다시 말해, 정체성의 혼란은 주체적 인식의 기능을 근원적으로 저지한다. 그러나 자아의식이 뚜렷하게 들어서면 이것은 존재감과 자존감의 근원이 된다. 자아의식의 중요성은 바로 이 점에 있다.

이를 조금 더 명확하게 밝히기 위해서 인식의 주요 요소를 살펴볼 필요가 있다. 인식은 우선 인식의 주체가 되는 자신과 그와 별개의 인식 대상이 존재한다. 이때, 대상이 발하는 자극이 주체의 감관(感官)에 접하게 되고, 주체는 감관에서 얻은 감각자료를 일정한 인식 형식에 맞추어 인식이 이루어진다. 이처럼 인식은 인식의 주체와 객체가 상호 분리되어 있음을 전제로 한다. 따라서 그러한 인식의 특성상 인식의 주체인 자신은 어떠한 경우에도 인식할 수 있는 길이 원천적으로 폐쇄되어 있다.

그럼에도 불구하고 인간은 자신을 인식의 대상으로 설정하는 소위 대자화(對自化)를 통하여 자신을 인식할 수 있다. 다시 말해, 자신이 인식의 주체이면서 동시에 자신을 그 대상으로 설정하는 것이다. 여기에서 인간은 자아의식을 형성할 수 있는 계기를 마련하게 된다. 그리고 이러한 자아의식이 있음으로 해서 비로소 자신을 비판적으로 검토하는 소위 자아성찰이 가능하게 된다.

자아성찰은 자신을 스스로 평가하는 기능이 중심을 이루기 때문에 주로 자신의 부족한 점과 자신만의 가치, 곧 타인에게 절대 양보할 수 없는 고유한 특성을 판단하게 된다. 이에 따라 자신의 부족함과 고유한 특성이 감지되면, 부족한 것은 더욱 보완하고 고유한 특성은 더욱 강화하여 자신의 존재 가치를 높여 나감으로써 자신감을 형성하게 된다.

이때, 부족함이 고유한 특성을 앞서면 존재감이, 그 반대의 경우에는 자존감이 들어서게 된다. 즉, 존재감은 자신의 부족함을 감싸려는 의도에서 나타나는 것이며, 자존감은 자신의 고유한 특성에 대한 강한 자신감에서 나타나는 의식이다. 그러므로 전자는 항상 타인을 의식하는 경향에서 벗어날 수 없으며, 후자는 타인을 아랑곳하지 않고 오직 자기만족적 성향을 지닌다고 할 수 있다.

감성에서 존재감이 중요한 의미를 지니는 것은 감성 본래의 성향인 자체의 취약성에 대한 보호 성향을 그대로 간직하고 있기 때문이다. 즉, 자신의 존재 가치를 높이기 위하여 부단히 노력하는 정신에서 존재감이 의미를 가진다. 이러한 의미에서 진정한 존재감은 자존감의 바탕이 된다. 여기에서 말하는 진정한 존재감은 기본적으로 자신보다는 타인에 대한 자신의 역할 기여도가 중심이 된다. 따라서 존재감이 빛을 발하게 되는 것은 다른 이들이 긴급한 위기 상

황에 처해 있을 때 과감하게 나서서 적절하게 대처하여 주는 능력을 유감없이
나타내 보일 때이다.

예를 들면, 갑자기 폭력배를 만나 위험에 처한 경우에는 운동선수가, 외딴 곳
에서 갑자기 자동차가 고장이 난 경우에는 정비사가, 갑자기 몸에 상해를 입은
경우에는 의사가 더없이 소중한 존재로서 확실한 존재감을 드러낸다.

그러므로 자신이 누구에게도 인정받지 못하고 있다는 것은 곧 아직까지 어
떠한 존재감도 발휘하지 못하고 있음을 나타낸다. 그런데 많은 사람은 자신의
존재 가치로 인정을 받으려 하는 것이 아니라 인정을 받기 위해 존재하는 경향
이 강하다는 문제점이 있다. 이것은 본말전도에 따른 하나의 병든 존재감에 불
과하다.

예컨대, 공부를 열심히 하여 그 성과로 부모에게 자신의 존재감을 나타내려
하는 것이 아니라 오로지 자신의 존재를 인정받기 위해서 마지못해 공부를 하
는 것이다.

바람직한 존재감은 자신이 처한 상황에 능동적으로 대처하려는 의지를 드러
내는 반면, 병든 존재감은 단지 주변으로부터 수동적으로 인정을 얻어 내려는
욕구를 드러낼 뿐이다. 다시 말하면, 배려와 봉사 그리고 더 나아가 희생과 헌
신과 같은 숭고한 가치를 실현하려 자신의 존재감을 드러내려 하기보다는 서
슴없이 명예와 권력 그리고 학력과 재력을 과시함으로써 인정을 받으려 한다.
이러한 병든 존재감은 스스로 근원적인 자신의 문제를 인식하지 못하기 때문
에 더욱더 병세가 악화되어 간다는 점에 그 문제의 심각성이 있다. 권력이나
재물의 우월적 지위를 이용하여 서슴없이 횡포를 자행하는 사람들, 자신의 외
모에 대하여 남다른 관심을 갖거나 세간의 유행에 민감한 사람들, 합당한 노력
없이 일확천금을 꿈꾸거나 한순간의 반전을 노리는 사람들 등은 모두 자신의
허약한 모습을 감추고 오직 인정 욕구만을 찾아 헤매는 가련한 존재감의 노정
에 다름 아니다.

이러한 수렁에서 벗어나 건강한 존재감을 회복하기 위해서는 무엇보다 자신
을 냉철하게 평가할 수 있는 자기성찰 능력이 요구되는 것은 다시 언급할 필요

가 없다. 오늘날 공포의 대상으로 회자되는 인공지능(Artificial Intelligence: AI)이 아무리 발달한다고 해도 그것은 자신의 존재 가치를 인식할 수 있는 이러한 능력은 도저히 지닐 수 없다는 분명한 한계가 있다. 자아성찰은 먼저 자신을 인식의 대상으로 삼을 수 있는 자아의식이 있어야 하며, 그다음은 자신에 대한 비판력이 있어야 가능한 것이기 때문이다.

다행스럽게도 인간은 최소한 이러한 능력을 갖추고 있다. 뿐만 아니라 한 발 더 나아가 미래를 주시하면서 계획한 후 사전에 대비하기까지 한다. 만약 인간의 이러한 소중한 능력을 외면한다면 그는 끝내 자신의 진정한 존재감을 느껴 보지도 못한 채 이 세상을 떠나야 한다는 사실을 분명히 알지 않으면 안 된다. 따라서 존재감 없는 감성은 무의미하고, 감성 없는 존재감은 허무할 뿐이다.

예컨대, 아무리 풍부한 감성을 지니고 있다고 해도 굴종적 태도로 삶을 구걸한다면 그것은 무의미한 삶인 것이며, 제 아무리 콧대 높은 위세를 자랑한다고 하여도 그에 따르는 예민한 감성을 지니지 못하고 있다면 그것은 허무한 것일 수밖에 없다. 존재감 없는 감성은 단지 광기 어린 상황을 연출하는 것에 그치고, 반대로 감성 없는 강한 존재감은 자칫 공감 부재의 자폐적 상황을 연출할 수 있기 때문이다. 사정이 이러하기 때문에 감성과 존재감은 불가분의 관계가 있다.

바람직한 존재감이 어느 정도 형성되면 이후에는 어느 순간 자존감이 나타나게 된다. 자신이 얼마나 소중한 존재인가를 끊임없이 다시 확인하면서 스스로 존재 가치를 높이려 더욱 노력을 기울이며, 이것은 다시 존재 가치를 높여 나가는 계기가 되기 때문이다. 이에 따라 점차 타인과 적극적으로 협력은 강화하되 가급적 의존은 거부하며, 스스로 판단하고 행동하려는 자율성을 신장시켜 나가는 성향이 강화되어 간다. 따라서 진정한 자존감을 지닌 사람은 강한 자율성을 지닌다.

이러한 자율성의 핵심 역시 바로 자기통제력이다. 즉, 자신의 행동에서 항상 과유불급(過猶不及)의 원칙으로 자존감을 견지하고자 한다. 이처럼 한없는 자기애를 근간으로 하는 자존감은 오히려 통제력을 강화하여 자율성을 신장시켜 나간다. 즉, 자존감이 자신의 정신을 지배한다. 존재감이 자신의 능력을 얼마나 현실에 구현해 내는가의 문제와 연계된다고 한다면 자존감은 그러한 능력의 구현에 대한 일종의 애착이며, 존중이다.

이러한 의미에서 감성에서 반듯한 존재감은 자신의 부족한 부분을 채워 나가는 안내자로서의 역할을 담당하고, 자존감을 일구어 내는 중요한 의미를 지닌다고 할 수 있다.

2) 한계 초월의 예술성

예술은 인간의 존재감과 깊이 연계되어 있는 영역이다. 흔히 예술가가 자신의 감성을 투여한 작품을 금과옥조(金科玉條)로 여기는 성향이나 자신의 예술적 감각을 연마하기 위해 남모르게 부단한 자기 노력을 경주하는 것은 바로 이 때문이다. 좀 더 구체적으로 말하면, 모든 훌륭한 감성적 예술작품은 작가 자신의 존재감을 기반으로 한 자존감이 허용되지 않고서는 도저히 이루어질 수 없다.

이러한 의미를 조금 더 상세하게 살펴보기 위해서 정신의 제반 작용 중에서 먼저 감성과 이성의 기본적 기능을 알지 않으면 안 된다.

대체로 감성은 주로 수용과 표현을, 이성은 처리 및 대안 수립을 위한 생성을 담당한다. 이 가운데 특히 이성과 연관된 대안 생성의 기능을 면밀하게 살펴보지 않으면 안 된다. 이성에 대하여 추후 더 상세한 논의를 하겠지만, 이성은 일단 신체의 감각자극을 인식하고 대안을 생성하는 일반적 정보처리 기능을 담당한다고 볼 수 있다.

정보처리는 주로 감각 정보의 파악과 기억에 따르는 정리가 이루어지는 과정이지만, 대안 생성은 새로운 의미를 추구하는 것으로 이것은 다른 두 가지 기능, 즉 수용과 표현이 직간접으로 연계되어 나타나는 기능으로 사고가 중심이 되기 때문이다. 이와 같은 사고의 생성 기능은 개념적 생성과 감각적 생성으로 구분된다.

우선 개념적 생성의 기능은 기존의 개념체계를 중심으로 감각자극의 수용에 따른 적절한 표현을 생성하는 것이다. 단순하게 소극적으로 주어진 자극을 수용하고 표현하는 것이 아니라 역으로 자신이 지니고 있는 기존의 개념체계에 따른 구조와 의도를 전제로 하여 적극적으로 주변 자극을 선별하거나 변형시켜 수용함은 물론 상황에 따라 자의적으로 표현의 변화를 꾀함으로써 흔히 말하는 심리의 장을 열어 가는 계기를 마련한다.

대체적으로 이성은 이러한 심리 과정의 중추적 역할을 담당하는 것으로 볼 수 있다. 다시 말해, 이성은 일정한 개념체계인 안목을 활용하여 사물을 파악하며, 그것을 준거로 하여 모종의 판단과 추리를 진행할 수 있게 한다. 이러한 이성에 따른 정신의 작용이 곧 사고이다.

이에 반하여 감각적 생성은 자극의 수용에 따른 감각 정보의 순수성을 최우선으로 하여 정보가 처리되고 이성은 단지 표현에 있어서만 통제를 가하는 기능에 한정된다. 다시 말해, 수용과 처리는 감성이 하고, 이성은 표현에만 일정한 자기 절제를 가한다. 이러한 경우 감각적 생성 기능의 성패는 오로지 수용자극의 처리 과정인 지각이나 직감에 의하여 좌우된다. 이때, 자극의 처리가 바르게 이루어질 수 있는가 아닌가 하는 것은 무엇보다 감각자극의 정확성, 즉 양과 질의 확보, 곧 민감성이 필수적이다. 하지만 그 어떠한 경우에도 처리결과는 최종적으로 자신과의 연관성에 따른 검토, 즉 주체성을 통과해야만 비로소 표현으로 나타나게 된다.

이러한 감각적 생성에 따른 감성 표현의 중요한 특성 중의 하나는 수용한 감각 정보와 생성된 표현 자료 간의 괴리가 근원적으로 발생하지 않을 수 없다는 점이다. 주변과의 소통을 외면한 채 오로지 주체의 독자적 판단에 따른 것이기 때문이다. 지금까지 인간에게 허용된 언어, 문자, 음성, 형상, 동작 등 그 어떠한 표현 방식을 빌린다 해도 감각 정보를 있는 그대로 표현할 수 없는 감성 표현 특유의 어려움이 여기에서 발생한다.

이 점이 바로 감각적 생성 기능의 한계로 여기에서 주변과 소통을 위한 기교가 필요하게 되는 계기를 확인하게 된다. 사실 이러한 기교는 앞서 감각적 구상에서 언급한 예술의 본령이 된다. 따라서 감각적 구상에는 이미 감각자료를 표현해 내기 위한 이러한 기교가 숨겨져 있다. 다만, 이러한 기교의 독창성에 아름다움을 가미하여야 예술과 조우하게 된다.

이러한 의미에서 감성은 예술의 중추적 역할을 담당하는 것으로 볼 수 있다. 일반적으로 말하여 감성은 주로 감각의 민감성이 강조되는 직감을 활용하여 사물을 파악하게 되며, 그것을 준거로 하여 모종의 기교를 통한 구성에 따라 표현할 수 있는 수준이 결정된다. 이러한 표현을 가능하게 하는 것이 곧 예술적 감각이다.

그리하여 감성 표현의 중심에는 항상 예술이 있다. 예술의 핵심은 표현의 독창성과 그 아름다움을 추구한다. 물론 직감에 따른 감각적 구상의 독창성과 절대 공감이 필수 요건임은 이론의 여지가 없다. 예술이 예술로서 자리 잡을 수 있는 계기는 바로 감성의 독창성이 보편성을 얻어 공감을 일구어 내는 순간에 있기 때문이다. 이것은 내부의 감각적 구상을 얼마나 최대한으로 정교하게 표현해 낼 수 있는가에 달려 있다. 바로 그 속에 참다운 진실이 숨어 있기 때문이다. 그러나 예술은 한 가지 더 중요한 한계 초월의 의미를 빼놓을 수 없다.

일반적으로 감성 표현의 도구가 주로 글자, 영상, 소리, 동작 등으로 한정되고 있는 것은 사실이지만, 이들이 드러내고자 하는 것은 결국 자신의 내부에 간직하고 있는 일정한 의미이다. 내부의 정리되지 않은 의미를 마구 표출해 낸다면 거칠고 난삽한 부질없는 것이 되며, 아무리 절제되고 정리된 의미라 해도 그것을 표출해 내지 못한다면 자아도취에 머물고 말게 된다.

여기에서 감성 특유의 자존감 작동이 개시된다. 이것은 그 의미의 표현양식에서 독창성과 아름다움을 살리면서 표현의 양과 질적 수준을 알맞게 조절하는 기능을 담당함으로써 예술적 표현을 창출해 낸다. 결국 자존감은 예술의 생명과도 같은 것이다. 자존감이 살아 숨쉬고 있지 않은 예술은 가능하지도 않거니와 이미 죽은 예술이나 마찬가지이기 때문이다.

그러나 자존감은 현실적으로 신체라고 하는 개체에 근원을 두고 있으므로 연령이나 체력과 같은 자신의 신체적 역량에 따라 좌우되는 한계가 있다. 이처럼 자존감이 비록 개체의 한계 생명력을 모태로 하는 것이지만, 예술은 그가 지닌 자존감의 한계를 넘어 항구적인 어떠한 의미를 추구하려는 성향을 갈망한다.

여기에서 예술의 현실 초월이라고 하는 문제가 대두된다. 이처럼 예술은 언제나 인간으로서의 자기 한계를 뛰어넘으려는 강한 열망에서부터 출발한다는 점에서 중요한 의미를 지닌다. 즉, 예술이 개체의 주관적인 내부의 한계 의미를 토출해 낼 때 자신의 현실적 한계를 외재화하려는 것은 사실이지만, 예술은 그것을 넘어 자존감의 항구성을 추구하는 경향을 담아서 내부 의미를 보다 참되고 아름답게 표현해 낸 것만이 진정한 의미의 예술이 된다고 하겠다.

이것은 각각의 예술작품은 단지 인간의 삶에서 유용하게 활용되는 수단으로서의 의미를 벗어나 그 자체가 고유한 최고의 이상적 가치를 지닌 목적이 되어야 한다는 점에서 진정한 의미가 있는 것임을 나타내고 있다. 다시 말해, 진정한 예술작품 속에는 누구든지 함부로 다가설 수 없는 위용이 오롯이 담겨 있지 않으면 안 된다. 다만, 인간은 각자의 감성에 따라 그것을 감지함으로써 서릿발 같은 교훈적 의미를 발견하고 스스로의 한없는 부족함을 깨닫게 된다. 이들에게는 메마른 감성을 지닌 사람의 명예와 권세 등 모든 것이 한낱 허수아비에 불과하다.

그러므로 예술작품의 가치는 그 작품 속에서 특정의 의미를 발견할 수 있다는 점에 있는 것이라기보다는 그러한 의미가 구현된 것이 바로 작품이라는 사실이 더 중요한 의미를 지닌다. 예술은 작품 속에 인간의 이상적 의미를 정교하게 구현해 내는 하나의 기술이다. 훌륭한 예술작품들의 복사본이 사회적으로 그처럼 철저하게 금기시되고 있는 것도 바로 작품의 복사에 따른 단순 모방이 지닌 몰가치성 때문이다.

따라서 예술은 언제나 작품을 통하여 자신의 한계를 넘어 영원에 대한 노스탤지어(nostalgia)를 꿈꾸고 있다. 흔히 "인생은 짧고 예술은 길다."라고 하는 표현은 이를 두고 한 것이며, 이는 곧 신체의 자기 한계를 정신으로 극복하고자 하는 의지의 표현으로서 여기에 예술적 가치의 의미가 부각되어 나타난다. 이러한 의미에서 볼 때, 예술은 결국 자극의 개별성에 더하여 자아초월성에 표현의 독창적 기교를 더한 것이다. 그런데 예술에서 자아초월성이 배제되면 단순 예능으로 전락된다는 점도 유의해야만 하는 점이다.

감성의 고유한 주체적 의미를 한계의 초월로 승화시키고자 할 때, 단지 감성 표현의 독창적 기술을 활용하여 자아초월의 의미를 퇴색하는 경우 감성에 대한 이성의 통제가 요구된다.

3) 이성의 통제

이제 감성의 특징을 이성과의 관계를 통하여 살펴보면 감성은 이성과 상반된 측면이 있음을 알 수 있다. 감성은 자극의 수용에서 표현에 이르기까지 그 진행이 순차적으로 이루어지는 순방향이며, 이성은 자극의 수용이 기존에 이미 처리되어 있는 자신의 개념체계에 의하여 제약적으로 이루어지는 역방향 측면이 있다는 것이 그것이다. 이것은 결과적으로 순방향의 수용에 따르는 표현의 제약과 역방향의 표현에 따른 수용의 제약을 두루 주관하는 심리 본래의 양대 영역을 나타내고 있다.

하지만 문제는 현실적으로 이들이 서로 그토록 구분되는 것이 아니라 상호 밀접하게 연계되어 있다는 점이다. 좀 더 구체적으로 말하면, 아무리 감성이 감각의 순수성을 유지하려 해도 최소한의 처리와 생성은 이성이 일부분 감당하도록 하게 하는 것은 피할 수 없다. 또한 아무리 이성이 감각자극을 제약적으로 수용하려고 해도 최소한의 감각 기능을 활용하는 것 역시 피할 수 없다. 또한 감성의 측면에서 보면 역작용성의 의미로 이성이 정신의 감성을 통제하는 것이 되지만, 반대로 이성의 측면에서 보면 감성은 이성의 절대적인 근거로써 어떤 의미에서 오히려 이성보다 더 중요한 의미를 지닌다.

이것은 이성이 정신 작용의 매우 중요한 부분이 되는 것은 사실이지만, 실제로 감성과 이성은 이미 서로가 깊숙이 연계되어 있는 것임을 나타낸다. 그러나 감성은 기본적으로 이성과 서로 밀접한 관련성을 지니면서도 그 감각자료는 이성에 넘기려 하지 않는 성향을 지닌다. 감성은 이성의 처리과정을 거친 자료에 항상 필연적인 문제가 있음을 갈파하고 그대로 표출하려는 것을 꺼려 이성의 감성자료 처리에서도 가급적 감성 본연의 특성을 유지하기 위한 노력을 주도하려 한다. 우리가 감성의 주도적 측면을 주시해야 하는 이유가 바로 여기에 있다. 이러한 감성의 주도적 표출성은 다음에 언급하게 될 정서를 이해하는 핵심적 부분이 된다.

원래 정서는 신체의 상태에 따라 그 정도를 외부로 표출하는 것에 기초하고 있기 때문이다. 대개의 경우 신체의 고통이나 만족감이 감지되면 자연히 그에 따른 신체 또는 의사 표현으로 드러내게 되는 바, 그것이 바로 정서이다. 그러나 이제 인지가 발달하여 자신의 개념체계가 구축되기 시작하면 그것을 기반으로 하여 외부 세계를 제약적으로 바라보게 되는 이성에 의하여 자신을 스스로 되돌아볼 수 있는 소위 자아성찰이 더욱 깊어진다. 이에 따라 누구나 부족한 자아의 노출을 기피하려는 심리를 나타내게 된다. 여기에 감성 본연의 주도적 표현 성향과 이성의 비판적 수용 성향이 서로 갈등하게 되는 사태가 나타나게 된다.

그러나 중요한 것은 감성의 주도적 표현 성향이 아무리 강해도 수용된 자료는 자신의 안위와 관련하여 처리하지 않을 수 없다는 엄연한 사실에서 일정한 한계를 피할 수 없다. 즉, 기본적으로 이성에 의한 제반 감성의 통제가 요구되는 것이다. 감성이 내부의 의미를 그대로 외부로 표출하는 것에 가치를 두고 있는 것은 숨길 수 없는 사실이지만, 그렇다고 하여 감성의 의미를 그것에 한정하게 되는 경우 진정한 감성의 의미를 찾을 수 없다.

감성은 외부의 것을 받아들이되 그것이 자신과 어떠한 관련이 있는가를 이성을 통하여 확인한 후에야 비로소 진정한 의미를 찾을 수 있게 된다. 그러므로 냉철한 이성의 지원이 없는 감성의 자료는 자연히 그 의미가 허약해질 수밖에 없다. 이러한 까닭으로 인하여 이성에 의한 인지능력의 성숙도가 증가할수록 자연히 감성에 대한 의존도는 약화되며, 반대로 인지능력이 부족할수록 감성에 대한 의존도가 증가한다고 할 수 있다.

대체로 외부 자극에 대한 감성적 의미는 나이가 어릴수록 강하게 나타나며,

반대로 연령이 증가하여 인지의 성숙도가 깊어지면 질수록 점차 줄어들게 되는 현상이 나타나는 것은 바로 이 때문이다. 다시 말해, 모든 인지체계가 아직 미약한 상태의 유아들은 그만큼 감성에 민감성을 지니며, 이미 뚜렷하게 자신만의 고유한 인지세계를 구축하고 있는 사람들은 일반적으로 감성적인 외부의 자극에 상대적으로 그다지 민감하지 못한 것이다.

예컨대, 인지세계가 상대적으로 허점을 지니고 있는 사람들일수록 소위 세상의 유행을 좇아 민감한 반응을 나타내려는 경향을 강하게 나타내는 것은 바로 이러한 이유에서이다.

이것을 조금 더 구체적으로 살펴보면 진정한 의미의 감성이란 신체에서 유발되기 때문에 인간의 모든 감성은 신체를 떠나서 생각하기 어려운 측면을 언제나 안고 있다. 하지만 인지발달에 따라 감성이 자신의 인지와 연계되면서 감성은 이제 인지와의 일정한 협력을 구해야 하는 상황에 이르게 된다. 여기에서 중요한 점은 처음에는 신체에서 발아한 감성이 이성의 인지발달을 이끌었으나 인지가 어느 정도 발달한 이후에는 역으로 인지가 신체의 감성을 통제하는 현상이 나타나게 된다. 다시 말해, 발달의 초기에는 신체가 그 사람의 정신을 지배하지만, 일정한 정도의 성숙에 이르면 정신이 신체를 지배하기에 이르게 된다.

이러한 감성에서 이성으로의 변환은 대개 13세에서 15세경의 청소년 초기에 질풍노도(疾風怒濤)와 같은 감정의 변화를 나타내는 가운데 나타나기 시작한다. 이후 어느 정도 이성이 성숙한 경지에 이르면 이제는 현실의 모순과 부조리를 넘어서는 추상적 이상의 세계로 나아가게 된다. 이때, 자신의 한계를 극복하고자 하는 의지가 자아초월에 대한 갈망으로 전이되면서 차원 높은 인간의 정신세계를 구축하게 된다. 이성의 본 영역은 이러한 의미에서 찾을 수 있다. 이제 감성과 긴밀하게 연계되어 있는 이성을 보다 상세하게 살펴볼 수 있는 계기가 마련되었다.

제2장

이성 영역

이성은 정신의 핵심적 기능 중의 하나이다. 굳이 언급하자면 정신은 감성과 이성을 두루 주관하는 기능이다. 하지만 감성은 주로 신체의 변화에 좌우되는 것임에 반해, 이성은 정신의 청탁(淸濁)에 따라서 영향을 받는 것이라는 점에서 다소 차이가 있다. 따라서 이성에 대한 탐구는 먼저 정신의 실체를 살펴보는 것에서 시작된다.

1. 정신

1) 정신의 개념

정신은 기본적으로 신체에 그 근거를 두고 있다는 점을 분명히 하는 것이 무엇보다 중요하다. 모든 사람이 주지하고 있듯이 인간은 처음 정자와 난자의 결합에서 새로운 생명의 발단이 이루어진다. 그로 인하여 어머니의 자궁이라고 하는 환경에서 세포분열이 시작됨으로써 각종 장기를 비롯하여 뼈와 근육 등 여러 가지 신체 조직이 일정한 상호 관계를 형성하며 조직되어 나가는 성장발달 과정이 이루어진다.

이러한 과정이 순조롭게 진행되어 일정한 단계에 이르면 비로소 세상에 신생아로 빛을 보게 된다. 그 후에도 신체는 정해진 발달 단계에 따라 일정 기간 생성과 분열을 통하여 꾸준히 성장발달을 계속하게 되며, 일정한 시기가 되면 발달이 점차 둔화되고 드디어 멈추게 됨으로써 결국에는 늙고 병들어 사망에 이르는 그러한 존재가 인간이다. 이 모두가 자연이다.

좀 더 구체적으로 말해, 세상에 처음 생겨난 신생아는 태내에 있을 때와 같이 역시 자연에 따라 계속적으로 성장하고 발달한다. 이때, 발달은 순환기관, 소화기관, 근육, 뼈대, 신경조직 등 신체의 여러 부분이 함께 조화롭게 이루어진다. 이러한 발달이 이루어지는 것은 물론 자연의 질서에 따른 기(氣)의 취산(聚散) 과정의 일부이지만 우리는 이것을 신체가 자신의 생명을 보호하고 유지하기 위한 기능을 보충하는 과정으로 해석한다. 그러한 의미에서 발달은 생명의 유지를 위해 어느 것 하나라도 빼놓을 수 없는 것으로 신체의 모든 부분이 조화를 이루며 함께 보강되는 과정이다.

정신의 발아는 기본적으로 이러한 신체 모든 부분의 성장발달과 관련되어 있지만, 특히 감각에 따른 신경조직의 발달과 더욱 밀접히 연결되어 있다. 신경조직은 각기 다른 세포들 간의 연계를 토대로 하여 서로 정보를 전달하는 말초신경, 중추신경 그리고 이들을 종합적으로 관리하는 두뇌에 이르기까지 질서 정연하게 구성되어 있는 하나의 연계망이다. 신경은 기본적으로 신체의 효율적 관리를 위하여 신체 내·외부의 자극을 받아들이고 드러낼 때 사용하는 일종의 통신망이다.

정신이 처음 활성화되는 것은 기본적으로 그러한 통신망을 통하여 각종 정보가 유통되기 시작하면서부터이다. 즉, 정신은 신체 내·외부에서 발생하는 각종 정보가 신경조직에 따라 소통하는 가운데 발아한다. 여기에서 정보의 소통이라는 의미를 반드시 유념해 두지 않으면 안 된다. 그것은 한마디로 기(氣)의 소통인 것이며, 곧 일정한 물질과 에너지의 소통이라는 점이다. 우리가 그것을 일정한 정보로 인식하기까지에는 아직도 여러 단계의 처리 과정이 필요하지만, 중요한 것은 정보의 소통이 그러한 기(氣)의 소통에 의하여 이루어진다는 엄연한 사실이다. 여기에서 중요한 것은 그러한 기(氣)의 소통 자체에 이미 일정한 에너지에 의한 활동성이 내포되어 있음을 의미한다는 점이다.

정신은 이러한 기(氣)의 활동성과 밀접한 관계를 갖고 있다. 정신의 작용은 그러한 기(氣)의 활동성에서 발아된다고 할 수 있기 때문이다. 다시 말해, 정신은 일정한 기(氣)가 먼저 생명력을 지닌 신체의 조직을 형성하고 그 조직 내에 조밀한 정보의 소통망이 새롭게 형성되면서 슬며시 발아되어 나타나는 원활한 기(氣)의 소통 작용이다.

그러므로 기본적으로 정신이 발아되는 것은 신체를 구성하고 있는 신비한 기(氣)의 소통 작용에서 비롯되는 것이라고 이해할 수밖에 없다. 다만, 기(氣)의 소통에 의한 정신의 발아는 소통의 효율성에 따른 정보의 통제 활동이 한 가지 더 추가됨으로써 안정된 정신의 존재 의미가 확보된다고 할 수 있다. 단순한 정보의 소통은 정보의 혼란을 피할 수 없기 때문이다.

이러한 의미에서 정신은 어떠한 특유의 독자적 존재가 아니라 신체 내부에서 이루어지는 정보의 소통은 물론 그 통제 역할까지 담당하는 기능과 연계되어 있는 것이라는 점을 우선 분명히 해 둘 필요가 있다. 그리고 정보의 소통 작용과 통제 활동은 상호 연계되어 거의 동시에 이루어진다. 이처럼 정신의 제반 작용이 원만하게 이루어지는 상태는 의식(意識) 수준이나 초자아(超自我) 수준에서 가능하다. 의식은 일차적으로 외부의 특정 대상에 대한 지향성을 지니는 것이 특징이다. 한마디로 말해 자극 대상에 대한 집중 경향이다.

대개 의식과 같은 추상적 인식 대상은 그 의미의 이해에 뒤따르는 모호성 때문에 실체를 좀처럼 명확하게 파악하기가 어려운 것이 사실이다. 하지만 적어도 정신은 약간의 주의를 기울이면 다소 그 분명한 의미를 찾을 수 있다. 정신은 단지 사과의 씨나 닭의 알과 같이 어떠한 고정된 선행의 실체가 있어서 그것이 발아하거나 부화하여 생겨나는 그러한 것이 절대 아니다. 그것은 오로지 기(氣)와 같은 실체의 작용성에 뿌리가 있는 것이다.

　본래 기(氣)는 우주를 구성하는 가장 극미한 최소 단위인 동시에 총체인 것이기에 그 자체가 하나의 실체 가능성을 지닌 궁극적인 그 무엇이며, 스스로 존재와 비존재성을 동시에 지니고 있다는 점에서 두 개이면서 하나이며, 하나이면서 두 개이기도 하다.

　기본적으로 신체를 구성하고 있는 모든 크고 작은 조직은 항상 기(氣)의 흐름에 대한 정보를 상호 공유하는 가운데 기(氣)를 소통하고 있다. 이처럼 신체 내에서 상호 빈틈없이 연계되어 기(氣)의 소통이 작동되고 있는 주요 연계망을 경락(經絡)이라고 한다. 그런데 여기에는 주요 부위에 따라 경혈(經穴)이라는 특유의 소통 조직이 있다. 이러한 특유의 조직은 기(氣)의 소통에 예상되는 각종 오류를 사전에 방지하거나 최소화하기 위해서 기(氣) 흐름의 속도나 양을 통제하는 일종의 조절장치라고 할 수 있다. 경락이 감각 정보를 포함한 모든 기(氣)가 유통하는 주요 통로로서의 기능을 담당하는 길이라면, 경혈은 경락의 중간에서 통제 기능을 담당하는 감시 조직으로 보인다. 실제로 침술은 신체 이상이 있을 때 해당 경혈을 자극하여 치료하는 것으로 이러한 원리를 이용하는 것이다.

　이 이외에 체내에서 기(氣)의 소통은 정(精), 혈(血), 신(神) 등의 고체, 액체, 기체의 세 가지 형태로도 이루어진다. 정은 정수(精髓)를, 혈은 혈관(血管)을, 신은 신경(神經)을 따라 소통이 이루어지는 것이다. 이러한 소통 조직들도 각각 특유의 통제장치가 있는 바 신(神)이 흐르는 신경에는 소위 시냅시스(synapsis)라고 하는 특유의 조직이 있으며, 이 안에서 극히 미세한 기화 현상이 나타날 때 비로소 소통이 이루어지는 것으로 알려져 있다. 그리고 정(精)은 관절에서, 혈(血)은 모세혈관에서 극히 미세한 기화에 의한 교류가 이루어지고 있다.

　이러한 의미에서 어떠한 기(氣)의 형태를 막론하고 모든 기(氣)의 소통은 그 자체가 이미 신(神)의 활동이 활발하게 이루어지고 있는 것임을 나타낸다. 이때, 신경의 이러한 자연적 정보 교류나 소통의 차원을 넘어서 이것이 일정한 목적에 따라 질서를 유지하면서 이루어질 수 있도록 하는 하나의 주도적 통제 기능을 생각해 볼 수 있다. 이러한 각종 정보의 소통과 주도적 통제 기능 등을 담당하고 있는 것이 바로 정신(精神, mentality)이다. 다만, 정신의 통제 기능에는 추후 살펴볼 영(靈)의 집중적 관여가 있는 것으로 보인다. 만약 이러한 영이 전제되지 않으면 특히 외부와의 원활한 정보 유통과 통제에 많은 혼란이 발생할 가능성이 매우 높기 때문이다. 이러한 정신의 활동은 주로 두뇌를 주축으로 이루어진다. 두뇌는 비교적 복잡한 신경망으로 구성되어 있으면서도 일사불란(一絲不亂)하게 각종의 정보를 수용, 정리, 지시, 저장 등의 처리를 감당하기 때문이다.

이러한 정신의 발아는 기본적으로 신경망이 발달하여 능동적 감각이 활성화되면서 의식이 발아하는 시점에 이루어진다. 따라서 일단 신체 내·외부의 자극이 신경망 내에서 각종 전달물질을 활성화하여 뇌로 전달되는 신경망의 활동이 체내에서 순조롭게 잘 이루어지고 있다고 한다면, 그것은 정신이 발아하는 초기 단계로 이때는 이미 어느 정도의 의식(意識)이 형성되어 있는 상태라고 할 수 있다. 그러나 감각이나 인식의 통제가 가능한 자율적 정신은 이후 인식 작용이 나타나고 이에 따른 자아의식이 고조되어 사고 활동이 가능해짐으로써 비로소 이루어지는 것이다.

그러므로 정신의 활동을 보다 강화하기 위하여서는 다양한 신경망의 발달이 무엇보다 중요하다고 할 수 있다. 이것은 기본적으로 신체의 자연적인 내적 성숙에 의존하지만, 여기에 더하여 외부의 다양한 자극을 자주 받아들이고 그에 따른 반응을 하여 보는 소위 감각 체험의 정도가 매우 중요한 요건이 된다. 즉, 각종의 다양한 자극 정보는 신체의 유지 발전에 주요 자료로 활용되기 때문에 신체는 보다 나은 각종 정보의 유통과 활용을 위하여 스스로 소통망인 신경의 발달을 더욱 촉진하게 되는 결과를 초래하게 된다. 그리하여 정보의 활용 체험과 신경의 발달은 상호 누적되어 때로는 엄청난 상승효과를 불러옴으로써 두뇌의 발달을 더욱 촉진하게 된다.

특히 두뇌는 오로지 신경으로만 구성되어 있으면서 온몸의 신경망과 연결되어 있는 신경의 중심적 조직체로서 각종의 신경망을 통합하여 관리하는 기능을 담당한다. 따라서 우리 몸속의 신경을 생각할 때 낱개로 온몸에 두루 퍼져 있는 신경망과 수많은 신경이 하나의 조직으로 뭉쳐 있는 신경조직체인 뇌(腦)라고 하는 두 가지 부류로 구분하여 생각하면 큰 무리가 없다.

이들은 조직이 다르기에 서로 역할과 기능도 다르다. 대개 몸속의 신경망은 단순히 자극을 받아들이고 표출하는 데 활용된다. 하지만 뇌는 그러한 몸속의 여러 신경망을 감시하고 통제하며 신경망에 의해 전달된 중요한 자극 정보를 받아들여 그것을 활용하여 해석하고 판단하며, 그 결과에 따른 집행사항을 결정하고 명령하는 기능을 담당한다. 그러므로 우수한 사고력과 지능 등은 우수한 정신의 작용에서 비롯되는 것이다.

다시 말해, 사고는 뇌의 세부 신경망으로 받아들인 다양한 자극을 한편으로 분석, 종합, 가감, 확인, 저장 등 기초 작업을 진행하고, 한편으로 그 작업의 결과로 새로운 정보를 창출해 내는 역할을 수행한다. 따라서 정신은 바로 이러한 사고를 비롯하여 말초신경과 뇌 사이에 이루어지는 정보 소통과 통제 활동 등이 능률적으로 이루어질 수 있도록 제반 신경조직을 점검하고 정리하는 기초 준비 작용을 담당한다. 그러므로 얼마나 원활하고 질서 있게 정보의 소통이 이루어지고 있는가에 따라 정신의 질적 수준이 좌우된다.

하지만 정신이 단순하게 기초 준비 단계에 한정하여 기능하는 것만은 아니다. 이것은 단지 설명을 위한 의미상의 구분일 뿐, 실제로 신경은 감각의 초기 단계에서부터 정보처리의 본 단계와 정리 및 활용 단계에 이르기까지 불가분의 관계를 맺고 있으므로 정신은 이 모든 것과 연결되어 있는 총체적인 것임을 이해해야 한다.

이처럼 정신은 신체를 구성하는 기(氣)의 소통에서 발아한 것이기에 기본적으로 몸속을 흐르는 물질의 종류에 따라 매우 민감한 변화를 나타낸다. 즉, 각각의 물체를 구성하는 기(氣)가 서로 성향이 다르기 때문에 정보의 교류가 이루어지는 소통의 정도, 곧 소통의 내용과 종류, 질과 양 그리고 소통 속도 등이 서로 다르게 나타날 수밖에 없다. 이처럼 정보의 소통에 수반되는 기(氣)의 질은 크게 수(粹)와 박(駁)으로 구분한다. 티가 없는 순수한 기(氣)를 수라 하고, 다소 불순물이 들어 있으면 박이라 한다. 그러므로 자연히 이러한 수와 박은 바로 정신의 질, 곧 청(淸)과 탁(濁)을 좌우하는 가장 중요한 요소가 된다.

　말하자면 신경망을 흐르는 기(氣)가 오염되어 있지 않고 순수하면 할수록 소통이 그만큼 자유롭기에 맑은 정신이 형성된다고 할 수 있다. 그러나 반대로 여러 잡다한 물질이 복잡하게 섞여 있으면 있을수록 소통에 문제가 발생하여 정신이 혼탁하게 될 여지가 큰 것이다. 전자가 정확하고 신속한 소통이 이루어지는 상태라고 한다면, 후자는 그 반대의 경우가 된다.

　신경에서 자극 정보의 소통이 원활하게 이루어지고 있다는 것은 곧 맑은 정신이 형성되고 있는 것이며, 반대로 어려움을 겪으면 그만큼 정신이 혼탁한 상태가 된다. 그리하여 명확한 자극의 수용이 이루어지는 경우에는 균형 있는 감각, 명석한 해석과 판단 그리고 창의적 사고 등이 원활히 이루어지고, 반대의 경우 자극 정보가 왜곡됨에 따라 심한 경우 환상이나 망상 등이 나타나기도 한다.

　또한 기(氣)의 소통에 따른 이동과 움직임의 양은 온도의 변화, 물리적 충격, 물질의 자성(N, S) 또는 전기적 특성(+, −) 등에 따라 다르게 나타나며, 그 속도는 극히 미량의 초미세 수준에서 광속 이상의 무한에 이르기까지 실로 예측하기 어렵다고 할 수 있다. 이러한 제반 기(氣)의 소통 상태는 신체와 정신의 건강에 직결되어 있기 때문에 결국 일상적으로 먹는 음식과 생활습관 그리고 업무에 따른 생활환경 등과 깊이 연관되어 있다고 할 수 있다.

　예컨대, 음식의 경우 저녁에 커피를 마시면 카페인(caffeine)이라고 하는 신경전달물질이 필요 이상으로 신경 활동을 활성화하여 각종 자극 정보를 보다 민감하게 받아 이동시켜 줌으로써 정신 활동을 강화하기 때문에 수면을 취하는 데 다소의 어려움을 겪게 되는 것은 누구나 쉽게 경험할 수 있는 현상이다. 이와는 반대로 마약이나 술을 먹게 되면 모르핀(morphine)이나 엔도르핀(endorphin) 또는 에탄올(ethanol) 등의 물질이 오히려 신경 활동을 마비시켜 정신 작용을 저해하기 때문에 각종 사회적 문제를 야기하는 원인이 되고 있는 것도 숨길 수 없는 사실이다.

　따라서 무공해의 천연 음식이 보다 맑은 정신을 이끌어 낸다는 것은 재론의 여지가 없다. 이것은 정신이 물질과 직접 관련되어 있는 것임을 여실히 보여 준다.

이러한 의미에서 볼 때, 정신은 우리 몸속의 특정 부위에 존재하는 것이 아니라 신체 각 부분이 절묘한 조화를 이루게 될 때, 그에 따라 주로 신경조직에서 나타나는 신비한 정보의 소통 작용임을 알 수 있다. 따라서 보통 우리가 흔히 생각하고 있듯이 정신이 신체와 뚜렷이 구분되는 것이 아님을 알 수 있다. 단지, 정신은 좁은 의미에서 보면 건강한 생명체 내에 자연스럽게 깃드는 차원 높은 소통 작용 중의 하나인 것이며, 보다 넓은 의미에서 보면 세상 만물을 이루고 있는 기(氣)의 상호 정보 소통 작용이 각각의 물성의 특성에 따라 다르게 나타나는 하나의 작용 현상이다.

좀 더 분석적으로 말해, 정신의 정(精)은 실재하는 기(氣)의 핵심적 속성을 결속해 놓은 물적 성향으로 모든 실체가 시·공간에 따라 변화를 거듭하며 생성 소멸하는 가운데 그러한 변화 속에서도 비교적 실체의 핵심적 속성을 한시적으로나마 유지하고 있는 중요한 기(氣)의 한 형태이다. 이에 비하여 신(神)은 이미 기(氣) 본래의 미세한 단위 구조 성향을 지행하는 불변적 항구성을 지닌 기(氣)의 원형질이 갖고 있는 신비한 특성이다.

이러한 의미에서 정(精)은 신(神)보다 더 감각적으로 우리에게 다가온다. 이것의 특징은 그 고유 속성에 대한 매우 강력한 응집력을 지닌다는 점이다. 따라서 만일 정의 응집력이 일정 수준 이하로 약화되면 자연히 기(氣)가 분산되어 신(神)이 되는 것은 피할 수가 없다. 보통 정이 부족하다고 말하는 것은 기(氣)의 응집력이 상대적으로 현저하게 저하되어 있는 경우를 일컫는다.

이와는 반대로 기(氣)가 넘치면 정의 응집력이 강화되어 정은 점차 증대된다. 이러한 정은 잠재력을 지닌 것이기에 만일 일정한 곳에 소통시켜 활용하는 경우, 기(氣)의 활력이 강화되어 소통이 매우 활성화되는 상태가 된다. 흔히 말하는 '신들렸다' '신명 난다' 등의 표현은 이처럼 기(氣)의 활성화가 최고조에 이른 상태를 말한다. 또한 어떠한 일이 매우 순조롭게 잘 이루어질 때를 일컬어 '신바람이 난다'라고 표현하는 것도 모두 같은 의미를 지닌다. 결국 정(精)과 신(神)은 기(氣)의 응집력을 중심으로 그 활성화의 상호 관계를 나타내고 있음을 알 수 있다.

이와 같은 정(精)의 응집력과 신(神)의 활성이 합성된 의미가 바로 정신(精神)이다. 정신은 곧 기(氣)의 취합과 이산의 자연스러운 소통 그 자체인 것이다. 그러므로 정은 신의 바탕이 되며, 신은 정의 작용에 따른 현현(顯現)이다. 기(氣)의 응집이 곧 정이며, 정의 활성에 따른 조직적 정보 소통 상태가 신이 되기 때문이다. 다시 말해, 정은 정신의 체(體)이며, 신은 정신의 용(用)이 된다. 이것은 기(氣)의 응축과 발산이 순환하는 가운데 정신이 숨겨져 있는 것임을 나타낸다. 따라서 아무리 실체가 없는 정신이라고 해도 자연을 구성하는 기(氣)와 분리하여 생각할 수는 없기 때문에 결국 신체와 밀접하게 연계되어 있는 것임을 쉽게 알 수 있다. 따라서 이것을 신체와 구분하여 생각하는 것은 자연에 대한 본질적 이해의 미흡에 따른 것이다.

2) 정신의 근원

신체를 이루고 있는 기(氣)는 주변 환경에 따라 촌각의 휴식도 없이 항시 취합과 이산의 변화를 이어 간다. 정신도 그러한 기(氣)의 작용에서 비롯된 것이기 때문에 신체 내부 기(氣)의 변화는 바로 정신의 변화로 연결될 수밖에 없다. 여기에서 잠시 신체를 중심으로 기(氣)의 취합과 정보 소통의 관계를 살펴볼 필요가 있다.

일반적으로 기(氣)의 상호 간 정보의 소통은 이산의 경우보다 취합의 경우에 더욱 둔화된다. 기(氣)의 취합 형태인 신체 내부에서는 정보의 소통이 주로 조직 안에 있는 일정한 길을 따라 이루어지기 때문이다. 당연히 그만큼 정보의 양이나 전달 속도가 이산의 경우에 비하여 제약이 따를 수밖에 없다. 기(氣) 본연의 활동성과 취합에 의한 활동의 제약이 서로 상충되는 것이다. 그렇다고 하여 신체의 이산은 생각할 수 없다. 그것은 곧 죽음이기 때문이다.

그런데 인간의 정신은 오직 신체 내부 조직 간의 소통에 따른 것이다. 여기에서 당연히 조직에 따른 정신의 한계가 발생한다. 그럼에도 불구하고 정신은 자신을 제약하는 그 조직의 본체인 신체를 통제하는 힘을 지닌다는 사실이다. 정신의 진정한 의미는 이러한 사실을 직시할 수 있을 때 비로소 보다 명확하게 파악할 수 있게 된다. 즉, 신체의 제약에 따른 소통의 한계를 스스로 극복하는 것이 정신이다.

또한 취합이 강화되면 그만큼 기(氣)의 잠재적 에너지는 증가하게 된다. 이 때, 기(氣)의 취합에 활용하는 여분의 잠재적 에너지가 바로 생명력이다. 이것은 가급적 기(氣)의 이산을 축소하고 취합을 강화하는 힘인 것이며, 이것이 약화되면 점차 사멸의 길에 접어든다. 따라서 외부에서 내부로 기(氣)의 취합이 강화되는 것은 오히려 더 강한 에너지를 함축하고 있는 과정이기에 내부에서 그만큼 더 많은 에너지를 활용할 수 있는 여지가 발생한다. 이것은 정신 작용에도 잠재적 역량을 배가하는 측면이 있다. 하지만 정신은 이러한 역량의 활용을 최소화하여 자신의 생명력에 대한 손상을 회피하려는 경향을 지닌다. 정신활동은 무엇보다 에너지의 경제성을 추구하는 것이다. 이 역시 정신의 중요한 특성이다.

이러한 의미에서 기(氣)의 취합은 잠재적 역량을 강화하는 동시에 정신 활동의 효율성 증대라는 양 측면을 동시에 지니고 있음을 알 수 있다. 여기에서 생명력은 정신의 또 다른 의미를 지닌다는 점을 확인해 두지 않으면 안 된다. 생명력은 다름 아닌 개체의 취합에 절대의 위력을 지닌 것으로 그 어느 것에도 우선한다는 사실이다. 아무리 정신이 우수한 능력일지라도 그것은 일단 생명력에 의하여 형성된 것이기 때문이다. 다시 말해, 정신의 질적 역량은 생명력인 잠재적 에너지의 개입 정도에 따라서 다르게 형성되는 것이다.

이제 비로소 그러한 잠재적 에너지, 곧 생명력과 관련되어 있는 몇 가지 주요 개념의 보편적 의미를 살펴볼 수 있는 계기가 마련되었다.

우선 정신과 신체의 근원으로써 생명력은 영 그리고 영혼과 혼령 등에 관련이 있으며, 또한 정신과 신체는 얼과 넋, 혼과 백 등과 깊게 관련되어 있다. 이러한 의미를 살펴보면 다음과 같다.

정신의 일반적 성향은 누구에게나 동일하지만 개인에 따라 고유한 특성이 있음도 분명하게 알지 않으면 안 된다. 개인의 정신은 결국 개별 신체 상황에 달려 있기 때문에 각 개물의 물적 조직 특성에 따라 정과 신, 곧 정신의 고유성이 오롯이 나타나게 된다. 이러한 기(氣)의 개별적 작용 성향을 개성(個性, individuality)이라고 한다. 생명력에 따라서 각자의 특성이 신체와 정신에 드러난다. 이것은 주로 얼과 넋에 의하여 결정된다.

(1) 얼과 넋

얼은 자신의 신체와 정신적 특성, 곧 개성을 형성한 유전 형질과 연계되어 있다. 이미 대대로 이어져 내려온 선조들의 삶 속에서 생활환경에 따른 관습 등으로 개선되고 부가된 제반 요소들이 그들의 신체와 정신에 담겨져 그에 따른 유전 형질이 그대로 후손에게 전달된다. 이처럼 자신의 의지와 관계없이 선조들로부터 이어져 내려와 개인의 정신 작용 일정 부분에 내재되어 있게 되는 것을 얼이라고 한다. 그러므로 소위 '조상의 얼'이라는 것은 주로 장구한 세월 속에서 선대의 조상들이 일구어 낸 고유한 정신적 특정을 이어받아 자신의 신체와 정신 속에 은밀하게 내재되어 있는 정신적 속성을 일컫는 것이다.

기본적으로 개성은 이러한 얼에 뿌리를 내리고 있다. 물론 같은 가계(家系) 내에서는 그러한 얼이 거의 같기 때문에 개성에서도 대동소이(大同小異)한 측면이 강하다고 할 수 있다. 그러나 얼은 신체적 특성에 따라서도 많은 차이를 나타내므로 그 차이가 결코 적은 것은 아니라고 할 수 있다.

여하튼 얼은 조상을 근간으로 하는 거대한 정신 연계의 줄기로서 정신 활동의 일정한 방향을 좌우하는 구심점 역할을 한다. 흔히 주관이 없고 멍청하여 정신적으로 다소 부족한 사람을 세간에서 얼간이라고 지칭하는 것은 바로 이를 잘 나타내 준다. 다시 말해, 얼간이는 인간으로서의 일정한 행동의 구심점이 없기에 아예 개별 특성은 찾아볼 수조차 없는 사람인 것이다.

이에 비하여 넋이라는 것은 당대에 한하여 오직 자신만의 삶 속에서 체험을 통하여 얻게 되는 고유의 정신적 자산이다. 아무리 조상으로부터 물려받은 얼을 간직하며 살아도 숨길 수 없는 그 자신만의 고유한 삶이 존재하게 되고 서서히 그에 따른 의미가 자신의 몸에 배어들게 된다. 이를 구체적으로 보면 처음 자아의식이 형성된 이후 점차 자신의 생각을 정리해 나가는 가운데 자신만의 이상적 표상을 설정하고 삶 속에서 그것을 강하게 추구하려는 성향을 지니게 된다. 이러한 성향이 몸에 배어 점차 하나의 이념으로 확고한 수준에 이르면 이것이 자신만의 넋을 형성한다. 이것은 자신의 삶 속에서 장시간에 걸쳐서 온몸의 체험을 통하여 형성되기 때문에 단지 정신적 측면에서만 그 의미를 지니는 것이 아닌, 이미 자신의 몸속에 체화된 심신일여(心身一如)의 그 무엇이다.

심지어 망자에게서도 부분적으로 찾아볼 수 있는 것이 넋이다. 비록 생명은 잃어버린 상태이지만 신체 내부에는 한동안 그의 삶 속에서 겪은 무수한 체험에 따른 고유한 이력이 담겨져 있다. 적어도 생명을 잃기 직전까지는 그러한 모습을 온전히 체내에 담고 있었기에 사후에도 얼마간은 얼과 함께 개체만의 특성이 부가된 넋의 성향이 신체에 내재하여 있게 된다. 어찌 보면 넋은 망자가 생전에 이룩해 놓은 총체적 정신적인 의미라고 할 수 있지만, 그것은 생시에 신체에 두루 깊이 잠재하여 있던 자신만의 고유한 정신적 특성으로 사후 그야말로 백골이 진토가 될 때까지 남아 있게 된다. 무당이 굿판에서 망자의 억울한 사연을 대신 나타내 주는 것을 넋두리라고 하는 것도 이와 깊은 관련이 있음을 잘 알 수 있다.

이러한 의미에서 얼은 선조들의 삶과 연계되어 있어서 자신의 의지와 관계없이 자유롭게 자신의 몸속을 드나들 수 있는 것이라면, 넋은 오직 자신만의 삶이 체내에 축적되어 개성을 지닌 것이기에 자신의 의지로 어느 정도 통제할 수 있는 것이라 할 수 있다. 따라서 얼은 일정 부분 받들어 모시는 대상이 되는 것인 반면, 넋은 자신의 신체와 항시 함께하는 대변자라고 해도 과언이 아니다.

(2) 혼과 백

이러한 얼과 넋에 연계되어 또한 혼과 백이 있다. 얼과 넋이 이와 같이 생명체에서 나타나는 일반적 현상이라면, 혼과 백은 주로 죽음에 이를 수도 있는 절박한 생명의 위기의 순간에서 찾아볼 수 있는 현상이다.

혼(魂, soul)이라는 것은 한마디로 말하여 모든 사람의 생명의 파수꾼이다. 평소에는 개인의 생명을 보호하는 감시자로서 군림할 뿐 좀처럼 그 존재를 드러내지 않는다. 말하자면 항시 자신의 정신력과 체력 정도를 점검하는 주체로서 현재 소유하고 있는 생명력의 수준에 민감한 반응을 나타낸다. 그러므로 혼은 현저하게 체력이 저하되거나 특별히 생명에 위기가 닥치기 이전에는 그 존재를 좀처럼 드러내지 않는다. 하지만 특히 절망이나 위기의 순간에 기(氣)의 취합과 이산에 따른 변화가 갑자기 심하게 요동치는 순간에는 필연적으로 나타난다고 할 수 있다.

다만, 미처 자신이 감당하기조차 어려운 최대의 위기 상황에 이르면 오히려 아예 혼이 순간적으로 사라지는 현상도 나타난다. 그것은 본래 혼이 기(氣)의 소통에 관여하는 얼과 넋을 중심으로 생명의 감시자 역할을 하고 있는 때문으로 보인다. 비록 위기의 순간 혼의 활동은 강화되지만, 얼과 넋이 먼저 절망의 나락으로 떨어져 잠시 정신을 잃어버리는 결과에 따른 것이다. 하지만 혼의 숨은 활약이 있었기에 다시 정신을 회복할 수 있게 된다.

따라서 소위 '혼이 나갔었다'라고 하는 것은 단지 그 순간 위기의식이 매우 엄중하였음을 나타내는 것이라 할 수 있다. 가끔 사람들이 자신의 모든 것을 다 바친다는 마지막의 굳은 각오를 다짐할 때 '혼을 불태운다'라고 하는 것은 이러한 혼의 특성을 활용하는 것이다. 따라서 자신의 생명 안전에 대한 강한 자신감이 확보되면 혼의 활동은 약화된다.

결국 혼이란 생명체가 지닌 기(氣)의 응집력이 현격하게 강화되거나 저하되어 순간적으로 강한 위기감을 느끼게 될 때, 기(氣)와 기(氣) 사이에 이루어지는 기민한 정보의 소통 작용을 기반으로 생명체의 위기관리를 담당하는 역할을 하는 것이라고 할 수 있다. 그러므로 사람이 죽어 가는 경우 일순간 먼저 생리적 활동이 정지한 후 혼이 발생하는 것이 아니다. 먼저 지금까지 자신의 생명을 관리하던 혼이 최대한 죽음에 대한 저항을 시도하며, 만일 여기에서 실패하게 되면 비로소 점차 혼의 기능이 약화됨으로써 자연히 생리적 활동이 정지하는 것으로 보아야 한다. 즉, 삶의 마지막 순간에는 심장이 멈춘 후 혼이 사라지는 것이 아니라 혼이 먼저 약화된 상태에서 심장박동이 멈추게 되는 것이라고 할 수 있다.

따라서 흔히 말하는 혼이란 보통의 일상적인 삶 속에서는 별다른 의미를 찾을 수 없다. 어떤 의미에서 혼의 진정한 의미는 생전에 지니고 있었던 얼과 넋을 사후에 소멸하는 작용에서 찾을 수 있다. 이러한 의미를 조금 더 구체적으로 말하면 다음과 같다.

이미 앞에서 살펴본 바와 같이 망자의 신체는 단순한 물체가 아니다. 생명은 이제 비록 하나의 과거사가 되어 버렸지만 두 번 다시 찾아볼 수 없는 얼과 넋을 지니고 있던 절대의 개성을 지닌 물체라는 의미는 지워버릴 수 없다. 뿐만 아니라 아직도 형체만큼은 거의 그대로 유지하고 있는 조직체이기 때문에 기(氣)가 이산하여 원래의 광활한 우주 공간으로 되돌아가기까지는 다소의 시간적 거리감이 남아 있다. 이러한 이산 작용에 혼이 개입하는 것으로 보인다.

혼은 그 고유한 기(氣)의 정보 소통 작용을 통하여 사체의 고유한 물적 응집 특성을 포기하여 얼과 넋이 깃들어 있는 기(氣)의 이산 작용을 유도함으로써 다시 원래의 공간으로 되돌아갈 수 있도록 하는 기능을 담당하는 것이라 할 수 있다. 흔히 혼이 얼과 넋의 주재자 역할을 담당하고 있다고 보는 것은 바로 이 때문이다.

반면에 백(魄, demon)이라는 것은 사후에 사라져 가는 개체의 물적 취합 특성만을 의미하는 것으로 보인다. 사람이 사망하면 그동안 기(氣)의 응집력을 추구하며 생명을 감시하던 혼이 자연히 분산되면서 신체는 오로지 물적 특성만 남게 되고 그마저도 이제 생전에 유지하여 온 응집력을 크게 잃어버리고, 반대로 점차 기(氣)의 이산이 이루어진다. 이때, 비록 생명력은 잃어버렸지만 그래도 아직까지 잔존하고 있는 개체의 이산에 저항하는 물적 취합 특성을 백이라고 할 수 있다. 말하자면 혼이 생시의 취합 특성이라면, 백은 사후의 취합 특성이다.

다만, 혼은 생시의 정신 관리에 주로 연계되어 있는 반면, 백은 사후의 신체 관리에 한정되어 있다는 차이가 있다. 그러나 넓은 의미에서 보면 혼이 생전의 신체를 관리 감독하는 것이라면, 백은 혼이 사라진 사후의 신체 관리를 마지막으로 잠시 담당하는 것이라고 할 수 있다. 일반적으로 백이 흩어지는 기간을 대개 49일로 보고 있다. 그래서 관례적으로 망자의 혼백을 평온하게 보내드리기 위해서 49일째 되는 날 망자의 혼비백산(魂飛魄散)이 순조롭게 이루어질 수 있도록 기원하는 행사가 사십구재이다. 이러한 의미에서 사기(死氣)에 따른 생전의 신체를 바탕으로 혼의 비산이 선행된 다음 백의 이산이 발생한다고 볼 수 있다.

그러므로 혼은 얼과 넋을 주관하며 생명체의 위기관리에 주력하는 보편적 특성을 포함하는 것이지만, 백은 혼이 사라진 이후에 일정 기간 망자의 고유한 기(氣)가 보존되도록 함으로써 자연스럽게 이산이 이루어질 수 있도록 하는 지극히 개인적인 것을 일컫는 의미이다. 간혹 이들이 감각적 존재로 여겨지는 경우에 흔히 귀신(鬼神)으로 일컬어지기도 한다.

또한 죽은 사람이 생전에 지녔던 혼이 다른 사람의 몸속으로 들어가 그 사람의 혼을 지배하는 소위 빙의(憑依) 현상도 간혹 나타나고 있다. 결국 혼과 얼은 선조와 공동체 그리고 넋과 백은 지극히 개인적인 것으로 사후에도 다소간 연계되어 있는 것임을 알 수 있다. 이제 정신과 혼백의 공통점과 차이점을 살펴보면 다음과 같다.

우선 정신의 정(精)과 혼백의 백(魄)은 모두 물질적인 것으로, 전자는 단순한 생기의 취합과 후자는 사후의 이산과 연계되어 있다는 점에서 다소 차이가 있다. 또한 신(神)과 혼(魂)은 모두 비물질적 성향이 중심을 이루고 있으나 전자는 단순 작용 특성이며, 후자는 개인의 생명성에 대한 관리 성향이라는 점에서 차이가 있다. 이러한 의미에서 정신은 생명체에 깃들어 있는 비물질적 작용 특성이며, 혼백은 생명체의 사전 사후를 담당하는 관리 성향이다. 그럼에도 불구하고 혼백은 어디까지나 정신의 특성을 결정하는 요소 중의 하나라는 점은 피할 수가 없다고 하겠다.

(3) 영

또한 정신과 관련하여 특히 주목해야 하는 것이 바로 영(靈, sprit)이다. 이것은 인간의 정신과 신체를 초월하여 우주 만물을 주재하는 원초적 주관자인 동시에 본체로서 특유의 유일무이한 존재이다. 따라서 영은 정신과 물질을 막론하고 시·공간을 초월하여 언제 어느 곳에든지 그 영향력이 닿지 않는 곳이 없으며, 감히 그 실체는 인간이 논할 수조차 없는 그 무엇이다. 따라서 여기에서는 다만 그 작용을 다소 추리해 보는 정도에 불과할 뿐이다.

영을 부분적으로 산과 바다 또는 인간 등의 유(類)와 연계하여 한정적으로 지칭하는 경우 산신령, 해신, 영혼 등으로 불리는 것으로 생각된다. 좀 더 구체적으로 말하면, 총체적 의미에서의 영을 만물에 연계하여 부분적으로 한정하여 지칭하는 경우 각각 그 특성에 따라 명칭이 다른 것이다.

그러므로 인간류를 지배하는 소위 영혼(靈魂, psyche)은 일반적으로 인간의 정신을 두루 주관하는 개괄적이며 총체적인 의미를 지니는 것이라 할 수 있다. 그리고 이러한 영혼이 인간 개개인마다의 개별적인 의미로 사용되는 경우에는 앞서 언급한 얼과 혼이 있다. 그럼에도 불구하고 간혹 이들과 혼령을 혼용하기도 한다.

혼령(魂靈, ghost)은 인간의 사후에 사용하는 용어로 이 역시 사후 일반인들에 대한 보편적 의미나 또는 개인의 특수한 의미로 활용되고 있다.

요약하자면 영혼은 생시의 주관자요, 혼령은 사후의 주관자이다. 그렇지만 영(靈)만큼은 생명의 유무와 별 관련이 없다는 점에서 이들과 또 다른 의미를 지닌다는 점을 확인해 둘 필요가 있다.

이러한 의미에서 영혼은 인간이 처음 생겨나는 수정의 순간을 기점으로 하여 그 이전과 이후 전 과정에 모두 관여하고 있는 것이기도 하며, 한편으로는 수정 이후 서서히 개인의 개성이 형성되는 과정에서 함께 형성되는 것으로도 파악된다. 다만, 여기에서는 앞서 논의한 인간의 정신에 깃드는 사고 특히 자아의식과 연관되어 있다고 파악하고 있을 뿐이다. 사고는 이미 그 자체로 영혼을 담고 있는 것이 되기 때문이다.

이상에서 살펴본 얼과 넋, 혼과 백 그리고 영과 관련하여 영혼, 혼령 등은 모두 인간의 정신에 뚜렷한 개성이 들어 있는 것임을 나타낸다. 인간의 중요한 특성은 무엇보다 이처럼 정신의 뛰어난 작용력을 바탕으로 한 개성을 지니고 있다는 점이다. 만약 이것이 없다면 인간은 다른 동식물과 같은 존재에 불과하다.

3) 정신 활동의 기능

정신의 작용은 일차적으로 지능(知能)에서 시작된다. 지능은 정신 활동의 확립을 알려 주는 의식(意識)과 함께 곧바로 나타나는 기능이기 때문이다. 지능의 가장 큰 특징은 수집된 정보를 목적에 연결하여 수단화하는 조작 기능이다. 따라서 지능이 높을수록 정보를 변형시키고 관계를 재구성하는 등의 능력을 지니게 된다. 여기에 다양한 정보의 소통은 필수적이다. 지능이 의식의 형성을 바탕으로 하여 시작되는 것은 이 때문이다. 이러한 의미에서 의식은 무엇보다 지능의 중요한 선결요건이다.

예컨대, 자동차가 주행기능을 발휘하기 위해서는 먼저 엔진이 작동하고 있어야 하는 것과 같은 이치이다.

정신의 작용에 따른 기능에는 지능 이외에도 감각을 비롯하여 기억, 창의 등 여러 가지가 있다. 대체로 그러한 기능들은 그 특성에 따라 크게 정보의 수용 기능, 생산 기능, 표현 기능 등 세 가지로 구분해 볼 수 있다. 즉, 자신의 내·외부로부터의 제반 자극을 받아들이고 이것들을 재료로 하여 새로운 것을 생산해 내며, 또한 이것을 밖으로 표출시키려는 성향을 지니고 있다. 수용 기능에는 감각, 지각, 인식 등이 있으며, 생산 기능에는 감각적 또는 개념적 조작에 따른 구상과 사고 등이 있고, 표현 기능에는 기억, 재인, 재생 등의 기능이 있다. 이것을 각각 좀 더 구체적으로 살펴보면 다음과 같다.

(1) 수용 기능

정신이 정보의 수용적 활동을 원만히 진행하기 위해 기본적으로 요구되는 것이 감각이다. 따라서 감각 능력의 계발은 모든 정신 작용의 전제조건이다. 하지만 그보다 먼저 선행하지 않으면 안 되는 것이 세 가지가 있다. 그것은 바로 관심과 집중 그리고 민감성이다. 관심과 집중은 엄격하게 구분하기가 어려우나 굳이 구분하자면 관심은 감각의 대상에 대한 의지의 지향성에 관계되는 것이라면, 집중은 감각 양의 정도에 관계되는 것이다. 이에 반해, 민감성은 감각의 정확성과 속도에 관계된다. 이러한 의미에서 우리가 어떠한 자극을 수용하는 과정을 보면 우선 관심을 둔 다음 집중을 하면 그 후에 민감성이 수반되는 것이다.

이때, 가장 중요한 것이 의식의 확보이다. 보통 의식은 정신의 청탁에 따르는 것이지만, 여기에 자아에 대한 최소한의 인식이 병합되어야 한다. 이것은 간단히 자아의식이라는 것으로 정신의 수용 기능에서 중핵에 해당하는 것으로 볼 수 있다.

일반적으로 감각 활동은 자극 대상과 수용자와의 단순 관계로 생각할 수 있는 것이 보통이다. 하지만 감각에 따른 후속 단계인 지각 활동부터는 수용자가 자신을 자극 대상으로 하는 소위 대자화(對自化)라는 특수한 현상이 발생한다. 이에 따른 자체 인식이 자아의식이다. 지각과 인식은 반드시 이러한 자아의식이 확보된 이후 비로소 가능해진다.

이것은 기본적으로 맑은 정신의 도움이 없이는 불가능하다. 물론 이러한 맑은 정신의 확보는 건강한 신체 조직 특히 건실한 신경조직이 선행되지 않으면 안 된다는 것은 더 말할 나위가 없다. 여하튼 인식은 일차적으로 감각 정보를 일정한 형식으로 정리한 지각자료를 토대로 이루어진다. 이것을 기호로 변환하고 개념화하면 비로소 인식이 가능해진다. 그리고 개념은 이후 다음 단계의 생산을 위한 제반 기초 자료가 된다. 이러한 의미에서 감각을 통한 자극의 수용에 따른 인식 작용은 정신의 기초 기능이라고 할 수 있다.

⑵ 생산 기능

정신의 고유 가치가 가장 뚜렷하게 나타나는 부분이 바로 생산 기능이다. 이것은 개념을 분석하여 수정 및 보완하거나 개념 간 관련을 지어 새로운 개념을 창출해 내는 것을 의미한다. 물론 이러한 과정에서도 관심과 집중 그리고 민감성이 요구되는 것은 더 말할 나위가 없다. 같은 개념이라고 하여도 이것을 어떻게 이해하고 조합하는가에 따라 그 결과는 판이하게 다르게 나타나기 때문이다. 소위 사고란 이처럼 다양한 개념을 특유의 조합 과정을 통하여 연결함으로써 새로운 의미나 개념을 창출하여 내는 것을 말한다.

따라서 생산성은 사고가 정신에서 중요한 의미를 갖게 되는 단초가 된다. 다시 말해, 정신은 사고를 통하여 그 생산성을 발휘하게 되기 때문이다. 일반적으로 사고는 생산성을 극대화하기 위해서 이해, 분석, 종합, 판단, 추리, 평가, 적용 등 다양한 기능을 활용한다.

이들 중에서 가장 중요한 것은 정확한 이해력이다. 이것이 없이는 어떠한 여타의 기능도 불가능하다. 이해의 본질은 특정의 대상을 개념화하고 그것을 일정한 개념체계 안에 용해시키는 것이다. 즉, 새로운 개념을 자신이 소유하고 있는 기존의 개념체계에 일치시키거나 새롭게 변경하여 자신의 개념체계를 안정화하는 행위이다. 이러한 이해는 그 수준에 따라 외재적 이해와 내재적 이해의 두 단계로 구분할 수 있다.

- 외재적 이해: 특정 개념만의 개별적 이해의 단계이다. 구체적으로 말하여 일정한 지각 자료 그 자체를 분석, 변별, 비교, 종합, 판단하여 하나로 통합하고, 그것을 기호로 변환한 후 다시 관련 의미들을 각각의 중요도에 따라 정리함으로써 내포와 외연으로 구분하여 개념화하는 과정에 있는 단계이다. 이러한 과정에서 얻은 개념적 인식은 내부의 기존 개념체계와 분리되어 있을 뿐만 아니라 개념 자체도 아직 정리가 안 되어 다소의 의구심이 남아 있는 상태이다. 이것은 해당 개념은 어느 정도 식별할 수 있는 능력을 확보하였지만, 개념과 자신의 생각이 뚜렷하게 구분되어 다소 경계하

고 있는 상태로 개념은 단지 하나의 도구로 인식되고 있는 단계이다. 달리 표현하면 아직은 개념이 내부의 조직체계에 포섭되어 있지 못하고 자신의 생각과 분리되어 있는 외재화(外在化) 상태이다.

- 내재적 이해: 개념이 정리되고 내부의 개념체계와 하나로 통합되어 다른 개념들과 정보의 소통이 수월하여 자신의 생각 속에 자유롭게 활용할 수 있는 단계이다. 이 단계에서는 개념의 배경 의미까지 확충함으로써 나름대로 만족할 만한 이해의 수준에 도달하게 된다. 이러한 이해의 수준에서는 개념에 대한 별다른 의심의 여지가 없기 때문에 개념의 지시 대상에 대한 특별한 경계나 주의를 기울이지 않는다. 자신의 생각대로 대상을 자유롭게 통제할 수 있는 단계에 이른 것이다. 이러한 것이 바로 내재화되어 있는 상태이다. 다시 말해, 인식 대상과 자신이 하나가 되어 대상을 자신의 일부로 인식하고 있는 단계이다. 이러한 이해에 이르기 위해서 상당한 탐구의 과정은 물론 이것의 숙성 과정이 요구되는 것임은 두말할 나위가 없다.

이러한 의미에서 볼 때, 결국 이해는 각 개인의 개념체계, 즉 인지구조에 따라 다를 수밖에 없으며, 이것이 정교하면 정교할수록 보다 신속하고 정확한 이해에 다다를 수 있다. 흔히 '아는 만큼 보인다.'라는 것은 이를 두고 하는 말이다. 이것은 정교한 개념체계가 인식에 있어 절대의 필수적 요건임을 알려 준다.

여하튼 일차적으로 이러한 이해의 과정이 성공적으로 이룩되어 보다 새로운 개념체계가 형성된 이후에 어떠한 문제 사태에 직면하면, 이제는 그것으로부터 무엇인가 새로운 해결 방안을 모색하는 본격적 생산 단계가 시작된다. 이를 위하여 조직 내의 관련 개념들을 보다 세밀하게 비교, 분석하고 그 결과에 따른 여러 요소를 또 다른 개념의 요소와 결합한 후, 그것을 검토하고 판단하며 추리하는 조작 과정이 선행된다. 이후 또 다시 넘치는 부분은 덜어 내고, 부족한 부분은 보완하고 통합 조정하는 일련의 평가 과정이 이루어진다.

이처럼 문제 제기에서 평가에 이르는 제반 과정이 혹은 부분적으로 또는 다른 측면에서 반복되는 가운데 새로운 관계의 단서가 포착되고 그러한 단서를 기화로 하여 이전에 생각하지 못했던 새로운 의미를 발견하게 된다. 이것이 바로 사고의 생산성이며, 새로운 해결 방안을 얻게 되는 계기가 되는 것이다. 이러한 의미에서 사고는 정신의 핵심이 되며, 생산성은 사고의 꽃이 된다고 할 수 있다.

이러한 과정은 우선 치밀한 계획에 따른 조작 능력을 활용함으로써 엄청난 신경 에너지가 소모되는 과정이므로 자신의 존재의식마저 잃어버리는 현상이 나타나는 바, 이것을 몰입이라고 한다. 만약 이러한 제반 과정이 스스로 만족할 만한 수준에서 마무리되는 경우에 인간은 무엇과 바꿀 수 없는 희열을 경험하게 되는 바, 이것은 더없는 보상이 된다.

(3) 표현 기능

사고의 생산 기능을 통하여 어렵게 얻어 낸 해결 방안은 단지 내부적으로 결정된 것에 불과하다. 또한 그것은 현실에서의 적용 가능성이 아직 검증되지 못한 상태이기 때문에 내부에서도 다소 불안정한 것일 수밖에 없다. 혹시 만에 하나라도 그러한 검증에 실패하는 경우, 자신의 생각은 단순한 공상 또는 망상에 머물게 되기 때문이다. 다시 말해, 내부의 생각은 언제나 외부의 실재에 적용하여 보는 검증 과정을 거침으로써만이 생산성에 따른 결과의 타당성을 확보할 수가 있다. 이러한 이유로 해서 모든 사고는 대부분 일차적으로 다시 한 번 더 기억 속에서 자료를 확인하여 재인하고 재생하는 절차를 밟게 된다. 뿐만 아니라 실제로 현실에 적용하여 검증을 받으려는 성향을 나타낸다. 이러한 확인과 검증을 행하는 것을 표현 기능이라고 한다. 결국 표현은 일종의 불안감의 표시이다.

따라서 항상 무엇인가 표현을 갈구하는 것은 그만큼 인간의 사고 자체가 부족한 점이 있다는 것을 반증하는 것으로 앞서 언급한 정신의 한계와 관련지어 해석해 볼 수 있다. 일반적으로 정신적 작용이 미흡하면 그에 따라 사고력이 부족하게 되고 이것이 부족하면 불안이 가중되어서 그에 따른 표현 기능이 활성화되는 것은 피할 수 없다. 반면에 정신적 작용이 우수하면 우수할수록 외면 상의 표현 활동이 줄어드는 경향을 나타내는 것도 숨길 수 없는 사실이다.

일반적으로 사고력이 다소 부족한 어린아이일수록 말과 행동이 많고, 사고 수준이 높을수록 말과 행동이 줄어드는 것은 이 때문이다. 더욱이 사고가 고도 의 정치(精緻)함을 견지하는 수준에 이른 지성인들은 말과 행동을 지극히 축약 한다. 이러한 현상은 사고력이 일정한 경지를 넘어서게 되면 내부적으로도 검 증의 절차가 가능해지기 때문에 표현 기능이 축소되는 것이다.

이와 같이 평소 정신 활동이 비교적 잘 이루어져 수많은 기능적 활동의 결과 가 쌓여 누적되면 두 가지 중대한 현상이 나타난다. 첫째, 자신의 육체를 정신 의 명령에 종속시킨다. 다시 말해, 물질적 가치보다 정신적 가치를 우선함으로 써 높은 도덕적 식견을 갖게 된다. 둘째, 깊은 예지 능력을 지닌다. 모든 사물을 관찰할 수 있는 능력이 예리해지고 이것을 바탕으로 다가올 사태에 대한 정확 한 추리력을 지닐 수 있게 된다.

이상으로 살펴본 바에 의하면 수용, 생산, 표현 등 정신의 연속적인 과정이 순조롭게 진행되는 것은 곧 정신이 건강한 상태임을 나타낸다. 그러나 만약 정 신의 이러한 연속적인 기능적 활동 과정에서 어느 한 부분에서라도 심한 장애 를 일으키는 경우나 각 과정 간에 상호 균형을 이루지 못하는 경우, 정신 작용 의 제반 기능은 필연적으로 정체되고 결국은 생명력마저 잃게 되는 결과를 초 래한다.

이제 정신의 제반 작용 중에서 가장 기본적인 인식 작용과 관련하여 지각과 인식의 의미를 보다 상세하게 살펴보고자 한다.

2. 지각

지각은 정신의 수용 작용에 따른 감각 정보의 처리 과정에서 감각에 이은 두 번째 단계에 속한다. 감각은 감각기관의 구조와 성능에 의존하여 외부 자극을 수용하는 바가 중심이 되지만, 지각은 그러한 감각 정보를 종합하는 인식의 첫 단계이다. 다시 말해, 감각기관에서 얻어 낸 다양한 개별의 순수 정보가 일체의 가감이나 변환 없이 그대로 신경망을 통하여 오감에 따른 각각의 정보처리를 담당하는 뇌로 전달되면, 그것을 종합하여 처리한다. 즉, 시각 정보는 후두엽, 청각 정보는 측두엽, 후각 정보는 변연계에서 각각 일차적 처리를 하고 최종적으로는 두정엽에서 종합하는 것으로 보인다. 그러나 촉각과 미각의 정보는 두정엽에서 직접 모든 처리가 이루어진다.

이처럼 두정엽에서 종합적 처리가 되면 실체를 파악하기 위한 초기 단계에 진입한 지각 상태이다. 따라서 뇌의 각 부분에서 수용한 감각 정보가 아직까지는 전두엽이 주관하는 기존의 인지체계와 연계되어 있지는 못하고 단지 감각자극을 있는 그대로 이성(理性)이 제공하는 지각 형식에 따라 종합하여 일차적 의미를 형성하는 단계이다. 이처럼 지각을 비롯한 일체 인간의 인식에 이성의 개입은 거의 필연이다. 이러한 자극의 지각 형식은 크게 다음의 세 가지가 있다.

1) 지각 형식

제1형식으로 시간과 공간, 제2형식으로 양과 질, 제3형식으로 존재 형태와 양식 등이 그것이다. 이것을 조금 더 구체적으로 살펴보면 다음과 같다.

(1) 시간과 공간 형식

시간과 공간 형식은 지각의 근원적 기초를 마련해 준다. 기본적으로 특정의 실체가 점유하고 있는 공간과 그것의 변함없는 연속적 지속성에 대한 정보의 제공이 없이는 지각 자체가 불가능하다.

예컨대, 수없이 순간에 나타났다 없어지는 미확인 비행 물체(Unidentified Flying Object: UFO)에 대하여 아직도 그 정체를 파악하지 못하는 것은 인식에 따른 시간의 지속성을 확보하지 못하기 때문이다. 또한 같은 사람이라도 길에서 볼 때와 높은 산 위에서 내려다볼 때가 전혀 다른 모습으로 인식되는 것은 서로 다른 공간에 있기 때문이다.

따라서 지각은 일차적으로 실체와 연관되어 있는 시간과 공간에 대한 정보가 확보되지 않으면 안 된다. 이러한 제1형식에 따른 구조적 지각을 벗어나면 단지 허상에 의한 감각 정보를 통한 인식이 되어 탈맥락적 인식의 오류를 범하게 된다. 그것은 사물의 인식에서 시간에 따른 실체의 능동적 변화와 공간에 따른 실체의 입체감을 도저히 제공할 수가 없기 때문이다. 최근에 생활 속에 널리 활용되고 있는 가상세계를 통한 지각은 이러한 탈맥락적 인식의 대표적 경우이다.

그러므로 실재 공간이 아닌 가상 공간에서 대다수의 사물을 지각하는 일이 반복되면, 과거와 미래의 연결고리를 잃고 실체의 변화가 갖는 의미를 일관성 있게 파악할 수 없어서 결국은 실재의 공간과 가상의 공간에 대한 구분을 할 수 없게 된다. 그렇게 되면 시간도 거슬러서 다시 되돌릴 수 있는 것으로, 또는 공간도 자유롭게 늘리고 줄일 수 있는 것으로 착각하게 된다. 간혹 높은 옥상에서 거리낌없이 뛰어내리거나 자살을 쉽게 생각하는 등 심각한 지각장애를 지니게 되는 것은 바로 이 때문이다.

따라서 구조적 지각은 사물의 인식에서 매우 중요한 의미를 지닌다. 개별 사물의 인식이 각 사물 간의 관계를 가늠하는 것이며, 이것은 나아가 각 개인의 인식능력을 좌우하기 때문이다. 따라서 최초 개별 사물의 인식에 문제가 발생하면 결국 개인의 인식능력은 치명적 손상을 입게 되는 것을 도저히 피할 수가 없다는 점에 문제의 심각성이 있다. 사정이 이러함에도 불구하고 아직 구조적 지각 능력이 미약한 유아들에게 스마트폰이나 컴퓨터 등으로 가상세계를 손쉽게 접할 수 있게 하는 것은 매우 위험천만한 일이 아닐 수 없다.

(2) 양과 질 형식

양과 질 형식은 지각에서 실체에 대한 직접적인 정보를 마련하여 주는 중요한 요소 중의 하나이다. 모든 지각은 일차적으로 자극의 양과 질에 의한 직접적인 정보에 의하여 이루어진다. 즉, 외형으로 나타나는 자극 대상의 형태와 규모에 따른 자극의 양 그리고 모든 대상 자체가 본래 지니고 있을 수밖에 없는 품질과 강도 등에 의한 자극의 질은 이해의 중요한 단초가 된다.

우선 양의 경우 그 정도가 일정한 감각 수준에 달하지 못하거나 넘치면 아무리 실재하는 것일지라도 그것의 존재 여부를 감각하는 데 장애가 발생하여 지각은 왜곡되거나 차단된다. 따라서 최소한 우리의 오감을 자극할 수 있는 정도의 자극의 양이 확보되고 한정되어야 한다.

예컨대, 원자나 분자와 같은 미세한 실체들은 인간의 감각 능력으로는 감각 그 자체가 가능하지 않으며, 설령 감각은 가능하다 하여도 지각이 불가능하다. 이와는 반대로 우주와 같이 규모가 워낙 방대한 경우에도 규모나 무게 등은 극히 일부의 감각에 그칠 뿐이다.

다음으로 질의 경우 설령 양적 감각은 확보가 된다고 해도 그 자극의 질이 감지되지 못하면 정확한 지각은 역시 어렵게 된다.

예를 들어, 사진의 해상도나 용액의 실질 농도가 현저하게 떨어지면 그만큼 지각에 차질이 나타나는 것은 피할 수 없다. 이러한 의미에서 질감의 경우에도 그 수준과 연계되어 감각의 차이가 나타나는 것임을 알 수 있다.

하지만 그 어느 감각보다 질감에서 중요한 것은 미각, 후각, 촉각 등에 의한 직접적 촉감이다. 이것은 감각하고자 하는 실체에 얼마나 근접할 수 있는가에 따라 지각의 수준이 결정된다. 이들은 실체에 대한 직접 접촉이 아니고서는 불가능한 것이기 때문이다. 시각이나 청각은 실물이 아닌 모형이나 사진, 녹음이나 대역 등을 통하여 간접적으로도 어느 정도 지각이 가능하지만, 그 외 미각이나 후각 등의 촉감은 오로지 직접 체험에 의해서만 가능하다.

따라서 촉감에 의한 지각은 시각이나 청각과 달리 지각의 실증성을 보장하는 것은 물론 명확성을 확보할 수 있다는 장점이 있다. 더욱이 시각과 청각은 주로 일정한 감각 시간의 개입이 요구되는 복합 정보를 다루지만, 촉감은 순간의 단순 정보이기 때문에 적어도 그 순간만큼은 지각의 확실성이 보장된다.

특히 영·유아들의 감각이나 지각 발달에서 직접 체험이 중요한 것은 바로 이 때문이다. 그러므로 어린 시절 TV나 스마트폰 등을 위주로 간접적 감각이나

지각 경험을 많이 하게 되면 자연히 사물의 규모, 질감, 무게 등에 대한 자극의
양과 질에 대한 감각이 현저히 저하되어 올바른 지각이 불가능해지는 것은 피
할 수가 없다.

예를 들면, 넓은 들판의 다양한 꽃, 하늘에 보이는 별 등을 오로지 그림이나
사진으로 보았을 뿐 하염없이 시간을 놓아두고 직접 관심 있게 살펴본 경험이
없는 사람은 생동감 있는 그 자극의 크기와 복합적 구조를 관계적으로 도무지
이해할 수가 없다. 뿐만 아니라 단순하게 이야기를 통하여 전해 들은 경우에도
물체별로 그것이 자리하고 있는 위치에너지가 갖는 잠재적 파괴력, 물체를 구
성하고 있는 각 부분 간의 구조적 역동성 등을 이해하지 못하게 됨으로써 지각
의 핵심적 요소 파악에 치명적 문제를 노정시키게 된다.

(3) 존재 형태와 양식 형식

마지막 형식인 존재 형태와 양식은 실체의 배경 의미를 제공하여 주는 지각
에서 빼놓을 수없는 중요한 부분이다. 대부분 지각에서 이러한 일정한 존재 형
태와 양식을 등한히 하고 있으나, 실상은 이에 대한 지각이 없다면 진정한 인식
은 없다고 해도 과언이 아니다.

존재 형태는 존재의 외형과 규모 등에 따른 가변성에 대한 정보를 의미한다.
따라서 외형과 규모가 주는 시각적 정보는 물론 변화의 과정도 일차적으로 인
식에 중요한 의미를 지닌다.

예컨대, 꽃은 낮에는 피어 있지만 밤에는 꽃잎을 접어 오므린다거나, 고슴도
치가 적을 만나면 밤송이로 변모하는 것 등이 그것이다.

또한 세상의 모든 실체는 단순하게 독자적으로 존재할 수가 없다. 소위 말
하여 절대적 실체란 존재하지 않는다. 모든 실체는 반드시 자신과 주변 환경과
일정한 관계를 형성하면서 존재한다. 이와 같이 각각의 실체가 나름대로 최적
의 조건을 형성하기 위하여 주변 환경과 맺고 있는 일정한 관계를 존재 양식이
라고 한다. 따라서 그러한 관계를 외면하면 실체에 대한 이해는 그만큼 제약적
으로 이루질 수밖에 없다.

예를 들어, 코끼리, 기린, 황새, 박쥐, 고래, 산호초 등은 생활환경과 관련하여 그들만의 독특한 존재 양식이 있다. 또한 나비, 매미, 벌, 누에 등은 상황에 따라 애벌레, 알, 성충 등의 한살이 변화가 있다. 따라서 이에 대한 지각이 결여되면 그만큼 그들에 대한 참다운 이해가 불가능해진다.

좀 더 구체적으로 말해, 우리가 단순하게 단감이 무엇인지를 인식하고자 할 때에도 그 배경 의미인 감나무도 함께 파악해야 하는 것임을 알아야 한다. 감에 대한 인식 수준은 감나무의 생태에 대한 이해와 밀접하게 연결되어 있기 때문이다. 언제 잎이 돋아나고 꽃이 피며 열매가 맺히고 익는지 또한 어떤 감이 달고 떫은 것인지 그리고 가을이 깊어 갈 때 직접 감나무에 올라가 감나무의 질감을 체험해 본 경험이 있는지 아울러 까치가 파먹다 떨어뜨린 감의 맛을 느껴 본 적이 있는지 등에 따라 감에 대한 인식은 확연히 다를 수밖에 없기 때문이다. 오로지 시장에서 구입한 감을 먹어 보고 화면에서만 감나무를 본 적이 있는 사람은 감에 대한 생생한 지각 정보를 갖고 있지 못하기 때문에 감에 대한 인식에서 일정한 한계를 피할 수 없다.

이처럼 존재 양식에 대한 총체적 관계 이해가 어렵게 되면, 결과적으로 수많은 다양한 자극을 단편적으로 암기하는 암기력만 증가될 뿐 개념체계 형성이 지체되어 관계적 이해력의 부족은 물론 새로운 창의적 사고가 불가능해진다는 점에서 그 문제의 심각성이 있다. 대부분 공교육의 문제는 이러한 배경 의미의 배제와 관련되어 있다고 해도 과언이 아니다.

여하튼 지각은 시간과 공간, 자극의 양과 질 그리고 다양한 존재 형태와 양식 등의 차이에 따른 일정한 형식이 지각 과정에서 가해짐으로써 비로소 가능하게 되는 것은 분명하다고 할 수 있다. 또한 이러한 의미는 곧이어 나타나는 인식 단계에서 감각 대상에 대한 배경적 의미들이 인식에서 얼마나 중요한 것인지를 나타내 준다.

이상 지각의 제반 형식에서 볼 때, 지각은 한마디로 감각 정보의 무분별한 다양을 체계적으로 정리하는 인식 단계이다. 때로는 위급 상황에 곧바로 활용할 필요한 정보도 있을 수가 있기 때문에 일단 자극으로 얻어진 정보를 직감적으로 간략하게 파악하는 단계이다. 즉, 여기에서는 감각을 통하여 얻은 각종 정보를 간략하게 정리하여 정보의 실체를 순간적으로 직접 파악함으로써 인식의 기초 자료를 제공하는 작용이 바로 지각이다. 이것은 자극 자체의 순수 정보만을 활용하기 때문에 정보 자체의 변용을 꾀하지 못하고 있음은 물론, 아직 기존 내부 정보와의 대조, 분석 등을 할 수가 없기 때문에 상대적 혹은 절대적으로 자극의 명확한 의미는 파악하지 못하고 있는 것이 특징이다.

그러나 지각이 인식에서 무엇보다 중요한 의미를 지니는 것은 의미소와 자기동일성의 확보에 있다고 할 수 있다. 즉, 지각 형식으로서 시간과 공간에 따른 의미, 자극의 양과 질에 따른 규모와 질감, 자극 대상의 존재 형태와 양식에 따른 배경적 의미 등의 각 개별적 특성은 자극 대상에 대한 중요한 의미 요소인 의미소가 되며, 이것이 결국 개념 형성의 기반이 되기 때문이다.

뿐만 아니라 수시로 변화하는 실체를 어떠한 순간에도 동일한 것으로 인식하기 위한 자극의 자기동일성을 마련함으로써 그것을 손쉽게 기호로 변환하여 인식의 안정성을 유지하게 된다. 그런데 이러한 자극의 자기동일성의 확보는 유년기 이전에는 주로 형상에 의한 표상을 활용하기 때문에 인식은 대체로 지각 수준에서 맴돌게 된다. 이들은 아직 언어와 같은 상징을 활용할 수 있는 능력이 부족하기 때문에 다음에 논의될 개념적 인식 수준은 소년기 이후에나 가능하게 된다.

그러므로 대체로 지각력이 부족한 것은 감각 능력의 부족에 기인하지만, 때로는 이러한 지각 형식에 따른 다양한 지각 경험의 부족에서 나타나기도 한다. 특히 유아기의 지각 경험은 감각기관의 발달을 도와서 감각을 예리하게 하는 중요한 의미를 지니며, 반대로 감각기관의 발달은 지각을 충실하게 하는 원동력이 된다고 할 수 있다. 다시 말해, 지각 형식에 따른 다양한 지각 경험과 감각의 발달은 상호 보완적 성격을 지닌다.

그러나 최근 정보통신의 발달에 따라 어린 시절에 실물을 직접 대하는 직접적 감각이나 지각의 경험이 극히 제한되고 주로 TV나 컴퓨터 화면을 통하여 사진과 동영상으로 간접적 감각 또는 지각의 경험이 증가됨에 따라 인간의 감각

발달이 둔화되고 있다. 또한 감각의 총체적 맥락을 살필 수 있는 지각 능력이 심각하게 손상되어 결국 심리발달에도 심각한 문제에 봉착하고 있음은 매우 안타까운 일이다.

3. 인식

일반적으로 인식은 어떠한 대상의 형태와 본질을 이해하거나 또는 구조와 핵심을 파악하는 것이 중심 과제로 무엇보다 정밀성 또는 명확성을 요구한다. 이를 위하여 이미 앞서 살펴본 바와 같이 주로 감각적 또는 개념적 인식의 형식을 활용한다.

사실 형태와 본질의 이해와 구조와 핵심의 파악은 상호 긴밀하게 연결되어 있기 때문에 분리하여 생각하기 매우 어려운 측면이 있다. 전자는 주로 감각에 의존하는 일차 인식 방식이나 후자는 이성에 따른 개념을 활용하는 이차 인식 방식이다. 일반적으로 구체적 대상에 대한 인식에는 양자가 모두 요구되지만, 추상적 대상인 경우에는 주로 후자만 필요로 하게 된다. 인식에서 개념 활용의 중요성이 여기에 있다. 그러므로 오직 감각에만 의존하여 명료한 인식에 이르는 특수한 경우를 제외하고는 대부분 개념에 의한 이차 인식에 의존한다. 어떠한 의미에서 개념은 감각 정보에 대한 새로운 형식의 처리 결과이다. 이성은 이러한 감각 정보의 처리 과정에 주로 발현되는 정신의 논리적 성향이다.

여타 동물들과 달리 인간의 가장 중요한 특징 중의 하나는 바로 이처럼 감각 정보를 일정한 기호체계로 새롭게 변환하여 인식할 수 있다는 점에서 찾을 수 있다. 한마디로 말해 감각 정보의 기호화이다. 이것은 실로 인간의 인식은 물론 사고에 엄청난 의미를 지니는 대사건이 아닐 수 없다. 이로 말미암아 이성이 비로소 지각 자료의 시·공간에 따른 제약을 벗어나 새로운 의미를 창출하여 나아갈 가능성이 열리기 때문이다.

그러한 의미에서 인식은 이성에게 창의적 활동을 할 수 있는 발판을 마련한다. 물론 사전에 기호나 상징을 개념화해 놓고서 그러한 변환 처리 과정을 거치지 않고 인식하는 경우도 있지만, 이것은 인식이라고 하기보다는 단순 암기 사항을 확인하는 재인(再認)에 더 가깝다고 할 수 있다.

따라서 인식의 진정한 의미는 이성의 활동에서 찾지 않으면 안 된다. 특히 이성의 생산 활동은 감각에 따른 지각 정보를 그에 알맞은 기호로 번역한 후, 그것을 자신의 기존 정보와 연계하여 대조하는 과정에서 새로운 개념 혹은 의미소를 창출한다. 물론 감각이 수용한 일차적 감각 정보를 종합하여 자료화하는 지각 단계도 인식에서 결코 소홀히 할 수 없는 과정임에는 틀림이 없다.

이제 인식 과정에서 기호화한 개념 자료의 처리 과정을 보면 다음과 같다. 이것은 이미 기억 속에 저장해 두었던 기존의 개념에 의한 의미구조를 토대로 하여 유사 정보 또는 정반대의 정보 등 관련 정보들과 비교 분석하고 판단하여 새로운 개념을 창출하는 과정이 중심을 이룬다. 이때, 이성은 지각 과정에 이어 이차적으로 세 가지 인식 형식을 제공한다. 그것은 바로 개념을 형성하는 의미소의 동일성, 개별성, 유사성 등이다.

1) 인식 형식

(1) 동일성

동일성의 경우는 가장 쉽고 빠른 인식이 이루어진다. 이미 일정한 기호체계에 따라 변환된 수용 정보가 기존의 것과 의미소가 동일한 경우, 일체 의심의 여지가 없이 곧바로 기존의 것으로 재인(再認)되는 방식이다. 보다 엄밀하게 말하자면 세상에 실제로 이처럼 동일한 경우는 존재하지 않는다. 하지만 인간은 엇비슷한 경우에 가급적 동일한 것으로 판단하려는 습성과 어느 정도는 이성도 자체의 판단 오차를 가지고 있기 때문에 형태와 본질 또는 구조와 핵심에 커다란 차이가 없는 경우, 그대로 동일한 것으로 인식하게 된다. 다시 말해, 양 개체 간에 일정 수준 이상의 동일성이 있다고 판단되는 경우에 설혹 서로 개체가 다른 것임에도 불구하고 동일한 개체로 인식하는 성향이 있다. 이러한 판단

오차 성향은 특히 정신 활동의 과다한 에너지 소모를 방지하는 중요한 기제로 심리적 안정과 깊이 연계되어 있다는 점을 확인하여 둘 필요가 있다.

(2) 개별성

한편 이와는 반대로 수용 정보가 형태와 본질 또는 구조와 핵심에서 확연한 개별성을 지니는 경우에는 인식에 보다 많은 시간이 소요된다. 자연히 인식에 어려움을 겪을 수밖에 없다. 이러한 경우에는 개념 형성, 관계 설정, 적응 과정 이 연이어 진행된다.

개념 형성은 수용 정보에 대한 인식의 토대를 구축하는 일이다. 이것은 관련 의미소들을 모아서 체계적으로 정리하여 하나의 새로운 개념을 창출한다.

다음으로 관계 설정은 새로운 개념을 기존 개념체계에 자리매김할 수 있도록 관련 위치를 설정하는 작업이다. 여기에는 자신의 의미소를 중심으로 이웃하는 개념들과 비교 및 분석을 통하여 유사 개념, 상위 또는 하위 개념을 확인하고 자신의 위치를 설정하는 과정이 중심이 된다. 이러한 토대가 마련되면 이제 개념을 통하여 어느 정도 형태와 본질의 이해가 가능해진다. 그러나 아직은 새로운 개념체계 내에서 기존의 개념들과 소통이 원활하게 이루지지는 않고 있다. 아직은 개념의 외재화 단계이다.

여기에 적응 과정이 필요하게 된다. 즉, 관계 설정 이후 실제 적용에 따른 일정 기간의 숙성 과정이 진행된다. 이러한 과정에서 보다 새로운 의미소의 수정·보완 또는 기존 개념의 조정 등이 이루어짐으로써 새로운 개념의 내실화는 물론 총체적 개념체계의 안정을 도모하게 된다. 이러한 적응 과정이 진행되는 동안 인식의 안정성은 당연히 다소 부족할 수밖에 없다. 그러나 일정 기간이 경과되어 안정성이 확보되면 개념의 구조와 핵심을 파악하는 개념의 내재화 단계에 이르게 된다.

(3) 유사성

이제 문제는 인식에 있어 수용된 정보가 기존의 것과 다소간 차이가 있는 유사성의 경우이다. 쉽고 편안하게 기존의 것과 동일한 것으로 인식할 수도 없지만, 새로운 개념을 창출하여 인식할 수도 없는 애매한 갈등 사태가 유발된다. 그야말로 사이비(似而非) 사태의 혼란이다. 즉, 차별성이 요구되는 것을 동일한 것으로 인식하거나 아니면 그 반대로 동일한 것을 다른 것으로 인식할 수 있는 혼돈을 불러일으킨다. 그리하여 낭패를 겪는 일은 일상생활 속에서 종종 발생한다. 더욱이 이성의 판단 착오 성향이 가세하면 상황은 더욱 혼란스럽게 된다.

따라서 이러한 경우 특히 인식에 따른 고도의 집중력이 요구된다. 그 어느 때보다 동일성과 개별성에 대한 비교 · 검토를 면밀하게 진행해야 한다. 만약 전자에 중점을 두어 바로 이해하면 다소의 개별성이 무시되는 일반화가 즉시 이루어지게 된다. 반대로 후자에 근거하여 새로운 개념을 형성하면 약간의 시간이 소요되지만, 동일성은 다소 무시되고 특수화하게 된다. 다만, 전자의 경우 개념은 보다 추상화되며, 후자의 경우에는 구체화되는 특성을 피할 수 없다.

이러한 의미에서 볼 때 인식에 있어 정보에 대한 비교 · 검토 그리고 그에 따른 새로운 개념의 창출 능력 또한 매우 중요한 것임을 알 수 있다. 이러한 비교와 검토는 주로 지각 정보의 시 · 공간적 의미, 질과 양 그리고 관계와 양상 등 소위 세 가지 지각 형식에 의하여 이루어지는 것임은 이미 앞서 살펴본 바와 같다. 이것은 비록 지각 단계에서 이루어지는 것이지만, 그 의미소는 인식에서 매우 중요한 바탕이 되는 것이 아닐 수 없다.

여기서 한 가지 더 유의해 두어야 할 것은 그러한 비교와 검토의 보다 근원적 근거는 자신이 이미 형성하여 놓고 있는 기존의 개념체계이며, 이것으로 말미암아 인식의 새로운 차원을 열어 가게 된다는 점이다. 이것이 얼마나 정교하고 치밀하게 관계망을 형성하고 있는가에 따라 인식의 질은 천지의 차를 나타낸다고 할 수 있기 때문이다. 따라서 평소 경험을 통하여 감각적으로 의미를 충실하게 확인하여 두고 틈틈이 독서를 통하여 자신의 개념체계를 공고히 하는 것은 인식에서 무엇보다 매우 중요한 준비 과정이 아닐 수 없다.

이상 논의된 의미에서 볼 때, 이해는 앞서 살펴본 바와 같이 지각 정보의 개념화, 곧 외재화 단계이다. 그리고 파악은 개념의 관계 정립에 따른 체계화, 곧 내재화 단계이다. 이러한 인식의 수준을 조금 더 구체적으로 살펴보면 다음과 같다.

2) 인식 수준

(1) 제1차 인식

인식이 처음 시작되는 것은 지각 실체에 대한 상세한 속성들을 기호에 의한 의미로 변환하여 그에 대한 나름대로의 개념을 형성하는 개념적 파지 단계이다. 이후 일정한 개념적 숙성 과정을 거쳐 안정을 얻으면 제1차 인식이 이루어진 것이다. 이것은 자극을 개념화하는 소위 개념적 인식이다. 이러한 인식의 특징은 인식 대상이 감각을 통하여 전달해 주는 복잡하고 다양한 정보를 일정한 형식에 따라 지각한 후, 그것을 다시 문자로 단순 명료화하여 중핵(內包)과 주변(外延)적 의미를 구분하여 이해하거나 새로운 개념을 창출하여 관계적 이해를 하게 한다는 점이다. 물론 이러한 인식은 사전에 충분한 지각의 토대가 마련되어 있어야 하는 것임을 결코 간과할 수 없다.

(2) 제2차 인식

하지만 진정한 의미에서 인식이란 외부의 감각자료를 단순하게 받아들이는 것이 아니라 내부의 기존 개념체계가 외부의 감각을 촉발하는 제2차 인식이다. 이러한 인식은 대부분 보통 일상적으로 이루어지는 인식으로써 단순하게 자극을 수용하여 인식하는 것이 아니라 자신의 개념체계를 전제로 하여 자극을 수용하는 소위 관념적 인식이다. 이것을 조금 더 구체적으로 살펴보면 다음과 같다.

앞서 논의한 바와 같이 모든 인식은 일차적으로 감각자극의 수용과 변환에 따른 개념적 인식에서 출발한다. 하지만 이에 따라 이해의 수준이 일정한 단계에 이르면 자연히 개념적 인식에 따른 단위 개념이 기존의 개념체계 내에서 각 개념들 간에 일정한 관계 설정이 확립되어 융합되는 상태가 된다. 개념이 이처럼 자신의 개념체계 내에 포섭되면 그 의미가 신체에 깊이 체화되어 내면화되는 현상이 발생한다. 이러한 내면화는 개념이 어느 정도 자신과 일체화된 상태가 되기 때문에 특별한 경우를 제외하고 변화를 거부하려는 강한 성향을 지닌다.

이러한 성향은 인식의 대전환을 이루는 결정적 역할을 하게 된다. 좀 더 구체적으로 말해, 과거에 주로 자극에 기초하여 인식하던 방식에서 이제는 아예 기존의 안정된 개념체계를 전제로 하여 자극을 바라보는 인식의 대전환이 발생한다. 이에 따라 이미 내면화되어 있는 개념과 유사한 자극은 쉽게 동일시하려는 경향, 즉 일반화 현상이 나타난다.

이러한 상황이 되면, 이성은 더 이상 이미 내부에 형성되어 있는 개념과 연관되지 않는 자극은 거부하고 주로 기존 개념을 준거로 자극의 동일성을 간단히 확인하여 인식하는 역할을 담당한다. 즉, 인식은 기존 개념에 감각자극을 일대일로 대응시키는 과정이 된다.

뿐만 아니라 개념과 자극의 단순 일대일의 대응을 넘어서 아예 기존 개념이 수용 자극을 평가하는 준거로서 자리매김하게 된다. 다시 말해, 자극에 따라 개념이 형성되는 방식에서 오히려 개념이 자극을 수정하는 방식으로의 전환 현상이 나타난다.

이와 같은 현상에 따른 인식 과정의 근거가 되는 개념을 흔히 **관념**(觀念, notion)이라고 한다. 이러한 관념은 개념의 변화 가능성이 적을수록 고정관념이 된다. 제2차 인식을 관념적 인식이라고 하는 것은 이 때문이다. 다만, 관념적 인식은 인식의 정확성을 확보하는 데 다소 단점이 된다는 점은 피할 수가 없다. 인식에는 언제나 개념의 변화 가능성을 열어 놓고 개방적이고 비판적인 자기 검토가 중요한 것이기 때문이다.

예컨대, 집안 식구들이나 주변 동료 등에 대하여서는 어느 정도 친숙한 개념이 형성되어 있기 때문에 자연히 이들에 대한 고정관념이 있게 된다. 그리하여 이들에게는 더 이상 특별한 관심을 두려고 하지 않고 대부분 기존의 고정관념으로 인식한다. 고정관념이 비판적인 자기 검토를 저해하는 것이다. 그러므로 만약 그들이 어떠한 의상이나 행동에 변화를 나타내어도 좀처럼 인식하지 못하는 것은 당연한 것이다.

(3) 제3차 인식

여하튼 인식의 전환이 이루어진 제2차 인식은 다시 제3차 인식의 단계로 나아간다. 이것은 주로 특정 분야를 중심으로 부분적 개념들이 서로 연계되어 하나의 총체적 개념체계를 이루게 되는 것이다. 이것은 일종의 부분적인 관념체계라고도 할 수 있다. 이러한 개념체계는 이제 인식을 주도해 나간다. 다시 말해, 자신 내부에 형성되어 있는 이러한 총체적 개념의 연계체계가 주도적으로 아예 감각과 인식 활동에 일정한 제약을 가하는 현상이 나타난다. 즉, 환경으로부터 자신에게 다가오는 다양한 자극에 대하여 단지 수동적으로 대처하던 방식에서 오직 자신이 선정한 관심사에 한하여 인식을 하게 된다. 이러한 인식을 곧 선택적 인식이라고 한다.

예를 들어, 패션 디자이너는 거리에 나가서도 지나다니는 사람들의 패션을 중심으로, 농부는 논과 밭의 작물을 중심으로 인식하는 경향을 나타낸다.

이러한 제3차 인식은 사고 활동에 결정적 영향을 준다는 점에서 매우 중요한 의미를 지닌다. 사고 작용에 따른 기초 개념의 정치성(精緻性)에 토대가 됨은 물론 판단과 추리에 따른 논리성(論理性), 기획과 창의에 따르는 독창성(獨創性) 등에 결코 빼놓을 수 없는 인식 단계이기 때문이다.

따라서 이러한 인식에 있어 개인의 관념체계는 매우 중요한 인식의 문제를 제기할 수밖에 없다. 개인이 일차적 이해의 과정을 통하여 자신의 내부에 일정한 유·무형의 개념적 틀을 얼마나 많이 형성하여 놓았는가에 따라 개별적 관념체계 성향이 조성되고 그에 따라 인식이 제한되기 때문이다.

이러한 제3차 인식은 제1차 인식처럼 감각과 지각이 일반적 처리 과정에 의하여 이루어지는 순방향적인 것이 아니라 제2차 인식과 같이 자신의 기존 개념이 그에 알맞은 감각과 지각 자료를 인식하는 역방향적인 것이라는 점에서는 동일하다. 그러나 제2차 인식은 그 인식의 모태가 되는 관념이 아직은 단지 단위 개념 중심의 일반적 개념 수준에 머물고 있는 것임에 반해, 제3차 인식은 여러 개념의 연계에 따른 일정 수준 이상의 개념체계라는 점에서 차이가 있다.

그러므로 이러한 단계에서는 자신의 개념체계를 활용하여 자극을 선택하고 그에 대한 보다 폭넓고 깊은 인식을 할 수 있다. 그러한 인식의 폭과 깊이가 자신의 개념체계 수준과 그 활용 정도에 의하여 결정되는 것은 다시 언급할 필요가 없다.

이러한 인식의 특징은 인식 대상이 차지하고 있는 공간과 대상의 지속적 특성에 관계하는 시간을 초월하여 새로운 인식에 도달할 수 있도록 함으로써 각종 대상들 간의 관계를 보다 간명하게 설정해 주는 단서를 제공하여 준다. 뿐만 아니라 더 나아가 새로운 생각을 창출해 내는 기반을 조성한다는 점에서 사고의 획기적 전기를 마련하는 매우 중요한 의미를 지닌다.

하지만 지금까지 살펴본 개념적, 관념적 그리고 선택적 인식 등 모두가 개인의 주관적 감성을 토대로 이루어지므로 인식의 객관성을 보장하지 못하는 단점을 지닌다. 어떤 의미에서 관념체계는 단지 수단적 의미의 개념체계인 것이다.

그리하여 제3차 인식은 다시 감성 중심의 주관적 인식에서 이성 중심의 객관적 인식으로 변화를 촉구하는 제4차 인식 단계로 나아가게 된다. 이것을 좀 더 자세히 살펴보면 다음과 같다.

(4) 제4차 인식

우선 주·객관성은 논외로 하고 모든 인식은 자신의 신체를 중심으로 이루어진다. 다시 말해, 일상적 체험은 언제나 자신이 남과 다른 고유한 신체의 주인이라는 것을 알려 준다. 인식은 기본적으로 감각의 원천 자극이 주는 감각적 인식인 소위 지각에서 출발한다. 그러므로 이러한 지각은 일차적으로 자아의식에 따른 자신의 안위(安危) 또는 이해(利害)를 기준으로 하여 인식이 이루어질 수밖에 없다. 대부분의 인식은 이러한 의미에서 결코 자유롭지 못한 것이 사실이다.

따라서 거의 모든 인식에는 철저히 개별적인, 곧 주관적 성향이 포함될 수밖에 없다. 인식의 이러한 특성은 각 개인의 개성을 창출해 내는 모태가 된다. 인식에서 자신의 존재 근거가 되는 신체가 중심이 되어서 안위 또는 이해와 연결되어 나타나는 지각의 개인차가 누적됨에 따라 주체성(主體性)이 서서히 확립되는 것은 바로 이 때문이다.

여기에서 모든 지각의 기초는 일차적으로 개인의 고유한 감각 능력에서 비롯된다는 점을 다시 한 번 확인해 둘 필요가 있다. 따라서 유아 초기의 감각 체험이야말로 주체적 인식발달의 중요한 토대가 되는 것임은 다시 언급할 여지가 없다.

이와 같은 인식의 감각이나 지각 의존적 특성은 개인의 개념체계 형성에 그대로 반영된다. 즉, 개념에 주관성이 개입되는 것이다. 이러한 인식 성향은 의미의 편향에 따른 개념의 왜곡은 다소 발생하게 되지만, 자신의 기호에 따른 호오(好惡)의 의미를 더욱 확실하게 만든다.

문제는 일상적 인식에서 이러한 주관성이 강하게 반영되면 될수록 수단적 인식만 강화될 뿐 건강한 개념적 인식의 토대는 허약해진다는 점이다. 그것은 이와 같은 주관적 개념체계는 항시 목적과 수단의 관계하에서만 대상을 인식할 가능성이 높기 때문에 그에 따른 인식의 불안정한 상태를 면하기 어렵다는 결정적 취약점을 갖기 때문이다. 즉, 아무리 자신의 개념체계를 건전하게 구축하려 해도 특정 목적이 있는 한 동일한 대상에 대한 판단과 평가가 객관성을 유지하기 어렵게 되는 것을 피할 수 없다. 이처럼 생각에 객관성을 확보하지 못하면 인식의 왜곡은 차치하고서도 우선 자신의 행동에서도 일관성을 유지할 수 없게 되어 결국 다른 사람들로부터 신뢰를 얻기 어렵게 된다.

이러한 주관적 인식을 벗어나 인식에서 일관성을 확보하는 것을 객관적 인식이라고 한다. 이것은 인식의 중심이 자신의 신체에서 대상 그 자체로 변환됨을 의미한다. 이처럼 변환된 인식은 오로지 인식 대상의 진면목을 구하는 것에 전념한다. 실체로부터 우러나오는 감각자극을 있는 그대로 수용하고 그것을 일정한 절차에 따라 인식하여 들어갈 뿐이다. 그러한 노력을 기울이는 것은 오로지 대상 그 자체에 대한 호기심 때문이다. 이러한 경우 자연히 자신의 개념체계와 합리적으로 연결되지 않는 부분은 배척하게 된다.

그러나 이와 같은 호기심 위주의 인식에도 나름대로 언제나 불안정한 요소를 지니고 있다. 호기심이라는 측면에서 항상 자유롭지 못하다. 즉, 아무리 깊은 인식이 이루어져도 언제든지 새로운 의미가 더해질 수 있는 가능성이 열려 있으며, 실제로 개념은 그 의미소의 수정 및 보완을 통하여 한없이 꾸준히 변모하여 나가기 때문이다.

하지만 특별한 경우를 제외하고 일반적으로 그와 같은 개념의 변화는 생각처럼 그렇게 큰 것은 아니다. 특히 일정한 분야에 오랜 기간 연구한 경험을 통하여 나름대로의 개념체계를 형성하고 있는 경우에는 거의 반영구적으로 별다른 변화를 꾀하기 어렵기 때문이다. 이러한 인식은 전자와 달리 객관적 타당성을 확보함으로써 적어도 논리적으로 사고의 일관성 유지가 가능해지고 이에 따라 새로운 개념의 창출을 보다 용이하게 한다. 이렇게 되면 주관적 인식과 달리 객관적 인식은 상대적으로 개념체계의 안정성 확보가 어느 정도 가능하게 된다.

이러한 인식 수준에 이르면 직접적 경험이 없이도 개념의 연계망 확대가 가능해지는 단계에 이르게 된다. 이처럼 개념체계에 따른 방대한 연계망의 형성은 더욱 인식의 명확성을 열어 가는 계기를 마련하게 된다. 이러한 인식의 백미는 감각의 이면에 드리워져 있는 보이지 않는 세계를 탐지할 수 있다는 점이다. 시·공간의 제약은 물론 감각을 초월하여 인식이 이루어지는 실로 개념체계의 진면목을 경험하게 된다.

이것이야말로 세상 만물에 대한 소위 달관의 경지에 다가선다. 다만 여기서 한 가지 유의해야 할 점은 아무리 제4차 인식이 어느 정도 수준에 이른다 하여도 그 뿌리가 되는 감각적 인식과 논리적 인식에 따른 한계를 완전히 벗어날 수는 없다는 점이다.

(5) 제5차 인식

앞에서 말한 까닭으로 제5차 인식의 세계가 대두된다. 이것은 인식의 한계를 지닌 감각과 언어를 초월한 궁극적 가치를 중심으로 한 새로운 차원의 인식으로, 제1차에서 제4차에 이르는 인식과는 전혀 다른 **초월적 가치 인식**의 세계로 안내된다. 여기에 흔히 신념이나 이념이 등장하게 된다. 신념이 아직은 사적인 수준을 벗어나지 못한 개인의 확고한 관념이라면, 이념은 보편타당한 개념적 가치체계의 정점에 해당하는 이상적 관념이다. 그러므로 이것은 가치판단의 절대 준거가 되는 하나의 이상적인 관념으로 어떤 의미에서 현실에서는 이룰 수 없는 하나의 표상일 수 있다. 전 세계 온 인류의 평온과 번영은 실현 가능하면서도 실제로는 거의 불가능한 이념이 된다.

이러한 이념의 세계는 우리의 일상생활 속에서도 간혹 숭고함이나 경건함 등으로 표현되는 지고(至高)의 성자들 혹은 순국선열 그리고 헐벗고 굶주리는 수많은 사람을 위하여 미련 없이 자신의 삶을 바치는 사람들과 같은 분들을 통하여 간접적으로 엿볼 수 있을 뿐이다.

이러한 인식이 결코 쉽지 않은 것은 일차적으로 제4차 인식 수준과 초자아 수준의 의식의 확보가 쉽지 않으며, 설령 그것이 가능하다 해도 제5차 인식은 먼저 궁극적 가치에 대한 뚜렷한 자기 신념이 선행되어야 하기 때문이다. 또한 여기에서 표방하는 초월적 가치는 그 자체가 이미 생과 사를 넘어서는 의미를 내포하고 있는 것으로 일반인들이 쉽게 범접하기 어려운 측면이 있다.

이것은 결국 인식의 대상과 방식의 대전환을 요구한다. 여기에 바로 제5차 인식의 문제가 도사리고 있다. 다만, 여기에서 한 가지 분명한 것은 우리의 인식과 사고는 항상 열린 자세로 임하여 마음의 자유를 추구하여야 한다는 점이다. 이러한 문제는 후에 논의될 의식과 가치 부분에서 보다 상세하게 살펴보고자 한다.

4. 사고

1) 사고의 발생

(1) 사고와 욕구

일단 사고는 감성에 기초한 수단적 인식에 따른 소위 주관적 사고와 보다 안정적 개념체계에 기초한 합리적 인식에 따른 객관적 사고에 따라 다르게 나타난다. 그러나 일반적으로 사고는 전자의 경우를 말하며, 후자는 전자를 토대로 한 극히 일부 제한적 의미로 사용되고 있다. 그것은 객관적 사고가 주관적 사고에 새로운 반성이 가해지면서 이루어지는 것이 거의 대부분이기 때문이다.

그런데 주관적 사고는 앞서 살펴본 바와 같이 개인의 이해관계에 따라 인식이 이루어지는 경향에 기초하고 있다. 따라서 사고는 일단 개인의 이익 추구에 뿌리를 내리고 있다고 할 수 있다. 이러한 의미에서 욕구가 어떻게 사고를 촉발시키는 단초가 되는 것인가 대하여 살펴볼 필요가 있다.

욕구는 그 특성에 따라 크게 결핍욕구와 성장욕구로 구분한다. 전자는 기본적으로 신체 내에서 에너지의 순환에 장애가 발생하는 경우이며, 후자는 현 실제 상황이 자신의 개념체계에 따른 사고, 곧 생각과 커다란 차이가 있음을 의식함으로써 나타나는 경우이다. 다시 말해, 후자는 사고와 현실의 차이를 좁혀가려는 시도에 의한 것이며, 전자는 신체적 에너지 순환의 장애를 극복하려는 시도에 따른 것이다. 이 양자는 모두 나름대로 모종의 요구를 시도하려는 점에서는 동일하지만 실제로는 서로 대조되며, 성장욕구는 먼저 결핍욕구에 대한 일정한 한계를 의식한 이후에야 비로소 나타난다. 이러한 의미를 보다 구체적으로 살펴보면 다음과 같다.

우선 결핍욕구의 경우 결핍은 그 자체가 이미 에너지의 일정한 기준에 따른 안정 상태에 달하지 못하여 불균형 상태가 초래된 것을 나타내는 것으로 결국은 모종의 충족을 요구하는 사태이다. 즉, 생활 속에서 발생하는 활동으로 에너지의 일부가 손실되어 균형을 잃으면 이전에 본래 갖고 있던 본연의 균형 있는 체내 활동에 제약을 받게 된다. 이때, 자연적으로 본래의 활기를 되찾으려는 움직임이 나타나게 되는데, 이것이 바로 결핍욕구이다. 이것은 자신의 결핍 상황을 해결하는 것이 우선 과제가 된다. 따라서 결핍욕구는 한마디로 말하며 원상태로의 복구 경향이다.

오직 자신만의 감성에 따른 주관적 사고가 나타나는 것은 바로 이때이다. 다시 말해, 오로지 자신의 에너지 결핍을 충족해야 한다는 목표 달성을 위한 수단적 방편을 모색하게 되는 것이다. 이를 위해서는 결핍과 관련된 원인, 필요 사항, 획득 방안, 시행 시기와 장소 등 각종 관련 개념을 면밀하게 살펴서 보다 새로운 의미를 얻어 내야 하는 것이다.

이러한 과정에 인식과 사고는 필수적이다. 우선 인식 과정에서 감각은 물론 지각과 인식 모두 자신의 욕구와 결부되어 이루어진다. 또한 사고 역시 자신의 결핍 해결과 연계되어 관련 개념들 간의 공통점과 차이점 등을 파악하여 보다 새로운 의미를 얻어 내는 활동을 진행한다. 이에 따라 인식과 사고에 자신의 결핍과 관련하여 수단적 의미가 개입되면 자연히 개념체계의 형성에 주관성이 개입될 수밖에 없다. 이처럼 사고에 주관성이 개입되는 것이 주관적 사고이다.

그런데 주관적 사고는 일상에서 끊임없이 계속 이어진다. 인간이나 다른 모든 동물의 생활이 그러하듯이 항상 자신의 생명을 보호하기 위한 여러 가지 요구가 끊임없이 나타나기 때문이다. 이러한 생활이 오랜 기간 지속되면 자연히 주관적 사고에 중독되고 여기에서 벗어난다는 것은 어떤 의미에서 거의 불가능에 가까운 일이 된다.

그러나 인간은 다른 동물과 달리 주변 사람들과 언어로 자신의 의사를 정확하게 소통하면서 살아갈 수 있다. 이러한 언어의 사용은 새로움을 창출하는 근간이 되어 사회 질서를 마련함으로써 약육강식의 자연을 벗어날 수 있도록 한다. 그러므로 일반적으로 아무리 개인적 욕구가 솟구쳐도 질서 유지를 위해 참을 것은 참아야 하고, 미루어야 할 것은 미루지 않으면 안 된다. 이에 더하여 다른 사람을 위해 때로는 자신이 하기 싫은 일도 해야 하며, 반대로 자신이 좋다고 하여 다른 사람에게 강요해서도 안 된다.

만일 자신의 주장만 고수하게 되면 주변의 협조를 구하지 못하는 것은 물론 자칫 파멸에 이를 수도 있는 것이다. 이러한 사실은 누구나 가급적 욕구를 자제하고 에너지 사용의 효용성을 최대화하는 것만이 더 오랜 세월을 견뎌 낼 수 있는 길임을 간명하게 알려 준다. 무분별한 욕구의 충족보다 효율적인 생활을 생각하게 되는 계기가 나타나는 것이다.

성장욕구는 이와 같은 결핍욕구에 따른 악순환의 고리에서 다소 벗어나 또 다른 활로를 모색하려는 의도에서 발아한다. 결핍에 따른 불안 요소를 다소 잠재우고 더 나아가 효율적인 삶의 방식을 찾아 나서는 것이다. 사정이 이렇게 되면 이제는 과거와 달리 보다 생산적인 것을 찾아 나선다. 여기에서 비로소 객관적 사고가 나타나기 시작한다. 여기에는 기존의 수단적 개념체계에서 객관적 개념체계로의 전환이 필수적인 과제가 된다. 이를 위해서는 무엇보다 기존의 개념체계를 보다 효율적으로 재정비하여 강화해 놓지 않으면 안 된다.

그러나 이것은 일정한 수준 이상의 다양한 개념 확보가 이루어지기 이전에는 거의 불가능하다. 개념과 실체의 괴리를 가급적 최소화함은 물론 개념 간의 관계 설정이 보다 논리적이고 합리적으로 이루어져야 비로소 가능하다. 이를 위하여 장기간 끊임없는 독서를 바탕으로 현실에서 당면하는 다양한 문제와 현상에 대한 회의(懷疑)와 반추(反芻) 또는 비판과 검증 등이 요구된다. 대부분의 사람이 결핍욕구의 수준에서 벗어나지 못하고 있는 것은 바로 이 때문이다.

이러한 의미에서 결핍욕구와 성장욕구는 모든 인간의 사고를 중심으로 깊이 연계되어 있으며, 특히 성장욕구와 연계되어 있는 객관적 사고는 보다 합리적이며, 발전적 의미를 찾아 각 개체별 삶의 질을 높여 나가도록 한다는 점은 매우 특기할 만하다. 하지만 문제는 수준 높은 개념체계를 지니는 것이 결코 간단한 일이 아니라는 점이다.

(2) 사고의 개념

본래 사고라는 것이 자신의 문제 상황에서 기존의 획득한 정보를 어떻게 활용할 것인가에 대한 탐구에서 기인되기는 하지만, 기본적으로는 유용한 활용 방안을 모색하기 위해서 기존의 개념이나 개념체계를 응용하거나 변환하여 새로운 개념이나 의미를 창출해 내는 것이라고 하는 것이 더 정확한 표현이다. 즉, 사고는 인식에 따른 개념체계를 토대로 개념과 개념의 관계를 살펴 새로운 개념 또는 의미를 창출해 내는 과정이다. 물론 대부분의 사고는 개념체계를 중심으로 하여 이루어지지만, 그렇다고 하여 오로지 개념만으로 이루어지는 것은 아니다. 형상적 의미만으로도 사고는 이루어질 수 있다.

예컨대, 바둑을 두는 경우 상대를 제압하기 위해 반상 위에 놓인 돌들의 형상 만으로 다양한 변화를 예상하는 수 읽기를 펼쳐 나간다. 이러한 수 읽기 속에는 형세의 유불리, 상하, 좌우, 선후 등의 개념이 기본적으로 개입되는 것은 사실이지만, 무엇보다 거기에는 형상의 변화를 예리하게 감지하는 사고력이 중심이 되고 있음을 부인할 수 없다.

이처럼 최소한의 개념만으로도 사고가 가능한 것은 사고가 능력과 자료라고 하는 두 가지 요소에서 비롯되기 때문이다. 물론 사고라는 기능적 활동을 단지 그러한 두 요소로 명확하게 구분할 수 있는 것은 아니지만, 적어도 논리적으로는 가능한 측면이 있는 것도 부정할 수 없다. 대부분 사고의 능력과 자료를 구분하지 않고 사용하기 때문에 기억력, 추리력, 분석력, 판단력 등을 사고력으로 생각하는 경향이 농후한 것은 사실이지만, 엄밀하게 말하여 그것은 단지 사고 능력일 뿐이다.

사고는 기본적으로 사고 능력을 활용하여 사고 자료를 처리하는 활동이다. 따라서 사고를 위해서는 사전에 사고 능력이 구비되어 있어야 한다. 사고 능력은 한마디로 말해 인식 자료의 변용 능력이다. 인식 자료를 있는 그대로 다루는 것이 아니라 분석하고, 일부를 삭제하거나 더하고, 거꾸로 뒤집어 보고, 다른 자료와 관련지어 비교하여 공통점과 차이점을 추려 내고, 중심 부분과 주변 부분을 구분하고, 상대적 관련성을 살펴 판단하는 등의 능력이 요구된다. 물론 이러한 능력에는 반드시 그에 따르는 자료가 필요한 것은 사실이다. 또한 사고 능력은 그 자체가 사고 자료와 깊이 연계되어 있어서 구분하기가 어렵다. 즉,

후자의 질과 양에 따라 전자가 결정된다고도 할 수 있기 때문이다.

하지만 그러한 자료와 크게 관계없이 사고 능력이 존재하는 것도 부정할 수가 없다. 사고 능력은 사고의 중심 소재가 되는 언어 혹은 기호와는 별개로 나타나는 경향이 많이 있기 때문이다. 즉, 일정한 문제 상황에서 전문 분야가 아님에도 불구하고 문제의 구조 파악만으로도 전문가보다 더 참신한 아이디어를 찾아내는 경우가 허다하게 나타난다.

이것은 사고 능력이 지능적 활동과 중복되는 측면이 있기 때문이다. 지능적 활동이 사고의 일종이기는 하지만 여기에는 미세한 차이가 있다. 사고는 인식 자료의 운용 능력이 중심이 되는 것이라고 한다면, 지능은 목적에 연계된 수단을 찾기 위한 신속한 정보처리 능력, 곧 정신의 질이 중심이 된다. 따라서 전자는 당면한 문제의 해결이나 창의적 방안 모색을 위한 인식 자료의 조작 능력이 핵심인 반면, 후자는 주변 환경을 신속하게 인식하고 그에 대한 적당한 해결 방안을 모색하는 것이 핵심이 된다고 할 수 있다. 한마디로 말하여 지능은 신속한 정보의 인식과 처리로 소정의 목적을 달성하는 능력이다.

이러한 까닭으로 지능은 사고와 달리 일정한 준비 자료가 없다. 다시 말해, 사고는 사고 능력과 아울러 일정한 개념체계가 절대적으로 필요하지만, 지능은 단지 주변의 여건에 신속하게 적응하는 개별적 기능이 중요할 뿐, 굳이 일정한 자료가 있을 수 없다. 그러므로 지능은 단지 목적과 수단을 연결하기 위해 기존 자료를 활용하지만, 그 자료를 분석하고 종합하여 활용하는 것은 일정한 한계가 있다. 이러한 까닭으로 지능을 위주로 살아가는 야생 동물들은 그들의 삶에 특정한 변화를 하기 어렵다.

예를 들어, 사고를 할 수 없는 야생 동물은 주변의 먹이를 찾아 먹을 수는 있지만, 그 먹이를 용도에 맞게 발효시키거나 절이는 등의 새로운 조작을 꾀하지 못한다.

이것은 자료의 조작을 중심으로 하는 사고와 환경에 적응하기 위한 조작을 중심으로 하는 지능은 조작에서는 동일하지만, 그 기능은 서로 많은 차이가 있음을 의미한다. 그러므로 영·유아기에서 소년기에도 지능은 어느 정도 있으며, 그 이전 단순 반사 반응 시기에도 약간의 지능은 있다고 할 수 있다. 그러나 사고는 반드시 어느 정도의 개념체계가 형성된 이후에나 가능하다.

예컨대, 만 6세 이전의 유아들은 주로 지능을 활용하여 환경에 적응하지만, 이후 개념이 형성되기 시작하면 조금씩 사고를 통하여 환경에 적응하려 한다.

이러한 차이는 자아의식에 의한 자율성 확보의 여부에서 찾아볼 수 있다. 이것이 의미하는 바는 지능이 아무리 좋아도 개념 형성에 문제가 있으면 일단 주체적 판단이 불가능하게 된다는 점이다.

그러므로 간혹 일정한 개념체계가 없이도 부분적으로 사고가 불가능한 것은 아니지만, 적어도 인간에게 있어서는 그 어떠한 경우에도 개념적 사고의 의미를 전혀 배제할 수 없을 뿐만 아니라 일상적인 삶 속에서 이루어지는 대부분의 사고는 거의 개념적 사고의 틀을 벗어날 수 없다. 이것은 모든 인식이 기본적으로 인식의 주체가 지각 대상을 일정한 형식에 따라 종합하여 판단하는 성격을 지니므로 거의 도식적 과정에 따라 개념을 형성해 나가게 된다는 점에서도 확인해 볼 수 있다.

결국 사고는 인식에 따른 각각의 개념이 상호 관련성에 따라 개념체계를 형성한 이후 이것을 바탕으로 하여 새로운 의미를 창출해 내는 정신적 조작이다. 이러한 관점에서 볼 때, 사고는 개념체계를 형성하고 있는 단위 개념의 명확성과 각 개념 간의 관련성의 확보가 무엇보다 중요한 관건이 된다. 따라서 이 절에서는 사고의 중심이 되는 이러한 개념체계를 중심으로 하여 사고의 의미를 보다 상세하게 살펴보고자 한다.

2) 개념의 체계

이미 앞서 살펴본 바와 같이 사고는 욕구가 발아하여 일정한 목적의식이 확보되면, 그것을 달성하기 위하여 내부의 개념체계 내에서 각종 관련 개념들 간의 공통점과 차이점을 파악하여 보다 새로운 의미를 얻어 내는 생산적 활동이다. 이러한 의미의 획득 과정에서 중요한 것은 의식의 초점이 되는 문제와 관련된 개념을 기점으로 그와 연계 가능성을 지닌 다수의 개념을 하나하나씩 일대일 또는 일 대 다수 등의 관계에 따라 일차적으로 분석하고 비교한 다음 추상(抽象)하거나 사상(捨象)을 통해 종합하여 정리한 후 판단하여 나간다는 점이다. 한마디로 말해 사고는 개념과 개념 간의 맥락을 찾아내는 총체적 인식이다.

따라서 개념체계를 구성하고 있는 개념의 다양성과 명확성의 확보는 거의 필수적이다. 뿐만 아니라 자신이 소유하고 있는 개념체계 내에서 각 개념의 관계적 위치가 일정한 타당성을 확보하고 있어야 한다. 이러한 개념의 위치 타당성은 앞서 언급한 다양성과 명확성의 확보와도 깊게 연계되어 있다. 물론 논리적으로 볼 때, 후자는 개념의 개별적 특성이 강조되는 반면, 전자는 개념 간 상대적 관계 설정이 관건이라는 점에서 다소의 차이가 있다.

따라서 사고 자료의 중심이 되는 기존 개념체계의 중요성은 다시 언급할 필요가 없다. 이것은 기본적으로 각 개인의 경험에 따라 다양한 개념이 상호 연계되어 형성되어 있는 것으로 장시간에 걸쳐서 조금씩 변모를 거듭해 나간다. 이제 개념체계의 기본 단위로서 개념을 보다 상세하게 살펴보고자 한다.

(1) 개념

개념은 한마디로 말해 특정의 사태를 일정한 기호로 표상한 단위 관념(觀念)이다. 이때, 관념은 특정 사태의 의미소(意味素, meaning unit)가 되는 주요 속성(屬性, attribute) 또는 징표(徵表, mark)들을 가려내어 총체화한 것이다. 이처럼 의미소는 일단 인간의 뇌에서 이루어지는 분석, 비교, 종합, 판단 등의 연속적 정신 활동의 필수 재료가 된다. 여기에서 한 가지 유의하지 않으면 안 되는 것이 바로 속성과 징표의 차이 및 관계를 명확하게 하는 일이다.

우선 속성은 실체 상호 간 분별의 요소가 되는 것을 의미한다. 그러므로 일단 특정의 실체를 특정의 언어로 나타낸 것은 이름이 되며, 그와 연관된 분별적 속성의 총화는 개념이 된다고 할 수 있다. 이와 같이 개념은 특정 사물에 대한 속성으로 이루어지는 개괄적 내용이나 의미를 나타내는 구체적 개념이 기본이 된다. 하지만 징표의 의미는 그러한 여러 가지 구체적 개념 간의 공통 요소를 추출하고 종합한 하나의 보편적 관념인 추상적 개념에서 찾을 수 있다.

예컨대, '아파트'라고 하는 추상적 개념은 '아파트가 지구상에 처음 등장한 과거에서부터 현재까지 전 세계 수많은 사람이 살아왔고 현재도 살고 있는 다양한 형태의 아파트들'이라는 구체적 대상들의 속성을 추상하여 형성된 개념이다.

그러므로 실제로 사람들이 살고 있는 아파트는 존재하는 실물이지만, 하나의 개념으로서 아파트는 오직 관념으로만 존재한다. 이러한 과정에 의하여 '아파트'는 물론 '초가집' '기와집' '너와집' 등의 추상적 개념들이 형성되면 이들 서로 간에서도 지붕은 콘크리트, 볏짚, 기와, 나무껍질 등으로 차이가 나는 바, 이때 각 개념 간의 분별 요소는 구체적 개념과 달리 징표라고 한다.

여기에서 구체적 개념과 추상적 개념은 개념의 형성 과정에서 분명한 차이가 있음을 알 수 있다. 전자는 단지 구체적 사물의 속성을 분석하여 종합하고 정리하는 과정에 그치지만, 후자는 각 관련 개념들의 징표를 분석하고 비교하며 추상하여 종합한 후 명명하는 다소 복잡한 과정이 요구된다.

그런데 그러한 개념의 분별 요소는 차별적인 것도 있지만 공통적인 것도 있을 수가 있다. 앞 사례의 경우 '사람들이 거주하는 곳'이라는 공통 징표가 있으며, 이것은 다시 '집'이라는 개념의 내포(內包, intension)가 된다. 결국 내포는 다른 실체나 개념들 간의 공통 속성의 총체가 된다. 이러한 내포는 새로운 추상적 개념을 산출하는 근거가 된다. 이와 같이 개념은 기본적으로 징표의 특성을 전제로 하므로 여기에 많은 주의를 기울이지 않으면 안 된다.

왜냐하면 추상적 개념의 경우 내포가 중요한 의미를 지니지만, 구체적 사물의 경우에는 다른 대상에서는 찾아볼 수 없는 오직 그 자신만이 지니고 있는 고유한 속성으로 다른 대상들과는 상대적 차이점이 중요한 의미를 지니기 때문이다. 이러한 차별 속성이 적용되는 범위를 외연(外延, extension)이라고 한다. 다시 말해, 개념이 실제로 적용되는 범위로 곧 속성이나 징표들의 적용 한계이다. 내포가 개념을 이루는 핵심적 의미소들의 총체라면, 외연은 개념의 의미소들이 적용되는 한계 영역이 된다.

모든 개념은 바로 이러한 내포와 외연에 의하여 그 특성이 결정되는 것임을 분명하게 인식해야 한다. 이들에 의해 개념이 상호 연계됨으로써 인간의 사고가 형성된다고 해도 과언이 아니기 때문이다. 일반적으로 개념에서 나타나는 추상성(抽象性), 유목성(類目性), 중심성(中心性), 유동성(流動性) 등의 현상은 모두 이러한 내포와 외연에 따른 것이다. 이에 대하여 각기 살펴보면 다음과 같다.

① 추상성

추상성은 개념의 내포와 외연의 관계에 따른 것임을 분명하게 확인해 볼 수 있다. 내포의 축소와 확대는 외연의 확대와 축소에 연계되고, 결국 그만큼 개념의 추상 또는 구체화 가능성을 증대시키는 결과를 초래하게 된다. 내포가 축소되고 외연이 확대되는 것을 추상화 또는 일반화(generalization)라고 하며, 일반적으로 개념의 발달 과정은 이러한 구체에서 추상으로 전개되는 상황과 일치한다. 결국 추상이란 공통의 징표를 축소하여 나가는 과정이다. 이러한 과정에 따른 개념 특유의 추상성은 사고가 시·공간을 초월할 수 있는 터전을 마련하게 된다. 그러한 추상 의미를 몇 개의 관련 개념들을 상정하여 도표로 나타내면 다음과 같다.

[개념]	영어사전	→	사전	→	서책	→
[내포]	(실체+가공+책+글자+색인+영어)		(실체+가공+책+글자+색인)		(실체+가공+책+글자)	

[개념]	도서	→	공산품	→	물체
[내포]	(실체+가공+책)		(실체+가공)		(실체)

[그림 2-1] 개념의 추상화

[그림 2-1]에서 영어사전의 경우 내포가 6개이던 것이 물체에서는 단 한 개로 줄어들고 있다. 이러한 사실은 곧 물체가 영어사전에 비하여 추상성이 보다

가중되어 있음을 나타낸다. 이처럼 추상성의 확대는 곧 해당 개념의 외연이 점차 확장되는 의미를 지닌다. 내포로서 징표가 한 개뿐인 '물체'라는 개념의 외연은 세상의 모든 실체에게까지 해당되지만, 내포의 징표가 여섯 개인 '영어사전'이라는 개념의 외연은 그러한 물체 중에서 오직 영어사전으로 제한될 수밖에 없다. 영어사전의 경우에는 물체에 비하여 그만큼 외연이 축소된 것이다. 이처럼 내포와 외연은 모든 개념의 특성을 결정하는 중요한 요인이 됨과 동시에 개념 간 관계 설정에도 연계되어 있음을 유념해야 한다.

② 유목성

개념의 유목성을 살펴보기 위해서는 먼저 상위 개념과 하위 개념에 대한 이해가 필요하다. 일반적으로 개념 간 관계 설정에서는 내포가 주로 활용된다. 우선 내포는 서로 동일하나 외연이 다르면 동위(同位) 개념이 되며, 같으면 동일(同一) 개념이 된다. 그리고 만약 여러 개의 동위 개념이 어느 한 개념에 포섭되는 경우, 그 포섭하고 있는 것을 상위(上位) 개념 또는 유개념(類槪念, generic concept), 포섭 당하고 있는 것을 하위(下位) 개념 또는 종개념(種槪念, specific concept)이라고 한다.

따라서 개념 간의 관계에서 상위 개념이 될수록 내포의 수는 축소되며, 이는 하위 개념보다 외연이 확대되며, 의미는 점차 개괄적인 것이 된다. 반대로 내포가 증대되어 하위 개념이 될수록 그 의미는 점차 한정되는 현상이 나타난다. 이것은 결국 연역적 또는 귀납적 사고 작용에 따른 것이다.

또한 상위 개념과 하위 개념의 관계에 따른 종개념 간에 자연히 발생하게 되는 징표의 차를 종차(種差, specific difference)라고 한다.

예컨대, 같은 자동차라는 유개념 아래 종개념으로 화물차, 승용차, 냉동차, 택시, 버스 등 다양한 개념이 있으며, 이들은 서로 간 용도에 따라 징표의 차이가 있다.

결국 종차는 내포가 동일한 하위 개념의 개별 특성을 나타내는 것으로 동위 개념의 외연의 변화에 따른 다양화와 연계되어 있는 것임을 알 수 있다.

이러한 의미를 도표로 나타내면 다음과 같다.

```
[상위 개념]        서책
[내포]    (실체+가공+책+글자)


[하위 개념]       사전              교과서              참고서
[내포]   (실체+가공+책+글자) (실체+가공+책+글자) (실체+가공+책+글자)
              (+색인)             (+학습)             (+참고)

[하위 개념]      소설              시집
[내포]   (실체+가공+책+글자) (실체+가공+책+글자)
              (+소설)             (+시)
```

[그림 2-2] 상위 개념과 하위 개념에 따른 내포와 외연

[그림 2-2]에서 서책이라는 상위 개념은 사전, 교과서, 참고서, 소설, 시집 등 각각의 외연을 지니고 있는 하위 개념들을 포섭하고 있지만 이밖에도 서책의 내포인 글자가 적힌 가공된 책에 해당하는 세상의 모든 책을 포섭할 가능성을 지닌다. 물론 이러한 경우에 동위 개념의 증대도 가능하지만, 더 이하의 하위 개념들과의 관계 설정이 필요한 것도 사실이다. 따라서 서책의 외연은 유개념이 포섭하고 있는 종개념의 총체이다.

이처럼 하나의 유개념을 중심으로 하여 개념의 구분 가능성이 나타나는 것을 개념의 유목성이라고 한다. 다시 말해, 귀납적 사고에 따라 추상성이 증대되어 있는 개념이 일정한 특성을 지닌 개념들을 무리로 포섭하여 분별 의미를 형성하는 것을 유목성 또는 군집성이라고 한다. 어찌 보면 이러한 유목성은 개념의 추상성에 따른 자연스러운 결과이다.

③ 중심성

중심성은 먼저 개념의 본질 속성과 우유 속성을 이해해야 한다. 앞서 언급한 바와 같이 개념은 일단 공통 속성인 내포와 종차에 의하여 구성된다고 할 수 있다. 이때, 전자는 본질 속성(本質 屬性, essential attribute)으로 개념 간 포섭 관

계의 중심이 되며, 후자는 우유 속성(偶有 屬性, accidental attribute)으로 개념 고
유의 독립성의 중심이 된다. 이러한 의미에서 개념의 외연은 본질 속성과 우유
속성을 종합한 전체가 나타내는 의미의 한계이다. 여기에서 이러한 외연이 나
타내는 개념의 고유한 특성은 오직 그 해당 개념 이외에서는 찾을 수가 없다.
이처럼 본질 속성과 종차가 비교적 일관성 있게 개념의 형성과 개념 간 관계 설
정의 근거로 작용하는 고유한 특성을 개념의 중심성이라고 한다.

  예컨대, 연필과 볼펜은 필기도구라는 유개념의 측면에서 보면 표시 기능이
라는 본질 속성이 있으며, 대상의 독자적 측면에서 보면 필기의 재료로써 흑
연과 유성잉크라는 우유 속성이 있다. 이때, 연필은 표시 기능과 흑연의 속성
이, 볼펜은 표시 기능과 유성잉크의 속성이 각 개념의 의미를 나타내는 중심이
된다. 그러한 중심의 근거가 되는 연필과 볼펜의 속성은 각 개념의 고유한 징
표이다.

  개념은 비록 상대 개념에 따라 상위 개념 또는 하위 개념이 되기도 하고 동위
개념이 되기도 하지만 분명한 것은 그러한 관계의 중심에는 언제나 각 개념을
대변하는 고유한 징표들이 있다. 이처럼 개념의 징표가 그 개념의 파악이나 각
개념 간 관계 설정에 중심이 되는 특성을 개념의 중심성이라고 한다.

  여기에서 한 가지 유의해야 할 점은 중심성의 근거인 개념의 징표가 항상 고
정되어 있는 것은 아니라는 점이다. 이것은 사회의 변화 혹은 활용방식에 따라
얼마든지 변화 가능성이 있다. 하지만 그러한 변화가 있다고 하여 개념의 중심
성이 훼손되는 것은 결코 아니다.

  ④ 유동성
  마지막으로 개념의 유동성을 결코 소홀히 할 수 없다. 개념은 고정된 실체가
아니라 항상 의미소의 가감, 갱신, 생성, 폐기 등이 이루어지며 이에 따라 끊임
없이 변화가 진행되는 바, 이것을 개념의 유동성이라고 한다.

  예를 들어, 누구나 소중하게 생각하고 있는 부모라고 하는 개념의 의미는 자
신의 경험은 물론 유아기, 청소년기, 장년기, 노년기 등에 따라 유동적으로 항

상 변화한다.

좀 더 구체적으로 말하면 유년기에 알고 있는 엄마의 의미와 결혼 후 자녀를 낳아 기르면서 알게 되는 엄마의 의미는 다를 수밖에 없다. 뿐만 아니라 한갓 하나의 숫자에 불과한 3 또는 7이라는 수에도 행운이라는 의미소를 더하여 본래의 서수(序數) 또는 기수(記數)와는 다른 새로운 개념을 형성하기도 한다.

결국 사고는 이와 같이 개념의 본질 속성과 종차를 이루고 있는 의미소들이 나타내는 현상에 따라 발생하는 개념의 형성, 곧 관념 작용임을 알 수 있다. 일반적으로 사고는 추상성이 확대되는 방향으로 개념을 추구하여 나가는 경우를 귀납적(歸納的) 사고라고 하며, 그 반대의 경우를 연역적(演繹的) 사고라고 한다. 이러한 사고는 기존 개념의 관계망을 따라 가기도 하지만, 귀납적 사고는 새로운 상위 개념을, 연역적 사고는 새로운 하위 개념을 설정하기도 하며 그러한 사고 과정에서 관련 개념의 의미소를 수정하거나 보완하기도 한다. 이러한 새로운 개념의 설정이나 수정, 보완은 곧 새로운 의미의 창출을 의미한다.

이러한 의미에서 사고는 기본적으로 개념 간의 관계를 더욱 정교화하는 과정이다. 즉, 개념의 외연을 확장하여 개념의 적용 범위, 즉 의미를 증대시키기 때문이다.

본래 의미는 어떤 대상이 나타내는 총체적 내용 또는 의도나 가치이다. 여기에서 중요한 것은 인간의 활용 의도(意圖, intention)이다. 그러므로 어떠한 의도에도 부합될 수 있는 특정의 실체나 개념의 내용이 본질인 것이며, 어느 정도로 어느 곳까지 활용할 여지가 있는가에 따라 의미와 가치가 결정된다.

따라서 소위 의미(意味, meaning)는 결국 개념의 본질 속성 또는 종차와 관련지어 각 상황에 알맞게 활용(活用, using)할 수 있는 매개수단으로써의 수준을 나타낸 것이며, 이것을 비교적 간명하게 표현한 것은 정의(定義)가 된다. 결국 의미는 어떤 대상이 지니는 개인의 사적 의도나 목적과의 관련성 혹은 공공의 보편적 가치이다.

예컨대, 동일한 '개'의 경우에도 애견가에게는 동반자의 의미를 지니며, '태극기'는 한국인들에게 공적으로 대한민국을 대표하는 의미를 지닌다.

이와 같이 용도와 관련하여 의미는 그 속성상 비교적 개념의 일관성을 유지하는 특성을 스스로 지니고 있다. 개념의 기능은 철저하게 사물의 구별과 분별에 있기 때문이다. 그럼에도 불구하고 개념은 언제나 그 의미의 변화 가능성을 지니고 있다는 점에서 더 큰 의미를 지닌다고 할 수 있다. 아무리 개념이 특정의 의미를 지속적으로 대변하는 것이라 할지라도 그 용도와 관련하여 항상 변화의 가능성을 열어 놓고 있다.

개념의 주변 속성에 해당하는 의미의 변동은 말할 것도 없고, 본질 속성에서도 변화가 나타나 개념체계 전반에 영향을 미치게 되는 경우도 많이 발생한다.

예를 들면, 대부분의 사회 초년생이 처음 지니고 있던 정의감도 사회 적응의 연륜이 쌓여 감에 따라 자신들도 모르게 점차 사회와 적당히 타협하는 태도로 변화한다. 이러한 타협은 결국 자신의 정의 개념을 수정하는 과정을 의미한다. 중요한 것은 이후부터는 부지불식간에 그 수정한 정의감을 중심으로 인식이 이루어져 다시는 회복하기 어려운 개념의 손상을 입게 된다는 사실에 있다. 물론 초지일관 자신의 의지를 굽히지 않고 관철하는 경우도 있으나 극히 제한적일 뿐이다.

이러한 사정으로 인하여 우리가 일상생활 속에서 실제적으로 활용하고 있는 많은 개념은 상황에 따라 크고 작은 변동을 겪는다. 개념의 대상이 되는 실체의 본질에는 변화가 없음에도 불구하고 자신의 이해득실에 따라 개념의 변용을 가한다. 이것을 개념의 유동성이라고 한다.

이상의 의미를 종합하자면 기존 개념의 다양성과 명확성은 결국 각 개념 속에 내재하는 의미소의 다양성과 명확성이 되며, 이것이야말로 개념 창출의 바탕이 된다고 할 수 있다. 다시 말해, 개념의 의미소가 갖는 특성, 곧 앞서 살펴본 추상성, 유목성, 중심성, 유동성 등에 의하여 개념이 점차 수정·보완되어 나감으로써 그에 따른 상하·종횡의 개념체계가 형성되어 나가기 때문이다. 이것은 개념과 개념 간 의미소들의 활발한 소통의 근간이 된다.

(2) 개념체계

개념체계는 한마디로 말하여 사고의 자료가 되는 개념의 일정한 조직이다. 이러한 조직은 기본적으로 각 개념이 내포와 외연에 따라 각 개념 간 상호 관계를 이어가는 데 따른 것이다. 즉, 낱개의 개념이 모여 동위 개념을 형성하면 이들이 종차에 따라 상위 개념인 유개념을 형성하고 또한 하위 개념인 종개념을 포섭하게 되어 하나의 조직이 완성된다. 이러한 조직은 개념들이 전후, 좌우 또는 상하로 거의 무한으로 이어 가는 성향으로 인하여 끊임없는 변화 가능성을 안고 있다. 이러한 개념 간의 조직은 낱개의 개념이 단순히 하나의 개념체계를 이룬다는 것에 의미가 있는 것이 아니라 그것이 바로 사고 능력을 가늠하는 사고의 길이며, 방향이 될 뿐만 아니라 사고의 질을 좌우한다는 점에서 중요한 의미가 있다. 따라서 만일 하나라도 개념의 연계가 잘못되는 경우, 자연히 여타 연계에 영향을 주게 되는 것은 물론 사고에 치명적 문제를 노정시키게 된다. 어떤 의미에서 사고는 곧 개념체계라고 해도 과언이 아니다. 물론 아무리 사고라고 해도 그러한 개념체계를 벗어나는 경우도 얼마든지 가능하다. 그러나 그러한 사고는 엄밀하게 말하여 공상이나 상상에 불과한 것이기에 현실적 의미가 희박하다.

여하간 이러한 개념체계는 대체적으로 일정한 입체적 피라미드 구조를 갖는다. 온 우주를 주관하는 신(神)의 존재를 감안할 때 개념체계는 인간 사고의 최고 정점에 신을 중심으로 하여 그 하부에 다양한 개념이 연계되어 있으며, 최하단에는 온갖 실체에 대한 감각적 개념들이 자리하고 있다고 할 수 있다. 그러한 개념체계에서 일정한 관계에 따라 하부에서 상부로 오를수록 개념은 점차 추상성을 더하여 가며, 반대로 상부에서 하부로 향하면 구체성을 더해 간다고 할 수 있다. 이때, 개념체계를 바탕으로 하여 구성한 일정한 관계의 법칙이 원리인 것이며, 이것을 보다 새롭게 구안하여 실제에 적용함으로써 생활의 편리를 도모하는 방법이 기술이다.

여하간 개념체계는 사람마다 각기 주어진 여건과 관심이 다르기 때문에 천차만별의 다양성을 나타낸다. 다만, 중요한 것은 개념체계의 범위가 좁을수록 그만큼 개념을 구성하는 의미소의 다양성과 명확성이 부족하게 되어 결국 사고의 폭은 협소하고 깊이는 천박하여 상대적으로 의미가 부박(浮薄)함을 면하기 어렵게 된다.

그러므로 부족한 개념체계를 개선해 나가기 위하여 경험의 폭을 확대하여 감각 개념을 확실하게 구축하여 나아감은 물론 다양한 분야의 독서와 연구를 통하여 끊임없이 개념 간의 관계를 탐구하고 새로운 의미를 창출하여 그에 따른 개념체계를 끊임없이 수정·보완해 나가는 노력이 요구된다. 아무리 특정 분야에 어느 정도의 전문성을 확보하였다 하여도 적어도 인문, 사회, 과학, 예술 등 각 분야별 핵심 개념들과의 연계를 통하여 자신의 전공 분야를 보다 입체적으로 심화 발전시켜 나갈 필요성이 있는 것이다.

다시 말해, 의미소의 추상성에 따른 추상화와 구체화, 중심성에 따른 차별화와 동일화, 유목성에 따른 유목화와 종합화, 유동성에 따른 관계의 다변화와 고정화 등을 통하여 한없이 개념체계를 개선하여 새로운 의미의 세계를 열어 가야 한다. 사고가 일정 부분 사고의 역할과 기능을 원만하게 담당할 수 있는 것은 이처럼 끊임없는 개념적 의미의 수정과 보강 그리고 개념체계의 조정과 보완을 통하여 개선이 이루어질 때 비로소 가능하다.

따라서 소위 득도(得道)는 논리적으로만 본다면 신을 정점으로 한 피라미드 구조의 개념체계를 완벽하게 구축하였다는 의미로 파악된다. 그러나 이것 역시 논리적으로 불가능하다. 최상 개념인 신은 고사하고라도 우리 삶의 터전이 되는 우주조차도 그 내포에 해당되는 시간과 공간을 근원적으로 파악할 수 없기 때문이다. 뿐만 아니라 여기에는 기본적으로 인간의 인식에 따른 감각과 시·공간의 제약 등 실로 수많은 장애가 가로놓여 있다. 다만, 한 가지 분명한 것은 인간의 인식은 단지 감각에 따른 개념체계만으로 이루어지는 것이 아니기에 그러한 인간 인식의 실체를 깨달음으로써 개념체계의 허와 실을 명료하게 파악하는 정도는 개인의 노력 여하에 따라서 가능한 것으로 보인다.

이러한 의미에서 '득도를 하였다' 또는 '무에서 유를 창조하였다'라고 말하는 것은 매우 조심스러운 일이다.

3) 주관적 사고와 객관적 사고

객관적 사고는 개념의 불확실성에 대한 분명한 의식이 선행될 때 나타난다. 그런데 앞에서 살펴본 개념 현상, 즉 실제의 대상과 개념의 필연적 괴리에 따른 조정 현상은 대체적으로 다음 두 가지 경우로 구분되어 나타난다. 첫째, 자신의 감각 정보가 지니고 있는 의미와 그와 연계되어 있는 실제 대상에 대한 개념이 서로 심한 차이를 나타내는 경우이다. 둘째, 기존 개념체계 내에서 개념 간의 관계에 다소 부정합의 문제가 제기되어 한층 더 효율적 관계로 보완하고자 하는 경우이다. 전자가 수단적 의미와 관련된 주관적 사고라면, 후자는 합리적 의미와 관련되는 객관적 사고이다.

(1) 주관적 사고

주관적 사고는 자신에게 어떠한 신체적 장애가 발생하는 문제 상황에 나타난다. 일단 각각의 장애 사안에 따른 즉각적 감각 정보가 발생하면 그에 따른 해결 과제에 따라 사고가 발생된다. 이때, 사고 과정은 일반적으로 문제의 확인, 가설 설정, 자료 수집과 분석, 가설 검증, 평가 등의 다섯 단계로 이루어진다. 이러한 일련의 과정은 마지막 평가에서 나름대로 만족할 만한 성과를 얻을 때까지 계속 이어지는 경향을 나타낸다. 이제 수단적 의미에 따른 사고를 상세하게 살펴보고자 한다.

당초 사고를 촉발시키는 근거가 되는 신체는 난자와 정자가 결합하여 수많은 세포분열과정을 거쳐 다양한 조직으로 형성된 일정한 생명력을 지닌 물체이다. 중요한 것은 여기에 우리의 소중한 생명력이 담겨 있다는 것이다. 이때, 신체는 단순한 감각적 실체이기 전에 이미 하나의 생명 에너지이며, 이것은 인간의 능력으로는 도저히 파악할 수 없는 불가지의 그 무엇이다.

이러한 의미를 단순히 생리적 측면에서 살펴보는 경우에도 그러한 의구심은 떨쳐 버릴 수가 없다. 신체의 각 부분을 이루고 있는 세포 하나하나가 오직 물질로서만 존재하는 것이 아니라 각기 고유한 생명력을 지니고 있다. 이러한 사실 하나만으로도 우리가 생명을 유지해 나간다는 것은 곧 그들이 각자의 물적 특성에 따라 다양한 조직을 구성하고 있으면서 하나의 유기적 총체로서 생명을 담고 있다는 사실에 기인하고 있는 것임을 뚜렷이 알 수 있다.

따라서 신체에 원천적으로 담겨 있는 생명 에너지는 기본적으로 그의 생명 유지 활동의 원천이다. 그러나 그러한 생명 에너지만으로는 하나의 생명체가 그 생명을 지속해 나갈 수가 없다. 생명을 지속적으로 유지하기 위해서는 내·외부와의 다양한 교류 활동을 필요로 한다.

우선 신체 내부에서는 외부 병균의 방어와 공격을 위한 면역 작용, 영양 섭취와 노폐물 배설 지원을 위한 신진대사 작용, 에너지 확보를 위한 소화와 흡수 작용 그리고 세포의 생성과 파괴 등 자율조정 작용 등에 따른 제반 신체관리 활동이 거의 자동적으로 이루어진다. 그러나 신체 외부와 관련되면 생산과 소비, 공격과 방어, 통제와 조절 등에 따르는 거의 모든 활동이 오로지 자신의 의사, 곧 사고 활동에 의하여 비로소 가능해진다. 따라서 이러한 사고가 없이는 생명 유지 활동이 거의 불가능하게 된다. 여기에서 신체와 사고의 밀접한 관련성을 엿볼 수 있다.

그리하여 사람들은 무의식적으로 자신의 사고에 대한 한없는 관심을 기울인다. 어찌 보면 사고는 인간에게 있어 자신의 신체와 관련하여 주체의 고유한 자율적 활동의 핵심 영역에 속한다고 할 수 있다. 이와 같이 사고는 분명히 자신의 의도를 가지고 시·공간의 여건에 따라 자신의 고유한 본질을 다양하게 담아낼 수 있지만, 일차적으로 신체에 종속되는 측면을 부인할 수 없다. 자신의 생명을 담보하고 있는 신체는 오로지 한정된 시간 속에서만 중요한 의미를 지니기 때문이다.

사고는 신체가 근원적으로 하나의 총체적 생명을 요구하고 그에 따른 건강한 신체를 추구함으로써 싹트는 계기를 맞이한다. 다시 말해, 신체의 요구에 따른 방책을 구하고자 하는 필요성에서 야기되는 것이 사고이다. 이러한 의미에서 사실 사고는 신체를 벗어나 생각하기 어렵다. 사고가 수단적 의미에서 출발하는 원인이 바로 여기에 있다. 이러한 수단적 사고에서는 자연히 신체가 요구하는 감각적 개념이 주축을 이루어 개념체계가 형성된다. 일반적으로 개념의 형성은 자극과 반응의 단순한 도식이 반복됨에 따라 이루어지기 때문이다.

그런데 문제는 그러한 감각적 개념은 의미소가 감각성과 구체성을 지닌다는 특성을 벗어나기 어려울 뿐만 아니라 우선 자신의 생명을 유지하기 위한 이익이 무엇보다 중점적 고려 대상이 된다는 점이다. 다시 말하면, 감각의 고유성과 이익의 독자성이라고 하는 주관이 그 수단적 방편을 구하기 위하여 사고를 부른다.

이미 앞서 살펴본 바와 같이 개념의 본질적 특성은 개념 간 소통에 따른 관계를 통하여 새로운 사고를 가능토록 한다는 점에 있다. 그리고 이것은 의미소의 중요한 특성인 추상성을 필두로 하여 유목성, 유동성 등에서 비롯된다. 그러나 개념을 구성하는 의미소가 감각성과 구체성을 고수하게 되는 경우 이러한 특성은 거의 사라지게 된다. 개념 간 포섭과 종속 또는 의미소의 가감, 경신, 생성, 폐기 등은 한결같이 그 특성에 따른 자유로운 소통이 이루어질 때 비로소 가능한 것이기 때문이다.

그러나 감각성과 구체성은 우선 의미소를 매우 한정적으로 제약한다. 감각이 명확하고 개별적 특성이 확대될수록 그 개념은 다른 개념과의 연계 가능성이 줄어들기 때문이다. 다시 말해, 개별 의미소에 따른 본질 속성과 종차가 고착됨으로써 변화 가능성이 극히 제약된다.

예컨대, 비스킷이나 초콜릿과 같은 한두 가지의 과자에만 관심을 두고 있는 유아는 오직 그것만을 주로 생각할 뿐 다른 유형의 음식인 빵, 우유, 피자 등과 서로 연결하여 대체 가능성을 찾아내기 어렵게 된다. 간식이나 음식이라는 상위 개념을 이해하기 어렵게 되는 것은 당연한 일이다. 또한 음식의 개념을 숙지하지 못한 상태에서는 새로운 먹을거리를 알게 되어도 음식의 개념을 경신해 나갈 수가 없다. 이것은 음식의 하위 개념들 간 의미소의 소통이 이루어지지 않고 있기 때문이다.

이렇게 되면 결국 올바른 개념체계의 형성 자체를 어렵게 한다. 설령 그것이 이루어진다고 해도 자신의 주요 관심 분야와 관련하여 극히 제한적으로 이루어질 수밖에 없다. 이것은 수단적 사고가 갖는 치명적 취약점이 된다. 대부분의 사고가 자기중심적, 단편적, 미시적, 폐쇄적 현상 등을 나타내는 것은 바로 이 때문이다.

이것의 논리적 의미는 대부분의 사람은 자신의 개념체계와 감각의식을 서로 강하게 일치시키려는 성향에서 벗어나기가 어렵다는 점이다. 즉, 자신이 개인적으로 오랜 경험과 학습을 통하여 인식한 개념체계를 스스로 가장 편안한 것으로 느끼며, 적어도 그것이 가장 합리적이고 논리적이며 설명 가능한 것으로 착각하기 때문이다. 이처럼 추호의 의심도 없이 사적으로 축적한 시·공간인 자신만의 개념체계에 안주하는 경향은 새로운 사고를 통한 도전을 주저하게 만든다. 그리하여 혹시 개념체계에 작은 균열이라도 발생하면 새로운 도전을 피하여 속히 원래대로 봉합하고 쉽게 안정을 도모하려 한다.

이와 같이 일상에 매몰되면 그 단조로움으로 때로는 일탈도 고려하게 되지만, 그것도 크게 낯설지 않은 정도로만 가능하다. 만약 그 일탈이 자신의 기존 개념체계와 크게 차이가 나타나는 경우, 정체를 알 수 없는 두려움과 공포를 느끼게 되기 때문이다. 대체적으로 점차 연륜이 더해갈수록 이러한 현상이 심하게 나타나는 것은 그동안의 생활 속에서 매사에 항시 위험이 도사리고 있다는 것을 직접 경험한 결과이다. 자신만의 개념체계에 따른 독단과 아집이 개념 간 의미소의 소통을 거부한다. 당연히 개념체계의 편향과 왜곡이 따를 수밖에 없다. 이것이 바로 주관적 사고의 커다란 병폐 중의 하나이다.

(2) 객관적 사고

개념은 본원적으로 외재하는 실재를 기호화하여 나타낸 것이기에 아무리 개념이 실재를 충실하게 반영하였다 해도 개념과 실재는 피할 수 없는 괴리가 발생한다. 객관적 사고는 바로 이러한 점에 근거를 두고 있다. 다시 말해, 실재에 대한 감각을 개념화하면 그 개념은 항시 무엇인가 실재에 미흡한 상태가 됨을 깨닫게 된다. 이것은 사고가 성숙되어 감에 따라 수단적 사고의 초점이 되는 감각적 자극과 그 자극에 따른 의미의 차이가 있음을 직감하게 되기 때문이다.

이러한 개념과 실재의 괴리를 깨닫도록 하는 기능을 담당하는 것이 바로 이성(理性)이다. 그리하여 가급적 실재에 다가서기 위하여 끊임없이 개념을 경신하려는 성향을 지닌 이성은 그 시비(是非)에 따라 개념의 수정 및 보완에 초점을 둔다. 물론 주관적 사고에서도 이러한 이성의 작용은 숨길 수 없다. 하지만 객관적 사고가 오로지 이성의 인도를 따르려는 성향을 고수하는 데 반해, 주관적 사고는 주로 개인의 감성에 따른 사적 감각과 이익을 추구하려는 성향을 강하게 나타낸다는 점에서 차이가 있다.

따라서 주관적 사고에서는 객관적 이성과 주관적 감성의 갈등은 필연적이다. 이러한 경우 후자에 따른 현실적 이익을 떠나 전자에 따른 공정(公正)을 택하는 경향성은 합리성, 더 나아가 도덕성(道德性)과 연계되어 있다. 그러나 이것은 말처럼 쉬운 일이 결코 아니다. 오직 논리적 타당성을 위하여 자신의 생명을 담보하는 것은 지극히 어려운 일이기 때문이다. 인간의 삶 속에서 나타나는 모든 애환은 바로 여기에서 비롯된다고 해도 과언이 아니다.

여하튼 객관적 사고는 개념과 실재의 차이가 심하게 드러나게 될수록 또는 개념적 이해의 수준이 깊어질수록 개념의 변용 또는 각 개념 간 관계의 재설정에 대한 필요성이 발생하는 데 따른 것이다. 여기에는 생활 속에서 끊임없이 제기되는 다양하고 긴박한 현실적 문제 상황에 대처하고, 보다 새로운 여건을 추구하려는 인간의 본성적 성향이 그 중심에 놓여 있다. 현실 상황이 긴박하고 난해하면 할수록 보다 정확한 현실 파악이 요구되기 때문이다. 아마 세상만사가 자신이 뜻하는 대로 쉽게 이루어지고 또한 만사를 대충 이해하고 만족한다면 이처럼 사고의 중요성이 요구되지는 않을 것이다.

이와 같이 개념의 변용 과정을 통하여 새로운 의미의 창출을 가져오는 과정을 객관적 사고 또는 개념적 사고라고 한다. 비록 흔한 경우는 아니지만 연륜을 쌓아 감에 따라 보다 신중하고 겸손해지는 것은 바로 이 때문이다. 이러한 의미에서 볼 때, 우리가 흔히 말하는 사고는 개념과 개념의 관계 설정, 즉 가설을 통한 아이디어의 마련 또는 의미소의 수정·보완, 즉 개념의 폭과 깊이의 확대와 심화를 통한 새로운 인식의 창출이 중심이 된다.

이상으로 살펴본 주관적 사고와 객관적 사고는 어느 것을 막론하고 일단 사고 과정에서 나타나는 중요한 의미는 이것이 주체의 방편적 대처 과정이라는 점과 개념적 틀을 활용한다는 점이다. 따라서 사고는 감각, 직감, 지각, 직관, 기억, 상상 등의 여러 관련 작용이 서로 밀접하게 연계되어 있다. 뿐만 아니라 그 의사 결정에 따르는 정보처리과정, 즉 이해, 분석, 종합, 검토, 판단, 추리 등이 복잡하게 진행되는 과정이다. 이러한 사고는 기본적으로 인간의 능력에 잠재되어 있는 것으로 일상생활 속에서 그 수단적 방편을 강구하는 과정에서 주로 발아한다. 결과적으로 새로운 아이디어나 인식의 창출이 없는 사고는 공허하다.

좀 더 구체적으로 말하면 주관적 인식에서는 인식 작용 중에서 감각, 지각은 거의 자극을 단순히 기계적으로 받아들이는 수용적 성향의 작용으로 자신의 의지가 개입될 수 있는 여지가 거의 없다고 해도 과언이 아니다. 그러나 문제 해결을 위한 수단으로 감각을 선택하고, 지각을 구성하고, 개념의 변환을 모색하는 등의 의지가 개입되므로 이것은 주체의 분명한 의도가 요구되는 부분이다.

또한 객관적 인식에 따른 사고 과정에서도 사전에 먼저 자신의 정서 안정이 필요하며 그리고 본 사고 과정에서는 계획과 탐색, 비교, 분석, 종합, 판단 등의 활동과 대책 수립이 있어야 하며, 사후에는 평가에 따른 검증과 문제점 발견 등 비교적 장시간에 걸쳐서 진행되는 모든 과정이 의도적인 것이기에 어느 정도 주체의 관여는 필수적일 수밖에 없다. 따라서 모든 사고 과정에는 항상 일정 부분 주체의 의도적 관여에 따른 검증이 수반된다고 할 수 있다.

그럼에도 불구하고 객관적 사고는 그처럼 지극히 개인적인 감성적 사고 과정의 한가운데에서도 이성의 기능이 강하게 작용하고 있다는 사실이다. 다시 말하면, 객관적 사고에서는 주체의 감각적 이해관계보다 합리적 이성이 주도적 역할을 하는 것이다.

5. 이성

인간을 가장 특징적으로 나타내는 것 중의 하나가 이성이다. 감성이 자신의 신체를 근거로 하여 작용하는 성향을 지닌다면, 이성은 이미 앞서 살펴본 정신의 고유한 3대 특성인 수용성, 생산성, 표현성 등의 작용에서 그 작용의 방향성을 고수하는 성향을 지닌다고 할 수 있다. 아무리 정신의 작용이 왕성하게 잘 이루어진다고 해도 만약 그 명확한 작용 방향을 확보하지 못한다면 정신의 존재 가치는 무의미할 수밖에 없다. 이러한 의미에서 이성 없는 정신이나 지능은 매우 위험하다.

대체로 이성은 정신 활동의 방향성을 확보하기 위하여 영원성, 통합성, 객관성, 논리성 등의 성향을 지니고 있다. 이것을 구체적으로 살펴보면 다음과 같다.

1) 영원성(시간의 초월)

영원성은 한마디로 말하여 인식의 시간적 한계를 뛰어넘으려는 시도이다. 정신의 작용에서 인식은 결코 빼놓을 수 없는 가장 기본적 활동이다. 그러나 인식은 언제나 대상의 불변을 전제로 한다는 논리를 벗어날 수가 없다. 하지만 인식의 대상으로서 우주상의 모든 존재는 시간의 흐름에 따라 수시로 변하고 있다는 근원적 문제가 있다. 이것은 적어도 논리적으로 정확한 인식이 불가능함을 알려 준다.

그럼에도 불구하고 우리는 끊임없이 일상생활과 연계되어 있는 여러 가지 대상을 인식하는 활동을 이어 갈 수밖에 없다. 이러한 사정으로 인하여 인식에 오류가 발생하는 것은 피할 수가 없다. 뿐만 아니라 더욱 심각한 문제는 인식의 주체가 되는 인간 자신도 시간에 따라 변화하고 있다는 점이다. 당연히 정신의 작용 자체도 일정한 수준을 유지할 수 없다는 문제가 제기된다.

이와 같이 인식의 주체와 대상이 변화하는 가운데 발생하는 인식의 문제를 보완하려는 근원적 성향이 바로 이성이다. 따라서 이성의 가장 특징적 성향은 현재의 시간적 제약에 따른 인식 문제를 직시하고 영원한 시간 속에서도 변하지 않는 본질을 추구하려 한다는 점에서 찾을 수 있다.

2) 통합성(공간의 초월)

통합성은 인식의 공간적 제약을 넘으려는 시도를 말한다. 인간의 인식은 일차적으로 감각에 의존한다. 감각의 일정한 한계가 분명하게 존재하는 한 인식의 정당성을 확보하는 것은 어려울 수밖에 없다. 현재의 인간이 지니고 있는 감각 기능은 특히 공간 지각에서 분명한 한계를 노정시킨다. 촉각이나 미각은 부득이 대상과 직접 맞닿아야 인식이 가능한 것이기에 공간의 제약에서 예외로 할 수 있으나 시각, 청각, 후각 등은 모두 일정한 범위 내에서만 인식이 가능하다. 아무리 인식하고자 노력해도 공간적 한계 밖에서는 불가능하다.

뿐만 아니라 공간의 제약은 기본적으로 관계적이며, 총체적 인식을 저해한다. 부분적 공간에서 사물 인식의 습성은 언제나 주변 여건의 변화에 둔감한 특성을 지닌다. 세상의 모든 실체는 상호 치밀한 관계성을 지니고 있는 가운데 존재하는 것임에도 불구하고 공간의 한계는 그러한 관계를 단절한 단편적 인식에 머물도록 강요한다. 일상적 인식에 일정 부분의 오류를 피할 수 없는 이유가 여기에 있다.

이러한 공간의 제한적 인식 이외의 감지 불가능한 어떠한 것을 조금이라도 인식할 수 있는 방법은 단지 상상, 예측, 추리 등의 방법이 있는 정도에 불과하다. 설령 이러한 방법을 통하여 인식의 변화를 꾀한다 하여도 그 확실성을 보장받을 길은 원천적으로 봉쇄되어 있다.

이와 같이 감각에 따른 인식의 문제를 보완하기 위하여 이성의 도움이 요구된다. 일단 이성은 개별 단위의 대상에 대한 인식을 거부한다. 이성은 모든 개별적 대상을 뛰어넘어 범 우주의 공간을 설정하고 이들이 하나의 가상 실체와 서로 연계되어 있음을 우리에게 알려 준다. 다시 말해, 이성은 모든 대상의 인식이 총체적인 어떤 것의 관계적 부분임을 분명히 우리에게 알려 준다. 즉, 통합적 인식을 제공한다. 여기에서 이성은 한발 더 나아가 총체와 부분의 일정한 원리가 있음을 일깨워 줌으로써 부분에 대한 보다 나은 인식에 이르게 한다. 이성의 중요성을 한층 더 드러내는 대목이 아닐 수 없다.

3) 객관성(주관의 초월)

객관성은 주관적 인식의 한계를 넘으려는 시도를 의미한다. 인식은 본래 개별 인간의 생존 수단이 아닐 수 없다. 자신의 신체를 보호하며 생명을 유지하여 나가는 것이 모든 생명체의 일차적 과제이다. 실제로 거의 모든 생명체의 감각은 오로지 자신의 생존을 위해서만 활용되고 있음을 알 수 있다. 이러한 의미에서의 인식은 자연히 자기중심적 성향이 배어들어 갈 수밖에 없다. 다시 말해, 수단적 인식이다.

수단적 인식의 초점은 인식의 대상이 아닌 인식의 주체인 자신에게 있다. 대상은 단지 자신의 생존에 도구가 될 경우에만 의미를 지닌다. 따라서 대상이 생존 수단에서 벗어난다면 아예 관심조차 없다. 설령 생존 수단이 된다고 하여도 그 중요도에 따라 관심도가 달라진다. 인식이 예민하여질 수밖에 없는 이유이다. 다시 말하면, 관심도에 따라 인식의 편차가 나타난다. 인식은 대부분 이와 같이 개별에 따른 주관성을 지닌다.

하지만 다른 한편으로 인간은 이성을 통하여 이러한 인식의 주관성을 벗으려는 노력을 기울인다. 주관을 떠나서 오로지 인식의 명확성 혹은 정밀성을 추구하는 객관적 성향을 지닌다. 이러한 성향의 중심에 서는 것이 자아 비판적 성찰 능력이다. 자신의 정체를 인식함에도 정밀성의 확보 측면에서 결코 예외가 있을 수 없다. 진정한 자아통제력 역시 이와 같은 자아성찰 능력의 확보에서 비롯된다고 할 수 있다. 인식의 과오에서 비롯된 자신의 행동을 올바르게 개선하려는 강한 의지에서 자아통제력이 발아한다. 여기에 이성의 객관성이 숨겨져 있음을 알 수 있다.

물론 소위 감성에 의해서 본능적으로 기능하는 자아통제력이 일정 부분 작용하고 있는 것도 사실이다. 하지만 이러한 기능은 감성적 인식에 따른 인간의 무분별한 욕구에 의하여 언제나 좌절되는 것이 일반적이다. 항상 개체의 생존이 그 무엇보다 선행하는 가치를 지니기 때문이다. 따라서 순수 이성에 의한 자아통제력은 자신의 욕구를 넘어설 수 있는 강한 힘을 확보할 수 있을 때만이 의미를 지니게 된다. 그런데 이와 같은 강력한 통제력은 오로지 오랜 기간 자신의 혹독한 심신 연마가 수반되어야 비로소 얻을 수 있다.

이러한 의미에서 자아통제력은 그야말로 이성의 객관성을 최대한 활용해야 가능한 것임을 알 수 있다. 흔히 이성을 도덕의 원천으로 보는 이유가 바로 여기에 있다. 사실 인간이 인간으로서 우뚝 설 수 있는 것은 이와 같은 자아통제력 덕분이다.

이제 이러한 자아통제력은 한발 더 나아가 자신을 초월하여 모든 존재의 거름이 되고자 헌신하는 의지를 갖게 되기까지에 이른다. 이른바 자아초월이다. 이것은 이성의 객관적 성향의 뒷받침이 없다면 도저히 불가능한 일이다. 이성이 인간의 숭고한 가치가 빛을 발하게 하는 계기를 마련하는 것이다.

4) 논리성(관계의 원리)

논리성은 이성의 중심적 기능에 속한다. 이성이 이성으로서의 기능을 발휘할 수 있는 것은 주로 이성의 중심에 자연 변화의 논리가 깊게 내재되어 있기 때문이다. 원래 논리는 만물이 조화를 이루는 원리라고 봄이 타당하다고 할 수 있다. 따라서 논리는 매사가 조화를 이루어 나가게 한다는 의미가 중심이 된다. 중요한 것은 논리(論理)라는 것은 조화를 이루는 관계와 연계되어 있다는 점이다.

따라서 논리는 기본적으로 만물의 상호 관계에 따른 조화로운 변화를 대전제로 성립되는 개념이다. 한마디로 말해 관계의 원리, 즉 상호 관계로 발생하게 되는 일정한 변화의 길이다. 그러한 변화의 길을 한마디로 형용할 수는 없으나 일정한 단계, 주기, 속도, 순환 등이 모두 상호 관계에 따라 변화하고 있다는 것은 분명하다. 이러한 원리는 불변하기 때문에 인식의 초점이 된다. 이성은 매사가 이러한 변화의 길에서 벗어남을 허용하지 않으려 탐색하고 확인하는 능력을 지닌다. 조금이라도 이상한 조짐이 나타나면 우리의 이성은 이와 같은 변화의 길에 견주어 비교하고 검증을 통하여 어긋남이 없음을 확인하는 역할을 감당한다.

그러나 애석하게도 오늘날 인간은 이처럼 순수한 이성적 인식을 우선 일차적으로 생활의 수단적 방편으로 역이용하고 있다는 점도 알지 않으면 안 된다. 감성적 인식에 대한 미련을 버리지 못하고 이성을 역으로 활용하여 오직 생활의 편의를 도모하는 것에 전념하고 있다. 이처럼 이성을 단순히 생존의 수단으로 인식하는 데 따른 문제가 발생하는 것은 지극히 당연한 이치이다.

현대 문명을 이끌어 가는 중심에는 소위 기술이 있다. 기술은 생존을 위하여 자연적 변화의 길을 논리적으로 조작하여 이치를 무력화시킨다. 이치에 따른 자연적 변화의 단계를 거르거나 주기를 변화시키고 또한 속도를 조절하거나 관계를 변경하며 순환을 끊어 놓는 등의 조작을 가한다. 이러한 조작 수준이 높을수록 자연의 변화 이치에서 벗어나는 정도는 점차 커질 수밖에 없는 구조를 피할 수가 없다.

본래 이성이 요구하는 논리라는 것이 이(理)를 기준으로 하여 매사를 정치(定置)하여 나감에 있음에도 불구하고 오늘날 기술은 오히려 이를 역행하는 역할을 수행한다. 이것은 자연의 불균형을 심화시킨다. 바로 이 점이 이성과 논리의 분기점이 된다. 따라서 기술이 고도화되면 될수록 이성은 점차 감성의 노예로 전락하게 될 가능성도 함께 증대된다. 실제로 지구촌에는 각종 환경오염과 기후 변화에 따른 대형 참사가 끊이지 않고 있다. 오늘날 현대 기술 문명이 지니고 있는 문제의 핵심이 바로 여기에 있음을 알 수 있다.

이상의 의미에서 볼 때 이성은 영원성, 통합성, 객관성, 논리성 등의 특성을 토대로 하여 인간의 정신 활동이 바르게 이루어질 수 있도록 견제하고 조정하는 역할을 담당하고 있는 것임을 알 수 있다. 그러나 이성이 매우 소중한 인간의 능력인 것은 분명하지만 현대 사회는 도리어 이것을 역으로 활용하여 이용함으로써 수많은 문제가 야기되고 있다는 점도 함께 인식해야만 한다.

제3장

인성 영역

이제 신체와 이성을 기반으로 하여 인성에 대하여 살펴볼 수 있는 계기가 마련되었다. 만물은 각기 나름대로의 특성을 지닐 수밖에 없으므로 인간 역시 고유한 특성을 지니고 있는 바, 그것이 바로 인성이다. 이것은 인간이 숙명적으로 가지고 태어나는 것으로 누구나 여기에서 함부로 벗어날 수가 없다. 이러한 인성에 핵심적으로 잠재되어 있는 것을 덕성이라고 한다. 다시 말해, 인성은 본체의 원리이며, 덕성은 그 작용성이다. 따라서 인성은 덕성에서부터 살펴보는 것이 순서이다.

1. 덕성

1) 덕과 인격

덕(德)이란 한마디로 말해 인성에 따라 마음의 방향성과 실천성을 동시에 지니고 있는 바른 의지의 실천 성향이다. 덕은 세상 모든 존재를 마치 자신과 같이 또는 그 이상으로 소중하게 배려하는 성향이다. 덕이 크면 클수록 그에 따른 실천력이 강화되므로 덕은 먼저 바른 마음의 수양에 주의를 기울인다. 그러한 수양은 인성을 기반으로 하는 것임은 여기에 다시 언급할 필요가 없다. 먼저, 온갖 정성을 다하여 만사에 대응하고 다음으로 만물의 이치를 열심히 궁구하며 그리고 자신의 내면을 돌아보는 것은 바로 마음의 수양을 통하여 덕행으로 나가기 위함이다.

따라서 과거 우리의 선조들이 전통적으로 강조하여 왔던 충 · 효 · 예 또는 효 · 제라고 하는 실천항목들은 어린 시절부터 주위 사람들을 모두 매사에 정성으로 대함으로써 바른 마음을 배양하기 위한 주요 요소들이었다. 다시 말해, 그러한 항목의 실천을 통하여 우리 모두가 예외 없이 다른 사람들의 삶과 의미 있게 연계되어 있음을 깊이 깨우치는 전기를 마련하고자 하였던 것이다.

이러한 기본적인 마음을 토대로 학문을 연마하여 주변 사물과 현상들 속에 내재하여 있는 원리를 살펴보고 자신과의 관계를 확인함으로써 비로소 세상의 모든 이치가 하나로 연계되어 있음을 깨닫도록 한 것이다. 이렇게 되면 마음속 인성은 자연히 덕화되어 새로운 사람으로 거듭날 수 있었던 것이다. 결국 유년 시절의 제반 행동 강령들은 자신을 되돌아보고 자신을 완성해 나가는 원동력으로서 자신은 물론 국가, 부모, 주변의 여러 사람, 자연환경 등 전반에 대한 총체적 이해로 나가는 핵심적 요소였던 것이다.

우리 선조들이 지혜로움이자 자비로움을 대변하는 인(仁)이라는 것을 인성의 중심으로 생각하고 또한 인간의 본질이자 도덕의 최고선으로 생각하였던 것은 바로 이 때문이다. 흔히 주변에서 '베풀어 주신 은덕 또는 지도하여 주신 덕택으로 성공하게 되었습니다.' 라고 하는 말은 덕의 의미를 잘 나타내 주고 있다. 결국 덕은 기본적으로 관계를 떠나서는 논할 수가 없는 것임을 알 수 있다. 그러므로 덕은 인성의 출발이자 완성이다.

이러한 의미에서 볼 때, 사실 덕은 자신을 도모하려는 이기심을 사뿐히 뛰어넘을 수 있는 능력을 구비하지 못하면 거의 불가능하다. 그런데 불행하게도 특히 재능이 뛰어난 사람들이 그러한 이기심의 장벽을 넘지 못하는 경우가 적지 않게 나타나고 있다. 세간에서 흔히 재승박덕(才勝薄德)이니 재승덕(才勝德)이니 하는 말은 바로 그러한 이기심에 매몰되어 있는 인재들을 경계하는 경구이다. 즉, 개인적 재능으로 자신만의 이득만을 추구할 뿐 주변의 다른 사람들에 대한 배려를 소홀히 하는 것을 경계하는 말이다. 재(才)는 바르게 사용하면 재(材)가 되지만, 잘못 사용하면 재(災)가 되는 것임을 알아야 한다.

그리하여 흔히 다른 사람을 평가할 때 갈등 사태를 유발하는 상황이 자주 목도된다. 바로 심성은 착하나 영특하지 못한 경우와 반대로 머리는 명석한데 심성이 사악한 경우이다.

예컨대, 학교 공부는 잘하지 못했어도 지극한 효성을 지닌 사람이 있는 반면, 공부를 잘하여 일정한 사회적 성취를 이루었음에도 불구하고 부모님을 모시는 일에는 무관심한 사람이 있다.

이것은 근본적으로 지와 덕의 관계를 파악하지 못하는 것에서 기인되는 문제이다. 지식이 덕행의 초석이 되는 것은 분명하지만 단지 사이비 지식일 경우에는 사정이 달라진다. 그러므로 만일 배워 익힌 지식이 많음에도 불구하고 덕행을 외면한다면 그것은 잘못된 지식, 곧 사이비 지식을 지니고 있는 까닭이다. 다시 말해, 인간이 삶의 총체적 모습을 파악하지 못하고 오로지 자신의 편협한 사적 이익 추구에 몰두하려는 사악한 습성에 기반을 둔 지식만을 지니고 있는 까닭이다.

따라서 인간은 언제나 거대한 우주 속에서 자신의 존재가 무엇인가를 열심히 살펴보는 총체적 안목을 유지하려고 노력해야 한다. 이에 학교에서 배운다는 것은 진정 무엇인가를 자문하게 된다. 특히 오늘날 학교교육의 심각한 문제는 학생들에게 단지 학력 경쟁을 불러일으켜서 사적 이익만을 추구하는 이기적인 사람들을 양산해 내고 있는 까닭에, 오히려 인간의 심성을 파괴하고 있다는 의구심을 벗어나기 어렵다는 점에서 찾을 수 있다. 그러한 주된 이유는 학교에서 배운 재주가 단지 개인적 재주에 그칠 뿐 다른 사람들에 대한 배려와 그 이상의 헌신적 실천의 숭고한 가치를 귀하게 여기고자 하는 정신, 곧 교육의 총체적 맥락을 제대로 살피지 못하고 있기 때문이다.

그러한 이유는 인성에 관련되어 있는 용어의 혼란에서 찾아볼 수 있다. 기본적으로 인성은 절대로 가르칠 수 있는 것이 아니다. 그럼에도 불구하고 학교에서 가르칠 수 있는 것으로 생각하는 것이다. 인성은 다소 정도의 차이는 있을지언정 모든 사람이 태어나는 순간부터 그들에게 이미 주어져 있는 것이다. 인성의 문제는 인성이 없어서가 아니라 인성을 제대로 발휘하지 못하는 것에 있다. 그것은 인성이 욕구라는 장애에 가로막혀 있기 때문이다. 누구나 인성을 발휘하면서 살고 싶지만 여건이 허락되지 않고 있는 것이다. 아무리 인성이 인간에게 주어진 특성이라고 해도 자신과 만물의 관계적 의미를 파악하지 못하고 개인의 요구를 고집하는 한 인성을 발휘할 수 없는 것이다.

이러한 여건을 마련할 수 있는 유일한 길이 바로 바람직한 인격을 갖추는 일이다. 인격은 인성의 장애가 되는 욕구를 제거하여 인성이 발휘되는 길을 활짝 열어 주기 때문이다. 인격이 욕구의 천적이 되는 것이다. 인격의 요체는 자신의 정체성을 확립하고 만물의 관계적 의미를 파악하는 것에 있다.

원래 학교에서 가르치는 교과나 전공은 인간과 만물의 관계적 의미 그 자체이다. 흔히 말하는 논리나 이론 또는 원리나 법칙 등 모든 것이 그저 관계일 뿐이다. 그러므로 학교에서 본연의 임무에 충실하면 학생들은 스스로 인격을 갖추게 된다. 학교가 인격을 가르칠 수 있는 것이 아니라 학생들이 인격을 갖출 수 있도록 바탕을 마련해 주는 것이다. 그것이 학교의 역할이다. 자신의 인격 수준은 오직 자신이 학교에서 직접 배운 내용을 얼마나 올바르게 이해하고 익혀 두었는가에 따를 수밖에 없다.

그러므로 학교는 인성을 가르칠 일이 아니라 학생들이 인격을 갖추어 나가도록 지도해야 한다. 이를 위해서 학교는 학생들에게 교과나 전공을 제대로 일러 주어 자신과 주변을 정확하게 이해할 수 있는 길을 열어 주어야 한다. 그 핵심에 바로 덕이 있기 때문이다. 다시 말해, 학교는 학생들의 인격 형성을 통하여 덕을 실천할 수 있는 역량을 갖추어 주어야 하는 것이다.

교육은 단지 학생들에게 낱낱의 전공지식이나 기술을 알려 주는 작업이 아니라, 만물의 다양한 관계를 알려 주어 학생들의 덕을 길러 주어야 한다. 아무리 자신의 전공 분야에서 탁월한 재능을 발휘할 수 있는 능력이 있다고 해도 인간으로서 당연히 지녀야 할 바람직한 관계에 대한 올곧은 마음, 곧 덕을 지니고 있지 못한 사람만을 양산해 낸다면 그러한 교육은 이미 교육이 아니다.

모름지기 사람이란 한두 가지 전공지식의 습득으로 보편화할 수 있는 그러한 존재가 아니다. 전공은 더욱 철저한 학문의 정치함을 얻기 위한 하나의 방편일 뿐이지 결코 그것이 전부가 되어서는 안 된다. 이러한 의미에서 우선 교사가 진정한 선생으로서 의미를 찾으려면, 그 누구보다 전공 분야와 관련되어 있는 인접 학문은 물론 지금까지 인류가 쌓아 온 다양한 지적 재산을 열심히 탐구하여 보다 나은 학문 발전의 전기를 모색하고자 노력하는 자세를 견지해야 한다.

여기에서 이러한 노력이 성공적으로 결실을 맺었는지에 대한 성패 여부는 문제의 핵심이 되지 못한다. 중요한 것은 교사로서의 기본적 자세를 얼마나 진솔하게 갖추고 있는가 하는 점이다. 이러한 자세를 학생들에게 보여 주는 것이야말로 자신의 전공지식을 전수하는 것보다 백배 천배 더 훌륭한 교육이 아닐 수 없다.

교육의 목적은 그 어떠한 경우에도 바로 학생들의 총체적 안목을 형성해 주는 일에서 벗어날 수 없다. 이러한 의미에서 세상 모든 교사의 책무는 학생들의 바람직한 인간 형성에서 찾아야 한다. 교육에서 방편적으로 특정의 전문 교과를 지도하는 일을 피할 수는 없지만 항상 그 궁극의 지향점은 인격의 완성에 있는 것이다.

물론 누구나 완벽한 인격을 갖추는 일이 결코 쉬운 일이 아니라는 점을 감안한다면 아무리 교사라고 해도 학생들의 인격 형성에서 자유로울 수 없다. 하지만 그렇다고 해서 인격 지도를 단념해야 한다는 것 또한 옹졸한 생각일 뿐이다. 교육은 그것이 그토록 어려운 일이기에 우선 자신이 솔선하는 자세를 항상 견지하려고 의무적으로 노력해야 한다.

인간의 소중한 가치가 드러나는 것은 이처럼 인간이 어떠한 경우에도 자기를 둘러싸고 있는 현실에 결코 만족하지 않고, 언제나 자신의 한계를 극복하고 초월하고자 노력하는 의식 있는 삶의 자세를 계속 이어 나가는 모습을 나타내 보이는 경우이다. 학생들은 교사의 이러한 깨어 있는 의식을 본받아 나아갈 때만이 성숙하고 성장하게 된다. 교육에서 성취의 보람도 바로 여기에서 찾지 않으면 안 된다.

비록 서툰 가운데에서도 사제가 작은 순간이나마 삶의 궤적을 함께하면서 서로가 보다 바람직한 삶의 표준을 찾아 나서고 익혀 가는 노력을 기울이는 것은 인간이기에 무엇보다 소중하고 아름다운 모습이 아닐 수 없다. 이것은 지식을 숙지하거나 못하는 결과의 문제가 아니라 자신의 삶을 개선하기 위하여 적극적으로 노력하려 하는 것인지, 아니면 부정하고 회피하려 하는 것인지 하는 삶의 근본 자세이며 의식의 문제이다.

대다수의 많은 교사가 자신의 매너리즘에서 벗어나지 못하는 결정적 이유 중의 하나는 바로 자신의 발전 지향적인 삶을 너무나도 쉽게 포기하고 현실에 안주하려는 습성 때문이다. 이것은 자신의 삶을 무가치하게 할 뿐만 아니라 수많은 학생의 삶을 오히려 훼손시키는 일이 된다는 점을 알아야 한다.

설령 학생들에게 덕성을 심어 주는 일이 어렵고 자신의 역량이 부족함을 역력히 드러내는 상황이라고 해도, 그렇다고 해서 교사는 자신의 직무를 외면할 수는 없는 일이다. 왜냐하면 학생들은 단 한순간도 쉴 새가 없이 매 순간 자신들의 삶을 진지하게 여기며 보다 충실한 삶을 위해 준비해 나가고 있기 때문이다. 이들이 선생님들의 전공지식을 열심히 전수받으려 하는 것은 보다 사람다운 사람, 즉 반듯한 인격을 갖춘 사람이 되려고 하는 그러한 원대한 목적을 위한 극히 부분적인 일일 뿐이라는 점을 학생들이 먼저 알고 있다는 사실을 결코 잊어서는 안 된다.

따라서 교단에 서서 학생들을 지도하는 교사의 직분은 오로지 매일같이 되풀이되는 일과 속에서도 끊임없이 의무적 자기반성을 이어 나가는 것에 있는 것임을 알아야 한다. 아무리 전공지식이 뛰어나다고 할지라도 여기에서 실패한다면 그는 이미 교육자라고 할 수 없다. 그는 단지 전공지식을 전달하는 기능을 담당하는 한낱 여타 기능인에 불과하다.

옛 선비들이 외부로부터 가해지는 타율적 형벌보다는 처절한 자기반성에 따른 오직 자신 스스로의 심리적 자괴감을 가장 가혹한 형벌로 여긴 것은 결코 우연이 아니다. 이러한 자기성찰이 없는 교사는 굳이 선생님이라는 존칭을 받을 이유가 없다. 만약 자신의 덕성이 부족함을 자인하고 이것이 그토록 부담스럽게 느껴진다면 그는 학생들을 가르치는 일보다 다른 일에서 적성을 찾아야 할 것이다. 단순히 한 분야의 전공을 가르치는 일은 어느 정도의 교육을 받은 사람이라면 누구나 할 수 있는 일이기 때문이다.

이러한 점에서 우리의 선조들이 왜 그토록 충효를 몸소 실천하여 후손들을 가르쳐 왔는가 하는 점을 반드시 상기해 보아야 한다. 우리도 가능한 이러한 것을 몸소 실천함으로써 후손들이 본받아 실천할 수 있는 환경을 구축해 나가지 않으면 안 된다. 바른 인격은 우주라는 총체적 조직 내에서 관계성에 따른 자신의 정체성을 스스로 깨달음이 없이는 얻을 수가 없는 것이듯이, 덕성도 충·효·예 등과 같은 주요 항목들을 스스로 실천하여 보는 경험의 축적이 없이 불가능하다. 그러므로 가급적 어린 시절부터 자주 충·효·예 등의 생활 자세를 익혀 나가지 않으면 안 된다.

2) 인격과 관계적 삶

인간의 관계적 삶을 단적으로 가장 잘 나타내고 있는 것이 조직이다. 조직에서 무엇보다 중요한 것이 인간관계의 조화를 이루는 것이기 때문이다.

교육기관으로서의 학교도 거대한 사회조직의 일부라는 점에서 결코 예외가 될 수 없다. 그런데 모든 사회의 조직은 각기 나름대로의 목적과 그에 따른 윤리가 있다. 또한 조직의 성패는 오로지 그 구성원들의 책임의식에 따른 각자의 역할수행이 구성원들과 얼마나 조화를 이루어 내는가 하는 정도에 달려 있다고 할 수 있다. 그러므로 만약 단 한 사람이라도 조직 내에서 자신이 감당해야 할 역할을 제대로 하지 못하면 자연히 주변에 그 여파가 미치게 되고, 때로는 조직 전체에도 적지 않은 나쁜 영향을 주게 되는 것을 피할 수가 없다. 즉, 조직 내의 어느 누구도 제반 관계의 조화가 없이는 자신의 역할을 충분히 소화해 낼 수가 없는 것이 조직의 특성이다.

이러한 조직의 특성은 각 구성원에게 분명한 행동 지침을 알려 준다. 그것은 모든 조직의 문제는 각 구성원이 상호 간 걸맞은 조화를 이루지 못하는 것에서 출발하는 것이므로 그에 대한 해결은 오직 조직 내부의 조화에서 찾아야 한다는 점이다. 즉, 조직 내 제반 관계의 회복이 문제 해결의 관건이 된다. 그러므로 조직의 밖에서 이러한 문제를 해결하기에는 피할 수 없는 한계가 있다.

특히 조직의 문제를 외부에 알려서 문제 해결을 구하는 것은 그 의도가 사적 이익을 위한 것이든 아니면 공적 발전을 위한 것이든 상관 없이 매우 위험한 발상에 따른 것이 아닐 수 없다.

그럼에도 불구하고 가끔 크고 작은 조직의 문제를 외부에 폭로하여 외부의 협력을 구하는 사태가 자주 발생한다. 여기에는 자신은 역할을 잘하고 있으나 조직이 잘못하고 있다는 가정이 일차적으로 숨겨져 있다. 그러나 그러한 가정은 애당초 조직이라는 것은 주변과의 밀접한 연계가 없이 자신의 역할을 무리 없이 할 수 있는 곳이 아니라는 점을 망각하고 있다. 이러한 점에서 폭로 이전에 우선 조직 내에서 자신의 책무 수행과 그에 상응하는 상호 관계에 따른 자신의 역할을 먼저 살펴보는 것이 순서다. 그 어떠한 경우에도 모든 개인과 조직은 단독일 수 없다. 또한 개인과 조직은 보다 더 큰 개체나 조직의 부분이 되는 연계의 연속이 한없이 이어진다.

따라서 모든 조직은 단지 광활한 우주 조직의 극히 적은 일부분이다. 어떠한 조직이든 간에 조직의 역할이 원만하게 수행되기 위하여서는 일차적으로 각 부분이 각기 제 기능을 다해야 함은 자명한 논리이다. 여기에서 중요한 점은 조직 특유의 역할 창출을 위해 여러 부분이 존재한다는 점이다. 만약 각 부분이 조직을 벗어나면 개별적 존재 가치는 잃어버리게 된다. 다시 말해, 모든 각 부분은 조직이라고 하는 전체 속에서만 의미를 지닌다. 만약 조직에 어떠한 모순이 내재하고 있다면 조직의 어느 한 부분도 그 모순에서 결코 자유로울 수가 없는 것이 정연한 이치다. 따라서 부분이 조직을 부정하는 것은 본질적으로 자신의 존재 가치를 부정하는 자기모순에 다름 아니다.

뿐만 아니라 모든 조직의 생명은 특유의 역할과 기능에 따른 차별성에 달려 있다고 해도 과언이 아니다. 당연히 다른 조직과의 단순 비교가 원천적으로 불가능하다. 조직을 판단하는 기준은 오로지 그 조직의 총체적 특성일 뿐이다. 다른 조직의 잣대로 자신이 속한 조직을 평가하는 것 자체가 성립되지 않는다.

여기에서 조직의 문제와 관련하여 한 가지 더 알아 두어야 할 점이 있다. 그것은 세상의 만물과 같이 어떠한 조직도 완전한 것은 없다. 오직 신을 제외한 모든 존재는 각기 나름대로의 부족함을 갖고 있다. 하지만 이것이 오히려 각 존재와 관계의 신묘함이 나타나게 되는 원인이 된다는 점을 알지 않으면 안 된다. 다시 말해, 조직 또는 개인은 상호 간 협력을 통하여 부족함을 채워 완벽함에 이르고자 노력하는 가운데서 비로소 그 존재 가치가 나타난다.

따라서 다른 개인 또는 조직과 조화를 이루기 위해서는 먼저 대부분의 개인 또는 조직이 영리를 추구하기 때문에 다소 간의 대립은 결코 피해갈 수가 없다는 점을 먼저 분명하게 인식해야 한다. 다만, 서로가 합심하여 최선을 다하는 가운데 문제의 소지를 줄여 가는 것이 중요하다. 마치 자신만이 옳고 다른 것은 문제가 있다고 주장하는 것은 소위 치기 어린 아이의 자기중심적 행동에 불과하며, 이러한 모습은 바로 덕성의 부족함 때문이다.

우주상에서 오직 단 하나인 세상의 모든 존재는 공동 운명체일 뿐이다. 그 어떠한 경우에도 나 혼자 독자적으로 존재할 수 없으며, 나에게 손익이라고 생각되는 것도 결코 나만의 것이 될 수가 없다. 나와 네가 모두 총체적인 하나의 인타라망(因陀羅網) 속에 존재한다. 우리 인간은 마치 각자가 혼자서 스스로 자신의 일생을 살아가고 있는 것 같지만, 실제로는 고기를 잡는 그물망처럼 주변의 갖가지 존재들과 무수한 연결로 이루어져 서로 끊을 수 없는 관계 속에서 살아가고 있다. 어찌 보면 나라고 하는 존재가 개별적으로 있다고 생각하는 것 자체가 환상이다. 인간이 아무리 만물의 영장이라고 하여도 너무나도 광활한 우주 속 극히 미세한 일순간의 존재에 불과한 것이기 때문이다.

따라서 아무리 조직의 문제가 심각하다고 해도 그것은 단지 조직 자체의 건전성 문제이기 때문에 최대한으로 개선하려는 노력을 기울이는 것이 바른 도리이다. 조직의 문제를 폭로하기 전에 먼저 그것을 개선하기 위해 자신이 할 수 있는 일은 무엇인가를 더 깊이 고뇌하는 것이 구성원으로서의 바른 자세이다. 마치 영웅처럼 가끔 내부 비리를 폭로한 사람이 우리 사회의 일그러진 단면일 뿐이다.

겉으로는 조직을 위한다고 하면서 속으로는 조직의 문제를 기화로 자신의 이익과 공명심을 얻고자 하는 옹졸한 행위는 아닌지 먼저 돌아볼 필요가 있다. 조직의 잘잘못을 떠나 자신의 가벼운 행위로 혹시라도 조직의 발전에 누가 발생한다면 도저히 용서받을 수 없는 일이다. 뿐만 아니라 조직의 문제를 폭로하는 것은 곧 자신이 몸담고 있던 조직을 부정하는 것이며, 그것은 곧 자기부정인 것이다.

이러한 자기부정 경향은 특히 대학교육에서 더욱 심하게 나타난다. 분명 교육법에는 대학 본연의 교육 목적은 사회의 지도적 인격 양성임을 명시해 놓고 있다. 교육의 목적 자체가 이미 개인적인 것이 아님을 명시하고 있다. 그럼에도 불구하고 대학은 이것을 외면하고 자신의 전문적 식견만을 앞세워 오로지 편협한 전공지식 전수에만 몰두한다. 이것은 전형적으로 대학의 존재 이유 자체를 부정하는 자기부정이 아닐 수 없다.

더욱이 각 분야에서 최고의 지성을 갖추고 있다고 여겨지는 교수들 중에서도 결코 적지 않은 분들이 교육은 단지 전문 분야의 지식을 학생들에게 전수하여 주는 일이라고 여기고 있다. 뿐만 아니라 교수라고 하여 누구나 성인군자가 아닌 이상 학생들의 인격 도야에 참여하는 것이 과연 타당한 것인가 하고 반문하기까지 한다.

물론 그들도 나름대로의 인격적 문제를 안고 살아간다. 아니, 어떠한 면에서는 오히려 학생들보다 더 심각한 수준의 인격을 지니고 있는 분들도 적지 않다고 보아야 한다. 사정이 그렇다고 하여 학생들에게 오직 전문적 지식만을 가르치는 역할로서 그 소임을 다한 것으로 생각한다면 이는 커다란 착각이 아닐 수 없다. 각기 다른 전공교육을 위해서 학교가 존재하는 것이 아니라 학교를 위하여 각각의 전공교육이 있다. 학교도 엄연한 사회의 한 조직임을 절대로 잊어서는 안 된다.

아무리 전문적 지식만을 소지하고 있는 교수라 하여도 결코 학생들의 지도적 인격 양성을 피해갈 수 없다. 만약 이러저러한 구실을 빌미로 이를 회피하고자 한다면 이 역시 본체와 작용의 통합적 사태를 어느 한 가지 측면에서만 바라보는 편협한 생각이다. 이것이야말로 교수 스스로 자신이 사람됨을 포기하는 것과 다름이 없다.

이상에서 살펴본 인격과 덕성의 의미를 통하여 볼 때, 덕성은 비록 인성에서 비롯되어 인성에 부속되는 것이라 해도 그것은 인격을 통하여 실현되는 인간의 핵심으로서 덕성 없는 인격은 무의미한 것임을 알 수 있다. 또한 인격에 의한 반듯한 마음으로써의 의식과 숭고한 가치 그리고 그에 대한 신념 등은 덕성에서 매우 소중한 의미를 지닌다. 여기에 비로소 의식과 가치 그리고 신념의 문제가 대두된다. 이제 덕성에 대한 더 깊은 이해를 위하여 의식과 가치 그리고 신념에 대하여 상세히 살펴보고자 한다.

2. 의식

의식(意識)은 문자 그대로 자신의 의도를 감지하는 것으로 모든 정신의 토대가 된다. 그런데 의식의 토대는 신체가 된다. 따라서 이것은 신체의 활동과 깊이 연계되어 있다. 이를 구체적으로 살펴보면 다음과 같다.

인간은 어머니의 태내에서 수정이 이루어지는 순간부터 하나의 독립된 생명체로 자리매김을 하게 된다. 그 후 약 3개월 정도가 지나면 인간으로서의 기본 골격을 형성하고 심장박동이 시작됨으로써 뇌에도 일정한 혈액 공급이 이루어진다. 그러므로 이때부터 인간은 모종의 두뇌 활동, 곧 감각과 지각이 이루어진다. 다만, 이처럼 태내에서 이루어지는 두뇌 활동은 특정의 대상을 중심으로 인지 작용이 이루어지는 것과는 달리 거의 본능적으로 이루어지는 단순 감각과 최소한의 뇌신경으로도 가능한 초기 단계 인식일 것으로 추정된다.

일반적으로 태아와 같은 거의 무감각의 상태에서 최초로 가장 미약한 최소 수준의 감각과 지각이 가능해지는 것은 무엇보다 신체 내부 신경조직의 발달에 달려 있다. 실제로 태아에게 신체 압박 혹은 소리 등의 자극을 주면 그에 따른 반사작용을 한다는 사실은 이미 잘 알려진 사실이다. 이것은 태내에서의 감각 활동도 추후 대뇌 발달에 중요한 의미를 지니는 것으로 볼 수 있다.

이처럼 인간의 두뇌 활동은 기본적으로 자신의 신체를 보호하기 위한 목적으로 태내 발달의 초기에서부터 이루어지는 활동이다. 그러한 의미에서 자신과 관련된 문제를 해결하려는 의식이 조금씩 나타나면 두뇌에서 그 해결 방안을 모색하기 위한 사고가 이루어진다고 할 수 있다.

사고는 주로 무의식, 의식, 초자아 수준 등의 세 가지 차원에서 이루어지고 있는 것임은 이미 널리 알려져 있다. 이러한 의미에서 볼 때, 의식은 무의식과 초자아의 중간 차원에 해당하는 유형인 동시에 인식 수준의 한 형태임을 알 수 있다. 따라서 의식을 명확하게 이해하기 위해서 먼저 무의식 수준의 사고 형태를 살펴볼 필요가 있다.

1) 무의식

이미 앞서 간략하게 태아의 두뇌 활동을 살펴본 바와 같이 무의식 차원의 인식은 기본적으로 자기방어 본능에 기초한 두뇌 활동이라고 할 수 있다. 이것은 사고가 이루어진다고 하기보다는 감각자극을 단순히 해소하기 위한 자연 발생적 행동이 중심을 이루는 차원으로 생각할 수 있다.

따라서 무의식 수준의 두뇌 활동은 우선 무엇보다 감각자극의 해소라고 하는 당면 문제에 초점이 있는 것임을 유의하여 둘 필요가 있다. 그러나 문제는 감각자극이 단순히 내부의 물리적 자극에 한정되어 있지 않다는 점에 있다. 물론 태내의 발달 초기에는 오로지 그러한 내부 자극의 위험성만이 의미를 지니지만, 출생 이후에는 사정이 완전히 새롭게 전환된다. 태내와는 달리 스스로 소정의 공기와 음식을 꾸준히 공급받지 않으면 안 되는 상황이 된다. 이것은 태내에서 단지 물리적 자극에 반응하던 태아에게 엄청난 혼돈을 야기하는 자극 사태이다. 외부 자극은 물론 내부의 공복감과 같은 자극에도 분명히 반응할 수 있는 능력이 요구된다.

이러한 내·외부의 자극에 대한 반응이 처음에는 태내에서와 같이 단순 감각적 자극의 본능적 표현 수준에서 이루어지지만, 이것이 자주 반복됨에 따라서 점차 희미한 생각으로 자신의 내부에 정착되기 시작하게 되는데, 그것이 바로 기억의 발생이다. 그런데 이러한 기억 속에는 단순히 내·외부의 자극과 그에 따른 자신의 감각적 반응뿐만 아니라 연이어 자신에게 되돌아오는 주변으로부터의 반응까지 고스란히 들어앉게 된다. 때로는 만족하고, 때로는 불쾌함마저 불러일으키는 주변의 반응이 계속 이어지면서 자연스럽게 만족함을 선호하려는 경향이 나타나고 불쾌한 경우에는 배척하려는 경향이 은밀하게 기억 속에 자리 잡게 되는 바, 이것이 일차 욕구의 단초가 된다. 이것은 반사작용과 같은 원초적 반응과는 다른 것으로 자신의 의도가 일정 부분 개입되는 욕구인 것이다.

물론 일차 욕구라는 것이 특정의 대상을 추구하는 일정한 생각인 것은 분명하나 어디까지나 그것의 뿌리는 신경망 속에 내재하고 있는 기억이다. 설령 과거의 기억이 아니라도 그러한 욕구가 일정 시간 유지되어야 하는 것임은 분명하다고 할 수 있다. 다시 말해, 특정의 대상을 선호하고 회피하려는 경향이 욕구로 표출되는 것은 사실이지만, 그것은 현재의 생각이 아니라 이미 기억 속의 만족 또는 불쾌하였던 경험으로 형성된 일정한 경향성을 단지 되살려 낸 것뿐이다.

일차 욕구라는 것이 이처럼 내·외부 자극에 따른 반응의 행동양식에 달려 있기 때문에 이것은 바로 사고의 출발점이 된다는 것은 이미 앞서 밝힌 바와 같다. 그러나 여기에는 아직 사고를 위한 의식이 없기 때문에 사고로 이어지지는 못한다. 그리하여 이들에게 중요한 것은 오로지 자신의 욕구를 충족시키는 것뿐이다.

여하튼 이처럼 일차 욕구를 중심으로 무조건 욕구의 해결을 최우선적으로 도모하는 차원을 무의식이라고 할 수 있다. 이러한 무의식은 자신의 본능적 욕구를 중심으로 하여 활동이 이루어지기 때문에 능동적 인식에는 한계가 있다는 것이 특징이다.

하지만 여기에서 한 가지 중요한 점을 지적하지 않을 수 없다. 그것은 바로 전에 언급한 기억의 발아이다. 특히 영아기의 무의식은 비록 본능에 의존하는 바가 크지만 점차 성장을 이어 가면서 그것이 반복됨에 따라 자신이 스스로 욕구를 창출해 낼 수 있는 원천으로서 다소의 자율적 기억 능력을 갖추게 된다는 점이다.

이러한 **자율적 기억**의 중요한 특징의 하나는 그 뿌리는 무의식에 두고 있으나, 의식과 초자아에도 깊이 관여한다는 점이다. 그러므로 영아기의 기억 능력은 자연적으로 기억되는 내용을 단순하게 재생하는 수준에 그치지만 이후 유아의 자율적 기억 능력은 기억 내용을 스스로 통제하는 수준에 이른다. 이러한 유아의 자율적 기억 능력은 능동적 감각을 가능하게 하는 것은 물론 잠재의식의 원천이 된다는 점에서 중요한 의미가 있다. 참다운 의식은 바로 이 시점에서 형성되는 것이다.

이러한 점에서 기억은 의식 형성의 중요한 토대가 된다. 사실상 유아들이 다소 인식하기 시작하는 것은 바로 자율적 기억 능력의 형성과 직결되어 있다고 해도 과언은 아니다. 즉, 비록 무의식 속에서의 경험일지언정 그러한 기억이 쌓여 욕구를 해소하려는 의도를 불러일으키는 가운데 의식이 발아하는 것이다.

결국 무의식 수준은 단순 감각적 자극을 본능적으로 방어하는 자연 발생적 행동과 연계하여 기억을 하는 수준에 머물지만 이후 의식을 발아하는 초석이 된다는 점에서 그 의미가 있다고 할 수 있다.

2) 의식

의식은 기본적으로 감각의 능동성에서 발아하는 것임은 이미 앞서 살펴본 바와 같다. 이러한 의미에서 감각과 더불어 자율적 기억의 발아는 무엇보다 몸 속의 기본 신경계를 서로 유기적으로 연계하여 의식을 활성화하는 데 결정적 역할을 한다고 볼 수 있다. 특히 자율적 기억은 자신의 의도를 개입하여 본격적으로 의식을 가능하게 한다는 점에서 중요한 의미가 있다.

한자에서 의식(意識) 혹은 영어에서 컨시어스니스(consciousness)가 모두 자각(自覺)이 핵심적 의미라는 것은 결코 우연이라고 할 수 없다. 즉, 의식은 인식 이전에 먼저 주변의 대상에 대한 자발적인 분별 의도가 나타나는 인식의 준비 상태인 것이다.

대체로 의식의 바탕이 되는 신경계는 크게 수의신경계와 자율신경계로 구분한다. 전자는 중추신경과 말초신경으로 주로 외부 자극에 대한 의도적 통제를, 후자는 교감신경과 부교감신경으로 내부 자극에 대한 자율적 통제를 담당하는 것으로 알려져 있다.

여기에서 의식이 형성되는 것은 주로 수의신경계의 작용이 활성화되기 시작하는 단계라고 볼 수 있지만, 실제로는 자율신경계의 도움이 없이는 불가능하다. 또한 각종 신경계의 제반 활동은 총체적으로 그것을 주관하는 뇌의 주도적 활동이 없이는 불가능하다. 결국 신체 내의 모든 신경 활동은 신경계의 중추적 역할을 하는 뇌가 기본적 활동을 주도하기 시작하는 이후가 된다. 따라서 의식은 기억 활동의 증대로 신경이 더욱 활성화된 이후 두뇌 활동이 개시되는 순간으로 볼 수 있으나 엄밀하게 구분할 수 있는 것은 아니다.

이러한 의미에서 의식은 그 질적 수준에 따라 매우 어렴풋한 상태에서 고도의 치밀한 상태에 이르기까지 다양한 수준이 있다. 낮은 수준의 의식은 겨우 주변과 자신을 분리하는 정도의 자각 수준이지만, 높은 수준의 의식은 고도의 기억 능력과 다양한 정보의 활용으로 자신과 주변을 매우 치밀하게 인식할 뿐만 아니라 정밀한 사고에 따른 비판과 판단이 가능한 수준이다.

한마디로 말하여 의식은 특정 대상에 대한 뇌의 각성에 따른 차원 높은 능동적 인식과 사고의 바탕이 된다. 수준 높은 의식을 위해서는 당연히 맑고 순수한 기(氣)의 원활한 소통은 필수적이다. 여기에서 모든 인식의 바탕이 되는 의식에 자기평가에 따른 자기주도력과 원활한 정보 소통에 따른 고도의 기억 능력이 필요하다는 것은 다시 언급할 여지가 없다. 무의식의 수동적 인식과 달리 의식을 바탕으로 한 능동적 인식에서는 감각기관이 활성화되고 두뇌의 체계적 정보처리가 가능해진다.

이러한 인식은 이제 감각자료와 인식 내역을 기억에 상세하게 기록할 수 있게 함으로써 동일한 사태의 반복을 막고 어려운 과제를 해소하려는 욕구를 촉발해서 시·공간을 초월하여 지속적 사고가 진행되어 나갈 수 있도록 하는 결코 없어서는 안 될 중요한 정신 작용이다. 그러므로 만약 인식능력이 없다면 사고는 물론 감각도 할 수 없다. 인식은 어떠한 사물이나 현상을 의도적으로 감각하고 이해할 수 있게 하는 정신의 작용인 것이다. 따라서 인식능력을 상실하는 치매 현상은 인간에게 있어서 거의 치명적 사태이다.

이러한 의미에서 의식은 지향성과 명료성 등의 두 가지 특성을 지닌다. 이것을 구체적으로 살펴보면 다음과 같다.

의식은 우선 내·외부 자극에 대한 뚜렷한 지향성을 지닌다. 다시 말하면, 의식은 자아의식의 형성으로 정보 수집을 위한 대상을 주도적으로 결정한다.

예컨대, 순간 정신을 잃었던 사람이 의식이 형성되면 우선 자신을 의식하고 현재 처한 주변 상황을 먼저 지향하게 된다. 이때는 이미 신경 기능이 활성화되어 감각 기능이 어느 정도 활성화되어 있는 상태가 된다. 또한 만약 갑자기 예기치 못한 긴박한 상황에 부딪히면 의식은 주변 상황을 지향하며 순간적으로 최고 수준에 이른다. 하지만 반드시 그에 비례하여 감각 기능도 함께 고조되는 것은 아니다.

물론 일반적으로는 신체가 강건한 경우 그만큼 의식 수준이 높아져 감각이 좋아지고, 반대로 허약하면 의식 수준이 저하되어 감각 기능과 신경 활동의 부진으로 인식 결손이 불가피하게 된다. 하루 중에서 의식이 가장 고조되는 오전에는 비교적 감각이 활성화되어 최고의 각성(覺醒) 상태가 되고, 의식이 가장 저하되는 수면 중에는 감각이나 인식 역시 가장 약해져 최하의 혼미(昏迷) 상태가 되는 것은 하나의 단적인 예라고 할 수 있다. 하지만 의식이 과도하게 높은 수준으로 상승되면 오히려 감각은 저하되는 현상이 나타난다.

그런데 여기에서 의식의 한 가지 특이한 현상도 나타난다. 그것은 잠재의식 현상이다. 이것은 곧바로 실현하기 어려운 인간의 자율적 의도를 단지 기억 속에 저장하여 아예 잃어버리거나 또는 일정한 시기에 시행하려고 잠시 기억하고 있는 상태를 말한다.

화가가 되고 싶었지만 가정 형편으로 화가의 꿈을 아예 포기한 경우는 전자에 해당되며, 내일 새벽 5시에 일어나려고 생각하고 다음 날 아침에 일찍 잠을 깨는 것은 후자의 경우에 해당하는 예이다.

이들은 모두 무의식과 연계되어 있는 것은 사실이지만 실상은 의식의 잔재라고 봄이 타당하다. 이러한 현상은 의식은 기본적으로 인식의 토대가 되는 것임에도 불구하고 의식도 인식에 의하여 지대한 영향을 받는다는 사실을 나타낸다. 따라서 만약 인식의 원천이 되는 감각에 문제가 발생하면 의식에 적지 않은 손상을 불러일으키게 된다.

예컨대, 아무리 정상인이라고 하여도 어둡고 밀폐된 공간에서 시각과 청각을 동시에 활용할 수 없는 상태로 오랜 기간 생활하게 된다면, 감각 능력의 손상이 심화되는 것은 물론 정상적 의식의 회복도 거의 불가능한 상태가 된다. 이러한 현상은 장기간 인식 활동의 단절이 의식의 지향성에 손상을 주는 때문으로 파악된다.

다음으로 의식은 인식의 **명료성**을 추구한다. 이것은 정보 소통의 정도에 따른 것으로 특히 기억 능력에 많은 영향을 준다. 처음에 희미한 의식은 다소의 시간이 경과되어 제반 신경 기능이 어느 정도 원활하게 작동하면 이후 점차 그 수준에 따라 명료성이 높아지게 되며, 그만큼 일정한 대상에 대한 집중이 가능하게 된다. 이때에는 그 수준에 따른 차원 높은 정보 수집이 가능하게 된다.

그러므로 대개의 경우 의식은 먼저 그 수준을 높여 명료성을 더욱 제고하기 위한 제반 여건의 조성을 모색한다. 이를 위하여 대상에 대한 의식의 집중은 필수적 성향이다. 그밖에 감각 상황의 점검, 기억의 재생, 감각자료의 변환, 관련 자료와의 비교 등 자체 점검을 통하여 정보 소통이 원활하게 이루어질 수 있는 터전을 확보한다. 여기에 일차적으로 지각 형식에 따라 감각자료의 지속성에 관여하는 시간과 구체적 감각에 관여하는 공간 그리고 양과 질 등을 점검하게 된다. 이후 이차적으로 자료의 변환과 종합구성에 요구되는 이성의 인식 형식에 맞추어 인식에 임한다. 이러한 의미에서 이성의 작용 역시 의식의 명료성을 토대로 이루어지는 것임을 알 수 있다.

이러한 의식 수준에서는 어느 정도 욕구의 통제가 가능하다는 점이 중요한 특징이다. 자신의 욕구를 통제하는 것은 주체로서 자아를 인식하고 있다는 증거이다. 원래 인식은 우리가 환경에 적응하기 위한 수단적 작용일 뿐이다. 따라서 그러한 인식에는 기본적으로 인식 대상에 대한 평가 작용이 수반된다. 또한 그러한 평가의 준거는 오직 자신이 될 수밖에 없다. 결국 보다 명확한 인식을 위하여서는 자연히 자신의 요구에 대한 평가가 선행되어야 한다. 이를 위하여 평가 이전에 자아인식이 선행되지 않으면 안 된다.

그러므로 인간의 인식은 자신이 인식 작용을 주도하고 있으면서 동시에 인식하고 있는 자신과 내부의 인식 과정을 인식하는 능력을 지닌다. 이것은 주도적 인식능력을 지닌 주체와 인식의 대상으로써 인식의 과정과 내용을 스스로 분리하여 객관화하는 대자화(對自化) 능력에 의하여 비로소 가능하다.

이와 같은 대자화는 스스로 자신의 요구 사항을 의식할 수 있는 능력이 어느 정도 형성되어 있음을 의미한다. 다시 말해, 자신의 의지에 따른 욕구를 형성할 수 있는 정도의 자아가 선행된 이후 보다 인식이 명확하여진다.

이와 같은 의식 차원에서 가장 중요한 것은 자기비판이라고 하는 소위 반성적 사고가 이루어진다는 점이다. 이것은 자신의 생각 자체를 면밀하게 분석·검토하고 수정·보완할 수 있는 길을 열어 가는 길잡이가 된다. 자화자찬이나 반성과 후회는 이러한 의식 수준의 산물이다. 이들에게 중요한 사고의 기준은 규범과 사회제도 그리고 체면 등이다.

결국 한마디로 말해 의식이란 감각 대상에 대한 지향성과 명료성의 정도를 높여 정신의 능동적 수용 작용에 의한 인식이 이루어질 수 있도록 하는 토대임을 알 수 있다. 즉, 의식은 감각과 인식 활동의 중요한 터전이 되는 것이다.

3) 초자아

앞서 살펴본 무의식 또는 의식과 달리 초자아 차원은 조금 더 세심한 주의를 기울이지 않으면 안 된다. 이것은 인간 의식의 최고 수준으로 의식의 지향성과 명료성의 확보 수준이 가장 높게 형성된 인간의 이상적 의식 수준이다. 어찌 보면 이러한 의식 수준은 이미 일반적 의식 수준을 초월하여 있는 단계라고도 할 수 있다.

따라서 무엇보다 특징적인 것은 무의식과 의식의 두 차원에서는 오로지 자신의 욕구에 연계되어 사고가 형성되는 것에 반해, 이것은 그러한 욕구를 초월하여 사고할 수 있는 바탕을 마련한다는 점이다. 다시 말하면, 무의식과 의식 수준은 자신과의 연계를 끊임없이 추구하는 가운데 사고가 이루어지는 반면, 초자아 수준에서는 그 연결고리를 과감하게 떨쳐 버린 상태에서 사고를 진행하여 나간다.

본래 의식을 바탕으로 하는 인식은 무의식적으로나 또는 의식적으로 자기 자신과 연계됨을 피할 수 없다. 그것은 인식의 특성이 기본적으로 인식의 주체를 보호하려는 의도에서 출발하기 때문이다. 그러나 초자아 수준은 이러한 인식의 특성을 타파한다는 점에서 각별한 의미를 갖는다.

이러한 인식이 가능한 것은 인간의 자아의식의 확대 경향에 따른 것이다. 인간은 처음 자아의식을 갖게 되면서 한동안 자기중심적인 주관적 인식을 피할 수가 없다. 그러나 점차 그러한 인식의 문제가 노정되면서 이제는 객관적 인식의 가능성이 발아하게 된다. 과거 부분적이고 일시적인 시각에서 벗어나 보다 총체적이고 장기적인 안목이 형성되어 간다. 이러한 현상은 자신의 자그마한 신체에서 얻어지는 감각적 실체가 주변의 제반 여건과 상호 연계되어 있는 것임을 깨닫는 이후가 된다. 그 이후로는 지금까지 추호도 의심 없이 스스로 자신을 다른 그 어느 것과도 절대 대체할 수 없는 실체라고 여겨왔던 오류를 개선하고 끊임없이 주변과의 연계를 통하여 자신을 인식하고자 한다. 이것은 진정한 자아에 대한 깊은 성찰이 없이는 도저히 불가능하다. 곧, 자아 확대의 출발이 된다.

그러므로 무의식 수준에서 어느 정도 의식 수준에 이르기까지는 주로 일정한 발달에 의존하여 이루어지지만, 의식 수준에서 초자아 수준에 이르는 것은 자아 확대에 대한 자신의 적극적인 노력이 없이는 불가능하다. 초자아 수준의 인식은 기본적으로 오랜 기간 자아 확대의 경험이 축적되어야 하기 때문이다. 이러한 경험의 축적은 자타의 구분이 무너지는 무아의 경지에까지 나간다. 이 수준에서는 인식의 패턴이 기존의 의식 수준과는 완연히 다를 수밖에 없다. 어떠한 의미에서 아예 변별 의식이 소멸되어 인식 자체가 무의미한 것으로까지 연결되는 수준에 이른다고 할 수 있다.

왜냐하면 인식은 주체와 객체의 구분이 전제되어야 하지만 이 단계에서는 이미 인식에 따른 주체와 객체의 분리라는 의미가 사라지기 때문이다. 이러한 수준의 정신 상태가 헤겔(Hegel, 1770~1831)이 말하는 소위 절대정신이다. 우리가 흔히 '의식이 있는 사람이다.'라고 하는 것은 바로 이 절대정신과 연계되어 있는 것임을 알아야 한다.

따라서 초자아는 만물이 조화를 이루어 하나로 통합될 수 있도록 끊임없이 드높은 이상을 향하여 꿈과 희망을 펼쳐 나아가는 단계의 인식 수준이다. 이 수준에서 사고의 중요한 기준은 무엇보다 우주와 자연의 질서가 잘 유지되는 것이다. 그 어떠한 생각에서도 개인적 행복과 즐거움 등은 찾아볼 수가 없다. 자아라는 의미가 개입될 여지가 없기 때문이다. 오직 있는 그대로의 양심에 따르고 하늘의 뜻을 따를 뿐이다. 여기에서는 도덕적 가치마저 그 의미를 잃게 된다.

이것은 이들의 판단이 전적으로 궁극적 가치나 이념을 지향하기 때문이다. 가치에 대하여는 바로 다음 절에서 자세하게 논의할 예정이므로 여기에서는 다만 가치는 자연현상과 깊이 연계되어 있는 것으로 이념의 바탕이 되는 것이라는 점만 밝혀 두고자 한다. 따라서 무의식이나 의식은 자신이 모든 판단의 중심에 있는 것이라면, 초자아는 가치의 궁극적 표상이 중심에 있다는 점에서 차이가 있다.

이러한 의식 수준에서 비로소 자연의 본래 모습을 인식하게 된다고 할 수 있다. 하지만 불행하게도 많은 사람이 이러한 사고의 수준에 진입하는 데 적지 않은 어려움을 겪고 있다는 사실은 부정할 수가 없다. 아마도 대부분의 사람은 이러한 수준의 경계가 있음을 상상하기조차 어렵다고 하는 것이 오히려 더 정확한 표현일지도 모른다. 그러나 중요한 것은 인간은 누구나 천부적으로 이러한 수준의 의식에 이를 수 있는 가능성을 지니고 있다는 사실을 잊지 말아야 한다.

이상으로 무의식, 의식, 초자아의 경계를 살펴봄으로써 의식의 의미를 찾고자 하였다. 앞서 살펴본 바에 따르면 의식은 분명 정신의 작용에 따른 일정한 수준의 준비 상태이다. 그것은 주로 인식의 토대가 되며, 사고의 터전을 마련한다. 그리고 의식의 최고 수준인 절대정신은 다음에 논의될 가치와 깊은 연계가 되어 있다는 점에서 중요한 의미를 지닌다.

3. 가치

인간은 자연에 따라 삶을 이어 간다는 점에서 다른 생명체와 근본적 차이가 없다. 원론적으로만 보면 의외로 간단하다. 그저 잠시 신체를 부여받아 세상에 머물다가 때가 되면 저절로 스러지는 그런 존재이기 때문이다. 이러한 의미에서 인간도 역시 지극히 자연 그 자체이며, 좀처럼 다른 의미를 살펴볼 틈조차 없다. 그런데 세상의 다른 존재물들과 달리 인간은 우수한 정신적 능력을 바탕으로 스스로 자신의 존재를 묻는 소위 자기반성적 존재이다. 이 점이 바로 인간에게 있어 삶의 문제 중 하나인 가치를 야기토록 한다.

만약 인간도 다른 존재물들과 같이 자신이 존재한다는 사실을 인식하지 못한다면, 단순히 먹고 마시고 잠자고 하면서 살다가 생을 마감하면 그만인 그런 삶이 될 것이다. 그런데 인간은 항상 자신의 존재 한계를 의식하고 그 이전에 자신이 감당해야 할 사명을 완수해야 한다는 강박의식에 사로잡혀 살고 있다. 그렇다고 실제로 인간이 특별히 감당해야 할 사명이 있는 것도 아니다. 하지만 그러한 생각에서 절대로 벗어나지 못하는 그런 서글픈 존재가 인간이다.

이처럼 인간이 다른 존재들과 달리 강박의식 속에서 불안한 삶을 이어 갈 수밖에 없는 근본적 원인은 물론 인간의 정신력 때문이며, 이것은 그 신체의 물질적 구성이 여타 생명체에 비하여 매우 정밀하다는 점에 기인한다.

물론 자연적 관점에서 볼 때 정신은 당연히 신체의 부속물일 뿐이다. 분명히 신체의 구성이 정신의 생성에 시간적으로 앞선다. 이것은 틀림이 없는 감각적 사실이다. 그러므로 만약 신체가 소멸된다면 정신 역시 아무런 의미를 지니지 못하는 것임을 알 수 있다. 그런데 여기에 하나의 역설이 등장한다. 신체가 정신을 구속하는 것이 아니라 정신이 신체를 지배하는 것이 바로 그것이다. 이 점이 바로 인간 이해의 핵심이 된다는 점을 유념해 둘 필요가 있다.

단순하게 정신에 신체가 부속된다는 것만 인정되는 것이 아니라 오히려 정신에 신체가 부속되므로 비로소 정신의 의미를 부각시킬 수 있는 계기가 된다는 논리에 관심을 기울일 필요가 있다. 다시 말해, 신체는 정신을 잉태함으로써 자신의 명운을 보다 안정적으로 관리할 수 있는 기틀을 마련한다. 즉, 신체는 만약의 사태를 위해 정신이라는 확실한 담보물을 갖고 있다. 이것은 역으로 정신을 담보로 하지 못하는 신체는 존재 자체가 어렵다는 것을 의미한다. 그런데 이러한 사실은 반드시 인간에게만 적용되는 것은 아니다. 정도의 차이가 있는 것은 분명하지만 그것은 모든 생명체에서 어렵지 않게 가늠해 볼 수 있는 사실 중의 하나이다.

이러한 의미를 다소 확대 해석하자면 대자연의 우주를 가득 채우고 있는 물체는 에너지인 동시에 정신이며, 정신인 동시에 물체가 되는 것임을 알 수 있다. 만약 어떠한 실체도 그것의 변화를 담보하고 있는 기(氣)의 자연성, 즉 정신을 떠나 실체 단독으로서만 존재할 수가 없다고 한다면, 기(氣)의 자연성 역시 실체를 떠나 단독으로 존재할 수가 없다고 보는 것이 타당하다.

그러나 이와 같이 물체와 정신의 근원은 비록 동일하지만 그 성격은 분명한 차이를 지닌다. 가치는 바로 이 점에서 발아한다. 개략적으로 말하여 정신은 물체의 변화 원리와 같은 성격을 지니는 것으로 일차적으로 시·공간의 제약을 벗어나 있는 불변의 그 무엇이다. 하지만 물체는 취합과 이산, 생성과 사멸의 변화를 나타내는 시·공간의 제약적 실체이다. 한마디로 말해 정신은 비록 실체는 없으나 항구 불변의 원리를 담고 있으며, 물체는 비교적 짧은 한순간에만 존재하지만 분명 부정하기 어려운 감각적 실체이다. 이와 같은 사실은 인간의 삶 속에서 항상 크고 작은 문제를 불러일으키는 원인이 된다. 인간의 정신과 신체가 확연히 분리되어 대립되는 상황이 나타난다.

예컨대, 곡학아세(曲學阿世)는 하나의 대표적 사례이다. 양심을 버리고서라도 권력자에게 아첨하여 출세를 도모할 것인가, 아니면 비록 낮은 지위라도 떳떳하게 자신을 지킬 것인가 하는 대립적 상황이 연출된다.

이러한 대립은 기본적으로 시·공간의 제약이 없는 정신[理]과 시·공간의 제약을 지닌 실체[實] 간의 넘을 수 없는 괴리가 있음으로 해서 나타나는 현상이다. 이것은 여타 생명체와 달리 인간은 언제나 자신의 신체가 물체로서 지니고 있는 시·공간의 한계를 넘어서려는 정신의 추구를 끊임없이 작동시키고 있음을 나타낸다.

본래 신체는 근원적으로 죽음과 끊임없이 대치하면서 변화를 겪어 나갈 수밖에 없기 때문에 단순히 그에 따른 에너지의 보충을 꾸준히 하여 나가면 된다고 할 수 있다. 하지만 정신은 항상 자신의 신체적 생존 한계를 뛰어넘으려는 강한 성향을 드러낸다. 이러한 특성은 생에 대한 인간의 강한 집착에서 출발하는 것이라고 해도 과언은 아니다.

정신의 이러한 초월에 대한 집착 성향은 신체 보호라고 하는 자신의 일차적 책무보다는 언제나 신체의 보다 더 효율적 생존 방안을 찾아 나선다. 바로 이

때 의식 대상들에 대한 비교의식이 발생하고 이를 위하여 각 대상의 본질, 특성, 속성, 속성 간의 조화, 질과 양 등을 살펴보게 된다. 즉, 비교를 위한 일차적 자료 수집이 진행된다. 평가는 이러한 자료를 바탕으로 비교하는 과정이다. 그런데 문제는 평가가 단순한 비교만으로 이루어지는 것이 아니라는 점이다. 평가에는 항상 비교의 중심이 되는 근거가 발생하며, 이것은 개인의 성향과 상황에 따라 다르게 나타난다는 점이다. 여기에서 가치 발생의 단초를 발견하게 된다.

예컨대, 시장에서 사과를 사려고 할 때에도 보다 좋은 것을 고르게 된다. 나름대로 평가를 한다. 값이 저렴한 것, 당도가 높은 것, 신선도가 좋은 것, 가급적 크기가 큰 것 등 다양한 기준을 생각해 볼 수 있다.

이러한 기준들 중에서 어떠한 기준에 더 중점을 두는가 하는 것은 각자의 의도와 목적에 따른 가치판단이다. 만약 조금이라도 그러한 방안에 근접하면 우리는 그것을 '좋음'이라고 하는 가치로 판단을 한다. 그러므로 인간의 욕구와 가치로서의 좋음은 상호 불가분의 관계를 갖는 것은 분명한 사실이다. 즉, 평가는 가치 발생의 근거가 된다.

따라서 평가는 목적의식이 분명할수록, 인식능력이 높을수록, 객관적 사고능력을 지닐수록 정확하게 이루어질 가능성을 지닌다. 여기에서 객관적 사고는 특히 중요한 의미를 지닌다. 동일 사안에 따른 일관된 가치판단 기준의 필요성이 제기되기 때문이다. 이러한 객관적 타당성을 지닌 판단 기준을 평가 준거라고 한다.

가치는 비록 각자의 주관적 욕구 상황에서 발아하지만 어느 정도 본래의 궤도에 들어서면 그때는 이미 객관적 평가만이 의미를 지니기 때문에 결코 개인의 독점물이 될 수 있는 것이 아니다. 다시 말해, 가치는 기본적으로 신체가 지닌 시·공간의 제약을 넘어서려는 속성을 지닌 것이기에 객관성이 결여된 주관적 평가에 따른 가치는 단순히 자아도취 현상일 뿐이다.

따라서 가치 평가에서 소중한 것은 무엇보다 객관적 타당성의 확보이다. 그러므로 어느 한편으로 편중되지 않은 객관성을 확보하지 못한 평가 준거는 평가의 의미가 무산된다. 소위 평가(評價, evaluation)라는 개념에서 가치를 밖으로 이끌어 낸다는 것은 기본적으로 객관적 평가 준거를 결정하는 일이 중심이 되기 때문이다.

하지만 주관적 가치판단은 물론 객관적 가치판단의 기준 역시 무한으로 이어지는 절대의 특성이 있다. 이것은 가치로서의 좋음을 상대적으로 기만하는 현상으로 이어져 결국 가치의 부정이 나타나게 된다. 이러한 자기부정은 가치라는 것이 이미 그 자체가 상대적 비교를 전제로 하고 성립되는 개념이기 때문이다.

흔히 절대 가치라는 개념을 사용하는 것은 이러한 평가 준거의 궁극적 표준에 정확하게 합치하는 경우에 한하는 것이나 기본적으로는 가치 평가를 부정하는 모순 개념이라고도 할 수 있다. 왜냐하면 평가 준거에 대한 객관적 타당성을 확보하기 위해서는 필연적으로 또 다른 준거를 요구할 뿐만 아니라 설령 그것을 마련한다고 해도 비교 불가능의 절대(絶對, absolute)라는 준거는 이미 그와 다른 평가 대상의 존재를 부정하는 것이 되기 때문이다. 이러한 사정으로 인하여 현실적으로 어느 정도 일정 수준의 타당성을 확보하면 그대로 평가를 진행하게 된다.

이러한 의미에서 인간을 평가하는 경우 객관적으로 비교적 소중한 의미를 지닌 평가 준거 중의 하나로 자제력과 극기력을 지적하고 있는 것에 대체로 이의가 없다.

우선 자제력은 다수의 사람이 오로지 신체적 쾌락을 위해서 무비판적으로 감각적 자극을 계속 추구하여 나가는 경향을 스스로 제어하는 능력이기 때문에 인정되는 준거이다. 이것의 도움이 없으면 과욕에 따른 파국을 자초하게 되는 것은 막을 수가 없기 때문이다.

또한 극기력은 제반 욕구의 추구가 현실적으로 한없이 제약될 때 필연적으로 나타나는 한계 상황에 매몰되어 자칫 삶의 의미를 잃고 방황하는 상황을 스스로 극복해 낼 수 있는 능력이기 때문에 인정되는 준거이다. 이 역시 한계 상황에 따른 파국을 막는 방파제 역할을 감당한다. 즉, 누구든지 전자가 부족하면 자멸에 이르게 되며, 후자가 부족하면 진정한 삶의 의미를 깨닫지 못하게 된다.

특히 자제력은 인격 형성의 중요한 기초가 되고, 추후 논의가 될 신념과도 깊은 관계가 있으며, 극기력은 기본적으로 사고의 유연성에서 비롯되고, 개방적 사고와 연계되어 있는 것임을 알아야 한다. 이처럼 즐거움이나 기쁨을 과도하게 추구하려는 성향을 억제하는 자제력과 어려움이나 괴로움을 불굴의 의지로 이겨 내는 극기력이 모두 삶에 있어서 무엇보다 중요한 의미를 지니는 것은 어느 한 개인에게 국한되어 있는 사사로운 문제가 아니기 때문이다.

여기에서 평가와 관련하여 반드시 짚고 넘어가야 할 한 가지 중요한 점이 있다. 그것은 평가 준거로서의 소중한 가치는 가치 발아의 근원이 되는 욕구와 직접적 관련이 없다는 점이다. 많은 사람은 가치를 단지 욕구 충족의 기준으로 인식하려 하지만 이것은 가치와 가치 현상의 혼돈에 따른 잘못이다.

예컨대, 추위로부터 몸을 보호하기 위해 옷을 입는 경우, 신체적 쾌적함 또는 따뜻함 등이 직접적인 감각적 체험으로 우리에게 밀접하게 다가온다. 이때, 그러한 체험에 따른 좋음은 물론 가치판단이다. 다만, 여기에서 주의할 점은 가치판단으로서의 좋음과 감각적 사실로서의 쾌적함과 따뜻함은 명확하게 구분해야 한다는 점이다. 즉, 전자는 오로지 정신적 현상으로 사고의 대상이 되며, 후자는 단지 일정한 자극에 따른 신체의 생생한 감각적 경험이다. 즉, 가치와 경험은 서로 다른 것일 수밖에 없다.

여기에서 앞서 언급한 바 있는 제5차 인식과 관련하여 가치의 한 가지 중요한 특성을 확인해 볼 수 있다. 가치는 사고의 대상이 될 수 있기는 하지만 인식의 대상이 되는 것은 아니라는 점이다. 이미 앞서 살펴본 바와 같이 인식은 기본적으로 내·외부 자극에 따른 이성의 조작 활동이 중심을 이루고 있다. 하지만 가치의 경우에는 그러한 인식을 위한 원초적인 자극적 요소를 찾을 수 없다. 다시 말해, 가치에서는 오로지 좋음이라는 추상적 의미 이외에는 어떠한 의미소도 찾을 수 없다. 우리가 흔히 가치 있는 것으로 여기는 출세, 성공, 명예, 재물 등은 가치의 의미소가 되는 것이 아니라 인간에게 신체의 만족과 정신의 기쁨을 유발할 수 있는 실제의 상황이나 조건에 해당될 뿐이다. 이것이 바로 가치와 그 관련 사항을 구분할 수밖에 없는 이유이다.

따라서 사람들이 가장 손쉽게 추구할 수 있는 체험 중의 하나가 쾌락이라고 해서 그것이 가치가 될 수 있는 것은 아니다. 생각하기에 따라서 쾌락을 혐오하는 경우도 적지 않으며, 체험으로써의 쾌락은 단지 다양한 감각의 한 형태일 뿐이다. 다만, 이와 같은 쾌락이나 기쁨은 본질적 특성상 만족에 따른 강도를 지니게 되며, 이것은 인간이 궁극적인 좋음, 옳음, 아름다움, 성스러움 등의 가치에 대한 갈구라고 하는 새로운 욕망을 자아내는 원인이 되는 것에 불과하다.

일반적으로 말하여 가치란 오로지 물[物]적 한계를 넘어선 정신[神]의 초월적 욕망의 문제이다. 이 점은 바로 가치 갈등의 원인을 제공하는 단서가 된다. 물질을 넘어선 정신의 선택 그 자체는 이상적이지만, 물질은 자체 한계로 항상 정신이 추구하는 이상적 가치에 근접하기 어렵다는 딜레마가 숨겨져 있다.

예를 들어, 이른바 뇌물을 받지 않는 것이 정신의 바람직한 선택인 것은 분명하지만 현실적으로 신체의 한계에 따른 물질적 요구를 과감하게 떨쳐 버리지 못하는 것이 바로 그것이다. 이러한 경우 신체를 위해서 정신의 초월적 욕망으로서의 가치를 희생하는 값진 대가를 지불해야 한다.

그러므로 대체로 가치를 논하는 단 한 가지 기본 원칙은 정신적 요구로 향하는 선택일수록 높은 가치를 지니며, 물질적 요구로 향하는 선택일수록 낮은 가치를 지니게 된다는 점이다. 우리의 삶 속에서 가치가 소중한 것은 신체의 물질적 부족함을 극복하고, 더욱더 맑은 정신을 추구하려는 성향 때문이다. 한정된 자아인 소아(小我)를 고집하는 신체의 요구를 넘어서서 무한의 대아(大我)를 추구하는 경향 역시 가치판단의 개입이 없이는 불가능한 문제이다. 이와 같이 정신의 무한이 신체의 한정을 극복할 때 비로소 진정한 가치가 발생한다.

신체는 자신의 생리적 안정을 도모함이 우선이 된다. 하지만 정신은 자신을 구속하고 있는 신체, 즉 소아를 벗어나 광활한 우주, 대아의 광대무변한 정신을 꿈꾼다. 이러한 정신은 신체가 주는 구속을 벗어나 자유로운 정신 활동의 무대를 꿈꾼다.

예컨대, 소아가 개인의 이익과 쾌락을 추구하는 것에 반해, 대아는 대자연과 하나가 되어 그 생성과 소멸에 동참하려 한다. 이러한 정신의 바탕에 덕성이 내재되어 있어야 하는 것임은 다시 언급할 필요가 없다.

보편적으로 대아가 추구하는 것은 흔히 진(眞), 선(善), 미(美), 성(聖) 등의 궁극적 가치이다. 진은 시·공간을 초월하는 판단의 준거로서 가치를 나타내며, 선은 이치의 순탄한 작용을 나타내며, 미는 가치의 바람직한 구현을 의미하며, 성은 광대무변하고 신비하여 불가사의한 가치의 특성을 나타내는 것으로 결국 대아는 이러한 자신의 활동 무대를 드러냄으로써 그 자격을 획득한다.

이러한 의미에서 볼 때, 가치란 단지 모든 생명과 만물에 자연의 이치가 적용되는 정도인 것임을 알 수 있다. 만물의 현상이 이치에 다가설수록 높은 가치[理想]를 지니며, 이것에서 멀어질수록 낮은 가치[現實]를 지닌다. 다시 말하여, 만물은 각각 자연 그대로의 모습을 간직할 때 가장 이상적 가치를 드러내는 것임을 알 수 있다. 그러므로 우리 모두가 만물의 삶을 도모하되 그것이 자연이 일러 주는 섭리에 조금이라도 어긋남이 없도록 관심을 기울이고 노력해 나가야 한다.

실상 우리가 일상생활 속에서 하는 모든 판단의 중심에는 각자의 욕구에 따라 이러한 가치 준거가 내재한다. 그러므로 사람마다 각기 다른 가치체계를 지닌다. 어느 것이 올바른 것인가 하는 것은 전적으로 자신의 가치판단에 따를 뿐이다. 하지만 중요한 것은 그러한 가치체계의 최고 정점에 각자의 이념이 자리 잡고 있으며, 이러한 이념의 표상은 이미 일정한 합의가 이루어져 모두가 인정하는 숭고한 이념으로 정착되어 있다는 점을 인식할 필요가 있다.

그렇다면 인간의 이상적인 모습은 과연 무엇인가. 그것은 바로 숭고한 이념의 표상을 좇아서 인간이 우주 자연과 하나가 된다고 하는 것이다. 그것은 소아로서 자신을 고집하는 것인가, 아니면 대아로서 정신을 추구하는 것인가와 연계되어 있다. 세계의 스승인 소크라테스(Socrates, BC. 470~399)는 이 점을 명확하게 밝히고 있다. 그는 신체의 욕구를 억제할 수 있는 영혼의 정화가 가능할 때만이 참다운 인간의 삶이 나타난다는 것이다.

이러한 의미에서 볼 때, 그는 신체의 구속을 벗어나 하염없이 대아의 얼과 넋을 찾아 나선 용감한 방랑자이며, 그것을 증명하기 위하여 죽음까지 자청하면서 드높은 가치가 무엇인가를 보여 주었던 것임을 알 수 있다. 이제 대아의 정신이 신체 이전에 있는 것인가 아닌가 하는 것은 별다른 의미가 없게 되었다. 그것은 오직 자신의 신념에 따르는 문제이기 때문이다.

자신의 진정한 모습은 오직 독자 여러분 자신만이 알아볼 수 있지만 여기에는 자신의 신념을 점검하는 일이 선행되지 않으면 안 된다.

4. 신념

신념은 다양한 유형의 가치가 서로 관계를 형성하고 있는 가치체계와 깊이 연계되어 확립된 일종의 개인적 견해이다. 대부분의 사람이 주로 자신의 개인적 이익을 추구하는 하나의 방편으로 가치를 활용하고 있는 것은 숨길 수 없는 사실이지만, 적어도 신념 수준에서의 가치 추구는 그러한 소아적 발상을 넘어서지 않으면 안 된다.

그리하여 이미 앞 절에서 인간이 가치를 추구하는 진정한 의미는 덕성을 바탕으로 한 대아의 정신적 성향임을 확인한 바 있다. 그러나 그러한 가치 추구가 말 그대로 진정한 의미를 갖는 것은 실제로 일상생활 속에서 행동으로 연결되는 경우에 한정된다. 왜냐하면 가치 인식과 가치 행위 사이에는 적지 않은 괴리가 놓여 있기 때문이다. 구체적으로 말해, 가치 인식이 아무리 뚜렷할지라도 조금이라도 사욕이 개입되어 그것을 지배하는 순간 가치체계는 와해된다.

신념은 이러한 문제를 해결하는 토대가 된다. 신념이란 특정의 바람직한 가치에 연계된 자신의 굳건한 생각이다. 그러한 생각은 적어도 궁극적 가치의 불변성과 영원성을 전제로 한다.

그러나 인간은 언제나 일상적으로 예측 불허의 변화가 이루어지고 있는 사회 환경 속에서 살아가면서 그처럼 변함없는 신념을 견지해 나간다는 것이 어떤 의미에서 무리가 아닐 수 없다. 다시 말해, 인간의 사회 적응에 필요한 사적 욕구를 배제하고 오로지 특정의 가치에 대한 신념을 실행에 옮기기를 바란다는 것은 거의 불가능한 일에 가깝기 때문이다.

사실 가치 추구를 위한 이성의 활동이 무리 없이 진행되고 있는 것은 적어도 그것이 인간의 신체가 지닌 생명력을 보장한다고 판단되는 경우에 한한다. 그리하여 인간은 기본적으로 이성의 능력을 활용하지만, 우리는 가끔 아니 자주 사적 요구로 인하여 그 능력을 슬그머니 외면하려 하는 성향을 지니고 있는 것도 또한 숨길 수 없는 사실이다.

소위 인간은 누구나 자신의 신체적 생명을 유지해 나가는 일이 무엇보다 소중한 것이기에 그에 따른 물질적 이해관계를 초월하는 것은 결코 쉬운 일이 아니기 때문이다. 이와 같은 인간의 일반적 습성은 때로는 생활 속에서 배신과 불신도 마다하지 않고 개인적 이익의 추구에 골몰하는 현상을 연출하기도 한다. 그런데 여기에서 한 가지 기이한 현상은 대부분의 사람이 스스로 행한 불신과 배신은 쉽게 합리화하면서도 다른 사람의 그것은 철저하게 응징하려는 이중적 태도를 지닌다는 것이다. 철저하게 자기중심적 사고를 고집한다.

신념이 빛을 발하는 것은 바로 이러한 자기중심적 사고에 따른 결함을 철저한 자기 절제로 물질적 이해를 뛰어넘어 바로 설 수 있다는 점에서 비롯된다. 이처럼 부단한 자기 연마를 통하여 일정한 경지에 이른 대부분의 사람은 대아의 정신세계를 추구하는 일 자체를 포기하려 하지 않기에 나름대로의 굳은 생각을 지니고 그것을 실천하고자 노력한다. 이러한 의미에서 신념은 곧 시·공간을 초월하는 의미의 일관성과 관계의 정당성을 확보할 수 있는 여건을 조성한다. 다시 말해, 신념은 물질적 이해에 따른 자기 합리화와 자기모순을 초월하여 더 높은 사고의 지평을 마련한다.

그럼에도 불구하고 신념은 기본적으로 개인적 견해이기 때문에 자기모순을 넘어서는 것에는 개인의 개념체계에 따른 다소의 한계가 내재한다는 점에서 이념과는 다소의 차이가 있다.

이제 여기에서 신념 형성의 토대가 되는 요인으로써 자기중심적 사고를 넘

어서는 개방적 사고와 한없는 욕구의 추구를 통제하는 자기 절제 등을 살펴보고
자 한다.

1) 신념의 형성

(1) 개방적 사고

올바른 가치 지향을 위하여 무엇보다 중요한 것은 가급적 모든 판단은 폐쇄
적인 자기중심적 사고를 벗어나 개방적 사고를 해야 한다는 점이다. 이를 위하
여 우선 역지사지(易地思之)의 생각을 기반으로 하여 다양한 측면을 고려한 후,
그 결과를 비교해 보는 과정을 통하여 사고의 폭을 넓혀 가는 것이 중요하다.
또한 아무리 면밀하게 검토한 사항이라고 할지라도 언제나 부족함이 있을 가
능성이 있다는 관점에서 항상 다른 이들의 다양한 생각을 긍정적으로 받아들
이려는 개방적 자세를 견지하여야 한다. 여기에는 아무리 작은 것이라도 자신
에 대한 비판적 의견을 성실하게 받아들이는 수용적 태도는 물론 스스로 자신
을 비판하려는 자기반성적 태도가 필수적인 것이 된다.

이러한 태도는 자신의 생각을 살찌우게 될 뿐만 아니라 점차 다른 사람들과
사고의 공유 영역을 확대시키고 나아가 올바른 가치관의 형성을 돕는 계기가
마련된다. 즉, 개방적 사고를 통한 이러한 공감대의 형성 경험은 일정한 가치
지향에 대한 타당성을 확인하게 됨으로써 결국 바람직한 가치관 형성에 커다
란 도움을 얻을 수 있다.

또한 개방적 사고의 결과를 항상 실행과 연계하여 경험을 축적하여 나가는
것이 중요하다. 아무리 확고한 가치 지향 의지를 지니고 있다고 해도 그것이
곧바로 실행으로 이어지기는 어려운 것이 현실이다. 대개 현실의 문제 상황은
다양한 이해가 서로 연계되어 특정 가치와 연계된 자신의 생각대로 적용이 어
려운 측면이 있으며, 설령 단순한 문제 사태에서도 현실적으로 자신의 막대한
손해가 예견되는 경우에 쉽게 실행하기 어려운 측면이 있기 때문이다. 다른 사
람들의 이목 때문에 마지못하여 실행에 옮기는 것은 신념이 아니라 의미 없는

자기기만에 그칠 뿐이다. 그러므로 진정으로 바람직한 신념의 실행은 그에 상응하는 가치 지향 의지와 상당 기간의 상호 검증 과정을 통해 자신에게 내재화됨으로써 비로소 가능하다.

(2) 자기 절제

다음은 자기 절제가 엄격해야 한다는 점이다. 이것은 세상의 모든 사람이 한결같이 소중하게 여겨야 하는 철칙임에도 불구하고 가장 등한시되고 있는 사안 중의 하나라고 할 수 있다. 자기 절제가 잘 이루어지지 않는 것은 대체로 자신의 욕구를 우선적으로 추구하여 만족을 얻으려는 성향에 대부분 묻혀 버리기 때문이다. 다시 말해, 정신의 신체 제어 능력이 기본적으로 신체의 욕구 추구 의지를 넘어서지 못하기 때문이다. 이러한 원인의 한가운데 있는 것이 자신만의 고유한 정체의식이 부족하다는 것이다.

좀 더 구체적으로 말해, 자기 절제는 자신의 맑은 정신으로 스스로 자기 한계를 통찰하고 신체를 통제하는 것으로서 오로지 양심과 이성에 의한 냉철한 판단에 복종하여 신체가 요구하는 의욕의 거센 파도를 잠재우는 것을 의미한다. 그러나 우리의 일상적 문제는 대개의 경우 양심과 이성에 따른 자신의 분수를 망각하고 오직 신체의 욕심과 감성에 더 강요당한다는 사실이다.

뿐만 아니라 이미 앞서 살펴본 바와 같이 신체가 지닌 강한 생명력은 한층 더 강한 욕구를 불러일으킨다. 이에 일상생활 속 수많은 경험은 바른 양심과 이성의 활용이 오히려 자신에게 더욱 신체적 어려움을 제공한다는 점을 자연스럽게 알려 주어 결국 이를 은근히 회피하려는 경향마저 부추긴다. 당연히 자기 절제가 어려울 수밖에 없다.

예컨대, 소위 공직자들의 지위를 이용한 뇌물수수 또는 한발 더 나아가 상대적으로 우월적 지위를 남용한 착취 등은 대표적 사례이다. 원칙대로 하여 어렵게 사는 것보다 다소 양심과 이성의 판단에는 어긋나더라도 현실적 이익을 택하려 한다. 올바른 자기 절제에 대한 의미를 다시 한 번 일깨워 주는 대목이 아닐 수 없다.

이러한 사례는 신체의 감각적 한계 그리고 정신의 가치 추구와 현실적 상황 간의 필연적 괴리가 있음을 직시하고, 정신의 신체 제어가 의무적으로 요구되는 것임을 은연중 우리에게 알려 준다. 그 어떠한 경우에도 자기 절제는 선택 사항이 아닌 필수 사항임을 인식하고 온몸을 다하여 더욱 열정적으로 실천에 앞장서 노력해 나가야 한다. 따라서 분명한 것은 올곧은 신념이 형성되어 있는 사람만이 반듯한 인격을 소유할 수 있으며, 이에 따라 자기 절제의 어려움을 극복할 수 있다. 또한 그러한 사람만이 삶의 진정한 의미를 깨달을 수 있으며, 다른 이의 문제에도 열린 마음으로 다가설 수 있는 자격을 획득한다.

그러나 오늘날의 우리 사회는 무한 경쟁이 계속 가열되어 감으로써 점차 사람들의 인성이 파괴되어 가고 있음에도 불구하고 인격의 형성에 따른 기본적 신념의 문제마저 외면한다.

이러한 기본적 신념의 붕괴는 이상하게도 학교교육에서 잘 드러나고 있다. 올바른 교육관의 정립은 고사하고 모든 교육을 취업을 위한 연수 정도로 획일화하여 이에서 벗어나는 교육은 오히려 수모를 당하는 현실에 이르고 있다. 교육의 최대 과제는 성적 높이기이며, 학생들의 인격이나 인성은 거의 안중에도 없다. 간혹 학생들의 일탈 현상이 심하게 나타나면 다소 인성교육을 강화해야 한다고 여기저기에서 목소리가 높아진다. 마치 인성교육이라는 용어가 모든 것을 해결할 수 있는 듯이 전가의 보도처럼 여기며, 문제 해결에 대한 꿈을 꾸고 있다. 그러나 그것도 잠시 동안일 뿐이다.

당초 인성교육이라는 용어 자체가 잘못된 것이기도 하지만, 만약 그릇된 신념의 문제를 인성교육을 통하여 해결할 수 있는 문제로 착각한다면 이것은 인성에 대한 무지몽매(無知蒙昧)를 그대로 드러내는 것에 불과하다. 설령 인성의 회복이 아무리 교육의 중차대한 과제로 부각되고 있다고 해도 현실에서 단발성 구호로 자주 거론되는 인성교육은 학생들의 올바른 신념 형성과는 아무런 관련성이 없기 때문에 문제 해결은 요원할 수밖에 없다. 더욱이 가치 또는 신념의 문제는 학교가 단순하게 특정 예절이나 행동 강령 등을 표제로 내걸고 지도할 수 있는 것도 또한 학습할 수 있는 것도 절대로 아니기 때문이다.

누차 거론한 바와 같이 그것은 오직 자신의 한계를 명확하게 인식하고 그 개선 방안을 찾아 나서는 능동적 선택이 개입되지 않는 한, 될 수가 없는 그런 일이다. 물론 인격이 인성을 토대로 형성되는 것임은 다시 언급할 필요가 없지만, 그렇다고 하여 인성이 그처럼 인간의 마음대로 회복되고 발현되는 것이 아닌 것임을 분명히 알지 않으면 안 된다.

따라서 신념을 획득하는 일은 말처럼 쉽게 이루어지지 않는다. 그것은 일차적으로 자신의 생각에 내재하는 결함과 물질적 이익 추구에 따르는 문제의 심각성에 대한 매우 민감한 특성을 지니고 있을 때에야 비로소 가능하다. 여기에 요구되는 것이 소위 인격이다. 이제 신념의 형성에 따른 인격의 형성에 대하여 살펴보고자 한다.

2) 인격의 형성

인격은 가치 지향 의지에 따라 신념을 내면화하고 그것을 행동으로 나타내는 정도에 따른 인간의 품격이다. 따라서 고매한 인격의 소유자란 결국 가치 인식과 가치 행위가 이미 조화롭게 통합되어 그 어떠한 경우에도 드높은 가치를 실행에 옮기는 능력을 체득한 사람이다. 아무리 의지가 분명하다고 하여도 여기에 격조 있는 인격이 수반되지 않는다면 그것을 실천에 이르게 하는 데에는 어려움이 따르기 때문이다. 물론 바람직한 가치 지향에 대한 의지가 강하면 강할수록 이상적 가치를 실행할 가능성이 증대되는 것은 부인하기 어렵지만, 인격은 먼저 개인의 부단한 자기 경신 의지가 없이는 불가능하다. 여기에 한 인간으로서 올바른 인격 형성의 중심이 되는 것은 무엇인지 상세하게 살펴보고자 한다.

우선 고매한 인격은 누구나 쉽게 소유할 수 있는 그런 것이 절대 아니다. 그것은 누구나 의무적으로 간직하고 있어야 할 매우 소중한 인간 특성 중의 하나라는 점은 분명하지만 불행하게도 실제로는 극히 제한된 극소수의 사람에게만 허용되는 그러한 것이다. 왜냐하면 인격의 형성에는 정체성과 관계성의 인식이 필수적으로 요구되기 때문이다. 인격 형성에서 전자는 개인의 자율성을, 후자는 판단의 지표를 제공하여 준다. 이들을 구체적으로 살펴보면 다음과 같다.

(1) 정체성의 인식

인격 형성에 무엇보다 중요한 것이 정체성의 확인이다. 이것 없이는 개인의 개성과 자율성이 형성되지 않기 때문이다. 그런데 정체성은 인성을 토대로 한다. 인성은 흔히 사랑, 의리, 예의, 지혜와 같은 사람다운 성향을 일컫는 말이다. 여기에서 사람이란 우선 기본적으로 지혜를 가지고 사리 분별을 잘할 수 있는 존재를 말한다. 오직 사람만이 여타 생명체와 달리 이러한 능력을 선천적으로 부여받아 태어나는 존재임은 주지의 사실이다.

그럼에도 불구하고 문제는 많은 사람이 올바르게 사리 분별을 하지 못하는 사례를 주변에서 얼마든지 어렵지 않게 찾아볼 수 있다는 점이다. 이것은 사람으로서 가장 중요한 특징 중의 하나인 지혜의 능력을 잃어버린 채 슬기롭게 활용하지 못하고 살아가고 있는 것임을 반증한다. 일반적으로 지식이 수집된 정보와 이해한 정보의 총화라고 한다면, 지혜는 그러한 지식의 전반적 관계를 심층적으로 파악하여 사리나 가치를 분별하는 마음의 작용이다. 따라서 이러한 지혜의 실종 사태는 곧 인성의 포기와 같은 의미를 지닌다고 할 수 있다.

물론 사리 분별이 그렇게 쉽지만은 않은 것이 사실이나 한 가지 분명한 것은 인간에게 있어 결코 소홀히 할 수 없는 것이라는 점이다. 그러한 사리 분별의 선결요건은 정체성의 인식이다. 지혜로운 사람의 특징은 무엇보다 먼저 자신의 정체성을 가급적 명확하게 인식하고 있다는 점이다. 왜냐하면 인식은 기본적으로 자아의식을 통한 주체의 안정감을 확보한 이후가 되기 때문이다.

이미 앞 절에서 인식의 중심은 사고이며, 사고는 주체의 의도적 관여가 없이는 거의 불가능한 것임을 밝힌 바 있다. 사고는 그 특성상 개념 간의 관계를 주도적으로 엮어 내는 과제를 스스로 내재해 놓고 있기 때문이다. 그러므로 사고에서 주도적 역할을 무리 없이 감당해 내기 위해서 필수적으로 요구되는 것이 정체성이다. 그런데 대부분의 사람은 이와 같은 자신의 정체성 인식에서부터 적지 않은 혼란을 겪으면서 살아가고 있는 형편에 있다. 다시 말해, 자신의 정체성 파악이 제대로 안 되는 상황이므로 주변 상황과의 관계 파악은 요원한 과제가 될 뿐이다.

그렇다면 정체성의 확보는 어떻게 이루어지는가를 살펴볼 필요가 있다. 그것은 자신을 냉정하게 객관화하여 인식할 수 있는 능력에서 비롯된다. 즉, 자신을 스스로 인식의 대상으로 삼아 인식하는 것이다. 엄밀하게 보면 사람도 일종의 동물일 뿐이다. 하지만 오직 인간만이 스스로 자신을 인식의 대상으로 여길 수 있는 능력이 있다는 점에서 그 특징을 분명하게 드러낸다. 이것이 갖는 중요한 의미 중의 하나는 인간은 다른 동물들과는 달리 단순히 신체적 만족만으로 진정한 만족을 얻지 못하는 것이다.

인간은 이에 더하여 아니 오히려 신체적 만족보다는 정신적 만족을 더 선호하는 경향을 지닌다. 전자가 물질의 결핍을 보완하는 것에 중점이 있는 반면, 후자는 미래를 향한 보다 발전 지향적 소망에 그 중심이 있다. 이러한 경향은 곧 인간이 인성을 견지하지 않을 수 없는 결정적 대목이 된다. 사람의 인성은 본래 천부적 성향이지만 그것을 현실로 발현시키기 위해서는 이와 같이 정체성 확보와 같은 몇 가지 능동적 이행절차가 뒤따르지 않으면 안 된다.

원래 정체성을 좀 더 정확히 말하면 그것은 근원적이고 종합적인 자아개념이다. 이때, 자아개념이란 자신에 대한 비교적 동일성을 유지하는 총체적 인식을 말한다. 일반적으로 자아개념은 현실적으로 자신과 관련하여 학문, 사회, 정서 그리고 신체 등의 측면에서 어느 정도의 재능과 특성을 지니고 있는가 하는 자기평가적 개념이다. 따라서 가족이나 동료 또는 의미 있는 타인 그리고 자신의 성공과 실패의 경험 등은 자아개념 형성에 중요한 영향을 주게 된다.

흔히 정체성과 자아개념의 혼동이 다소 있을 수 있으나 전자는 인종, 성별, 성격, 얼굴 모양 등 불변성에 토대를 두고 있는 자아 발견의 개념임에 반해, 후자는 직위, 학력, 업적, 체형 등 상황에 따라 변화의 가능성을 전제로 한 자기평가의 개념이라는 점에서 다소 차이가 있다고 할 수 있다. 하지만 자신의 정체를 확인한다는 점과 신체, 인지, 정서 등의 세 가지 측면의 특성을 주로 고려

한다는 점에서는 거의 동일한 의미를 지닌다.

발달이론에 따르면 사람이 비교적 진지하게 자신을 생각해 보는 시기는 대개 17∼18세경이다. 대부분의 사람이 이 시기에 이르면 자신의 존재 근원, 부모, 형제, 능력, 문제점, 욕구, 희망, 여건 등을 두루 살펴보고, 자신도 훗날 결혼을 하고 직업을 선택하여 사람들과 같이 서로 어깨를 견주며 사회 활동을 이어 나아가고 결국에는 다른 사람들과 같이 죽음을 맞이하는 순간에 이르게 된다는 점을 깨닫고 깊게 고민하는 경향을 나타낸다.

사람마다 그 시기에 다소의 차이가 있을 수 있겠지만, 중요한 것은 이를 통하여 자신을 되돌아보는 행동을 비교적 진지하게 하게 된다는 사실이다. 이것은 감히 누구도 함부로 할 수 없는 각 개인의 고유 영역인 것으로, 자신이 세상에서 얼마나 소중한 존재인지, 곧 존재 가치를 의식하게 하여 줌으로써 비로소 인간의 숭고한 자기애 또는 자아존중감을 신장시키는 계기를 마련할 수 있다는 점에서 매우 중요한 의미를 지닌다. 뿌리의식이 중심이 되는 정체성과 연계되어 자아개념이 형성되고 자아 성취나 사회 기여를 가늠할 수 있는 결정적 준거가 여기에서 마련된다고 볼 수 있기 때문이다.

여하튼 정체성이란 나무로 말하면 뿌리와 같은 것으로 오직 자신의 본질 그 자체이다. 다시 말해, 자신의 출생 이전과 그 후 현재까지의 자신의 존재, 앞으로 숙명적 죽음과의 조우 그리고 죽음 이후의 세계 등 시간과 공간을 초월한 통합적 관점에서 영원히 변하지 않는 실체나 이념을 설정하고 그것을 근거로 자신에 대한 스스로의 자기발견적 종합평가이다.

이러한 정체성의 개념은 비단 개인에게서만 적용되는 것은 아니다. 이것은 크고 작은 다양한 집단에서도 그 나름의 정체성이 나타난다. 다만, 집단 정체성은 그 구성원인 개개인의 정체성과 상호 밀접한 관련을 갖고 있다. 대체로 집단 정체성은 집단의 목적, 내부 조직의 결속력, 경제력, 종교의 특성, 지역적 환경 등에서, 개인 정체성은 가문(家門), 재능, 성격 등에서 그 특성이 나타난다고 할 수 있다.

예를 들면, 개인 정체성은 직계 선조들의 생활 이념과 업적, 현재까지 자신의 성취 정도, 신체조건 및 지적 능력, 성격 특성, 주변 환경과 자신의 관계, 성취 목표와 가능성 등을 총체적으로 고려한 후 얻어 낸 자신의 의미 형상이다. 이러한 자신에 대한 의미 형상이 굳건하게 자신의 생각 속에 자리매김을 하지 못하면 제반 감각적 지각은 물론이고, 그에 따른 사고가 혼란 속에서 방황을 거듭하게 된다. 따라서 정체성은 인간에게 있어서 결코 놓칠 수 없는 중요 사안 중의 하나이다.

개인 정체성의 부족으로 혼란을 겪을 수밖에 없는 대표적 예의 하나는 입양아에게서 쉽게 찾아볼 수 있다. 어린 시절 외국으로 입양되어 자신을 낳아준 부모와 길러준 부모가 다른 경우에는 자신의 혈연이 연계되어 있는 모국(母國)과 혈연은 다르지만 성장 과정에서 온갖 애정으로 돌보아 준 양부모가 속해 있는 자국(自國)이 서로 다른 이중성을 피할 수 없게 된다. 이러한 점은 자신의 정체성 확보에 커다란 장애요인이 될 수밖에 없다. 입양인은 특히 모국에 대한 생각을 명확하게 정리하기 어렵다는 문제가 필연적으로 나타난다. 모국과 자국의 불일치는 자신의 정체성 형성에 결정적 장애요인이 되기 때문이다.

정체성에서 더욱 심각한 문제는 그러한 장애가 일순간에 그치지 않는다는 점이다. 인간이 사회 구성원의 한 사람으로 살아간다는 것은 단순히 생명을 보전해 나가는 것만이 아니다. 자신의 역량을 현실에 비추어 보면서 환경과 연계하여 끊임없는 교류를 이어 가야만 한다. 하지만 한갓 이방인으로 살아간다는 것은 바로 이러한 점에서 극복할 수 없는 한계를 겪을 수밖에 없다. 즉, 피부색이나 모습 등 신체조건이 다르고 모국이 아닌 자국일 뿐이기에 다른 사람들과 어울려 살아가면서 부득이 겪을 수밖에 없는 남다른 어려움과 또한 양부모이기 때문에 가늠하기 어려운 부모와의 관계 등의 한계를 감수해야 하는 난관이 가로놓여 있다.

누구나 생활 속에서 이러한 난관에 끊임없이 부딪히면 자신에 대한 존재의미가 퇴색되어 결국 바람직한 삶의 지속이 어렵게 된다. 여기에서 보다 분명한 정체성이 확보되지 못하면 그는 뚜렷한 근거지를 찾지 못하고 방황하거나 그저 바람 부는 대로 물결치는 대로 나그네처럼 살아가는 부평초(浮萍草)와 같은 삶만이 있을 수밖에 없게 된다. 이러한 사람들은 자신의 뜻을 주도적으로 생활 속에 펼쳐 나가지 못하고 항상 위축되어 속내를 감추는 자기 폐쇄적이며 소외적인 삶을 이어 가는 특징을 나타내는 소위 주변인(周邊人)이 된다.

이상의 의미에서 볼 때, 자율적 삶을 창출해 내는 토대가 되는 정체성의 확보는 매우 핵심적이고 긴급한 과제이다. 자율은 다양한 행동 방향에서 하나를 선택하고 통제할 수 있는 능력인 것이나 이것은 먼저 자신의 존재 의미를 파악한 이후에야 비로소 가능한 것이기 때문이다. 따라서 정체성이 없는 삶은 기계적 삶이 아니면 노예의 삶으로써 곧 죽음과 같다.

(2) 관계성의 인식

인간의 삶은 각 개인의 고유 영역뿐만 아니라 모든 사람이 함께 해야만 하는 공통의 영역이 또한 존재한다. 어찌 보면 그러한 공통의 영역이 삶의 중심이라고도 할 수 있다. 이것은 기본적으로 총체적 안목에서 각 개체와 개체 간의 관계 파악을 통하여 인식된다. 다시 말해, 먼저 가급적 각각 자신의 주체를 명확하게 파악해야만 한다.

그러나 대부분의 많은 사람은 사리 분별의 선결요건인 정체성의 확립에 다소의 문제를 갖고 있기 때문에 이러한 제반 관계 파악에 실패하게 된다. 자신의 내면세계를 두루 조명해 볼 수 있는 능력이 결핍된 상태에서 주변의 다른 사람과의 관계를 살펴볼 수 있는 여유가 없는 것은 어찌 보면 당연하다.

문제는 바로 여기에서 발생한다. 대개의 경우 단순히 자신의 외형적 모습에 얽매여 자신과 남이 은밀하게 밀접히 연결되어 있다는 사실을 간과하는 우를 범한다. 얼핏 생각하기에 자신의 고유 영역과 다른 사람들과의 공통 영역은 서로 별개의 것으로 볼 수 있으나, 실제로 이것은 하나인 것이며 서로 불가분의 관계를 갖고 있다. 왜냐하면 자신의 모습에 대한 진정한 의미는 반드시 다른 사람의 모습에 대한 의미 파악과 연결되어 있기 때문이다.

따라서 우리가 인생을 살아가면서 중요한 것은 물론 자신을 정확하게 인식하는 것이지만 그에 못지않게 중요한 것은 다른 사람에 대한 이해력이다. 우리에게 인성이 그토록 중요한 것은 인생이란 결국 개인의 삶이 아닌 누구나 서로가 필연적으로 관계적 삶이 될 수밖에 없다는 이 분명한 사실을 외면할 수 없기 때문이다.

그러나 대부분의 많은 사람은 인생을 오직 개인의 삶으로 착각하고 살아간다. 즐거우면 세상 일이 다 자신의 것처럼 오만하며, 조금 괴로우면 세상의 온갖 고통이 자신에게만 있는 것처럼 앞뒤 안 가리고 성급하게 자살을 감행하기까지 한다. 매우 슬픈 일이 아닐 수 없다. 여기에서 성공적 삶과 관계적 삶의 관계를 조금 더 구체적으로 살펴보면 다음과 같다.

대체로 성공적인 사람들의 공통적 특징 중의 하나는 그들의 고유 능력을 최대한 창의적으로 발휘하려 노력한다는 점이다. 그들의 주된 관심은 오직 자신의 능력을 어떻게 최대한 실현해 낼 수 있는가에 있다. 그리하여 이들은 다른 사람들의 삶의 모습을 자신의 삶에 다소 참고하기는 하지만 다른 사람들의 생활이나 간섭에 거의 귀를 기울이지 않는다. 자칫 보기에 따라 오만한 듯 보이는 이들의 그러한 자신감은 다른 사람들과 일정한 거리를 두려는 생각에서 비롯되는 것이 아니라 오히려 한발 앞선 타인에 대한 깊은 이해의 소산이다. 물론 그 속에 자신에 대한 깊은 자기애를 토대로 하고 있음을 부정할 수는 없으나 중요한 것은 그들은 단지 그것을 자신의 성공적인 삶의 토대로 삼을 뿐이라는 점이다. 이러한 의미는 그들의 성취욕에서 확인해 볼 수 있다.

또한 일반적으로 성공적인 사람들이 갖는 남다른 특유의 성취욕은 강한 명예욕에서 비롯된다기보다 자신의 정체성을 확인하고자 하는 순수한 내적 욕구와 다른 사람들에 대한 헌신과 기여의 가능성을 조금 더 앞서 열어 가고자 하는 보다 대의에 입각한 열망의 소산에서 비롯되는 경우가 대부분이다. 이들의 의식 세계는 자신의 고유성을 찾아나가되 그것이 다른 사람과 연결되지 않으면 안 된다는 점을 본능적으로 인식하고 있다는 점이다.

따라서 이들은 다른 사람들이 자신보다 더 커다란 성취를 이루는 것을 볼 때, 그것을 진정으로 마치 자신의 것처럼 자랑스럽게 여기고 함께 기뻐할 수 있는 여유가 있는 사람들이다. 그것을 시기하거나 비웃는 마음이 파고 들어갈 수 있는 공간이 이들에게는 전혀 허용되지 않는다. 오히려 더 함께 기뻐하지 못하는 자신을 안타까워한다. 뿐만 아니라 자신의 성공도 결국 다른 사람의 성취 속에 숨어서 서서히 다가오고 있는 것임을 예리하게 갈파한다. 바로 이 점이 성공을 이룬 대부분의 사람이 지닌 빛나는 심성이다. 세상 모든 일은 철저히 관계적인 것이며, 결국은 우리 모두의 공동 소유인 것임을 알지 않으면 안 되는 소이가 바로 여기에 있다.

이러한 깊은 생각을 소유한 사람들은 한 가지 두드러진 특징을 나타낸다. 그것은 그들이 비교적 매우 건강한 삶을 추구하는 것이다. 한 개인보다는 사회 전체의 기쁨을, 물질적 이익보다는 정신적 건강을, 결과로서의 효과보다는 진행 과정의 의연함을, 과거에서 현재와 미래로 이어지는 맥락에 따른 바람직한 욕망의 추구 등 범상치 않은 삶을 이어 가려고 노력한다. 이러한 삶의 핵심은 겉으로 드러난 감각적 현상보다 그 현상 이면에 있는 보이지 않는 원리와 본질의 세계를 더 중요한 것으로 인식하고 있다는 점이다. 그러므로 이러한 인식은 결코 우연의 일치로 발생되는 것이 아니라 선조로부터 자신으로 이어진 삶의 맥락과 주변 환경과의 관계를 비교적 명확하게 파악해야만 가능하다.

반면에 이와 반대로 살아가는 사람들은 이러한 관계적 삶보다 이기적 사고에 얽매여 오직 강한 물질적 욕구에 집착하는 경향을 갖고 있다고 할 수 있다. 이들은 주체로서의 정체성이 미약하기 때문에 주변 상황을 오직 자신의 욕구를 해결하는 데 필요한 수단적 의미로 바라볼 수밖에 없는 강박적 처지에 놓이게 된다. 그리하여 문제 상황에서 주변 인식이 제약되는 것은 너무나도 당연한 것이 된다. 여기에서 더욱 심각한 문제는 그러한 사람들은 항시 자신도 모르게 내·외적으로 특정 욕구의 충족을 강요받고 있다는 사실마저 의식하지 못한다는 점이다.

이들에게 중요한 것은 단지 물적 욕구의 충족뿐이다. 다른 사람들이 어떠한 생각을 하며 살아가고 또한 어떠한 슬픔과 고통을 겪고 있는지에 관해서는 조금도 관심을 둘 수 있는 여유가 없다. 이들에게 시간은 오로지 현재만이 있을 뿐이다. 과거의 준비 과정도 미래의 성취 순간도 그저 허황된 하나의 꿈일 뿐이다.

이러한 사람들의 특징은 한결같이 모두가 생명의 확인을 위한 쾌락을 즐기려는 결정적 성향으로 요약된다. 그들에게 주어진 인생은 그저 하나의 쾌락의 장일뿐이다. 이들이 이처럼 쾌락의 장에 몰입하는 것은 자신의 정체성 인식의 부족에 따른 자존감의 결여에 일차적 이유가 있는 것도 분명하지만, 다른 한편으로는 다른 사람들과의 관계적 의미를 전혀 인식하지 못하고 오로지 자신의 신체만이 이 세상의 유일한 생명체로 착각하고 있다는 점에서 비롯된다.

설령 먼 옛날 조상으로부터 이어져 내가 있음이 분명한 사실일지라도 그들은 이미 그 사실과 별다른 관계를 찾아내지 못한다. 그리고 또한 먼 훗날 자신의 후손들이 이 땅 위에서 살아갈 것으로 짐작되기는 하지만 이들과의 관계 역시 자신의 죽음으로 단절되는 것으로 인식한다. 이들에게는 선조들과 후손 그리고 주위의 다른 사람들을 위해 조금이라도 욕되지 않도록 조심스럽게 살펴 살아가는 일은 그저 잠꼬대 같은 일이다. 자신은 오직 이 순간을 재미삼아 살아가다 죽으면 그만일 뿐이다. 이들에게 선택과 판단의 기준은 자신의 욕구로 단순화되어 있다. 보다 바람직한 자신만의 행위의 지표를 찾는 일은 요원한 것이 되고 만다.

이상의 의미를 종합하면 인격은 정체성을 토대로 다른 존재들과의 관계를 명확하게 인식함으로써 얻을 수 있는 한 차원 높은 품성이다. 다시 말해, 인격은 자신과 주변 환경을 명확하게 파악하고 그 양자의 관계를 올바르게 설정함에 따라 보다 반듯한 사고를 지향하고 행동하려는 심리적 성향의 정도를 나타내는 개념이다.

따라서 인격은 정체성에서 출발하여 환경과의 관계 설정에서 완성되며, 정체성이 부족할수록 환경 파악과 관계 설정이 제약되어 결국 바람직한 인격의 확립에 실패하고 만다. 이러한 실패의 원인은 근본적으로 정체성의 부족에 있지만, 무엇보다 신체적 욕구에 따른 제약적 인식에 그 뿌리가 있다. 그리하여 오늘날과 같은 물질 만능주의가 팽배한 사회는 가치관의 혼란으로 많은 사람이 인격을 획득하는 일에서 더욱 멀어지게 하고 있다는 것은 부인할 수 없는 사실이다.

사실 오늘날 우리와 같이 생존 경쟁이 치열한 후기 산업사회에서 사람들에게 올바른 인격을 요구하는 것은 그 자체가 일정한 한계를 지닐 수밖에 없다. 생존 경쟁은 일차적으로 풍요로운 물질의 확보가 관건이 되기 때문이다. 이러한 점은 인간 본연의 천성, 곧 인성마저도 허물어뜨리는 결과를 낳고 있다. 오늘날 바람직한 인격의 요구가 늘어나는 소이가 바로 여기에 있다고 해도 과언이 아니다.

흔히 도덕적 지식과 행동의 괴리에 관련된 지행 불일치의 문제는 인류의 영원한 과제 중의 하나이다. 그런데 이러한 과제의 핵심에 개인의 사적 이익이 도사리고 있다. 따라서 그러한 사적 이익을 배제하지 않고서는 올바른 인격의 형성은 도저히 불가능하다고 할 수 있다.

5. 인성

인성은 기본적으로 선험적 인간 본성의 순수 작용성이라고 할 수 있다. 이것은 인간을 인간답게 하는 핵심적 성향임에는 틀림이 없지만 그 본체에 대한 논쟁은 아직도 끊임이 없다. 그럼에도 불구하고 오늘날 인성에 대한 관심은 그 어느 때보다 높게 일고 있다.

대체적으로 세간에서 인성은 성격, 인격, 교양, 예절 등의 개념과 별다른 구분 없이 사용되고 있다. 그러한 혼용은 그만큼 인성에 대한 이해가 일천한 상태임을 나타내고 있다. 그중의 압권은 인성교육이라는 말을 마구잡이로 사용하는 사태이다.

그리하여 많은 사람은 교육에서 가장 중요한 것 중의 하나가 인성교육이라고 생각한다. 흔히 공교육 부실 문제가 제기될 때마다 거의 예외 없이 인성교육을 강화해야 한다는 목소리가 설득력 있게 받아들여지고 있는 것이 현실이다. 그런데 한 가지 불가사의한 것은 매번 같은 현상이 반복되고 있으면서도 그로부터 어떠한 효과를 얻어 냈다는 소식은 지금까지 단 한 번도 접해본 적이 없다는 점이다.

여기에서 과연 '인성교육'이라는 말은 올바른 것인지 먼저 생각해 볼 필요가 있다.

1) 인성교육의 개념적 모순

상식적으로 "인성교육"이라는 말은 인성이라는 특정의 교육내용을 가정하고 있음이 분명하다. 설령 그러한 가정이 성립한다 해도 그것을 학교에서 가르칠 수 있다고 보고 있다. 더욱이 그것이 교육의 중심 내용이 되어야 한다고까지 말한다. 그러나 가르치고 싶은 내용이 있다는 것과 그것을 가르칠 수 있다는 것은 별개의 문제이다.

일반적으로 '가르칠 내용'을 사전에 계획하는 것은 교육에서는 거의 필수적인 일이다. 따라서 만약 '인성'을 학교에서 가르치고자 한다면 그러한 내용이 미리 상정되어 있어야 한다. 즉, 인성의 특성이 내재되어 있는 교육의 내용이 사전에 반드시 설정되어 있어야 한다.

예컨대, 수학교육을 위해서는 적어도 수학적 특성을 지닌 교육내용을 기록해 놓은 수학 교과서가 사전에 구비되어 있어야 하는 것과 같은 이치이다.

그러나 이상하게도 문제가 생길 때마다 인성교육의 중요성을 그토록 매번 강조하면서도 정작 인성의 특성에 따른 내용을 적시해 놓은 소위 인성 교과라는 것은 찾아볼 수가 없다. 사실 정확하게 말하면 인성교육을 위한 교재가 전혀 없는 것은 아니다. 오히려 세간에는 인성교육을 위한 자료가 넘쳐나고 있는 것이 현실이다. 문제는 자료마다 인성에 대한 견해가 각기 다르다는 점이다.

여러 가지 인성교육의 자료를 간추려 보면 대체로 논어, 맹자 등의 동양 고전, 역사와 철학 그리고 문학 등의 인문학, 질서와 예절, 일반교양, 예술과 체육, 심지어 막연히 지덕체 함양을 위한 것이라고 자처하는 것 등에 이르기까지 유형은 실로 이루 헤아릴 수가 없다. 이러한 극심한 혼선을 조금 확대 해석하자면 결국 인성교육의 내용은 거의 모든 것이 해당될 수 있으며, 굳이 특정할 수 없는 것임을 알 수 있다.

이러한 인성의 혼미한 의미는 교육부가 최근 인성교육 방침으로 제정해 놓은 소위 「인성교육진흥법」에서도 적나라하게 드러나 있다. 여기에는 우리나라 인성교육의 방향에 관한 여러 가지 규정이 담겨 있지만 비교적 분명한 것은 단 두 가지뿐이다.

첫째, 법 「제2조 1항」에 "인성교육이란 자신의 내면을 바르고 건전하게 가꾸고 타인·공동체·자연과 더불어 살아가는데 필요한 인간다운 성품과 역량을 기르는 것을 목적으로 하는 교육을 말한다."로 되어 있다. 법 「제2조 2항」에 "핵심가치·덕목"이란 "인성교육의 목표가 되는 것으로, 예(禮), 효(孝), 정직, 책임, 존중, 배려, 소통, 협동 등의 마음가짐이나 사람됨과 관련되는 핵심적 가치 또는 덕목을 말한다." 등으로 규정되어 있다.

이들을 잠시 살펴보면 "인간다운 성품"이라는 의미는 고사하고, 교육목적이라는 표현보다는 교육내용이라고 해야 더 적확한 것은 아닌지 매우 혼란스럽다. 좀 더 구체적으로 말해서 개인의 특성을 넘어서 인간과 그 외의 만물에 대한 보편적 사항보다 예와 효 등이 과연 '마음가짐이나 사람됨과 관련되는 핵심적 가치'에 연계되어 있는 것인지 알 수 없다. 또한, 자기희생과 헌신, 용기와 절제 등과 같은 덕목이 존중과 배려, 소통과 협동 등과 같은 도덕적 품성과 같은 것이며, 가치와 가치현상이 같은 것인지 혼란스럽다. 쉽게 말해, 덕목이라는 가치 현상과 가치를 혼돈하고 있는 것이다. 덕목으로써의 사회적 협조 사항임에 반해, 후자는 도덕적 본질 사항이다. 사회적 협조 사항은 사회 문화에 따라 얼마든지 다르게 적용되는 것이지만, 가치평가의 준거로써 도덕적 본질 사항은 시대를 초월하여 변함없는 가치가 내재되어 있는 점에서 분명한 차이가 있다.

뿐만 아니라 대다수 학생이 예를 갖추고 효도하며 정직하고 책임 있는 행동을 해야 한다는 등의 의미를 알고 있는 사태와 그것을 실천으로 옮기는 사태는 서로 별개라는 지행 불일치의 문제를 인식하지 못하고 있다. 이것은 어느 사회를 막론하고 당면하는 인간 행동의 근원적 문제로 아직까지 교육에서도 뚜렷한 실마리를 찾지 못하고 있는 문제 중의 하나이다.

둘째, 법「제9조 ①항」에 "인성교육에 관한 다음 각 호의 사항을 심의하기 위하여 교육부장관 소속으로 인성교육진흥위원회(이하 "위원회"라 한다)를 둔다."라고 규정한 사항이다. 그다음으로 이어지는 5개의 조항은 모두 소위 전대미문의 "인성교육진흥위원회"가 인성교육에 관한 제반 사항을 심의하고 관장한다는 취지로 요약된다. 한마디로 말하여 인성교육은 각급의 학교가 각자 알아서 하되 통제는 필수적으로 받으라는 것이다. 참으로 놀라운 발상이 아닐 수 없다.

이러한 혼선은 대학의 교양교육에서도 예외는 아니다. 이 역시 교양의 본질에 대한 명확한 관점을 찾지 못하고 있기는 대동소이(大同小異)하기 때문이다. 이것은 마치 목적지를 특정하지 않은 채 그 목적지에 가려고 하는 몽매를 연출한다.

그뿐만 아니라 교육에서 가르치고자 하는 내용은 그 특성상 어떠한 경우에도 교수 가능한 것이어야 함은 자명한 이치이다. 곧, 개념적 의미로 표출해 낼수 있어야 한다. 그러나 앞서 사고 부분에서 언급한 바와 같이 개념은 문자 그대로 개략적 생각인 것으로 실체와의 동일성을 원천적으로 거부한다. 따라서 어떠한 개념이든지 그것은 실체와의 근원적 괴리를 좁혀 개념의 명확성을 확보해 나가야 하는 것이 필수적 사안이다. 교육의 내용은 가급적 분명하게 개념의 내포와 외연을 일정 부분 특정할 수 있는 닫힌 내용이어야 하는 것이다.

일반적으로 학교에서 학생들이 공부를 한다는 것은 결국 그러한 개념의 명확성을 보다 지극하게 높여 나가는 것에 초점이 있다. 모든 학문을 일단 과학(科學)의 범주에 한정하는 것은 바로 이 때문이다. 좀 더 구체적으로 말해, 개념과 실체 간의 관계를 검증의 방식으로 좁혀 나가는 과정이다. 따라서 과학적 특성에서 일정 부분 벗어나 있는 신학과 예술 등은 당연히 학문적 성격이 그만큼 모호하게 된다.

그러므로 만약 인성교육이라고 하는 표현을 굳이 사용하고자 한다면, 과연 그러한 교육을 위한 과학적이고 개념적인 체계를 한번쯤 심각하게 고려해 보아야 한다. 그러나 과연 그러한 인성이 내재되어 있는 개념체계가 있는 것인지 의심하지 않을 수 없다. 예컨대, 수학교육의 내용이 되는 덧셈, 뺄셈, 함수, 집합 등의 개념들은 교육 현장에서 비록 하나하나가 별개로 분리되어 다루어지는 것이 사실이지만, 실제로는 그 모두가 하나의 정연한 개념체계로 어우러져서 수에 대한 실증적 탐구영역을 이루고 있다. 그리고 교육을 받은 이후에는 이들 개념에 대한 명확성을 확보하게 됨으로써 수에 대한 체계적 안목을 지니게 된다.

하지만 전통적 유교 사상의 중심이 되고 있는 충, 효, 예 또는 각종 종교에서 강조하는 헌신, 사랑 등과 같은 개념이 실로 인성과 어떠한 관계를 지니고 있는 것인지 살펴보지 않을 수 없다. 도대체 인성이 무엇인가에 대한 명확한 개념 규정이 어려울 뿐만 아니라 과연 그러한 교육 이후에 인성에 대한 모종의 안목을 지니게 될 수 있는지는 매우 의심스럽지 않을 수 없다. 왜냐하면 그러한 개념들은 오히려 공부를 하면 할수록 더욱더 개념의 명확성이 흐려지는 현상이 나타나기 때문이다. 충, 효, 예, 헌신, 사랑 등을 인성을 위한 교육내용으로 생각하는 것이 매우 위험한 발상이라고 여겨지는 까닭이 바로 여기에 있다. 이러한 의미는 조금 더 구체적으로 다음 두 가지 점에서 극명하게 찾아볼 수 있다.

첫째, 인성의 개념 규정과 개념체계의 구성이 어렵다는 점이다. 어떠한 것이든지 하나의 의미로 받아들여지기 위해서는 우선 보편적인 본질 규정이 선행되어야 한다. 하지만 인성은 단지 인간의 마음이 자극을 받아 동요할 때 작용하는 원리 그 자체인 것이기에 근원적으로 그러한 개념 규정이 불가능하다.

예를 들어, 수학에는 개체의 양을 나타내는 단위로서 수에 대한 보편적 개념이 분명히 정립되어 있다. 하지만 인성은 그저 '인간의 마음 작용 성향'이라는 표현 이외에 그것을 달리 구체적으로 규정할 길이 논리적으로 사전에 막혀 있다. 각자 스스로의 직접적 판단 이외는 확인할 방법이 없어 인성과의 보편적 인과관계를 유추해 내는 것이 말처럼 간단하지 않기 때문이다. 다시 말해, 설령 어떠한 행동이 인성에 의한 행동이라고 하여도 그것이 인성에 따른 것임을 증명할 수가 없다. 역사적으로 성악설과 성선설이 서로 대비적으로 주장을 펴고 있는 것도 바로 이 때문이다.

또한 내용 특성의 일관된 체계를 찾기 어렵다는 점이다. 수학에서는 교육을 위하여 그것을 구성하는 기본 개념들이 설정되어 있으며, 그 개념 하나하나가 각각 '수'라고 하는 요소를 중심으로 서로 관계적 의미를 지니고 있는 것에 반해, 소위 인성에서는 관련 내용이라고 일컬어지고 있는 것들은 무수히 넘쳐나고 있으나 일정한 체계가 없기 때문에 상호 연계 가능성을 찾을 수가 없다. 개념 간 인성에 연계된 내포를 공유하고 있지 못하다.

예컨대, 수학에서는 덧셈, 뺄셈, 함수, 집합 등에서 어느 개념에서든지 '수'라고 하는 본질적 요소가 내재되어 있는 것에 의심의 여지가 없다. 그리고 이들은 각각 상호 간 일정한 연계 관계를 지닌다. 하지만 인성교육 내용으로 회자되는 충, 효, 예, 사랑, 헌신 등은 여타 동물과 다소 다른 인간의 행동일 수는 있으나, 그것이 오로지 인성의 본질적 요소를 내포하고 있다고 단정하기 어렵다. 뿐만 아니라 충과 효, 예와 사랑 등은 오히려 상호 배타적인 경우도 얼마든지 고려해 볼 수 있다. 충과 효, 예와 사랑 등 서로 간 갈등의 여지가 있는 것이다. 즉, 인성과 관련하여 서로 어떠한 관계적 의미를 찾을 수 있는 것인지 의심스럽다.

이러한 의미에서 인성은 수, 언어, 자연, 사회 등과 달리 그 자체가 교육의 대상이 될 수 있다고 보기 어렵다. 인성은 누구나 예외 없이 이성의 능력을 토대로 부단한 자기반성의 발달 과정을 통하여 스스로 자신이 대자연의 무한한 우주의 총체적 관계 속에서만 존재할 수 있는 극히 작은 부분적 존재임을 자각하는 성숙의 단계가 없이는 절대로 실현될 수 없는 것임을 분명히 알아야 한다.

인성은 수학에서 다루어지는 수와 같은 성격이 아니다. 수라는 것은 구체적 일상에서 나타나는 현상들을 수집하여 형성된 가상의 개념인 것에 반해, 인성은 단지 인간에게 내재되어 있는 선천적 성향일 뿐이다. 어찌 보면 수는 귀납적 개념이지만, 인성은 연역의 가능성만을 남기는 단순개념일 뿐이다.

이러한 차이는 매우 중요한 의미를 지닌다. 귀납적 개념체계에서는 하위 개념일수록 실생활에 강력한 영향을 지니지만, 최상위 개념은 단지 하나의 상징적 의미로서만 존재한다. 그러나 연역적 개념체계에서는 상황이 완전히 다르게 나타난다. 최상위 개념의 영향력은 정언명령처럼 강하지만, 하위 개념으로 내려올수록 영향력이 희박해진다. 만약 인성을 중심으로 연역적 개념체계를 설정하고자 한다면, 하위 개념으로 내려올수록 그 위치를 설정하는 데 어려움이 따르는 것은 피할 수가 없다.

둘째, 문제 사태에 대한 접근 방법이 전혀 다르다는 점이다. 수학교육은 생활 속에서 구체적으로 수리적 문제 사태가 먼저 주어짐에 따라 수에 대한 탐구가 이어져 수학이라고 하는 하나의 학문이 정립된 이후 비로소 교육으로 이어진 경우이다. 하지만 인성교육은 생활 속에서 종종 비인간적 문제 사태가 심각하게 나타난다고 해서 인성에 대한 탐구로 이어져 인성학이 정립될 수 있는 것이 아니다. 전자는 수 개념 자체가 중요한 것이 되는 것임에 반해, 후자는 인성에 대한 개념보다는 그 실천이 문제가 되기 때문이다. 즉, 인성은 탐구의 대상 이전에 단지 그 실천의 문제를 기화로 나타나는 하나의 실천 원리로서의 성격을 지니는 것이라고 볼 수밖에 없다.

좀 더 구체적으로 말하면, 인성은 교과지식과 달리 인간 내부에 선천적으로 잠재하여 있는 것으로, 기본적으로 인간의 속성 중 하나인 것이기에 주입할 수 있는 것이 아니다. 그것은 단지 주변 여건에 따라 겉으로 발현되는 성향일 뿐이다.

이것은 인성교육은 여타 학문적 사태와 근본적으로 그 발생 기원이 다른 것임을 우리에게 알려 준다. 후자는 철저히 인간의 생활 방편에 따른 문화적인 것으로 인간 외부의 객관적 사태임에 반해, 전자는 그러한 문화 이전에 '도대체 인간이란 무엇인가'라고 하는 인간 자체의 본질 규명 사태이다. 따라서 이것을 위해서는 먼저 이 광활한 우주 속에서 인간의 삶을 주도하는 하늘의 뜻을 살펴보아야 한다. 그러나 이것은 근원적으로 불가능하다. 그러한 하늘의 명령은 불가사의한 소위 선험적인 것이기 때문이다.

인성교육의 문제는 바로 이처럼 인성의 특성을 올바르게 주시하는 것에서부터 출발해야 한다. 유사 이래로 인성에 대한 문제 제기는 끊임없이 제기되어 왔으나 기본적으로 인성에 대한 본질 규명에서도 난항을 겪고 있는 까닭이 여기에 있다.

그렇다고 하여 전혀 논의가 없었던 것은 아니다. 지금까지 성선설, 성악설, 사단칠정론, 주기론(主氣論), 주리론(主理論), 덕론(德論), 이성론, 감성론, 본성론(本性論) 등 다양한 논의가 있었다. 하지만 아직까지도 이에 대한 뚜렷한 관점을 찾을 수 없는 실정에 놓여 있다. 사정이 이러하기에 만약 우리가 인성을 모종의 형태로 규정하여 놓았다 하여도, 과연 그것이 하늘이 의도하고 있는 항구적인 것인지를 확인할 수가 없다.

그럼에도 불구하고 사람들이 그토록 인성교육을 갈망하는 것은 인성에 대한 사람들의 막연한 기대감 때문이라고 생각할 수밖에 없다. 인간이라면 누구나 학습을 통하여 쉽게 인성을 얻을 수 있다고 착각한다. 만약 인성이 엄청난 자기 노력이 없이 단지 교육을 통하여 간단히 실현할 수 있는 것이었다면 아마 그동안 인간의 역사는 크게 다른 모습으로 나타났을 것이다. 모든 인성교육이 항상 한갓 구호에 그치고 마는 이유를 분명히 알아야 할 것이다.

굳이 인성을 교육과 연계하여 표현한다면 모든 형태의 교육이 인성의 형성에 토대가 되는 것이라 할 수 있을 뿐이다. 이러한 의미에서 인성교육이라는 개념은 인성을 교육의 목적으로 대상화하는 것이며, 이것은 인성을 인간의 어느 일부 기능으로 한정하는 것과 같은 맥락에서 논리 오류를 안고 있음을 알아야 한다. 인성이란 인간의 모든 것이며, 선택의 여지가 없다.

이 점을 의식하여 교육은 본래 인간발달을 토대로 출발하기는 하나, 목적은 항상 열려 있는 상태를 지향한다. 만약 교육적 사태를 고려하여 어느 일부로 한정한다면 그것은 더 큰 무엇으로 반드시 연계되는 것을 전제로 해야 한다. 어떤 의미에서 모든 교육은 반드시 인성의 형성에 연계되어 있어야만 하며, 어느 특정의 영역만이 인성교육에 해당된다고 보는 것은 매우 좁은 식견이 아닐 수 없다.

여기에서 인성이란 과연 무엇인가 하는 문제는 그다지 중요한 문제가 아니다. 진정으로 우리가 먼저 깨닫지 않으면 안 되는 것은 인성은 인간에게 있어 신의 선물인 동시에 멍에라는 것을 분명하게 인식해야 한다. 신이 인간에게 주신 축복이기에 더없이 좋은 것이라는 점은 분명하지만 그것을 잘 활용할 수 없다면 그저 버거운 짐만 될 뿐이다.

예컨대, 마구잡이로 사회적 범죄행위를 자행하는 경우, 인간 최소한의 신뢰마저 저버리고 의리를 배반하는 경우, 인종과 종파의 편견에 사로잡혀 집단 테러(terror)를 일삼는 경우 등의 사회악이 바로 그것이다.

대체로 사람들은 인성이 좋은 것임을 직감하면서도 무엇인지는 자세히 알지 못하고, 또한 생활 속에서 슬기롭게 활용해야 하는 것임에도 불구하고 실제로는 외면한다. 소위 양심을 직감하면서도 자신을 스스로 속인다. 여기에서 왜 그러한지를 논하는 것은 그 자체가 구차한 일이 된다. 다만 그러한 인성의 실현이 결코 쉬운 것이 아니라는 점은 분명하다. 공자(孔子, BC. 552~479)와 같은 성인도 70세가 넘어선 이후에야 비로소 마음에 한 점 걸림이 없는 자유로움을 얻었다고 토로한 사실을 보면 적어도 아무나 할 수 있는 것은 아니라는 생각이 든다.

그렇다면 우리가 일상적으로 인성교육이라 하는 것은 아마도 교양교육을 말하는 것이 아닐까 한다. 그것은 교육을 통하여 어느 정도 실현이 가능하다고 본다. 그러나 이것도 결코 쉽지 않은 것이어서 교양의 본질에 대한 철저한 규명이 선행되고 그에 따른 학습 과제를 충실하게 익혀서 자기 관리 능력을 지닐 수 있도록 함이 요체이기 때문이다. 여기에서 인격 지도의 문제가 제기된다. 앞서 언급한 바와 같이 인격은 인성의 대변자로서 덕(德)을 함양할 수 있는 방편이 되기 때문이다.

이를 위해서는 자아성찰에 따른 인간 삶에 대한 통시적이면서도 공간 개방적 안목의 형성이 요구되며, 꾸준한 자기 연마와 성찰을 필요로 한다.

이러한 의미에서 볼 때, 인성은 사람으로 당연히 지니고 있어야 하는 천연의 특성일 뿐 그것이 교육에서 가르칠 수 있는 것이 아닌 것임을 알 수 있다. 이것은 가르칠 수 있는 것도 아니지만 설령 가르침을 받는다고 하여 그 이해가 깊어지는 그러한 것은 더더욱 아니다.

오히려 아직도 깊은 오지의 원시림에서 아무런 교육의 혜택도 없이 생활하고 있는 원시인들이 문명사회에서 일정 수준의 공부를 한 우리보다 더 좋은 생활 방식에 따라 충, 효, 예, 헌신, 사랑 등의 실천 항목을 충실히 실천해 나가고 있음은 이를 반증한다.

예를 들어, 거의 나체로 생활하는 그들이 화려한 옷을 입고 사는 문명인들보다 오히려 더 엄격한 성관계의 규칙을 고수하는 성향을 보이는 것이나 개인의 사적인 이익보다는 공동체를 우선하며, 또한 상하의 분명한 위계에 따른 질서를 철저하게 지키면서 생활하고 있는 것 등이 그것이다. 이제 여기에서 비록 인성의 의미를 규정하기는 어렵지만 인성의 몇 가지 특성을 통하여 그 본질적 의미를 살펴보고자 한다.

2) 인성의 특성

인성은 인간의 고유한 특성으로 이것은 세상 만물과의 비교를 통하여 발생되는 소위 종차의 영역에 해당한다. 이것에 해당하는 것으로 대체로 동양의 인성과 서양의 이성 두 가지로 대별된다. 여기에서 전자는 개인의 사단칠정을, 후자는 관계적 형평을 주 관심사로 한다. 이들 양자는 모두 한결같이 공정과 정의를 중심으로 한다. 문제는 인성의 특성이 바로 여기에서 발아한다는 점이다. 여기에 양면성, 제약성, 잠재성 등 세 가지 특성이 나타나고 있다. 이것을 보다 상세하게 살펴보면 다음과 같다.

(1) 양면성

인성은 양면성을 지닌다는 점이다. 대개 인성은 호의적 측면만을 고려하여 인성을 강조하지만 보다 넓은 의미에서 보면 악의적 측면도 함께 있는 것임을 고려해야 한다.

예를 들면, 인성의 대표적 논쟁인 사단칠정론의 경우 사단은 순수 이(理)로써 공정한 것이지만, 칠정은 기(氣)의 사적 작용으로 매우 편파적 의미를 담아내므로 분쟁의 여지를 숨길 수 없다.

한편, 이성논쟁인 순수이성론에서도 이성이 기본적으로는 논리적 공정을 담보하고 있다는 점은 단 한 치의 의심도 없지만, 논리의 전제에 따른 이율배반이라고 하는 자체모순에서도 쉽게 벗어날 수 없다는 점에서 취약성을 갖고 있다. 이것은 이성이 논리를 위장한 불공정이 있을 수 있음을 허용한다. 애당초 논리의 현실 적용에 문제가 개입된다.

예컨대, 모두가 각자 노력한 만큼의 대가를 받는 것은 공정하다. 하지만 세상의 모든 일을 그와 같이 기계적으로 정량화할 수는 없다.

또한 동일한 교육 문제 사태에 대하여 수만 가지의 해법 제시가 가능하다. 서로의 입장에서 자신의 논리를 주장하기 때문이다. 소위 논리의 기본 전제가 다른 것이다. 반드시 그렇게 되어야 하는 궁극의 목적과 그에 대응하는 수단도 각자의 사정에 따라 다를 수밖에 없기 때문이다. 그렇다고 하여 모든 사태를 이성의 명령에 무조건 추종하게 하는 경우에는 자칫 획일화의 우를 범하려 할 수 있다. 그것은 기본적으로 개별의 특수성을 도외시하는 것으로 이성에 따른 공정과 평등의 의미가 사실상 무산되는 것이기 때문이다.

(2) 제약성

인성은 일정한 제약성을 지닌다. 인성이 무엇인가 하는 점도 우선 고려해야 하는 것임에는 틀림이 없지만 보다 중요한 것은 인성의 밝은 측면을 드러내는 일이다. 하지만 그러한 발휘 이면에는 일정한 상대적 제약이 있다. 인간에게 인성이 있듯이 만물에게도 저마다 한두 가지의 고유한 특성을 갖고 있다. 그러한 특성들은 한결같이 감각적으로 확인해 볼 수 있는 것이 일반적 현상이다.

예를 들어, 다이아몬드는 단단하고, 나무는 부드러우며, 새는 날아다니고, 들짐승은 기어서 다닌다. 이러한 특성은 각자에게 하나의 장점으로 부각된다. 그리고 그러한 장점에 상대적으로 제약될 수밖에 없는 단점은 스스로 감당해 낸다. 만약 어떤 다이아몬드는 재질이 강하면서도 쉽게 부서지고, 또한 어떤

소가 말보다 빨리 달릴 수 있다고 한다면 그들의 특성은 의미를 잃게 된다. 그러한 일들은 절대로 찾아볼 수 없다. 만물에게서 그러한 예외는 허용되지 않는다.

그러나 인간은 그러한 예외가 얼마든지 나타난다. 인간으로서 지니고 있어야 할 최소한의 인성도 없는 도저히 인간이라고 할 수 없는 사람을 찾아볼 수 있다. 인간은 본래 특성인 인성만 지니고 있는 것이 아니라 상대적으로 욕망도 함께 소유하고 있는 까닭이다. 다시 말해, 인성을 발휘하기 위해서는 욕망이라는 제약을 넘어서야 하지만 그것이 쉽게 허용되지 않는다. 즉, 욕망이 인간의 특성으로서의 인성의 발휘를 방해한다. 이것이 인성에 따른 제약이 요구되는 소이(所以)다.

(3) 잠재성

인성은 천부적으로 부여받은 잠재적인 것이다. 인간은 여타 동물과 달리 인간으로서 최소한의 신체와 능력만을 부여받고 세상에 태어난다. 인간이 강건한 육체와 유용한 능력을 구비하는 것은 전적으로 주변의 도움과 일정한 발달 그리고 스스로의 연속적 숙련 때문이다. 그러므로 자주적인 한 인간으로 성장하기까지 적지 않은 보살핌과 교육은 거의 필수적이다.

하지만 인성은 태어나는 순간부터 이미 일정한 성향을 지닌다. 인성은 신체 또는 기능과 같이 점차 발달해 나가는 것이 결코 아니다. 뿐만 아니라 절대로 학습에 의하여 늘거나 줄어드는 성질의 것도 아니다. 다만, 여타 만물과 달리 신체에 잠재적으로 내재하여 있다는 특성만이 있을 뿐이다.

따라서 인성의 이러한 잠재적 성향으로 그와 관련된 어떠한 특정 사태에 순간적으로만 나타난다. 심지어 동일한 사태에서도 인성의 발휘는 서로 다를 수 있으며, 그 정도는 오로지 자신의 당시 판단에 맡겨질 뿐이다. 세상에 태어나 청년에 이르기까지 항상 모범생이던 학생이 어느 순간, 문제아로 전락하여 다른 사람들을 당혹스럽게 하는 수도 종종 있기 때문이다.

이상의 의미에서 인성은 인간의 매우 고유한 특성으로 그 좋은 측면을 살려 내 생활 속에서 계속 활용할 필요가 있는 것은 분명하지만 이를 위해서는 무엇 보다 먼저 그에 대한 고도의 활용 방안을 모색하는 것이 선행되어야만 한다.

여기에서 마지막으로 인성과 혼돈하기 쉬운 정서를 잠시 언급하자면 그것은 오로지 신체에 뿌리를 내리고 있는 지극히 사적인 것에 반해, 인성은 정신의 발아 이전 모든 인간의 본성에 뿌리를 두고 있는 보편적인 것이라 할 수 있다. 따라서 감성은 일단 일정한 인지 작용에 따른 개념체계가 형성된 이후에 비로소 자신만의 고유한 정서를 나타내지만, 인성은 발달의 초기에서도 그 특성을 행동으로 나타낸다. 그렇다고 하여 인성이 오로지 보편적 특성만 있는 것은 아니다. 인성 역시 사적 감성과 연계되어 정서의 기초가 되기 때문이다. 이러한 의미에서 사욕을 멀리하고 자연성을 추구하며, 중용(中庸)의 상태를 견지하는 방법에 관한 학문인 인문학은 비교적 인성의 회복과 연계되어 있는 것이라 할 수 있다.

6. 마음

앞에서 감성, 이성, 인성 등이 무엇인지를 구체적으로 살펴본 바 있다. 이제 마음의 실체를 알아볼 수 있는 계기가 마련되었다. 마음은 한마디로 말해 인성과 인정의 작용 성향이다. 그런데 인정은 인성에 의하여 촉발되므로 마음은 결국 인성의 작용 성향이다. 따라서 마음은 인성을 중심으로 하여 크게 인지 활동을 위주로 하는 이성과 정서 작용을 위주로 하는 감성으로 구분된다.

감성은 생명의 유지를 위하여 신체의 보호를 최우선 과제로 하며, 이성은 논리와 언어를 도구 삼아 인식과 사고의 반듯함을 추구한다. 특히 인성을 바탕으로 하는 덕성은 감성으로 하여금 양심과 가치를 도구 삼아 바르게 행동할 것을 명령한다. 이제 이러한 마음의 의미를 구체적으로 살펴보고자 한다.

1) 마음의 의미

얼핏 마음이라는 것을 생각해 보면 처음 인지가 발생하게 됨으로써 정서가 수반되는 것으로 보인다. 그러나 실상은 인지와 정서가 하나로 통합되어 있다고 할 수 있다. 그러므로 마음은 인성을 기반으로 사람의 인지와 정서의 작용 성향에 따른 생각을 대변한다. 다만, 이러한 작용의 반듯함을 보장하는 덕(德)이 부족한 경우에는 오로지 사적 이익에 편향적으로 관여하게 될 가능성이 높아진다. 소위 양심은 이러한 부덕(不德)을 지원하는 후원군이라고 보면 거의 틀림이 없다고 할 수 있다.

따라서 마음의 중심에는 항상 양심이 자리 잡고 있다. 즉, 인성이 항시 마음과 연계되어 일정한 작용 지침을 강요하고 있는 것이 양심이다. 어떠한 의미에서 이것은 하늘이 모든 사람에게 부여한 마음의 성향으로 인성의 핵심적 의미를 나타내고 있다.

예컨대, 길거리에서 다른 사람의 물건을 주워 탐이 나는 경우에도 주인에게 돌려주려는 마음이 생기는 것은 자신의 욕심 이전에 양심이 작용하고 있기 때문이다.

그러한 양심은 어느 한 사람만의 개인적 성향에 의한 것이 아니라 누구에게나 대동소이한 면이 있다. 그것은 사람의 성, 곧 인성에 이미 붙박여 있는 속성에 의하며 개인의 판단 이전의 사태이다.

그러나 마음에는 이것뿐만 아니라 이성과 감성 작용의 흔적에 따라 은연중 부지불식간에 나타났다 사라지는 자유분방한 생각도 있다. 이것은 자신이 도저히 통제할 수 없는 것으로 슬그머니 생겨나 자유자재로 돌아다니다가 되돌아와 스스로 사라져 버리기도 한다.

예를 들어, 느닷없이 과거 아프리카 원주민 또는 현재 거리의 노숙자, 아니면 미래에 당면할 수 있는 위험 등 시·공간을 넘어서 여기저기를 정처 없이 배회하기도 한다.

이처럼 방황하는 마음의 통제는 거의 불가능하다. 시간과 장소를 초월하여 무시로 어느 곳이든 자신도 모르게 신체를 들고 나는 참으로 알 수 없는 것이 마음이다.

마음은 비단 여기에 그치는 것만 아니라 스스로 분열 사태를 초래하기도 한다. 이성의 냉철한 판단에도 불구하고 감성은 그것을 역행하고자 함으로써 서로 간 갈등 사태를 유발한다. 특정한 사람의 의견이 합당한 것임을 알면서도 실제로 마음속으로는 그것을 거부하는 현상이 나타난다. 합당한 생각과 달리 행동은 감정을 따른다.

이처럼 마음이 분열되는 것은 단순히 합당한 논리나 사적 이익 등에 얽매여 있기 때문만은 아님을 나타낸다. 이러한 현상은 마음이 기본적으로 이성과 감성의 부조화 속에서 발아한다는 점에 기인한다. 즉, 그러한 부조화의 원인은 이성에 따른 아직 실행 이전의 마음과 감성에 따른 실행하고자 하는 마음이 서로 대치되기 때문이다.

이와 같이 비록 마음이 감성과 이성으로 또는 천성과 개성으로 구분되고 서로 대립하는 경우도 있으나, 이들은 서로 밀접하게 관련이 있다고 표현할 수밖에 없다. 다만, 인식과 판단의 선후를 분별하는 것에 다소 복잡한 측면이 있다는 점에서 마음을 이해하는 데 어려움이 있다.

이러한 의미에서 우리가 마음을 이해하기 위해서는 먼저 인식의 중심이 되는 이성에 의한 마음을 살펴보지 않을 수 없다. 즉, 마음은 일차적으로 인성에 토대를 두고 있는 인지 과정에 의하여 비로소 확인되기 때문이다. 아울러 정서 작용에 따른 욕구와 의지도 일단 이성에 의한 인식과 대처 방안의 사고가 전제된 이후 나타나는 것으로, 이 역시 개념체계와 깊은 관련을 갖고 있음을 알 수 있다. 따라서 여기에서는 우선 이성에 의한 사고 활동에 따라 일정한 모양을 이루게 되는 마음을 중심으로 하여 그 의미를 살펴보고자 한다.

사고는 인식을 토대로 무엇보다 새로운 의미의 생성에 중요한 의미가 있다. 따라서 사고에는 항상 산고의 고통이 따르며, 그럼에도 불구하고 새로운 의미 창출에 실패하는 경우가 대부분이다. 하지만 일단 새로운 생각에 이르게 되고 나름대로 어느 정도의 만족감을 확보하면 다음에도 습관적으로 같은 사고 과정을 밟으려는 특성을 지닌다. 그것은 이미 자신의 생각 속에는 각자 독특한 환경에 따른 보다 효율적 삶의 방식이 감안되어 있는 것일 뿐만 아니라, 저마다 자신의 독특한 환경에 따른 삶 속에서 실행을 통하여 은연중 가혹한 검증의 과정을 거치게 되기 때문이다.

이에 따라 사고가 진행되는 일정한 길, 곧 사고의 길이 형성된다. 이러한 사고의 길이 기나긴 세월의 흐름 속에서 하나 둘씩 늘어나 쌓이면 자연히 사람마다 서로 다른 생각의 총체적 모습이 형성된다. 이러한 사고의 길은 사람마다 각기 독자적 판단을 이끌어 낼 수밖에 없는 고유한 생각의 성향이다. 그리고 여기에는 자신만의 개성과 체험에 따른 생각에 대한 믿음이 내재하게 된다. 곧, 각자의 생각과 믿음이다. 여기에 생각은 믿음을 낳고 믿음은 동일한 생각과 행동을 반복하는 순환 과정이 발생하게 된다.

이때, 이러한 순환 과정에 따른 생각의 통로가 마음의 길이다. 특히 사람은 자신의 생각에 따라 행동하려는 경향이 강한 동물이기 때문이다. 마음의 의미를 엿볼 수 있는 대목이 아닐 수 없다. 마음은 겉으로 보아 단순히 사고의 길에 의존해서 형성되는 것으로 생각되지만, 그 사고의 길 자체가 이미 근원적으로는 자신의 신체적 조건과 주변 여건에 따라 형성된 것임을 알아야 한다. 이것은 이미 이성 자체가 감성의 제약과 연계되어 진행되는 것임을 나타낸다.

다시 말해, 사고의 바탕이 되는 일정한 개념체계를 이루는 그 낱낱의 모든 개념은 기본적으로 각 개인의 감성에 따라 생명과 신체를 건강하게 유지하기 위한 생활 속에서 장시간 구축된 것이기 때문이다. 좀 더 구체적으로 말하면, 아무리 동일한 상황에서도 각자의 신체적 조건이나 환경에 따라 적응 방식은 서로 다를 수밖에 없다.

예컨대, 같은 실내 온도에서도 환경이나 신체적 특성에 따라 덥게 느끼는 사람이 있는 반면, 춥게 느끼는 사람도 있게 마련이다. 이러한 경향은 성장 과정에서 형성되는 개념체계에 그대로 반영된다.

이처럼 개인의 신체적 특성이나 환경에 따라 다르게 나타나는 개별적 생각의 고유한 특성을 주체성이라고 한다는 것은 이미 앞서 살펴본 바와 같다. 이것은 사고가 자신의 신체에 의한 감성에 제약되는 것임을 분명히 나타내고 있다. 그리하여 대부분의 사람은 이러한 주체성에 의한 폐쇄적이고 주관적인 마음을 소유하게 되는 것이 일반적인 경향이다.

이러한 의미를 역으로 보면 주체성은 어떠한 사고 과정을 막론하고 자신의 신체에 알맞은 결론에 이르도록 하기 위하여 객관적이고 무제약적인 사고 본연의 흐름을 제약하는 것임을 나타낸다. 물론 바람직한 마음의 특징은 객관적이며, 개방적이어야 한다. 하지만 자신과 깊이 연계되어 있는 사고는 항상 기존의 의미를 수정하여 보완하거나 새로운 의미를 창출하는 과정이기 때문에 그러한 개방적 자세를 갖는다는 것은 결코 쉬운 일이 아니다. 자기반성적 성향이 강한 열린 마음의 자세가 아니고서는 자기 발전을 도모할 수 없는 것은 바로 이 때문이다. 사고는 결국 자신을 위한 새로운 의미를 생성하고 어느 정도의 효율성이 확보되면 더 이상의 창의적 사고를 외면한 채 이미 연결되어 있는 일정한 생각의 통로를 고수하는 경향을 나타낸다. 이러한 일정한 사고의 경향성이 일단 마음이 된다.

예컨대, 상업으로 일평생을 보낸 사람은 많은 돈을 벌어들일 수 있는 일정한 비책, 정치로 세월을 보낸 사람은 권력을 쟁취하고 행사하는 노련한 대처 방식, 음악과 함께 세월을 보낸 사람은 아름다운 소리를 만들고 표현하는 방식, 종교 생활로 일생을 보낸 사람은 신을 경배하고 찬양하는 행동 방식, 공부로 시간을 보낸 사람은 매사에서 이치를 구하고 활용하는 탐구 방식, 봉사활동으로 살아온 사람은 남을 위해 자신을 희생하고 봉사하는 방법 등 서로 다른 방식에 따른 마음이 각각 형성되어 간다.

따라서 지금까지 이성을 중심으로 한 일반적인 마음의 의미를 살펴보면 그것은 이성에 따른 자신만의 고유한 생각의 통로이다. 그러나 여기에서 한 가지 간과할 수 없는 것은 그 생각의 통로 속에 이미 감성이 뿌리 깊게 내재되어 있다는 점이다. 마음은 어느 한 순간 형성되는 것이 아니라 갖가지 시행착오를 거친 오랜 경험의 축적에 의한 진수로 자신만의 취향이 함께 배어 있는 것이다. 이성의 작용 속에는 이미 도저히 감성을 배제할 수 없는 측면이 있음을 알 수 있다. 결국 '자신만의 고유한 생각의 길'이라는 것은 이성과 감성의 측면에서 생각할 수 있는 마음이다.

이제 떠도는 마음을 살펴볼 계기가 마련되었다. 그것은 마음은 일차적으로 과거 자신의 행적에 뿌리를 두고 있다는 사실에서 찾을 수 있다. 일정한 마음이 형성되는 기초는 어디까지나 과거에 있다. 하지만 마음이 영향력을 발휘하는 활동 무대는 결코 과거가 아니며, 오직 미래를 향하여 쉬지 않고 달려가는 현실의 세계가 된다. 가끔 현실을 벗어나거나 미래로 달려가기도 하지만 현실에로의 복귀는 필수적이다.

여기에서 마음의 방황에 대한 단서가 포착된다. 마음이 작동하는 현실은 항상 과거에 발판을 토대로 하여 미래를 담보하게 된다는 사실이다. 즉, 마음은 필연적으로 현실에서 활동할 수밖에 없는 제약이 있으나 과거의 제약이 따르는 현실은 더 나은 미래를 위한 것이 아니면 안 된다. 여기에서 마음은 항시 현실을 벗어나 과거와 미래를 향하려는 의지를 잠재적으로 지니게 된다. 이러한 잠재적 의지가 잠시라도 한가한 틈이 나면 그 본래 성향을 드러낸다. 여기에는 당초부터 굳이 공간을 고려할 필요가 없다. 시간을 넘어서는 순간 공간도 의미가 없기 때문이다. 더욱이 현실의 저항이 강렬하여 심적 고통이 누적되는 경우 과거의 즐거웠던 추억은 마음의 고향이 된다. 하지만 이러한 마음도 과거에 고착이 되면 아집이 되어 미래로의 전진을 저해하거나, 미래에 고착되면 환상에 사로잡혀 현실을 왜곡하기도 한다. 마음이 과거와 미래를 넘나들며 방황하는 까닭이 여기에 있다.

이제 이러한 마음의 특성을 진보와 보수 그리고 대아와 소아를 중심으로 보다 구체적으로 살펴보고자 한다.

2) 마음의 특성

(1) 진보와 보수

마음의 가장 중요한 특성 중의 하나는 매 순간 현실 속에서 드러나는 마음의 행로가 과거 행적에 따라 거의 폐쇄적으로 결정되어 있다는 점이다. 미래의 변화보다 과거 자신의 사고방식을 고수하려 한다. 이것을 아집이라 한다. 이것이 계속되면 마음은 편하지만 색다른 변화는 맛볼 수가 없다. 소위 보수적 성향이다. 이러한 성향은 현실적으로 만족감이 확보되면 될수록 또한 외부에서 변화에 대한 요구가 강하면 강할수록 더욱 강하게 나타난다. 한마디로 말하여 보수는 과거에 마음을 정착하고 미래의 개혁에 대해서는 강한 저항을 나타내는 성향이다.

그러나 반대로 이러한 저항을 극복하고자 하는 경우도 흔히 나타나고 있다. 이러한 경우는 대부분 과거에서 지금까지 비교적 마음을 안정시킬 수 있는 자신의 고유한 사고방식을 확보하지 못하고 있는 경우에 해당된다. 이에 대한 저항이 따르는 것은 지극히 당연하다. 이들의 마음은 항시 미래를 향한다. 그리하여 현실에서는 언제나 과거보다 효율적인 새로운 행로를 강요한다.

사정이 이렇게 되면 자연히 자신의 생각과 현실이 자꾸 멀어져 가고 보수 세력과 갈등의 골은 깊어진다. 현실을 개혁하고자 하는 의지가 사고의 중심을 형성하기 시작하는 것은 바로 이때부터이다. 이후 점차 이러한 사고방식이 습관화되면 매사에 불만을 토로하고 저항하는 사고 성향이 강화되어 개혁에 대한 현실적 방안을 모색하게 된다.

이러한 개혁 성향을 가진 사람들의 가장 치명적 약점은 앞서 보수적 경향과는 달리 자신의 존재 근거가 되는 현실을 부정하는 사태를 스스로 인정해야 한다는 점이다. 자신이 소망하는 개혁을 이루어 내기 위해서 때로는 조국과 민족을 부정하고 심지어 부모마저 거부하는 자기모순이 내포되어 있다. 그럼에도 불구하고 개혁에 앞장서는 것은 현실에 안주할수록 더욱더 힘없이 강요당하고 불이익을 감수할 수밖에 없는 상황이 현실에서 계속 전개된다는 강박관념이 앞서기 때문이다.

사정이 이렇게 되면 한편으로 현실에 대한 강한 저항감이 쉽게 노출되지만 다른 한편으로는 마음은 심한 갈등으로 불편함을 겪을 수밖에 없다. 이러한 불편은 결코 작은 것이 아니다. 개혁 의지가 강렬해질수록 자신의 과거, 곧 자신의 근본을 부정하는 사태가 내포되어 있기 때문이다. 따라서 이러한 현실 저항의 형태는 대부분 집단적으로 표출된다. 자신의 불안을 최소화하고 저항의 표시를 보다 분명하고 강하게 할 수 있기 때문이다. 집단 저항의 궁극적 목표는 대개혁이다. 모든 것을 반전시켜 주도적으로 자신들의 생각을 현실에 반영하게 만든다.

이러한 집단 현실 저항 성향을 소위 진보적 성향이라고 한다. 이러한 성향은 과거보다 현실에서 더 어려움을 겪고 있다고 생각할수록 더욱 강하게 나타난다. 이러한 의미에서 소위 진보라고 하는 것도 그들의 입장에서 보면 기실은 결국 자신들이 갈망하는 사회를 이룩하고 지키려는 보수의 또 다른 측면인 것임을 알지 않으면 안 된다. 다만, 한쪽은 이미 실현된 사회에 대한 집착이며, 다른 한편에서는 앞으로 실현하고자 하는 사회에 대한 갈망이다. 이러한 의미에서 과거 모든 인간의 역사는 보수와 진보의 대립과 갈등이 반복적으로 이어져 내려온 것임을 알 수 있다.

여기에서 한 가지 짚고 넘어가야 할 중요한 문제는 보수와 진보 모두 공통적으로 대개 자신들의 과거에 어떠한 문제가 있었음은 잘 인식하지 못한다는 점이다. 그렇게 되면 보수는 과거 습관적 사고의 병폐가 답습되어, 진보는 실현 가능성이 희박한 이념에 고착되어 결국 모두가 퇴락의 길로 접어들게 된다는 점을 유념할 필요가 있다. 보수와 진보를 떠나 일단 유리한 고지를 점령하면 자신들의 주장만이 소위 최고선으로 여김으로써 크고 작은 병폐가 누적되어 결국은 자멸하게 된다.

따라서 아무리 자신의 과거라 하여도 그것에 어떠한 문제가 있다면 과감하게 마음을 바꾸어 나갈 수 있는 열린 마음을 지니는 것이 매우 중요하다. 이러한 의미는 마음이 단순히 이성과 감성에 따른 자신의 생각과 연계되어 있는 것만은 아니라는 것을 나타낸다. 이제 이에 또 다른 마음의 양면적 특성을 살펴볼 수 있는 계기가 마련되었다.

(2) 대아와 소아

먼저 마음은 언제부터 인간에게 허용되는 것인가를 살펴보기 위하여 신체가 형성되는 초기로 거슬러 올라갈 필요가 있다. 아기가 처음으로 나름대로의 마음을 간직하게 되는 것은 일반적으로 일정한 의사 표현이 가능하면서부터이다. 이것은 이미 앞서 살펴본 바와 같이 일차적으로 신체 내부 신경조직의 성숙과 연계되어 있다.

그렇다면 그 이전의 단순 감각에 의존하는 상태에는 마음이 존재하지 않는 것인가 하는 점이다. 엄밀하게 말하여 마음[心]은 일단 심장박동이 시작되는 순간, 다시 말해 새로운 생명이 본격적으로 출발하는 시점에서 발생하는 것이라 할 수 있다. 왜냐하면 심장을 통한 피돌기는 한마디로 에너지의 주기적 순환을 뜻한다. 이것은 생명의 본바탕을 이룬다. 신체의 변화는 물론 일정한 인식능력의 생성도 원초적으로 여기에 기인하기 때문이다.

여기에서 한 가지 중요한 점은 이러한 변화와 생성에 일정한 방향성과 과정에 따른 단계가 있음을 확인해 볼 수 있다는 것이다. 그렇다고 한다면 심장박동의 피돌기는 단순히 동일한 동작의 연속이 아니며, 우리가 미처 인식할 수는 없지만 미세한 변화가 수반되는 가운데 진행되는 그러한 피돌기에 틀림이 없다고 할 수 있다. 다시 말해, 어느 한순간도 동일한 모습의 피돌기는 찾아볼 수 없다.

여기에서 우리는 나 자신과는 아무런 상관이 없이 이와 같은 피돌기의 변화를 이끌어 내는 그 무엇이 실재하고 있음을 확인해 볼 수 있다. 마음의 실체를 미온적이나마 살펴볼 수 있는 부분이 바로 이처럼 피돌기의 변화를 이끌어 가는 그 무엇의 실재를 확인하는 시점이다. 왜냐하면 피돌기에서 다음과 같은 몇 가지 마음의 징표가 확인되기 때문이다.

첫째, 일정한 순환 과정이 있다는 점
둘째, 상황에 따라 매 순간 변화가 나타난다는 점
셋째, 결코 자신의 통제하에 있지 않다는 점

넷째, 물적 특성을 지니는 것이 아니라는 점

다섯째, 존재의 시작과 끝, 곧 생명과 함께 한다는 점

이러한 징표는 경험적으로 확인되는 다음과 같은 마음의 특성과 그대로 일치한다.

첫째, 마음은 일정한 항상성을 지닌다.

둘째, 마음은 환경과 상황에 따라 변화하게 된다.

셋째, 마음은 자신의 생각과 다른 별개의 의지 성향을 지닌다.

넷째, 마음은 시·공간을 자유로이 넘나든다.

다섯째, 마음은 죽음과 함께 사라진다.

이것을 다소 어렵게 표현하면 비록 일정한 체(體)는 확인할 수 없으나 그에 따른 용(用)에서는 분명히 일치하고 있음을 알 수 있다. 우리 몸속의 피돌기를 주관하는 그 무엇을 일단 '변화의 주관자'라고 이름한다면, 이것이 일정한 실체가 있는 것은 분명 아니지만 실제 현실에 적용할 수 있는 마음과 깊게 연계되어 있다는 것은 숨길 수 없는 사실이다. 이때, 인간은 단지 그 알 수 없는 실체에 관여할 수 있는 여지가 여타의 어느 생명체보다 많이 있다. 스스로 몸을 차분히 추슬러서 피돌기를 느리게 하거나 또는 격한 운동을 하여 빠르게 하는 것이 그것이다. 그리고 이러한 경우 차분하거나 격한 움직임은 피돌기와 서로 호응하면서 비로소 영향을 주고받는다.

그러나 때로는 아무리 자신이 홀로 차분한 몸가짐을 갖고자 해도 피돌기가 이에 호응하지 않는 경우도 발생하게 된다. 따라서 매우 극심한 상황을 제외하고 만약 피돌기가 자신의 몸가짐과 호응이 매우 어렵게 된다면 그것은 신체가 이미 병들어 있는 상태인 것으로 볼 수 있다.

이러한 의미는 결국 우리의 신체는 그 변화의 주관자와 자신의 생각과 판단에 따른 의지가 상호 영향을 주고받음으로써 변화되어 가고 있는 것임을 알 수

있다. 여기에서 주의를 요하는 것은 전자는 개체의 특수성을 포함한 모든 생명체 변화의 보편적 원리에 따른 일반성을 함축하고 있는 것임에 반해, 후자는 오로지 특정 개체의 차별성에 따른 특수성만을 지닌다는 점이다.

여기에서 그 일반성은 일반적으로 천리(天理) 또는 도(道)라고 흔히 일컬어지며, 이것은 우리의 덕성과 이성에 담겨 있는 본성(本性)으로 흔히 진선미의 추구 성향 또는 신념 등으로 대변된다. 이러한 일반성은 현실에서 양심적, 이성적, 인의(仁義), 정의 실현 등으로 나타나며, 이것은 특히 앞서 논의한 영(靈) 또는 영혼(靈魂)과 깊은 관련이 있다고 보인다.

이에 반하여 특수성은 개별성(個別性) 또는 사(私)라고 하는 것으로 신체적 감성에 따른 자신만의 고유한 생각의 통로에 의한 생각과 의지 등으로 대변된다. 이러한 특수성이 현실에서는 주로 이기적이거나 자기중심적 욕구 성향으로 나타나며, 이것은 또한 얼과 넋이 깊게 연계되어 있다고 보인다.

여기에서 우리는 마음의 양면성을 어느 정도 가늠해 볼 수 있는 대목을 발견할 수 있다. 이러한 양면성은 마음을 이해하는 데 하나의 필수 요건이 된다. 왜냐하면 이러한 양자의 특성은 생명체의 끊임없는 변화 과정 속에 나타나는 상호작용에 피할 수 없는 문제를 노정시키기 때문이다. 구체적으로 말하여 각 개체 내에 개별적, 신체적 특수성에 대한 강조가 감성으로 자연스럽게 발아하면서 변화의 주관자가 지니고 있는 덕성에 따른 이성의 일반성과 서로 조화와 균형을 이루지 못하고 갈등하는 사태가 계속된다. 이처럼 실제로 마음의 작용 과정에서 일반성과 특수성의 조화와 균형은 구조적으로 어려운 것임을 알 수 있다. 구체적으로 말해서 마음의 작용은 대부분 특수성의 의지에 따라 이루어지며, 일반성은 단지 특수성의 의지가 약한 경우에 한해서 작동되므로 조화의 어려움이 있다.

이러한 현상의 반복은 필연적으로 개체의 특수성에 대한 강조를 철회하지 않는 한 지속적으로 자체 불안정을 초래한다. 이러한 개체의 내재적인 자체 불안정이 조화와 균형의 안정 상태를 요구하는 가운데 근원적인 마음[心]의 성향이 형성된다.

이러한 의미에서 마음의 성향은 거의 신체적 특수성에 이성이 어느 정도로 고착되어 있는가에 의하여 좌우된다. 일반성의 경우에도 개인에 따라 다소의 차이가 없는 것은 아니지만 사안에 따른 사적 의지(意志)가 별로 개입됨이 없이 오로지 이상적 방향만을 일깨워 주는 항구적 성향을 나타낸다. 하지만 특수성의 경우는 일반성과 달리 개인적 취향에 따라 사안별로 천차만별의 의지를 나타내는 가변적 성향을 지닌다.

그러나 그처럼 특수성의 강한 의지가 일반성을 제압하고 끈질기게 자신을 고수하려는 경우, 마음은 양자의 불균형이 심화되어 다시 본래의 안정 상태로 회복하기 위해서는 엄청난 에너지를 사용하게 된다. 그에 따르는 특수성의 저항이 상대적으로 거세게 나타나기 때문이다. 이렇게 되면 자신의 안정을 찾고자 하는 순수한 마음은 갈 곳을 잃고 방황하게 된다. 괴롭고 고통스러운 시간이 계속된다.

그러므로 가급적 자신의 특수성을 천성의 일반성에 맞추어 인성을 보존하여 나가는 것은 대아(大我)로 향하는 넓은 마음을 소유하는 것이며, 천성을 거부하고 자신의 주장을 고수하여 인성을 외면하는 것은 소아(小我)로 향하는 좁은 마음을 소유하는 것이다. 문제는 대아로 향할수록 마음은 안정되어 가며, 소아로 향할수록 불안정이 심화된다는 사실이다.

그러나 대부분의 사람은 거의 맹목적으로 소아를 추구함으로써 자신을 더욱 불안으로 몰아가고 있다. 따라서 대부분의 사람들은 항상 자신의 마음의 안정을 찾아 나설 수밖에 없다. 마음은 한 개체로서 자신의 생명을 다하는 순간까지 단 한 순간도 떨쳐 버릴 수 없는 불안정에 깊이 뿌리를 내리고 있으므로 자신은 물론 광활한 우주 공간을 정처 없이 넘나들 수밖에 없다. 자신의 마음을 잡지 못하는 것은 그만큼 소아에 대한 집착을 버리지 못하고 있음을 나타낸다.

뿐만 아니라 소아를 고수하는 한 그러한 불안정의 해결은 항상 미봉책에 불과할 수밖에 없다는 점에 있다. 그 어떠한 현실적 상황도 소아의 끊임없는 의지에 부합하는 것은 거의 불가능한 것이기 때문이다.

예컨대, 스마트폰(smart phone)은 제아무리 신형을 개발해 낸다고 해도 항상 다소의 불편한 점이 있을 수밖에 없기 때문에 아마 스마트폰이 아닌 또 다른 기구로 대치되기 전까지는 끊임없이 신형이 개발되어 나갈 것이다. 그리고 설령 또 다른 기구로 대치되는 경우에도 사정은 마찬가지가 된다. 사람의 마음이 끊임없이 방황하지 않을 수 없는 이유이다. 참으로 안타까운 현실이 아닐 수 없다.

이상의 의미에서 볼 때, 앞서 언급한 마음의 분열, 곧 이성과 감성의 분열은 단지 인간의 인식에 의한 판단일 뿐 실제로는 보수와 진보 그리고 소아와 대아의 분열 현상을 왜곡한 결과라는 것을 알 수 있게 되었다. 그리고 이러한 의미는 인간의 개인적 욕구의 추구가 멈추지 않는 한 계속될 수밖에 없는 것임을 암시한다.

그렇다고 바람직한 해결 방법에 대한 모색을 포기할 수는 없는 일이다. 그것은 이미 밝힌 바대로 가급적 개별적 특수성을 최대한 축소하는 것이다. 즉, 사욕을 가급적 줄여 나가는 길, 이 한 가지뿐이다. 소아를 벗어나 대아를 향하는 것, 바다같이 넓은 마음을 갖는 것, 자비롭고 너그러운 마음을 갖는 것 등은 사욕, 즉 개별성을 놓음으로써 가능한 것이며 시기와 질투, 비난과 중상모략 등은 사욕을 극대화시키는 데 따른 것이 아닐 수 없다.

그러나 이처럼 사욕을 줄여 나간다는 것은 결코 쉬운 일이 아니다. 이를 위해서 진정한 공부가 필요하다. 흔히 공부하는 것을 출세의 지름길로 생각하고 있지만, 사실은 자신의 마음을 다스리는 일에 초점을 맞추어야 한다. 인간이 공부를 결코 외면할 수 없는 소이가 바로 이것 때문임을 알지 않으면 안 된다.

이를 위하여 적어도 자연, 인간, 사회 등에 대한 명확한 인식을 바탕으로 한 바람직한 인생관의 확립이 요구된다. 기본적으로 자연은 시간과 공간에 대한 인식을, 인간은 인성과 소명에 대한 인식을, 사회는 관계와 공동체에 대한 인식을 올바로 정립하지 않으면 바른 이해가 불가능하다. 좀 더 구체적으로 말하여 과거, 현재, 미래로 나아가는 시간에 대한 통시적 시각과 세상 만물의 생멸 변화를 이끌어 내는 공간에 대한 총체적 안목이 없이 대자연의 깊은 의미를 이해할 수가 없다. 현재나 혹은 미래에만 중점을 두는 시각과 우리 집, 우리나라와 같은 공간의 한계를 벗어나지 못하는 편향된 관점으로는 사고의 왜곡을 피할 수 없다.

또한 존재로서의 인간은 인성에 대한 올바른 관점이 들어서야 비로소 자신의 존재가 무엇인지를 생각할 수가 있는 발판을 마련하게 된다. 대자연이 자신을 잉태하고 키우고 일깨워 주는 까닭이 무엇인가를 분명하게 인식할 수 있는 것도 바로 그러한 토대 위에서만 가능해진다고 할 수 있다. 이러한 소명의식은 자신의 참된 삶을 이루는 발판이 된다. 자신의 행동이 일관성을 유지하고 성실과 신뢰를 구축할 수 있는 것이 모두 이러한 소명의식에서 비롯된다고 할 수 있다. 그러한 의식이 없다면 여타 동물들과 같이 단순히 먹고 자는 반복된 일상을 벗어날 수 없다.

사회에 대한 이해도 자연과 인간 이상으로 중요한 의미를 지닌다. 특히, 사회에서 이루어지는 인간관계는 삶의 전부라고 해도 과언이 아니다. 인연으로 인생이 시작되고 만남으로 인생이 이루어지며, 이별로 인생을 마감하는 것이다. 인간관계에서 예의와 신뢰가 왜 그토록 중요한 것이며, 효도와 충성의 핵심적 의미는 무엇인가 등을 명확하게 살펴보지 않으면 안 된다. 뿐만 아니라 나 혼자만의 사회도 아니며 나를 위한 사회도 아니며 더더욱 내가 만든 사회도 아닌 오로지 공동체를 위한 사회라는 점을 또렷하게 알아야 한다.

이상의 의미들을 총체적으로 이해할 수 있을 때 비로소 자신의 인생관을 정립할 수 있는 기초가 마련된다. 삶에 있어 참다운 인생관의 정립이야말로 무엇보다 중요한 일이 아닐 수 없다. 인간관계는 조화와 균형을 요구하며, 공동체 의식은 개인의 과욕을 억제한다. 그러므로 사회에 대한 관점이 잘못되면 자연히 사회질서를 어지럽히고, 필요 이상의 과욕으로 자신을 스스로 파멸시키는 결과를 초래한다.

원래 동서양을 막론하고 공부를 생의 과업으로 삼은 사람들은 자신의 내부의 본성을 회복하는 것 또는 외부의 세상 변화 속에 숨겨져 있는 참다운 이치를 깨달아 이것을 실천하는 것을 공부의 중심이라고 여겨 왔음은 익히 알려진 사실이다. 다만, 근래에 와서 교육이 단순히 직업을 쟁취하기 위한 능력을 연마시키는 것으로 변질되어가는 바, 이것은 인간의 마음을 황폐화시키는 것임을 분명히 인식해야만 한다. 마음에 대한 보다 깊은 이해가 요구되는 대목이 아닐 수 없다.

제2부

정서의 형성과 발현

제1부에서는 정서와 밀접하게 연계되어 있는 인간의 신체, 감성, 이성, 덕성, 마음 등의 의미를 살펴봄으로써 정서 이해의 기초를 마련하였다.

이제 실로 정서는 과연 그 실체가 무엇인가 하는 이 책에 주어진 본래의 중심적 과제를 살펴볼 차례가 되었다. 정서는 기본적으로 신체 내부에서 소통되고 있는 기(氣)의 상태 또는 이미 기억 속에 잠재하여 있는 특정 대상에 대한 생각의 회상 등에 따른 마음의 동요(動搖)이다. 그러한 동요는 나름의 방식에 따라 거의 반사적으로 행동이나 표정 등으로 발현되는 특성이 있다. 그만큼 대부분 정서의 발현은 감추기 어렵다.

이와 같이 정서는 마음의 동요 상태가 중심이 되지만 또한 그것이 외부로 발현되는 특성이 강하다는 점에서 중요한 의미를 지닌다. 그러므로 어떠한 의미에서는 마음의 동요보다 외부로 발현되고 있는 상태를 정서라고 하는 경향이 강하다. 그러나 그것은 내부에서 이미 발생된 마음의 동요에 의하여 나타난 현상이라는 점을 간과한 것이다. 정서를 명확하게 이해하기 위해서는 그 양자를 반드시 관계적으로 살펴보지 않으면 안 된다.

따라서 내부에서 발생되는 마음의 동요는 무엇인가를 먼저 살펴보고 또한 그것은 어떠한 원인과 과정을 따라서 형성되며, 어떻게 발현되는 것인가를 밝혀 보고자 한다. 전자를 위해서 보편적 정서의 개념과 개별적 중심 정서의 개념을, 후자를 위해서 정서의 연계 요인과 발달 과정 등을 살펴보고자 한다.

제4장

정서의 개념

　정서는 기본적으로 '마음의 동요'라고 할 수 있다. 이러한 정서에 대한 보다 명확한 이해를 위해 이 장에서는 정서의 본질, 기본 유형, 정서의 기저, 정서 형성의 주요 요인, 정서 발현의 기본 형태, 정서 발현 형태의 기본 구조 등에 대하여 차례대로 살펴보고자 한다. 하지만 정서는 정 또는 감정과 상호 연계되어 있을 뿐만 아니라 자신과 외부의 교류가 진행되는 가운데 나타나는 것이기에 매우 세심한 주의를 요한다.

1. 본질

　자연은 스스로 우주 만물의 변화를 이어 가고 관리해 나가는 것을 의미한다. 자연의 이러한 의미는 기본적으로 에너지의 취합(聚合)과 이산(離散) 활동이 일정한 질서에 따라서 원활히 이루어지고 있다는 점에서 확인해 볼 수 있다. 따라서 우주 내의 모든 실체는 에너지[氣]가 취합되어 있는 감각적 물체일 뿐이다. 또한 이들 내부에서도 항상 에너지의 취합과 이산 활동에 따른 변질과 변형이 이루어지고 있으며, 일정한 때가 되면 이산되어 사라지는 것임은 이미 밝힌 바 있다.

그런데 흔히 신의 창조물 가운데에서 거의 완벽에 가까운 기질과 조직을 갖고 있는 물체 중 하나가 인간이다. 그러한 의미에서 본다면 인간은 우주상의 어떠한 존재보다 체계적으로 에너지를 관리하고 아울러 다양한 기능에 따른 활동을 할 수 있는 존재에 속한다.

예컨대, 신체 내에서 이루어지는 호흡이나 혈액순환 또는 신진대사 작용 등은 에너지의 활동인 동시에 소통이다. 또한 걷고, 뛰고, 느끼고, 글을 쓰고, 생각하는 등 사람은 한 인간으로서 다양한 활동을 한다. 이 모든 것은 근본적으로 에너지의 원활한 소통에 의한 것이다.

이처럼 모든 에너지의 작용이 기(氣)의 상호 간 복합적 소통으로 인하여 이루어지는 것임을 감안할 때, 인간은 자연과 같이 비록 스스로 자신을 조직하지는 못하지만, 적어도 자신의 신체 내부에서 이루어지는 기(氣)의 소통 측면에서 부분적으로는 자연과 같이 자율적 의사에 따라 조정할 수 있다는 점에서 그 특성을 가장 잘 드러내고 있다.

이에 비하여 여타의 동식물은 그러한 에너지의 소통에 자율적 의지의 개입 여지가 거의 없으며, 주로 외부에 의존하여 이루어질 뿐이다. 설령 이들의 내부에서 소통의 문제가 발생하는 경우에도 주로 자연의 일반적 법칙, 즉 시간의 흐름에 따라 수동적으로 변화를 겪어 나갈 뿐이다. 다만, 동물들은 나름대로의 인식능력에 따라 약간의 대책을 세워 대응할 수 있다는 점에서 식물과는 다소 차이가 있다.

인간이 자연의 일부이면서도 여타의 존재들을 대표하는 소위 소우주의 의미를 갖게 되는 까닭은 바로 그와 같이 다른 생명체들과 많은 차이점이 있다는 점에서 비롯된다. 이러한 특성은 매우 우수한 정신력을 바탕으로 자신의 고귀한 품격을 갖추도록 하는 장점이 되기도 하지만, 반면 과욕을 부를 수 있는 여지를 남김으로써 오히려 화를 자초하는 단점이 되기도 한다.

예를 들어, 인간의 타고난 인성은 고매한 인격과 품성을 갖추게 하는 원동력이 되기도 하지만, 무리하게 강을 막거나 산을 허물어 버리는 등의 과욕으로 필요 이상의 자연을 훼손하여 생태계의 파괴와 같은 문제로 고통을 겪기도 하는 것이다.

이러한 의미는 인간의 신체 내·외부에서도 동일하게 적용된다. 우선 내부의 경우 신체가 항상 지니고 있는 자연성을 거부하고 자율적 의사에 따라 과욕을 추구하면 신체 내부에서 에너지 소통의 장애가 발생하여 결국 자연스러운 호흡이나 대사작용의 장애를 불러일으킨다. 과식이나 과로 또는 금식이나 소식을 하면 대개 소화 장애나 피로감으로 또는 무력감이나 현기증 등으로 어려움을 겪게 된다.

또한 외부의 경우에도 내부와 별다른 차이가 없다. 신체 밖에 있는 에너지와 내부의 에너지는 에너지 상호 간 취합이나 이산을 위하여 서로 소통하는 것을 항구적으로 지속해 나가야 한다. 왜냐하면 신체 내부와 외부의 에너지는 언제나 서로 원활하게 소통해야 내부에서 보다 원활한 소통이 이루어지기 때문이다. 그러나 만일 일정한 공간에서 한동안 외부와의 교류가 단절된다면 그만큼 건강의 악화를 초래하는 것은 당연한 이치이다.

실제로 일상생활 속에서도 사람들이 자주 무엇인가 갑갑하다는 것을 감지하는 것은 그만큼 신체 내부와 외부의 소통이 원활하지 못하다는 증거이다. 이러한 경우 대개 기분 전환을 위해서 자율적 의사에 따라 나들이를 하게 된다. 이것은 한정된 생활에 따른 소통의 한계를 벗어나 다소 자유로운 기회를 마련하여 소통의 새로운 전기를 도모하기 위한 매우 자연스러운 현상이다.

이러한 의미에서 볼 때, 우리는 내부와 마찬가지로 항상 외부 에너지와도 별다른 차별이 없이 소통하고 있음을 알 수 있다. 단지 내부 에너지는 주로 내부의 일정한 길을 따라 소통하고 있으나, 외부 에너지는 단순히 자연의 이치에 따라 소통하고 있는 것이 다를 뿐이다.

여기에서 중요한 것은 인간은 기본적으로 신체 내·외부에서 진행되는 기(氣)의 소통을 감지할 수 있는 능력이 있다는 사실이다. 이러한 능력이 바로 정서와 깊이 연계되어 있음을 유의해야 한다.

본래 인간의 신체 내·외부를 막론하고 기(氣)의 소통은 매우 은밀하게 진행되므로 인식하기가 어렵다. 특히 내부와 외부의 소통은 고도의 의식을 갖추어 집중하는 경우에 약간의 조짐을 감지하는 정도가 고작이다. 그러나 인간은 의외로 그러한 에너지의 소통을 쉽게 알아차리는 경우도 적지 않다. 그것은 에너지의 소통 정도가 적정 평균치를 벗어나 다소 원활하거나 정체되는 경우이다. 전자는 상쾌한 느낌이, 후자는 불편한 느낌이 형성되기 때문이다. 여기에서 정서의 조짐을 찾아볼 수 있다.

소위 눈치를 본다는 것은 이처럼 자신과 외부의 에너지 소통에 이상 정도를 감지하는 사태를 일컫는 것이다. 또한 처음 보는 사람이나 물건에 갑자기 지대한 관심을 두거나 극도의 혐오감을 느끼는 것 역시 에너지 소통의 문제로 생각하면 거의 틀림이 없다. 하지만 여기에서 더욱 중요한 사실은 그러한 소통은 결국 상호 관련성에 따른 것이며, 이것은 결국 상호 의존성을 지니고 있다는 점이다. 정서는 바로 이러한 의존성에서 시작된다는 점을 인식해야만 한다.

이러한 의미에서 정서의 강도는 독립성과 반비례한다. 그러므로 대체적으로 신체적, 정신적 능력이 약한 유아일수록 강한 정서를 지니며, 강한 자아를 지닌 노년일수록 미약한 정서를 나타낸다. 이제 정서의 의미를 상세하게 살펴보고자 한다.

1) 정서

상기한 바와 같이 인간의 신체는 언제나 외부와 에너지를 교류하는 가운데 내부에서도 끊임없이 에너지 소통이 이루어지고 있다. 그런데 이러한 소통은 그것이 원활한 경우와 정체되는 경우에 따라 내부에 일정한 느낌(feeling)이 형성된다. 이것은 외부의 자극을 감지하는 오감과 달리 내부의 자극을 감지하는 특유의 감각이다. 따라서 오감이 주로 각 감각기관의 성능에 좌우되는 반면, 느낌은 정신을 포함한 온몸의 건강 상태에 좌우된다. 즉, 맑은 정신과 건강한 신체는 상쾌한 느낌을, 그 반대는 불쾌한 느낌을 갖게 된다.

예컨대, 아무리 향기로운 냄새를 맡을 수 있는 숲속에 있을지라도 심신이 지쳐 있다면 상쾌한 느낌은 상대적으로 줄어들 수밖에 없으며, 비록 매일 앞산에 떠오르는 태양일지라도 보다 건강한 상태에서 새로운 각오로 대하면 또 다른 신선한 느낌을 얻을 수 있다.

이처럼 느낌이 내부에서 발생하는 자극에 대한 자체 감각인 것은 분명하지만 이 역시 에너지 소통에 근거를 두고 있으므로 오감의 작용에도 깊이 연계되어 있다. 뿐만 아니라 이것은 상상과 추리와 같은 사고의 과정이나 결과 등의 정신적 사태에 따라서도 예민한 반응을 나타낸다는 점이다. 지난밤 꿈의 내용이나 미래에 대한 전망 등에 따라 일정한 느낌을 얻을 수도 있는 것이다.

이러한 느낌은 그것이 오감에 의한 것이든 또는 정신적 사태의 내부 자극에 의한 것이든 상관없이 정신적으로 일정한 쾌(快)와 고(苦)를 유발하게 된다. 이때, 그러한 느낌에 수반되는 쾌와 고에 의한 마음의 변화 상태를 가감 없이 인식하게 되는 것이 바로 순수한 정서이다. 한마디로 말해 정서(情緖, sentiment)는 에너지 소통이 일상적인 적정 평균치를 벗어남으로써 유발되는 마음의 동요(動搖)이다. 그러므로 정서의 발현 과정은 우선 에너지 소통의 변화가 나타나면 그에 따른 느낌이 감지되고, 이것은 다시 그에 따른 쾌와 고의 인식으로 나타나 이로 인하여 마음의 동요를 발생[氣分]시키며, 결국 한동안 지속되는 표정이나 행동의 변화로 표출되는 과정으로 이어진다.

이러한 의미에서 정서는 일차적으로 느낌과 매우 밀접한 관련을 갖고 있다. 즉, 느낌은 정서의 발단이 된다. 물론 정서의 근원적 원인은 에너지의 소통과 정체에 따른 기(氣)의 극히 미세한 파동이지만 매 순간 그것을 포착하여 내는 것이 바로 느낌이기 때문이다. 좀 더 구체적으로 말해서 에너지 소통의 크고 작은 변화를 인식할 수 있는 기틀을 마련하는 것이 느낌이라면, 정서는 그러한 느낌에 따른 정보를 인식한 이후 나타나는 마음의 동요이다. 물론 이러한 인식은 신경 기능의 활성화가 없이는 불가능한 것이 된다. 이러한 의미에서 정서는 기본적으로 신경 기능의 활성화 정도와 밀접한 관련이 있는 것임을 알 수가 있다.

여기에 각자의 자율적 능력이 가해지면 같은 마음의 동요에도 또 다른 동요가 연출된다. 즉, 때로는 제어하고 때로는 가세하기도 하지만 중요한 것은 느낌, 그에 따른 마음의 동요, 자율적 의사의 개입 정도 등이 상호 연계되어 각자 특유의 정서를 나타낸다는 점이다. 다시 말해, 신경 기능의 활성화 정도는 곧 에너지 소통의 정도를 정확하게 반영하는 것이지만, 이것은 개인의 자율적 의사와도 밀접한 연계를 지니고 있다.

예컨대, 만일 어떤 특정의 대상에 최대한 관심을 집중시키고 있는 경우에는 아무리 신체 내·외부에서 에너지 소통의 문제가 발생한다고 해도 그것을 감각적으로 느끼지 못할 수도 있으며, 설령 느낀다 해도 어느 정도는 의도적으로 그러한 정보를 외면할 수가 있다.

대체로 자율적 의사는 개인의 신체적 특성, 성격, 지능 등 여러 가지 요인에 의하여 가동되기는 하지만 무엇보다 신체적 특성에 속하는 신경조직이 중요하다고 할 수 있다. 따라서 누구나 신경이 다소 둔화되면 답답하게 되고, 예민해지면 민감해지는 것이 숨길 수 없는 자연의 이치이다. 또한 신경 기능이 뛰어난 사람이 상대적으로 둔감한 사람을 대하는 경우에 답답하게 생각되는 것도 같은 이치이다.

그러나 여타의 동식물은 인간에 비하여 이러한 신경 기능의 한계를 나타낸다. 물론 때로는 매의 눈과 개의 귀처럼 특정 부문의 감각 신경 기능이 인간보다 우수한 경우도 있지만, 전체적으로는 다소 미약하다고 할 수 있다. 따라서 이들은 그만큼 정서에 한계를 지닐 수밖에 없다. 대체로 동물은 식물보다는 감각 능력이 우수하기 때문에 어느 정도의 정서를 느낄 수 있다고 판단된다.

예를 들어, 투우장의 성난 소, 꼬리를 치며 주인을 반기는 개, 화들짝 놀라서 날아가는 새 등은 이들도 나름대로의 정서 감각을 소유하고 있음을 알 수 있다.

이에 비하여 인간은 뛰어난 신경 기능에 의한 감각 능력으로 의지에 따라 자발적으로 정서를 유발하고 안정시키는 등 부분적으로 정서를 통제하는 능력까지 활용하면서 살아가고 있다. 이에 대한 보다 근원적 원인은 모두가 신경을 중심으로 한 인간의 우수한 정신적 능력 때문임은 다시 언급할 필요가 없다. 이러한 능력은 인간이 단순한 감각이나 사고 능력과는 또 다른 차원의 소위 메타인지능력을 활용하기 때문에 나타나는 것으로 판단된다. 동물은 주로 감각을 활용하며 약간의 사고에 의존할 뿐 한 차원 높은 메타인지나 가치판단에 따른 신념 등은 전무한 상태이기 때문에 정서의 통제에는 자연히 한계가 따른다.

이러한 측면에서 인간이 일정한 과제를 해결하기 위하여 목표를 세우고 그것을 추구하는 방법을 탐구하며, 그 추진 결과에 대한 판단을 하는 등의 일련의 모든 정신 활동 역시 에너지의 소통에 따른 것임을 감안한다면, 인간은 언제나 정서의 한가운데 놓여 있다고 할 수 있다. 보다 구체적으로 말해서 물리적 자극이나 해결 과제에 따라 신경 기능의 활동이 얼마나 신속하고 명확한가, 아니면 정체되고 불명확한가에 따라 모종의 파동을 발생하고 그것을 감지하여 마음의 동요가 나타남으로써 쾌(快) 또는 고(苦) 등으로 인식이 나타난다.

결국 정서(sentiment)는 그러한 파동에 대한 느낌과 연계되어 나타나는 마음의 동요인 것임에 틀림이 없다. 영어에서 정서라는 의미도 역시 감각이 예민한 상태(sentient)와 연계되어 있음은 우연이라고 할 수 없다. 다시 말해, 마음의 동요를 유발하는 특정의 대상 또는 직간접의 매개체에 대한 감각의 예민성이 정서의 근간임을 나타내고 있다. 느낌이 단지 에너지 소통의 신체적 변화를 감지하는 것이라면, 정서는 그러한 변화를 인식함으로써 유발되는 정신적 동요이다.

정서(情緖)를 단순하게 한자의 표기 그대로 해석하여도 소통에 따른 마음의 동요라고 하는 의미에는 변함이 없다. 정서는 정(情)의 단서[緖]가 되는 기(氣, 에너지)의 발동으로, 곧 에너지의 크고 작은 변화로 이어지는 현상이기 때문이다. 이처럼 인간은 특정의 대상에 따라 에너지 소통에 변화가 발생됨으로써 분명하게 서로 다른 마음의 동요를 나타낸다. 즉, 모든 감각 또는 인식의 대상은 언제나 인간의 마음속에 크고 작은 정서를 촉발하는 단서를 제공한다.

이러한 의미에서 정서는 우리가 생활 속에서 자주 표현하는 소위 기분(氣分) 또는 느낌과 거의 일치하는 개념이다. 굳이 이들의 차이점을 한 가지 지적하자면 기분은 순간적 정서로서의 의미가 강한 반면, 느낌은 기(氣)의 소통에 대한 인식적 의미에 한정하는 경우가 많다는 점이다. 기분은 한자의 표현 그대로 에너지[氣]의 분산[分]이라는 의미로 곧 기(氣)가 이산되고 있는 상태를 나타내고 있음은 결코 우연이 아니다.

그러므로 기본적으로 신체가 내·외부의 에너지 소통에 대한 느낌으로 발생되는 쾌(快)와 고(苦)에 대한 인식에 의해 유발되는 개인적 마음의 동요를 초기 정서의 의미로 일차 정서라고 할 수 있다. 이러한 정서 상황은 쾌와 고를 중심으로 하여 점차 감각이 다양화되면서 쾌는 즐거움, 기쁨, 유쾌, 상쾌, 희망, 소망, 사랑 등의 긍정적 정서로, 고는 불안, 고통, 슬픔, 우울, 불쾌, 질투, 분노, 두려움 등의 부정적 정서로 세분화되어 간다. 일반적으로 일차 정서 상황의 주요 형태는 희, 노, 애, 락 등이 있다. 대체로 영·유아기에는 공포, 분노, 사랑을, 아동기에는 불안, 질투, 동정을, 청년기에는 불안, 사랑 등을 주로 나타낸다.

여기에서 중요한 것은 모든 정서는 반드시 신체 내부의 각 부위 혹은 외부의 특정 대상 자극과 반드시 연계되어 있다는 점이다. 즉, 특정 물(物)과의 접촉이 정서 발현의 시초가 된다. 만약 신체 내·외부의 대상을 특정할 수 없는 경우에는 자신이 스스로 생각하는 것이 대상이 된다는 점이다. 따라서 정서 문제는 우선 그와 연계되어 있는 대상을 확인하는 것이 중요하다.

또한 일차 정서는 물(物)과의 접촉 직후 직접적으로 신체에 나타나기 때문에 비교적 쾌와 고 같은 정서 상황이 직접 인식된다는 점이다. 따라서 다소 수용하기 어려운 커다란 쾌와 고의 느낌이 순간적으로 다가오는 경우에는 신체의 특성상 엄청난 충격으로 작용할 가능성이 크다. 특히 고통의 경우 크나큰 충격을 그대로 겪게 되면 소위 트라우마(trauma)를 갖게 되어 정서 관리에 적지 않은 문제가 발생한다. 따라서 가급적 충격을 완화하여 받아들일 수 있는 정신적 여유를 갖는 것이 중요하다고 할 수 있다.

이제 일차 정서의 의미를 조금 더 구체적으로 정리하여 나타내면 다음과 같다.

첫째, 일차 정서는 기본적으로 특정 구체적 대상이나 자신의 생각이 자극으로 다가와 신체에 직접 가하여짐으로써 에너지 소통의 변화를 유발하는 가운데 나타나는 마음의 동요이다. 그러한 소통의 변화는 주로 내부 감각인 느낌에 의하여 포착된다.

둘째, 일차 정서는 에너지[氣]의 취합이라는 자신의 근원적 경향성에서 이반함으로써 발생한다. 에너지의 소통은 취합을 강화하며, 정체(停滯)는 이산을 촉진하기 때문이다.

셋째, 일차 정서는 연령이 어릴수록 비록 에너지의 취합 경향성은 강하나 소통의 변화에 따른 느낌의 감각은 미숙하기 때문에 심한 편차를 나타낸다.

넷째, 일차 정서는 대상과의 연계 정도에 따라 깊어진다. 따라서 이것은 주로 특정 대상과 자신과의 친소(親疎)나 호오(好惡) 또는 의미(意味) 설정 등의 사전의 인식 정도에 따라 다르게 나타난다.

예컨대, 친구나 친척 등은 친소에, 취미나 음식은 호오에 따라, 장승이나 십자가는 의미의 설정에 따라 관계가 다르게 형성되어 정서로 이어진다.

그리고 이러한 체험 정도에 대한 인식은 자신의 정서 안정에 결정적 요인이 된다. 즉, 자신이 관심을 두는 정도가 큰 대상일수록 곧바로 정서의 안정과 불안정에 더욱 영향을 주게 된다.

다섯째, 생리적으로 볼 때 모든 일차 정서의 발생과 처리는 주로 자율신경과 변연계의 편도체 또는 간뇌의 시상하부와 관련되어 있다고 알려져 있다.

이상으로 살펴본 일차 정서의 의미를 근간으로 하여 다음은 정(情)에 대한 의미를 살펴볼 수 있게 되었다.

2) 정

앞서 살펴본 일차 정서에 따른 체험적 정서는 시간이 흘러감에 따라 대부분 기억 속에 크고 작은 흔적이 저장되어 남아 있게 된다. 또한 이러한 체험적 정서가 일상생활 속에서 자주 반복되거나 혹은 비교적 강한 인상을 받은 때에는 비교적 뚜렷한 흔적을 남긴다. 이러한 기억 속의 흔적은 외부의 자극과 연계되어 또 다른 정서 자극의 가능성을 지닌다. 이것을 정(情)이라고 한다. 다시 말해, 정은 오직 실제의 자극에 의하여 촉발되는 일차 정서와는 달리, 기억 속에 담겨 있는 흔적의 발단이 되는 자극은 물론 그와 연계된 자극으로 그 흔적을 회상하게 됨으로써 그 자체가 자극이 되어 또 다른 정서인 감정을 유발하는 원동력이 된다.

예컨대, 옛 속담에 '자라 보고 놀란 가슴 솥뚜껑 보고 놀란다.'는 것이 그것이다.

이처럼 기억 속에 저장되어 있으면서 다른 정서 자극이 될 수 있는 과거의 정서 체험을 정(情, affection)이라고 한다. 다시 말해, 정이란 곧 자신이 기억하고 있는 대상에 대한 친소(親疏, 편안함), 쾌고(快苦, 자신과 일치), 신구(新舊, 관계 시간) 등의 의미가 잠재하여 있는 체험의 총체인 것으로, 이것은 각 대상에 따라 형성된 개인의 특유한 에너지 소통의 흔적이다.

이러한 의미에서 정에는 항상 각각의 소통 정도에 따른 그와 같은 개인적 체험의 역사와 사연이 숨겨져 있다는 사실에 주목해야 한다. 이것은 동일한 대상에 대한 일정 기간의 지속적인 체험 또는 특정 대상과의 특유한 소통의 체험 기록이다. 어찌 보면 정은 바로 이러한 체험의 역사 그 자체라고 해도 과언이 아니다.

물론 이 경우에 체험은 특정의 사실이나 논리 또는 가치에 대한 판단이라기보다는 주로 특정 대상이 자신의 존재 유지에 요구되는 에너지 소통에 어느 정도 기여하는 것인가 하는 감각적 체험이다. 그리고 이러한 체험이 일정한 기억을 남기게 됨으로써 비로소 정이 형성된다.

따라서 보통 정은 주로 지속적 시간의 흐름 속에서 특정 대상에 대한 자신의 체험을 기억 속에 연이어 구축하여 나가는 특성을 지닌다. 보다 구체적으로 말하여 주변의 모든 사물과의 지속적 에너지 소통의 정도에 따른 매우 주관적인 체험의 축적이다.

여기에서 한 가지 유념해야 할 점은 그러한 체험이 대상의 절대적 감각 특성이 아니라 개인의 자율적 의사가 개입되어 있는 상대적 주관성에 의한 것이라는 점이다.

예컨대, 아무리 같은 부모님 슬하에서 자라난 형제라고 해도 부모에 대한 정은 형과 동생이 서로 다르게 형성된다.

이처럼 정은 물론 상대적 관계에 따라 얼마든지 다를 수가 있지만 그 형성되는 과정만큼은 자신의 의지와 관계없이 은밀하게 이루어지는 것이라는 점에서 매우 중요한 의미를 지니는 것임을 알지 않으면 안 된다. 다시 말해, 정의 형태에는 자율적 의사가 개입되지만, 정의 형성은 주로 자극의 강도와 반복적 체험 등의 여부에 의할 뿐이다.

일반적으로 정은 자신의 의지와 상관없이 일상생활을 통하여 주변 환경에서 접하게 되는 여러 대상 중에서 관심의 대상이 되거나 또는 접하는 기간이 장기화되는 경우, 주관적 판단에 따른 자극 정도의 다소에 따라 그 강도가 다르게 형성되어 간다고 할 수 있다. 이것이 바로 정이 정서의 중핵이 되는 까닭이다. 정서는 순간에 나타나는 느낌에 의해서 비롯되지만, 정은 그것이 반복적으로 진행됨으로써 형성되기 때문이다.

실제로 영어에서 정(affection)은 일차적으로 '어떠한 것에 영향을 미치다'는 의미(affect)의 명사형으로 마음 동요의 원인으로 작용함을 나타내고 있다. 또한 한자의 정(情) 역시 마음[心]의 푸릇함[靑]을 의미하며, 이는 곧 마음의 활성화를 나타내고 있다고 볼 수 있다.

이러한 의미에서 정은 그것이 형성된 과거와 발현되는 현재의 양 측면이 있음을 알 수 있다. 그러나 정의 진정한 의미는 형성의 과거 측면이며, 발현의 현재 측면은 단지 감성에 따른 감정이 된다는 점을 분명하게 구분해야 한다.

예를 들어, 친구와 오랫동안 사귀는 과정에서 마음속에 쌓여 가는 것은 정이지만, 헤어진 이후 오랜만에 만나 서로 반기는 것은 정의 발현이며, 이것은 기쁜 감정이다.

그러나 정에는 한 가지 더 유의해야 할 부분이 있다. 그것은 과거에 형성된 정과 현재 발현되는 감정 사이에 정감(情感, emotional sentiment)이 있다는 사실이다. 정은 단지 기억 속에 형성해 놓고 있는 잠재적 정서이며, 감정은 그것이 발현되어 외부로 표출된 정서이다. 그러나 정감은 정이 발현되어 있는 것은 분명하지만 외부로 표출하지 않고 오직 내부에만 간직하고 있는 상태의 정서이다.

예컨대, 한동안 유난히 절친했던 친구와 멀리 헤어져 있으면 그동안 쌓였던 정이 어느 순간 자신도 모르게 그 친구에 대한 그리움으로 나타난다. 이것은 헤어진 친구에 대한 잊을 수 없는 아련한 추억으로서의 정을 오직 내부에만 간직하고 있는 정감이다.

그러나 이러한 정감도 일단 정의 발현이라는 측면에서 보면 일종의 감정임을 부인하기는 어렵다. 이러한 정감은 다음 절에 논의될 중심 정서[主情緖]의 근원이 된다.

그러므로 정의 발현은 그것이 정감이든 감정이든 상관없이 과거와 연계되어 자연히 자아성찰의 성격을 띤다. 감정을 드러내기 위해서는 과거 자신을 돌아보는 가운데 그동안의 관계를 살펴보는 것은 거의 필수적인 것이기 때문이다.

다만, 여기서 한 가지 유념해야 할 것은 정이라는 것은 기본적으로 에너지의 축적이라는 점이다. 그러므로 정은 항상 준동할 수 있는 여지를 안고 있다. 그런데 사람들은 같은 정이어도 불쾌, 슬픔, 우울 등과 같은 부정적인 정은 가급적 그 준동을 의식적으로 억제하는 경향이 강하다. 이는 부정적인 정은 그것을 표출하는 경우, 그에 따른 만족할 만한 결과를 얻기가 매우 어렵고 오히려 더욱더 부정적 정서를 가중시킬 가능성을 지니고 있기 때문이다.

그리하여 이러한 부정적인 정이 자신도 모르게 가슴속에 계속 누적되면 소위 울화(鬱火)가 된다. 이것은 그동안 쌓아 놓은 잠재적 준동 에너지가 개인이 억제할 수 없는 일정한 한계에 거의 다다른 상태를 의미한다. 이러한 상태에서 울화가 가중되면, 결과적으로 개인 생활에 매우 위험한 요인으로 작용하거나 순간 폭발적으로 표출되어 전혀 예측하지 못한 어려운 상황을 초래하기도 한다는 점을 알아야 한다. 이러한 경우에 발현되는 감정은 이미 자신의 통제 범위를 넘어서기 때문이다.

예를 들면, 오랜 기간 상사로부터 괴롭힘을 당하면서도 매 순간마다 억울한 정서를 표현해 내지 못하고 그것을 기억 속에만 남겨 두고 참아 온 사람은 대개 내부에서 소화불량 또는 위장장애 그리고 우울증 또는 정신이상 등의 증상을 나타내다가 어느 한 순간 갑자기 돌변하여 공격적 또는 폭력적 행동을 나타낸다.

반사회성 성격장애자 소위 소시오패스(sociopath)나 사이코패스(psychopath) 등은 바로 그러한 부정적 체험에 연계된 정을 폭발적으로 표출하는 것과 관련되어 있는 경우가 많다. 이것은 일단 사태가 한번 벌어지면 걷잡을 수가 없다는 점에 그 심각성이 있다. 특별한 이유가 없는 무차별적 대상에 대한 살인, 방화, 성폭력 등은 대개 이러한 것에 원인이 있다고 할 수 있다. 따라서 부정적인 체험적 정서의 관리에는 매우 세심한 배려가 요구된다.

이상의 의미에서 볼 때, 정은 에너지 소통과 직접 연계되어 있는 일차 정서와 달리 단지 잠재적 에너지를 지닌 자극에 가깝다는 점에서 분명한 차이가 있다. 이제 정의 특징을 정리하여 보면 다음과 같다.

첫째, 정은 일차 정서에 의하여 형성된다. 그러므로 정은 일차 정서와 마찬가지로 일정한 연계 대상을 지닌다. 그러한 연계 대상과 관련하여 평소 불만스럽게 되면 노여움, 슬픔, 고통, 외로움 등의 정서를, 만족하면 기쁨, 즐거움, 환희 등의 정서가 형성된다. 이러한 정서를 반복적으로 체험하면 결국 기억 속에 깊은 흔적을 남겨서 정이 형성된다.

둘째, 정은 연륜 혹은 체험의 강도에 따라 깊이가 다르다. 오랜 세월 속에서 형성된 정은 그것이 고운 정이든 미운 정이든 상관없이 자신에게 깊은 영향을 주는 반면, 잠시 스쳐 지나가는 정도의 가벼운 고마움, 감사, 안타까움 등의 정은 상대적으로 그 영향이 약하게 작용한다. 또한 비록 순간일지라도 비교적 강한 체험적 인식을 남기면 역시 강한 정서를 유발한다.

셋째, 정은 명확한 자아의식에서 기동되기 시작한다. 자아의식이 강할수록 만족과 불만 의식이 뚜렷하고 기억을 보다 명확하게 유지할 수 있기 때문이다.

대체로 기억과 언어능력의 저하로 자아의식이 현저하게 약화되어 나타나는 치매나 알츠하이머 환자들이 자신의 감정 변화를 잘 나타내지 못하는 까닭이 바로 여기에 있다. 따라서 자아의식과 정은 매우 밀접한 관계를 지닌다고 할 수 있다.

이제 비로소 감정에 대한 의미를 보다 면밀하게 살펴볼 수 있는 계기가 마련되었다.

3) 감정

감정은 이미 앞서 살펴본 일차 정서와 구분하여 매우 세심한 주의를 요한다. 왜냐하면 단순히 마음의 동요라고 하는 측면에서는 일차 정서와 서로 명확하게 구분하기 어려운 측면이 있기 때문이다.

분명한 것은 일차 정서는 물적 자극에 연계된 에너지 소통의 변화를 느낌에 따라 나타나는 마음의 동요인 것으로 일차적으로 정(情)의 바탕을 제공하는 측면이 강하다. 하지만 감정은 오로지 정에 연계된 에너지 소통의 변화를 느낌에 따라 나타나는 마음의 동요라는 점에서 분명한 차이가 있다. 다시 말해, 감정은 기존 기억 속에 축적되어 있던 정이 그와 연계되어 있는 대상에 직면하게 됨으로써 다시 자극을 받아 의식 표면으로 분출하려는 에너지 파동에 대한 느낌이 중심이 된다.

한마디로 말해 감정이란 단지 기억 속에 있던 정이 관련 대상에 접하여 회상됨으로써 다시금 예전과 같거나 더 심한 에너지의 파동을 불러일으킴으로써 형성되는 정서이다. 즉, 기억과 연관되어 있는 자극을 접하게 되는 경우, 과거와 동일한 정서 상황이 자신의 몸에 다시 발현되어 나타나는 정서가 곧 감정 (emotion)이다. 이것은 일차 정서가 축적되어 기억 속에 잠재되어 있는 정을 다시 의식으로 이끌어 낸 것이기에 이차 정서에 해당된다.

이러한 의미에서 감정(感情)을 한자로 풀이하면 정(情)을 감각(感)한 것으로 볼 수 있고, 영어의 정서 역시 에너지의 파동(motion)을 밖으로 이끌어(e) 낸다는 의미를 지니고 있음을 볼 때, 상호 간 의미가 거의 일맥상통하고 있음은 결코 우연이라고 할 수 없다.

그러므로 감정도 분명한 정서이기 때문에 상황에 따라 흥분과 안정 그리고 긴장과 이완의 신체 반응을 유발한다. 여기에는 다음과 같은 몇 가지 반응 특성이 있다. 온몸으로 반응하는 전체성, 동일 대상에 거의 한결같은 반응을 하는 일관성, 가급적 기존의 상황과 일치하는 경우에만 반응하는 일치성, 한번 촉발된 감정은 다른 모든 정서를 제압하는 지배성, 자극이 반복되면 조금씩 반응이 둔화하거나 상승되는 복합성, 동일한 맥락의 상황에 반응하는 전이성, 쾌와 불쾌를 동시에 표출하는 혼잡성 등의 성향을 나타낸다.

이러한 인간의 모든 감정 표현의 행동은 기본적으로 정에 의한 것이기 때문에 결국 과거 학습에 의한 것이라고 해도 과언이 아니다. 비록 감정이 일부 돌발적으로 나타나는 경우가 있는 것도 사실이지만 이 역시 일단은 먼저 학습의 결과를 어느 정도 참조한 후 행동으로 이어지는 것으로 보아야 한다.

옛날에 젊은 사람들은 어른들 앞에서 함부로 소리 내어 웃거나 큰 소리로 노여움을 나타낼 수 없었다. 일종의 사회적 금기사항이었던 것이다. 다시 말해, 감정 표현에도 각 사회의 일정한 문화가 있다. 이미 앞서 밝힌 바와 같이 감정 표현의 정도나 방식은 대부분 생활 속에서 익힌 학습의 결과이기 때문이다. 가급적 협동적이고 포용적인 삶을 중심으로 하는 긍정적인 사회와 이기적이고 배타적인 삶을 위주로 하는 불신의 사회는 자연히 감정 표현 방식이 다를 수밖에 없다.

물론 사람은 슬픔과 기쁨, 분노 등을 상황에 맞추어 표현할 수 있다. 웃고 싶을 때 웃고, 울고 싶을 때 우는 것은 지극히 자연스러운 감정의 표현이다.

예컨대, 대부분 갑자기 슬픈 일을 겪으면 슬픔을 나타내고, 오랫동안 고대하던 기쁜 소식을 접하면 기쁨을 감추지 못하고 표현하는 것은 지극히 자연스러운 일이다. 하지만 웃고 우는 행동에도 정도가 있으며, 경우에 따라 웃음도 참아야 하며, 울고 싶어도 웃어야 한다. 부모님의 상례를 치르는 가운데에서는 아무리 기쁜 소식을 접하게 되어도 크게 기쁘지 않게 되며, 설령 기쁘다고 해도 절제해야 한다.

이처럼 상황에 따라 자신의 감정 표현을 억제하거나 발현하는 것을 감정 조절이라 한다. 비록 모든 상황에서 자신의 감정을 적절하게 표현할 수는 없다고 해도 어느 정도 자신의 감정을 조절할 수 있는 능력은 반드시 필요하다. 감정의 표현에는 항상 주변 상황과 일정한 질서가 필요하기 때문이다. 이러한 감정의 표현은 거의 사회 문화적 행동 패턴의 학습에 의존하는 경우가 많다.

그런데 만약 특수한 환경에서 정서 학습이 잘못 이루어지면 감정 조절에도 적지 않은 문제가 발생하게 된다. 어려서부터 감당하기 어려운 극단에서 극단을 오가는 감정의 기복을 겪는 극한적 생활을 하게 되면 일반적 감정 표현의 학습이 매우 어렵게 된다. 이와 같이 누구든지 어느 한쪽으로 편향된 삶을 경험하게 되면 자연히 어느 한쪽의 감정이 중심을 이루게 되어 정서 안정을 유지하기가 매우 어렵기 때문이다.

예컨대, 부모를 일찍 여의고 고아로 성장한 경우에 그동안의 심한 불안과 고통에 따른 감정의 상처는 평생 씻을 수 없는 상처로 남게 된다. 반대로 재벌이나 고관대작의 부모 슬하에서 아무런 걱정 없이 편하게 자란 경우에는 그동안 지나치게 안이한 생활에 따른 사치와 태만으로 허황된 쾌락의 감정만을 갖게 되어 사리 분별 능력이 파괴됨으로써 도리어 자신을 망치는 결과를 낳게 될 수도 있다. 만일 이러한 양극단의 경우를 번갈아 가며 경험한 경우라고 하여도 역시 감정의 왜곡에 따른 마음의 불안정은 피할 수 없고 결국은 행동을 예측할 수 없는 지경에 이른다.

또한 감정은 능동적인 경우와 수동적인 경우에 따라 다소 다른 특성을 나타낸다. 전자는 스스로 관련 대상을 찾아 감정을 표출하는 것이며, 후자는 외부의 관련 대상과 연계되는 경우에 한하여 수동적으로 표출되는 것이라는 점에서 다소의 차이가 있다. 특정의 대상에 대한 그리움은 능동적인 감정으로 정감이 되며, 반가움은 수동적인 감정이다.

그런데 문제는 수동적인 경우보다 능동적인 경우에 정신적 혼란이 발생할 수 있다는 점이다. 왜냐하면 정은 본래 연륜이 쌓여 깊은 것일수록 능동적인 발현 가능성이 크기 때문이다.

감정의 특징을 정리하면 다음과 같다.

(1) 감정의 특징

첫째, 감정은 일단 촉발된 이후에는 표출시키려는 성향을 강하게 지닌다. 감정은 깊은 인식의 여과가 없이 오로지 자신의 내면 기억 속에 잠재되어 있던 정이 외부 자극에 의해서 동기화되는 순간 직접 촉발되어 나온 것이기에 그 흐름이 매우 빠르고 다소 거친 측면이 있다. 보다 엄밀히 말하여 이러한 특징은 이미 정의 속성에 내재하여 있다고 봄이 더 타당하다고 할 수 있다. 원래 정은 자신의 의지와 거의 관계없이 다시는 거스를 수 없는 냉엄한 세월 속에서 오랫동안 은밀하게 조성된 것이기 때문이다. 이에 의해 촉발되는 감정은 일차 정서와 달리 자연히 그 에너지의 파동이 강하고 진폭이 크게 나타난다. 따라서 감정을 밖으로 표출할 때에는 항상 주변 상황과 조화를 이루도록 통제를 가할 필요가 있다. 아무리 자신이 불쾌한 감정이 솟구쳐 오르는 경우에도 모두 적절한 때와 장소를 구분하고 그에 따라 표현의 정도를 조절해야 한다.

하지만 그것이 감정의 특성상 결코 쉬운 일은 아니다. 감정은 내부의 정과 밀접하게 연계되어 있으므로 그 잠재적 에너지로 인하여 좀처럼 자신의 의지로 조절하기 어려운 측면이 분명히 내재하기 때문이다.

둘째, 감정은 일차 정서와 단지 인식 과정상 선후의 차이를 구분하는 것일 뿐 실제로는 감정 역시 정서로서 모든 인식의 중요 요인이 된다. 인간은 살아 존재하고 있는 한, 항상 다양한 정을 기억 속에 지니고 있을 수밖에 없다. 따라서 생활 속에서 특정의 자극과 연계되어 항시 감정을 유발하게 된다. 그리고 우리의 인식에는 이처럼 끊임없이 새로운 감정을 불러일으키는 과정이 은밀하게 개입된다. 다시 말해, 기억 속에 다양한 정이 형성되고 존재하는 한, 일정한 감정의 동요가 뒤따르며 모든 인식은 이러한 가운데에서 진행될 수밖에 없다.

결국 인간에게 있어 감정의 개입이 없는 소위 순수한 객관적 인식은 어렵다고 할 수 있다. 이것은 인간의 인식이 자신의 의지와 상관없이 실체와 다소간의 괴리를 지니게 되는 중요한 원인이 된다.

셋째, 감정은 과거지향성에 따른 일관성을 지닌다. 감정의 과거지향성은 그것이 정과 연계되어 있기 때문에 나타나는 특성이다. 즉, 감정은 일정 기간 숙성되는 과정이 요구되는 정에 의하여 유발되므로 과거의 사건에 연계되어 있을 수밖에 없는 특성을 지닌다. 따라서 감정은 과거로 거슬러 올라갈수록 더욱 깊은 맛을 더하게 된다.

예컨대, 자신이 현재 만나고 있는 친구에 대한 정서는 과거 그에 대한 정에 의존하고 있는 것이 거의 대부분이다. 물론 순간에 따라 정서가 변하는 것도 사실이지만 이 역시 기본적인 것은 과거에 연계되어 있으며, 이것이 안정적일수록 정신적 안정을 유지하고 있음을 알아야 한다.

넷째, 감정은 능동적인 경우, 다음과 같은 혼란이 나타날 수 있다. 우선 만약 고통과 쾌락 어느 한쪽으로 편향되어 장기간 누적되는 경우, 정신 이상을 초래할 가능성이 나타난다. 정의 편향이 과도하게 되면 기억 속의 온갖 관련 대상이 연계되어 서로 혼재하게 됨으로써 정과 감정의 연결 중심이 단절되어 정서 순환의 혼란을 초래한다.

일반적으로 매사에 실패나 좌절의 불운을 겪게 되거나 반대로 매사가 너무 쉽게 이루어져서 감사나 기쁨이 만성화되어 오히려 자신의 존재감마저 확인할 수 없는 경우, 대체로 무차별 공격이나 이유 없는 반항 등이 나타나거나 아니면 정신착란, 광기, 편집증 등의 현상이 나타날 가능성이 높아지는 것은 이 때문이다.

예컨대, 장기간에 걸쳐서 모든 생활이 신앙에 편중되는 경우 자칫 광적인 정신착란 성향을 갖게 될 수 있으며, 고아로 성장하여 온갖 어려움을 겪은 경우 다소 폭력적 행동을 보일 수 있는 가능성이 높다.

다음으로, 오로지 한 가지 특정 대상에 대한 정이 장기간 집중적으로 누적되어 표출되는 경우, 감정과 정의 순환이 한 대상을 중심으로 이루어짐으로써 정서 순환에 심한 불균형을 초래하여 이 역시 정신이상을 초래할 가능성을 지닌다.

예를 들어, 자수성가(自手成家)하여 성공한 사람은 그동안의 역경을 스스로 극복한 과정이 항상 뇌리에 젖어 있기 때문에 언제나 그에 대하여 표출하려는 강한 경향을 나타낸다. 그러나 주변 사람들에게는 한갓 잔소리일 뿐 그러한 행동을 달가워하지 않는다. 자연히 주변과의 갈등이 나타나 결국 심한 정신적 고통을 겪을 가능성이 높아진다.

이제 일차 정서와 이차 정서로서 감정과의 관계를 몇 가지 살펴보면 다음과 같다.

(2) 감정과 일차 정서의 관계

첫째, 감정은 분명 외부의 대상과 연계되기도 하지만 어디까지나 일차 정서에 의한 정이 촉발되어 발현되는 은밀한 마음의 작용이다. 다시 말해, 감정은 기억 속에 묻혀 있던 과거의 체험적 정서가 발현되는 것으로, 일차 정서가 단순하게 에너지 소통 변화에 따른 마음의 동요를 생성하는 것과는 차이가 있음을 간과해서는 안 된다. 좀 더 엄밀히 말하여 감정은 주로 정에 의존하는 것임에 반해, 일차 정서는 오히려 정에 영향을 주는 변인으로서의 분명한 역할 차이가 있기 때문이다.

그러므로 이차 정서로서 감정은 내부의 누적된 강도에 따라 정을 적극적으로 외부에 표출하고자 하는 성향이 있는 반면, 일차 정서는 단순히 외부의 자극을 수동적으로 받아들여 반응하는 성향이 더 강하다고 할 수 있다. 즉, 감정은 기본적으로 그 자체가 정의 강한 자극과 연계되어 이미 일정량의 마음의 동요가 조성된 상태이기 때문에 이것을 외부로 표출하려는 성향을 강하게 지닐 수밖에 없다. 따라서 순간 감정이 솟구쳐 오를 때, 정서를 안정시키기 위해서는 순간적으로 활성화된 강한 에너지를 방출하는 것이 거의 유일한 방법이 된다. 다시 말해, 감정 발단의 원인이 되는 대상에 자신의 내부 긴장을 표출하여 냄으로써 긴장을 이완시키는 것이다.

둘째, 일차 정서로서의 정서와 이차 정서로서의 감정은 그 감지되는 과정이 비록 찰나이긴 하여도 현재의 정서 상황과 관련하여 선후의 차이가 있다는 점을 유의해 둘 필요가 있다. 아무리 감정이 내면에 있는 정에 근간을 두고 발현되는 것이라고 해도 기본적으로는 평소 자신의 정서 안정의 정도에 의존하여 감지될 수밖에 없다. 즉, 그 어떠한 감정도 일단은 일차 정서와 깊이 연계되어 있는 것임을 알아야 한다. 이것은 감정을 이해하는 데 매우 중요한 의미가 있다.

예컨대, 아무리 해묵은 나쁜 정을 남기고 있던 사람을 만났을 경우에도 현재 그의 도움이 절실하게 필요한 경우와 그렇지 못한 경우는 확연히 그 대처 방식이 다를 수밖에 없다. 전자의 경우에는 감정의 표출이 다소 조심스럽게 나타나지만, 후자의 경우에는 오히려 더욱 강한 감정이 나타나게 되는 것이 일반적이다.

셋째, 일차 정서와 이차 정서는 기본적으로 기(氣)의 소통에 따른 문제이기 때문에 건강 상태와 상호 비례적 성향을 나타내며, 이것은 감정에도 그대로 반영된다. 따라서 건강상의 문제로 상대적으로 신경이 너무 예민하거나 둔하여 정서적 안정이 부족한 경우에도 감정 표현에 문제가 발생한다. 짜증이 나는 경우 혹은 술에 취한 경우 등은 내부에 잠재되어 있는 정을 비교적 쉽고 과도하게 표출해 낼 수 있게 된다.

이것은 건강 상태가 약화되면 평소보다 정서의 변화 규모가 크고 또한 변화 속도가 빠르게 이루어지기 때문이다. 이른바 취중진담(醉中眞談)이나 신경질은 결국 신체적 혹은 정신적 건강 상태와 연계되어 있다.

이상의 논의를 중심으로 볼 때, 일반적으로 정서는 결국 일차 정서와 이차 정서인 감정이 상호 연계되어 나타나는 마음의 동요인 것임을 알 수 있다. 이제 이러한 정서의 안정에 대하여 논의하고자 한다.

4) 정서의 불안정

일반적으로 볼 때, 물적 자극에 의한 일차 정서가 형성된 이후 이것이 일상 속에서 반복됨에 따라 이차 정서가 나타나게 되는 것이지만, 일상생활 속에서는 양자가 각각의 상황에 따라 상호 작용하는 가운데 개별적 정서가 형성되어 나간다. 다시 말해, 비교적 익숙한 곳에서는 주로 이차 정서인 감정이 중심을 이루게 되지만, 반대로 낯선 외지에서는 자연히 일차 정서가 중심을 이루게 되므로 이러한 경험들이 상호 축적되어 정서가 형성된다.

예컨대, 집 안에서 편하게 느껴지는 것은 그동안 쌓아 놓은 집안 내부에 대한 정을 바탕으로 한 정감이나 감정이 정서의 중심이 되기 때문이며, 여행을 하고 있는 외지에서 긴장이 고조되는 것은 모든 것이 새로운 것이기에 단지 상황에 맞추어 즉시 반응해야 하는 일차 정서에 의존하기 때문이다.

그러므로 정서가 일차나 이차 중 어느 한편으로 편중되면 그만큼 정서 관리에 어려움을 겪을 수밖에 없다. 한편은 너무 지루하고 나태한 일상을 부르며, 다른 한편은 너무 긴장되고 다급한 순간을 맞이해야 한다. 이것은 우리의 정서 안정에 하나의 중요한 단서를 제공한다.

지나친 칩거(蟄居)나 외유(外遊), 그 어느 것도 정서 안정에는 결코 바람직하지 않다는 점을 나타내고 있기 때문이다. 그러므로 평소 원만한 정서 관리를 통하여 지나친 정서의 변화를 사전에 방지하는 것이 중요하다. 이를 위하여 가급적 외부 자극에 노출되지 않도록 하고, 어느 정도 감정의 표출을 통제할 수 있는 여건을 조성하는 것이 중요하다고 할 수 있다.

일상적 생활 속에서는 감정의 변화를 초래하는 요소를 가급적 멀리하고, 외출이나 외유는 새로운 외부 자극에 대처할 수 있도록 경제적 또는 시간적으로 충분한 여유를 가지고 실행하는 것이 바람직하다고 할 수 있다. 물론 이것은 개인의 취향에 따라 다소 다를 수밖에 없다.

여하튼 이러한 일상의 감정은 끊임없이 다시금 새로운 정을 보태어 기억 속에 저장하는 과정이 지속되며, 이러한 순환을 총체적으로 일컬어 일반적 정서라고 할 수 있다. 물론 이러한 순환은 각자의 환경 여건과 성격 특성 그리고 이해관계에 따라 서로 다르게 이루어진다. 하지만 중요한 것은 일반적으로 정서는 이처럼 일정 기간의 그러한 순환을 통한 정서의 형성 과정이 요구된다는 점이다.

그러나 이러한 정서의 형성 과정에서 자칫 이상이 발생하여 정서의 순환이 필요 이상으로 빠르고 급하거나 반대로 너무 느리고 침잠되는 경우가 나타나는 바, 전자를 조증(躁症), 후자를 울증(鬱症)이라고 한다. 물론 그러한 일반적 정서나 정서의 이상 상태는 자연히 개별적 특성과 주어진 환경에 따라 다르게 형성되어 나타난다. 따라서 '일반적 정서의 특성은 기본적으로 개별적 특성과 환경에 따른 불안정성을 지닌다.'라고 할 수 있다.

이러한 정서의 불안정성은 특정의 사태나 사건에 대한 인식의 편향성에 깊이 연계되어 있음을 알 수 있다. 물론 아무리 나름대로의 논리나 가치판단을 통하여 인식이 이루어지는 것은 사실이지만, 그것은 어찌하든 개인의 신체가 중심이 되기 때문에 주관적 판단의 토대를 벗어나기 어렵다. 따라서 인식에 일정 부분 주관에 따른 정서의 개입이 분명하게 존재하는 한, 그것은 절대적이거나 항구적일 수가 없다. 언제든지 주체의 정서 변화에 따른 인식의 변화 가능성을 내포한다.

예컨대, 칭찬을 해 주는 친구보다 예리한 충고를 하는 친구를 미덥지 않게 보는 것은 일반적인 일이다. 하지만 이것은 관점에 따라 얼마든지 그 반대로 생각해 볼 수 있는 여지가 있다는 점 역시 주지의 사실이다. 또한 때에 따라서 원수처럼 여기던 사람도 상황이 변하면 없어서는 안 될 동반자로 생각할 수 있게 되는 것은 인식의 편향성 때문이다.

이러한 의미는 정서란 동일한 사태를 어떠한 관점에서 바라보는가에 따라 서로 다르게 형성되기도 하며, 반대로 어떠한 정서로 관련 사태를 바라보는가에 따라 인식 또한 변화하는 것임을 나타낸다. 결국 정서는 그 자체가 이미 불안정성을 내포하고 있는 것임을 알 수 있다.

따라서 평소 건강한 생활습관을 통하여 수준 높은 교양과 고매한 인격형성을 도모함으로써 항상 일관성 있게 자신의 정서 안정을 꾀하는 것이 바람직하다고 할 수 있다. 이러한 자신의 정서 안정은 비단 감정뿐만 아니라 추후에 논의될 공감이나 감정이입 혹은 상대에 대한 배려나 정조 등과 같은 개념적 정서에도 깊은 영향을 주기 때문이다.

그러함에도 불구하고 논리적으로 볼 때 적어도 정서는 자신과 환경의 일체화, 곧 에너지의 원활한 소통과 연계하여 항상 장애 발생의 여지를 안고 있으므로 기본적으로 불안정하고, 그렇기 때문에 언제나 그것을 제거하여 안정을 추구하려는 경향을 강하게 나타낸다.

하지만 또 다른 관점에서 보면 세상의 온갖 만물과 이러한 일체감을 확보하는 것은 애당초 불가능한 것이라고 생각할 수 있다. 왜냐하면 정서는 인식에서 출발하는 것으로 그것은 기본적으로 자신과 환경과의 분리를 전제하지 않으면 안 되기 때문이다. 즉, 정서의 근간이 되는 자아의식 자체가 언제나 주변 상황과의 원활한 소통을 근원적으로 저해하는 요인으로 작용한다. 이것은 정서의 아이러니가 아닐 수 없다.

지금까지 정서를 보다 구체적으로 논하기 위해서 정서, 정, 감정 등의 의미를 발생의 순서대로 살펴보았다. 이상의 의미를 종합해 보면 모든 정서는 마음의 동요를 가급적 최소화하려는 성향이 있는 반면, 다른 한편으로는 평소 일반적인 마음의 동요에 보다 색다른 변화를 구하려 하는 양면의 성향이 모두 있음을 알 수 있다. 익숙한 환경에서의 꾸준한 정서 안정도 또한 새로운 환경에서의 색다른 불안도 모두 거부하며, 일정한 안정과 불안의 연속만을 요구한다.

문제는 이러한 배치된 성향에 따른 적정한 정서 안정의 접점을 찾기가 어렵다는 점이다. 특히 정서 안정과 긴밀한 관계를 지니고 있는 정서 변화의 폭과 속도가 개인의 특성에 따라서 다양한 차이를 나타내기 때문이다. 이러한 사실은 흔히 바라고 있는 정서 안정은 영원히 불가능할 수밖에 없다는 결론에 이르게 한다.

이제 좀 더 정서에 대한 이해를 도모하기 위해서 정서의 기본 유형을 살펴보고자 한다.

2. 기본 유형

일반적으로 정서의 유형은 신체 내에서 에너지 소통의 형태에 따라 두 가지 형태로 구분된다. 그것은 물리적 자극에 따른 감각 정보의 소통과 개념을 중심으로 한 의미의 소통이다. 즉, 개념 이전의 감각 정서와 개념 이후의 개념 정서로 구분하여 생각할 수 있다.

예컨대, 대체로 아름다운 것에 따른 감각자극은 소통을 원활하게 하여 경쾌한 느낌을 수반하고, 추한 것에 따른 감각자극은 소통을 경색되게 하여 부담감을 수반하는 것은 정보의 소통에서 흔히 나타나는 현상 중의 하나이다. 이에 비하여 사고가 활성화되어 복잡한 현안 문제를 해결할 수 있는 새로운 개념이나 아이디어를 창안해 내는 경우에는 매우 기쁨을 느낄 수 있으며, 반대로 개념 소통의 문제로 사고가 경색되어 해결의 실마리를 찾을 수 없는 경우에는 피로와 괴로움만이 이어질 뿐이다. 이로써 감각과 의미의 소통에 다소 차이가 있음을 알 수 있다.

이처럼 정서는 감각적 자극과 개념적 의미에 따라 소통의 양상이 다르게 나타나는 바, 이것을 각각 감각 정서와 개념 정서라고 할 수 있다. 따라서 여기에서는 그 각각의 의미를 살펴보고자 한다.

1) 감각 정서

감각 정서는 모든 정서의 출발점이 된다고 할 수 있다. 정서는 기본적으로 체내에서 항상 소통되고 있는 에너지의 상태를 직감하는 것에서부터 시작되기 때문이다. 따라서 정서는 그 어떠한 경우에도 감각 정서의 의미를 벗어날 수 없다. 이러한 감각 정서는 주로 개인의 감각 성향과 이해관계에 의하여 좌우된다.

우선 감각 성향은 각각의 신체 특성에 따라 서로 다른 감각을 나타내는 것을 말한다. 일반적으로 에너지의 내부 소통이 원활하게 이루어지면 좋은 느낌을 얻을 수 있는 것은 분명하지만, 누구에게나 항시 그러한 것만은 아니다. 또한 모든 사람이 같은 느낌을 얻는 것도 아니다. 여기에서 감각의 개별성이 나타난다.

이러한 감각의 개별성은 물론 주로 신체의 특성과 주변 여건에 따라 다르게 나타난다. 체내에서 진행되고 있는 에너지의 소통 상태가 정서의 바탕이 되는 것은 분명하지만 그것보다는 그것을 직감하는 본인의 감각이 더 중요한 의미를 지닌다. 따라서 감각 정서는 어떠한 경우에도 본인 자신만의 직감에 따를 수밖에 없다. 여기에 정서의 주체성이 내재하고 있음을 알 수 있다.

하지만 그것은 개별적 사안일 뿐이며, 정서의 기본은 어디까지나 이해관계에 따른 에너지의 소통에서 찾지 않으면 안 된다. 에너지의 소통에서 변화를 유발하는 것은 기본적으로 외부 자극이지만 그것이 자신과 어떠한 이해관계를 갖게 되는 것인가 하는 점이 정서에서는 더 중요한 의미를 지니기 때문이다.

예컨대, 신체에 강한 압력이 가해지거나 더러운 냄새가 나는 경우에도 만약 그것이 자신을 위한 것이라면 참을 수 있지만 반대의 경우라면 참기 어렵다.

이처럼 에너지 소통의 변화는 자신의 이해관계에 따라 보다 활성화되는 경우와 지체되는 경우로 나뉘게 됨으로써 서로 다른 정서가 발생한다. 이때, 대부분 전자의 경우 유쾌한 느낌을, 후자의 경우 불쾌한 느낌을 직감하게 된다. 그리고 이러한 직감은 연이어 만족과 불만족으로 판단하여 인식하게 된다. 어떠한 의미에서 감각 정서는 이처럼 원초적이고 본능적인 직감에 의한 것이다. 감각 정서는 만족과 불만족 이전의 유쾌와 불쾌의 직감 그 자체로 유발되는 마음의 동요를 지칭하기 때문이다.

이러한 의미에서 볼 때, 정서는 그것이 감각에 의한 것이든 혹은 이해관계에 의한 것이든 결국은 외부 자극에 따른 내부 안정성의 문제가 중심이 된다. 즉, 정서의 안정은 신체 내부에서 에너지 활력의 증감, 곧 분산 정도와 양에 따라 좌우된다고 할 수 있다. 왜냐하면 이러한 활력의 증감이 내심 자신이 허용할 수 있는 범위를 어느 정도 벗어나는가에 따라 쾌와 불쾌가 나타나기 때문이다.

일반적으로 허용 범위가 작다는 것은 그만큼 감각적 정서 성향이 강하다는 것을 나타낸다. 이러한 허용 범위는 개별적으로 선천적 및 후천적 요인에 따라 다르지만 주로 선천적 요인에 의하여 좌우되는 것으로 여겨진다.

예를 들면, 사사로운 일에서도 흥(興)이 넘치는 사람이 있는 반면, 작은 핀잔에도 의기소침(意氣銷沈)하는 사람이 있다. 또한 별것 아닌 일에서도 두려워하는 사람이 있는 반면, 어지간한 일이 아니면 눈 하나 깜짝하지 않는 강심장의 소유자도 있다.

이와 같이 자극에 대한 내부 안정성, 곧 감각적 정서 성향은 개인에 따라 천차만별의 차이를 나타낸다. 그러나 기본적으로 에너지의 활용 측면을 고려하면 정서 상황에 따른 에너지가 이산되는 경우에 가용 활력은 저하되지만 효용은 증대되고, 어느 한 곳으로 취합되면 가용 활력은 증가되지만 효용은 저하되는 현상을 피할 수 없다.

예를 들어, 일상적으로 정서가 안정되어 있는 경우에는 자신의 편의에 따라 에너지를 분산하여 여러 가지 다른 일에 고루 효율적으로 활용할 수 있으나, 만약 전혀 예상하지 못한 폭력배를 갑자기 만나 심한 정서 불안이 조성된 경우에는 극도의 긴장 속에 모든 에너지를 집중하여 자신의 방어에 활용하게 된다. 하지만 그 효용은 현저하게 저하된다.

결국 우리의 마음속에 정서가 발생되는 것은 이처럼 외부 자극과 어느 정도 일체감을 확보할 수 있는가에 따른 에너지 활력의 증감 여부와 밀접한 관련이 있다고 할 수 있다. 즉, 신체 내·외부와 일체감이 증가될수록 에너지의 활력은 감소되어 보다 정서 안정의 가능성이 확보된다.

신체 내부에서도 마찬가지이지만 특히 내적 에너지 소통이 외부의 감각자극 정보와 일치되는 경우에는 에너지의 안정성이 비교적 수월하게 확보되어 신체 자체의 에너지 활성이 저하되고, 반대로 불일치되는 경우에는 소통 장애가 발생하여 에너지 활성이 증대된다. 다시 말해, 에너지 활력의 증감은 자신의 이해와 연계되어 에너지 본연의 소통 질서에 혼란을 야기하는 정도에 달려 있는 것이다. 감각 정서는 곧 이와 같은 에너지 소통에 따른 마음의 변화 현상이다.

좀 더 구체적으로 말하여 감각 정서는 신체의 감각 정보를 항시 자신의 신체적 생존조건에 부합하거나 혹은 장애가 되는 정도에 따라 구분하는 일정한 판단의 인지적 해석이 반드시 필요하다. 이때, 부합하는 경우에는 자신의 직감으로 단지 소통의 정도만 판단하고 비축한 내부 에너지를 더 이상 활성화하지 않지만, 장애가 되는 경우에는 소통 장애에 따른 저항이 발생되어 부득이 소통을 위한 내부 에너지를 부가적으로 활성화하게 된다. 이러한 에너지의 파동 성향에 따라 쾌와 고의 인식이 순간적으로 나타나게 되고, 이것은 다시 그에 따른 마음의 동요가 나타나는 바, 이것이 바로 감각 정서(情緖)이다.

따라서 감각 정서는 기본적으로 일차 정서가 중심을 이룬다. 감각 정서는 주로 혈관 내부를 순환하는 혈액의 일정한 파동의 변화에 의해 신체 내부 각 기관의 에너지 소통에 변화를 불러일으킴으로써 이루어지는 것이기 때문이다. 이러한 파동의 변화는 다소의 에너지를 소모하는 과정이기 때문에 자연히 자신만의 고유한 느낌으로 감지하게 된다. 이렇게 감지된 느낌은 본능적으로 자신의 이해와 연계되어 쾌와 불쾌의 인식이 나타나 마음의 동요를 유발하는 것이다.

이러한 감각 정서는 반드시 특정의 실물 대상을 전제로 한다는 점을 유념할 필요가 있다. 왜냐하면 동일한 상황에서도 구체적으로 대상이 어느 것인가에 따라 자신의 이해가 다르게 나타나기 때문이다.

예컨대, 아이들이 동일한 상황에서 똑같이 싸운 경우에도 그들에게 모두 동일한 정서적 반응을 나타내는 것이 아니다. 내 자식과 남의 자식이 구분되어 한쪽은 피해자로, 다른 한쪽은 가해자로 생각한다. 즉, 자신과의 관계가 얼마나 밀접한가에 따라 각각 서로 다른 정서 반응을 나타낸다.

감각 정서가 처음 나타나는 것은 태내 신경계가 일부 형성된 이후에도 가능하지만 실제로는 뇌신경계가 어느 정도 형성되어 감각자극에 대한 의식이 가능한 만 1세 이후가 된다. 그 이전은 단지 본능적 감각 반응으로 바빈스키(Babinski), 모로(Moro), 파악, 흡입 등의 반사가 일시적으로 주축을 이루고 있다고 할 수 있다.

따라서 신생아의 경우에는 단지 신체가 내·외부 자극을 느끼는 편안함과 고통에 따른 미약한 수준의 감각 정서를 유지하고 있다고 보인다. 이들의 심리적 안정은 오로지 감각 정서에 의존하고 있다고 해도 과언이 아니다. 이러한 시기에 만일 과도한 자극을 받으면 극심한 긴장 상태를 유발하여 자칫 감각 정서 발달의 이상을 초래할 수 있는 가능성이 높아지게 된다. 영·유아기에 과도한 정서의 변화를 유발하는 활동은 반드시 삼가야 하는 것은 바로 이 때문이다.

또한 유아기의 정서 발달에는 무엇보다 자연을 있는 그대로 가감 없이 스스로 느끼게 하는 것이 필수적이다. 이와 같이 정서는 감각이 자극을 받아들이고 이것을 직감하고 느끼는 과정에서 조금씩 감각 정서가 형성되어 나간다.

물론 이러한 정서 형성 과정에 인지 작용이 전혀 없는 것은 아니다. 우선 정서 자체가 신체 내부의 에너지 소통 상황에 대한 직감적 감각 정보 혹은 외부로부터 받아들이는 감각 정보에 대한 인지 작용에 따라 이루어지기 때문이다. 그러므로 유아들이 자연 속에서 겪는 체험은 감각을 더욱 예민하게 발달시켜 인지능력을 높여 나가는 지름길이 된다.

그러므로 감각 정서는 자신이 경험한 에너지 파동의 강도에 따라 비교적 그 질적 차이가 분명하며, 이것은 추후 동일한 감각 대상에 대한 감각까지 지배하는 특성을 지니게 된다. 이러한 특성은 생활 속에서 반복적으로 감각 정서가 이어지면서 기억 내부에 일정한 정이 형성됨으로써 나타나는 것이다. 이처럼 감각적 체험이 기억 속에 남아 있는 것을 감각적 정이라고 할 수 있다.

하지만 이것은 단지 감각 정서가 축적됨에 따라 내부에 저장된 비교적 항상성을 지닌 잠재적 정서 상태이다. 따라서 이것은 정서와 관련된 에너지 파동의 정보를 계속하여 축적하는 과정이 필수적이다. 강한 자극을 주는 것일수록 기억에 뚜렷하게 오랫동안 남게 되고, 세월의 흐름 속에서 동일한 대상에 대한 다양한 정서의 발생과 해소를 장기간 지속적으로 경험하게 되는 경우, 그러한 체험이 기억에 점차 깊게 형성되는 것이다.

이와 같이 일정 기간에 걸쳐서 특정 대상과 연계되어 기억 속에 일정한 감각적 체험이 형성되어 있는 것을 감각적 정(情)이라고 한다. 이러한 감각적 정은 정 특유의 밀착성 때문에 좀처럼 쉽게 망각되지 않는다. 즉, 기존의 대상에 대하여 동일한 관계를 유지할 수 있도록 하는 역할을 한다. 간혹 일순간 기존의 정과 배치되는 행동을 하는 경우도 있으나, 오랜 세월 자신의 마음속에 이미 드리워진 정은 한순간에 전적으로 떨쳐 버릴 수 없기 때문에 동일한 대상에 대하여서는 비교적 일정한 정서 반응을 유발하게 된다.

그리고 일단 형성된 감각적 정은 지금까지와는 다른 정서적 반응의 전환을 유발한다. 감각에 의한 정서 반응이 아닌 정에 의한 반응이 이루어진다. 즉, 특정 대상에 대한 새로운 자극이 있어도 그에 대한 현재의 감각을 인식하기보다 내부 기억 속에 간직하고 있던 기존 정에 따라 판단하고 인식하는 성향을 지닌다. 그러므로 우리가 일상생활 속에서 특정 대상에 대한 만족감을 갖게 되는 것은 그것에 대하여 축적된 감각적 정이 비교적 용이하게 동질성, 곧 일체감을 형성하여 쾌감을 나타내는 것이며, 이제 더 이상의 조치를 위한 행동이 필요 없게 된다. 하지만 불만족 상태가 되는 것은 그 반대의 경우 불일치가 되어 고통스러움을 느끼게 된다.

이와 같이 감각적 정과 연계되어 있는 대상을 접하면 기억 속에 잠재되어 있던 정을 되살려 냄으로써 과거와 동일한 쾌와 고의 느낌이 나타나게 하는 작용에 따른 정서를 감각적 감정(感情)이라고 한다.

이러한 감각적 감정은 그 특성상 유아들에게서는 거의 찾아보기 힘들다. 설령 감정이 있다고 해도 그 정도가 미약하거나 매우 불안정한 상태가 된다. 유아들이 감각적 감정을 활용하는 경우는 주로 자신을 밀착 보호하는 엄마에 한정된다고 해도 과언이 아니다. 따라서 일반적으로 유아들의 정서는 정과 감정보다는 매 순간의 감각적 정서에 의존하는 경향을 보인다고 할 수 있다. 유아들의 정서 반응에서 일관성을 찾기 어려운 이유가 바로 여기에 있다.

이상에서 논의된 바를 중심으로 감각 정서에 따른 정서 안정에는 주로 다음과 같은 세 가지 방법을 활용한다.

첫째, 정서의 변화를 불러일으킨 특정 자극을 제거하는 직접적 방법이 있다. 이 방법은 유쾌한 자극의 경우와 불쾌한 자극의 경우가 다소의 차이가 있다. 전자는 자극의 실효성이 순간적으로 발생되고 잠시 후 저절로 소멸하기 때문에 별도로 자극을 제거할 필요가 없다. 그리고 어찌 보면 오히려 그러한 자극이 조금 더 오래 지속되기를 기대할 수도 있기 때문이다. 그러나 불쾌한 자극의 경우는 그 실효성이 비교적 지속적인 경향을 지니므로 단 한순간이라도 빠르게 자극을 제거해야 한다.

둘째, 이미 외부의 지배적인 정서에는 적극적으로 동참하는 방법이다. 이것은 역으로 말하면 자신을 자극에 일치시키는 것이다. 신체 내부의 에너지 소통의 속도를 외부 자극에 일치시켜 자신과 외부 자극에 따른 변화로 나타나는 차이를 축소하는 것이다. 어떠한 경우라도 순순히 인정하고 그 상황의 움직임을 따라가며, 때로는 오히려 앞서서 가려고 적극 노력하는 것이다. 이러한 방법은 자신의 안정을 최대한 주변 상황에 일치시켜 동요에 따른 불안을 단축하고자 하는 점에 초점이 있다.

셋째, 자신의 정서를 이성으로 통제하는 간접적 방법이다. 특히 기억 속에 비교적 길게 유지되거나 강한 불쾌 자극의 경우, 냉철한 이성으로 그 주된 원인이 자신에게 있는 것임을 찾아낸다. 그렇게 되면 지금까지 모든 것을 외부의 탓으로 돌려 억울한 피해를 당한 것으로만 생각하던 것이 사라짐으로써 다소의 마음의 안정을 꾀할 수 있다. 그러나 여기에는 비교적 높은 수준의 지성이 뒷받침되어야 가능하다는 어려움이 있다.

만약 이상의 어떠한 방법으로도 특수한 사정에 의하여 정서가 안정을 잃고 장시간 회복되지 못하는 경우에는 크고 작은 심리적 문제가 발생된다. 대체로 심각한 상태가 아닌 경우에 자체 카타르시스(catharsis) 작용으로 불안 심리가 다소 완화되기도 하지만, 기억 속에 깊이 각인되어 지울 수 없는 심각한 상태가 되면 기억상실 또는 정신분열과 같은 정신이상을 초래하기도 한다.

따라서 안정적 감각 정서를 위해서 우선 발달 과정에서 각 발달 시기에 맞는 일정한 수준의 정서적 불안을 감내할 수 있는 능력을 키워 나가야 한다. 인간은 각기 마음의 불안에 따른 자극 수용의 한계가 다르기 때문에 이러한 한계를 조금씩 넓혀 가는 과정은 정서 발달의 중요한 토대가 되며, 여기에 실패하면 정서 안정의 질서를 잃게 되어 정신이상의 상태가 된다는 점이다.

이러한 까닭으로 자극의 수용 능력 역시 중요한 의미를 지닌다. 특히 유아기에는 자극 수용의 한계가 지극히 작아서 자칫 과도한 자극은 정서 발달에 심각한 장애를 줄 수 있기 때문에 매우 조심스럽게 접근해야 한다. 만약 여기에 실패한다면 조그마한 불안감에도 매우 힘들어하거나, 반대로 커다란 위험에 처하여도 무모한 행동을 마다하지 않는 현상이 나타날 수 있기 때문이다.

또한 예술인들의 경우에도 형태나 색깔, 리듬과 소리, 율동과 구조 등의 조화에 남다른 세밀한 감각을 지니고 있어 자칫 한순간이라도 그러한 감각이 흩어지면 창작 활동에 적지 않은 영향을 받게 된다.

이러한 의미에서 볼 때, 감각 정서를 중심으로 생활하고 있는 유아들 또는 예술인들의 감각 활동에는 매우 세심한 배려가 요구된다고 할 수 있다.

2) 개념 정서

개념 정서에 기본적으로 감각 정서의 의미가 내재되어 있는 것은 분명하지만 그 특성은 많은 차이가 있다.

본래 정서는 대기 중의 에너지가 일시적으로 신체라고 하는 물체에 취합되어 불안정한 생명을 유지해 가는 동안 발생하는 다양한 변화 속에서 항상 자신을 안정적 상태로 환원하려는 경향에 따른 본원적 동질성-심리적 안정-의 추구가 그 본질이다. 그러나 그러한 안정을 확보하는 것은 자신의 생명이 다하여 형해(形骸)가 완전히 부수어지기 이전에는 불가능한 일이다.

이에 인간은 다양한 감성적 활동을 통하여 다소 마음의 안정을 추구하려 한다. 하지만 이 또한 순간의 안정에 그칠 뿐만 아니라 더욱더 지속적 안정에 대한 욕구를 불러일으키게 됨으로써 오히려 마음의 불안을 가중시키는 악순환을 이어 가는 현실 속에서 어려움을 겪고 있다. 인간의 숙명이 아닐 수 없다. 다시 말해, 정서적 안정을 얻고자 한 것이 한층 더 고통을 자초하는 역설을 피할 수 없기 때문에 정서 안정을 도모하기가 결코 쉽지 않다.

이러한 사정으로 인간은 보다 명확한 안정의 실마리를 찾으려 일단의 노력을 기울인다. 기존의 유형적 대상에서는 논리적으로 또는 경험적으로 한계에 부딪힐 수밖에 없는 것임을 깨닫고 이제는 신념이나 가치와 같은 무형의 대상을 통하여 그러한 문제를 해결하고자 한다. 여기에서 개념 정서의 필요성이 제기된다.

개념 정서 역시 에너지 소통의 정도에 따른 마음의 변화라고 하는 점에서 보면 감각 정서와 하등의 차이가 없다. 다만, 개념 정서는 기본적으로 자신의 생존 본능에 따른 인식 활동이 선행되고, 그에 따라 에너지 소통이 이루어진다는 점에서 차이가 있다. 즉, 개념 형성을 위한 인식 활동도 결국 에너지 소통에 의한 것이라는 점에서 보면 감각 정서와 차이가 없지만, 개념 정서는 주로 사고 활동의 여하에 따라 정서 안정을 도모한다는 점에서 다소 차이가 있다.

물론 개념 정서는 인식 과정에서도 발생한다. 즉, 개념과 대상이 어느 정도 부합되는가에 따라 에너지 소통의 정도가 다르게 형성되기 때문이다. 그러나 이것은 인식의 결과인 개념에 의하여 촉발되는 것이라는 점에서 단순한 감각 체험의 결과로 촉발되는 감각 정서와 차이가 있다.

또한 사고는 개념체계뿐만 아니라 의식의 지원이 절대적으로 필요하다는 점을 간과할 수 없다. 본래 사고는 의식의 형성을 전제로 하기 때문이다. 물론 감각에도 다소의 의식이 요구되지만, 특히 사고는 의식이 중심이 되어 이루어진다고 해도 과언이 아니다. 이미 앞서 밝힌 바와 같이 의식은 대상 지향성과 명확성을 요체로 하기 때문이다. 즉, 의식이 명료할수록 감각 대상에 대한 지향과 그에 대한 인식이 분명하게 된다. 물론 의식도 에너지의 원활한 소통이 뒷받침되어야 하는 것임에는 의심의 여지가 없다.

여하튼 이러한 의식은 그 수준에 따라 인식을 활성화하고, 인식은 개념체계 내에 특정 개념을 형성하여 사고를 자아내고, 사고는 그러한 개념과 개념 간에 모종의 관계를 살피는 조작 기능을 담당한다.

이러한 의미에서 사고를 중심으로 하는 개념 정서는 의식의 문제와 직접 연계되어 있다. 결국 감각 정서가 에너지 소통에 따른 직접적 정서라고 한다면, 개념 정서는 개념 소통에 의한 간접적 정서이다. 개념 정서의 반응이 다소 신중하고 가변성을 지니는 것은 바로 이 때문이다.

또한 감각 정서는 특정 대상에 대한 감각을 내부의 체험으로 각인시켜 감각적 대상에 따라 획일적 반응을 나타내는 것임에 반해, 개념 정서는 그 자체가 이미 논리와 근거에 의한 인식을 바탕으로 형성되는 개념체계에 따른 것이기 때문에 대상보다는 이념과 가치 등에 비교적 일관성 있는 반응을 나타낸다.

이제 인식과 관련하여 개념 정서를 조금 더 상세하게 살펴볼 계기가 마련되었다. 개념 정서는 인식에 의한 일차 개념 정서와 사고에 의한 이차 개념 정서가 있다. 일차 개념 정서가 특정 대상의 인식에 따른 자극 정보의 소통과 연계되어 있다면, 이차 개념 정서는 사고에 따른 개념의 소통과 깊은 관계가 있다는 점이다. 먼저 일차 개념 정서를 살펴보면 다음과 같다.

(1) 일차 개념 정서

인식은 특정의 자극 정보를 개념화하는 과정이다. 그런데 개념화는 필수적으로 감각적 자극 정보를 기호로 변환하는 과정이 개입된다. 그러한 변환의 요체는 인식 대상이 나타내는 다양한 자극 정보를 하나의 상징으로 함축하는 것으로 일종의 동화 과정이다. 개념은 이러한 동화의 준거가 된다. 인식이 이처럼 특정의 대상을 개념에 동화시키면 대상과 개념 간에는 필연적 괴리가 발생한다. 따라서 인식의 주요 과제는 이러한 인식에 따른 괴리를 가급적 최소화하는 것이다.

일반적으로 볼 때, 특정 대상에 대한 인식이 처음으로 진행되는 경우 이러한 괴리가 크게 나타난다. 그러나 재차 그리고 삼차 인식의 체험이 점점 더해 가면서 대상에 대한 정보가 증대되면 기존의 개념에 합당한 동화의 준거는 명확해지는 반면, 그와 엇비슷한 실체의 개념 준거로서는 의미를 상실하게 되어 이제는 그 괴리를 인정하고 조절을 통하여 새로운 개념을 구축하는 것이다. 여기에서 주요한 점은 대상과 개념 간의 괴리가 줄어들수록 점차 심리적 안정성이 제고된다는 점이다. 이것은 결국 조절을 통한 개념의 증대가 곧 심리적 안정을 도모하게 하는 모태가 된다고 할 수 있다. 곧 개념의 정치(精緻)가 정서 안정에 직접 연결된다.

좀 더 구체적으로 말하면 일정한 대상에 대한 기존 개념과 현재의 그 대상이 제공하는 의미가 서로 정합을 이룰수록 정서 안정이 가능해진다. 그러나 대부분 이러한 개념에 따른 인식 과정에서 항시 크고 작은 소통의 장애가 발생한다. 즉, 보통의 일상은 인식에 끊임없이 장애가 나타나고 이것은 그대로 정서 불안을 자아내는 요인이 된다.

이와 같은 장애가 발생하는 것은 주로 감각의 불명확성에 따른 개념의 불안정성 때문이다. 이러한 불안정은 높은 의식 수준을 확보하지 못한 것에 기인한다. 의식이 명료하지 못하면 인식의 과정에서 새로운 개념을 형성하는 조절 또는 기존의 개념에 함축시키는 동화의 과정에서 필연적으로 장애가 발생하기 때문이다.

이처럼 개념의 동화와 조절 과정에서 정서 안정에 변화가 나타나는 것이 일차 개념 정서이다. 이러한 일차 개념 정서는 개념의 정립이 중심이 되기 때문에 감각 정서와 달리 개별 실체에 직접 반응하지 않는다. 일차 개념 정서는 오로지 실체나 상황이 펼치는 개념적 의미에 반응할 뿐이다. 따라서 아무리 실체나 상황이 동일한 경우에도 그들이 자아내는 개념적 의미가 다르게 인식되는 경우에는 달리 반응을 나타낸다.

물론 개념적 인식에서 동화와 조절이 모두 활용되지만, 일차 개념 정서는 일반적으로 기존의 개념을 심화하거나 새로운 개념을 보충하는 경우와 주로 연관된다. 이러한 의미에서 일차 개념 정서는 인식 대상과 개념 간의 소통과 깊은 관계가 있다는 점에서는 이의가 있을 수 없다.

이러한 일차 개념 정서에서도 소통으로 인한 직감은 그 개념의 인식과 활용이 반복되어 감에 따라 점차 기억 속에 쌓여 나간다. 이러한 과정에는 필연적으로 특정 개념에 대한 주관적 의미가 연계됨으로써 일정한 정이 형성되어 가는 바, 이것을 일차 개념 정이라고 한다. 그리고 이것은 다시 일차 개념 감정 표현의 근거가 된다.

(2) 이차 개념 정서

인식이 주로 개념 형성을 담당하는 것이라면, 사고는 한마디로 안정된 개념체계를 형성하는 것이라고 할 수가 있다. 즉, 인식을 통하여 내부에 일정한 개념들이 형성되면 이제는 외부의 자극 대상과는 무관하게 오로지 개념과 개념 간의 소통이 이루어지는 사고가 활발하게 진행된다.

이러한 사고에서는 이제 순수 개념 차원에서 동화와 조절이 이루어진다. 즉, 개념 간 분리와 통합에 따른 조정으로 일정한 개념체계를 구축해 나감은 물론 더 나아가 추리를 통하여 개념의 의미 삭제와 보완, 보충과 심화를 진행하여 나간다. 이에 따라 개념의 내포와 외연을 새롭게 설정함은 물론 새로운 개념을 창출하거나 개념 간의 유목화를 진행하여 추상을 더욱 심화해 나간다. 이러한 현상은 사고가 진행되는 한 끊임없이 이루어진다. 즉, 사고는 특성상 한없이 추상성이나 개별성을 추구하는 성향을 나타낸다. 이것은 개념을 드러내는 상징이 언제나 동시에 시간과 공간의 축을 벗어날 수 있는 특성이 있기 때문이다.

개념이 지시하는 대상, 곧 실체나 상황은 반드시 시간과 공간의 제약하에서만 가능하다. 하지만 개념은 그 자체가 이미 하나의 상징인 것으로 언제든지 실체나 상황의 특수성을 배제한 보편적 공통성과 논리적 차별성만을 추구함으로써 그러한 제약을 벗어난다. 이렇게 되면 과거 외부 자극에 의해서 형성되는 개념이 아닌 개념과 개념의 관계만으로 새로운 개념의 형성이 가능해진다. 이러한 사고 과정 속에서 자연히 보다 분명한 개념체계의 형성이 이루어진다.

따라서 개념체계가 어느 정도 형성되기 시작한 이후에는 인식에도 서서히 변화가 나타난다. 지금까지 외부의 자극이 발단이 되어 인식이 이루어지던 것이 이제는 과거의 인식에 따른 개념체계가 인식을 주도하는 새로운 변화가 나타난다. 다시 말해, 자극에 의해 인식하는 것이 아닌 기존의 개념체계에 의하여 인식이 이루어지는 소위 제3차 인식인 것이다. 과거의 인식은 다만 의미 변화에 따라 개념체계를 재조정하는 일이 중심이었지만, 이제는 인식보다 개념체계의 안정성을 확보하는 일이 중심이 된다. 물론 제2차 인식의 단순 개념체계에서도 기존 개념을 준거로 하여 인식이 가능한 것은 사실이지만, 이것은 어디까지나 실제 대상과의 연계를 통한 인식이 중심이 된다는 점에서 분명한 차이가 있다.

이러한 의미는 사고가 기억과 깊이 연관되어 있는 것임을 알려 줌은 물론, 추상화와 개별화를 통하여 개념체계를 보다 포용적이고 정교한 의미로 다듬어 갈 수 있음을 나타낸다. 이러한 개념체계 중심의 사고 과정에서 이루어지는 개념 간 소통에서 장애가 발생하면 이 역시 새로운 긴장이 조성되고 이에 따라 나타나는 심리적 동요에 따른 정서가 이차 개념 정서이다.

좀 더 구체적으로 말하여 개념체계와 이차 개념 정서가 모두 인식과 연계되어 있다는 점에서 동일하다. 하지만 전자는 인식의 바탕이 되며, 후자는 정서 안정의 바탕이 된다는 점에서 차이가 있다.

앞서 언급한 감각 정서가 단순히 에너지 소통의 문제에 관여하는 것이라면, 인식에 의한 일차 또는 이차 개념 정서는 특정의 의미와 연계된 개념의 정착과 소통에 따른 개념체계의 형성에 관여한다. 일차 개념 정서는 특정 대상이나 현상의 본질에 관한 의미의 소통에서, 이차 개념 정서는 여러 개념 간의 관계를 설정하기 위한 개념의 소통에서 장애를 제거하는 것이 주목적이 된다. 그러나 모두가 개념의 정확성을 확보하고 개념 간 관계를 형성하는 인지능력이 중심이 된다는 점에서는 동일하다고 할 수 있다.

이러한 의미에서 개념 소통이라는 것은 본질적으로는 현상의 본질에 관한 의미 소통에 다름 아니다. 하지만 의미 소통은 개념 소통의 수단이 되지만, 개념 소통은 오직 개념의 관계 설정에 따른 에너지의 소통 그 자체가 중심이 된다는 점에서 차이가 있다. 다시 말해, 의미 소통의 경우는 특정의 대상 자체가 소통 문제를 야기하는 원인이 되는 경우인 것임에 반해, 개념 소통은 주로 자신의 개념 조작 능력이 문제의 원인이 되는 경우라는 점에서 분명한 차이가 있다.

이러한 개념 정서는 개념 소통의 경험이 쌓여 감에 따라 기억 속에 점차 일정한 소통의 길이 형성되고 이에 따른 자신만의 호불호가 나타나게 된다. 즉, 일정한 소통이 잘 이루어지는 길에는 쾌감이, 그렇지 않은 경우에는 고통이 발생하는 것이다. 이와 같이 개념체계 내에서 개념 소통에 의해 형성된 길에 의한 정을 이차 개념 정이라고 할 수 있다. 그리고 이것은 결국 이차 개념 감정의 근거로 작용하게 된다.

이러한 이차 개념 정의 발현은 일차 개념 정보다 더 분명하게 나타난다. 그것은 일반적으로 사고는 가급적 사실과 논리 또는 근거에 더하여 객관적 의미를 추구하는 성향이 있기 때문이다. 그러나 누차 밝힌 바와 같이 그러한 성향도 기본적으로는 주체의 욕구와 의지에 뿌리가 닿아 있기 때문에 절실한 자기비판이 가해지기 전에는 주체의 손익을 가늠하는 암묵적 의도를 벗어나는 것은 거의 불가능에 가깝다고 할 수 있다. 이것은 곧 기존의 개념체계 내에 이미 개인의 호불호에 따른 정서가 개입될 수밖에 없음을 나타낸다.

결국 개인의 개념체계는 생활 속에서 점차 고착되어 모든 판단을 자신과 연계하여 손익을 계산하게 되며, 이것은 나름대로 자신만의 가치관을 형성하는 계기를 마련한다. 곧, 개념적 판단의 근거로써 일정한 가치가 형성되어 개념체계에 내재화된다. 이처럼 부지불식간에 개념체계 내에 형성된 가치관은 거의 고착화되어 판단의 중요한 근거로 작용하는 기능을 담당하게 된다.

그러나 점차 개념체계가 성숙되어 가면 이제는 조금씩 개념적 가치가 마음의 동요를 불러일으키는 현상이 나타난다. 즉, 자신의 개념체계 자체가 문제가 있음을 발견하고 일상의 안정이나 불안을 자아내는 요인이 되는 것이다. 이것은 기본적으로 주체의 자기비판의식에 따른 객관적 인식 수준인 제4차 인식이 확보되고 있는 것이다. 이후 장구한 세월 속에 가치 탐구와 가치 체험이 성숙되어 나가게 되면, 이제는 개념 정서의 과정에서 구축된 일차 개념 정과 이차 개념 정에 가치를 더하여 보다 차원 높은 신념이나 이념 등으로 전환되어 있는 개념 정의 상태가 된다.

물론 이러한 상태에 이르면 이제 가치관은 더 이상 물러설 수 없는 판단의 보루가 되며, 이것에 역행하는 것은 엄청난 인내를 요구할 수밖에 없다. 이러한 의미에서 이차 개념 정서는 일정한 개념 판단의 결과로 형성되는 개념체계를 기반으로 하지만 이것은 결국 인식의 객관성과 자기비판에 따른 개념체계의 가치판단이 중요한 의미를 지니게 된다는 점을 알 수 있다.

하지만 이것은 한편으로 인성의 발로이기도 하지만 인간의 가치에 대한 명확한 인식이 선행되지 않으면 안 된다. 언제든 자칫 잘못되면 근거 없는 도그마(dogma)나 배타적 이데올로기(ideology) 등에 함몰될 수 있는 가능성을 안고 있다.

이제 감각 정서와 개념 정서를 종합하여 비교해 보면 다음과 같다.

첫째, 감각 정서는 구체적 대상에 관여하지만, 개념 정서는 주로 개념적 대상에 관여한다는 특성이 있다는 점에서 분명한 차이가 있다. 그러므로 전자의 정서는 구체적 대상에 대하여 대체적으로 강렬하고 기억의 지속성이 있는 것에 반해, 후자는 구체적 대상에 대하여는 상대적으로 미약하지만 개념에 대하여 매우 분명한 분별력을 나타낸다.

예컨대, 어린 시절에 형성된 정은 기억 속에 오래도록 남아 강한 인상을 남기지만, 일단 성인이 된 이후에는 대체로 개념에는 민감하지만 구체적 대상은 특별한 경우가 아니면 쉽게 잊어버리는 성향이 있다. 이러한 성향은 특히 개념을 다루는 식자들에게 더욱 선명하게 나타난다.

이러한 의미에서 개념 정서에 의한 개념적 정은 인격형성의 기반이 된다는 점을 유념해 둘 필요가 있다. 모종의 개념체계를 형성한 성인 이후에는 모든 행동이 그에 따른 사고에 의하여 이루어지기 때문이다. 다시 말해, 개념체계가 긍정적이며 상식적인 수준인가 아니면 부정적이며 극단적인 수준인가에 따라 개인의 행동 양상이 다르게 나타날 수밖에 없는 것이다.

여기에서 인격의 중요한 특성을 한 가지 발견할 수 있다. 그것은 인격은 철저하게 개별적인 정서를 넘어서는 것이라는 점이다. 그 어떠한 경우에도 정서가 개입되는 한 개념의 객관성을 확보하기 어려운 것이 사실이지만 인격은 개념을 활용하여 이것을 넘어서는 것이다. 이것은 역으로 말하여 자신에게서 정서가 사라질 무렵에서야 비로소 진정한 의미의 세계를 만날 수 있는 자격을 얻게 된다는 것을 나타낸다.

이러한 의미에서 인격은 곧 정서의 개별적 특성을 얼마나 뛰어넘을 수 있는가에 달려 있다고 할 수 있다. 대부분의 사람이 각자 저마다의 개념체계에 따른 가치의 세계를 갖고 그러한 세계 속에서 자신만의 삶을 이어 나가는 것임을 감안한다면, 각 개인의 인격은 평소 얼마나 자신의 정서를 통제할 수 있는가 하는 자기 조절 능력 여하에 달려 있음을 알 수 있다. 자신의 내면에 깊숙하게 자리 잡고 있는 개념체계에 대한 판단이 기본적으로 자신의 정서와 깊이 연계되어 있는 것임을 인식하지 못하는 한 인격은 논하기 어렵다.

둘째, 감각 정서와 개념 정서 간에는 피할 수 없는 정서의 중요한 문제가 있다. 그것은 바로 실생활에서 이들이 상호 충돌하는 경우 좀처럼 해결의 실마리를 구하기 어렵다는 점이다.

예컨대, 도덕적이고 논리적인 가치가 중요하다는 것은 인정하지만 감각적이고 현실적인 이익을 포기할 수 없는 경우가 그것이다. 한마디로 말해 지(知)와 행(行)의 불일치이다. 말하자면 논리적으로는 맞지만 현실적 감각은 그렇지 못하다는 것이다. 이 역시 사적 정서의 개입에 의한 문제가 아닐 수 없다.

지금까지 수천 년 동안 인류 역사 속에 끊이지 않고 제기되는 문제가 바로 이것이다. 이것을 성현들은 다음과 같이 밝히고 있다. 즉, 지행 불일치는 행(行)의 문제가 아니라 지(知)의 문제라는 것이다. 다시 말하여, 개인의 이해관계를 벗어나지 못하는 한, 진정한 앎에 이르지 못하므로 올바른 행동으로 연계되지 못한다는 것이다. 이것은 결국 개념의 불확실성을 극복하지 못하고 있는 것임을 나타낸다.

문제는 그러한 사태의 이면에는 항상 감각적 정서가 내재해 있다는 점이다. 시시각각으로 현실 생활에 쫓기며 살아가는 대부분의 사람들에게 감각적 정서는 항상 논리에 선행하는 것이 일반적이기 때문에 이것은 인간 사회에서는 영원히 해결하기 어려운 과제가 아닐 수 없다. 사회의 모든 부조리가 바로 여기에 뿌리를 내리고 있음을 부정할 수가 없다.

이상 논의된 바를 감각 정서와 개념 정서를 중심으로 각각의 특성을 표로 나타내면 다음과 같다.

〈표 4-1〉 감각 정서와 개념 정서의 특징 비교

구분\특성\정서 유형	감각 정서	개념 정서
변화의 원인	특정 대상(감각 중심)	특정 상황(의미 중심)
형성 시기	영·유아기	청소년기 이후
형성 과정	감각 → 정서 → 정 → 감정	인식 → 개념 → 정 → 감정
지속성	단기(불안정)	장기(안정적)
변화의 속도	**빠름**	느림
변화의 정도	큼	작음
자기 통제 가능성	적음	많음
기억 의존도(정과의 연관)	적음	많음
관련인 유형	유아, 예술인	지식인

이러한 점들은 심리를 이해하는 데 있어 매우 중요한 의미가 있음을 알지 않으면 안 된다. 왜냐하면 여기에는 감각 정서와 개념 정서의 발원처이자 인식의 주체인 자아의식이 뿌리 깊게 내재하여 있기 때문이다.

다음으로는 일차와 이차 개념 정 간에 한 가지 중요한 차이가 나타나고 있음을 알 수 있다는 점이다.

전자의 경우에는 내부에서 개념적 의미가 보강되어 가는 것은 분명하지만 아직은 그에 따른 정의 형성보다는 구체적 대상에 대한 감각적 정이 중심을 이루고 있다. 후자의 경우에는 관계적 개념이 강화될수록 의미가 정교화됨은 물론 개념에 따른 확고한 가치에 따른 개념적 정이 형성되어 간다. 이와 같은 차이는 긍정적인 경우와 부정적인 경우에서 서로 대비적으로 나타난다.

우선 긍정적인 경우를 보면, 일반적으로 일차 개념에 의한 정은 정감이 중심이 되지만, 이차 개념에 의한 정은 개념의 의미 보강이 중심이 된다.

예컨대, 애완견을 기르는 사람은 감각적으로 애틋한 정이 중심이 되지만, 애완견을 연구하는 사람은 그러한 정보다는 보다 심층적 탐구를 통하여 개념에 대한 의미를 보강해 나가는 일이 중심이 될 뿐이다. 즉, 애완견이라는 개념과 끊을 수 없는 관계를 형성하는 것이 전부이다. 이에 따라 연구자는 애완견 일반의 대상과 그 개념 간 소통이 점차 원활해짐으로써 심리적 안정을 취하게 된다.

그런데 부정적으로 작용하는 경우에는 긍정적인 경우와 사정이 사뭇 다르게 나타난다. 일차 개념에 의한 감각적 정은 더욱 악화되어 가는 반면, 이차 개념에 의한 정은 더 이상의 개념적 조작이 원천적으로 거부되어 별다른 정의 형성이 어렵게 된다.

예를 들어, 자녀의 컴퓨터 게임을 감각적으로 싫어하는 대부분의 부모는 날이 갈수록 점차 그것의 폐해를 더욱 강조하려 한다. 그러나 만약 컴퓨터 게임에 대하여 이미 부정적 견해를 갖고 있는 사람은 아예 그것 자체를 거부한다.

그러므로 특히 이차 개념 정에서는 인식의 바탕이 되는 기억이 중요하다고 할 수 있다. 만약 기억에 장애가 있는 경우, 인식에 영향을 주어 치명적 한계를 드러낼 수밖에 없기 때문이다.

예컨대, 치매는 기억장애가 인식장애로 나타나는 대표적 사례 중 하나다. 이들은 자신이 그동안 쌓아 왔던 특정의 대상에 대한 개념이 손상되어 인식장애가 나타난다. 자연히 그에 따른 감정도 나타낼 수 없는 사태가 발생된다.

이러한 현상은 단지 치매뿐만 아니라 기억상실증, 조증(躁症), 우울증 등에서도 거의 동일하게 나타난다. 더욱이 이들에게서 나타나는 공통점은 일정한 욕구의 체계마저 붕괴된다는 점이다. 모든 생각이 조리 없이 너무 빠르게 진행되거나 그 반대가 되는 경우 또는 기억이 사라지거나 시간과 공간적 연계가 단절되는 경우 등의 현상이 나타나게 되어 자아의식이 점차 소멸되기 때문이다. 정신이상 혹은 치매 환자들이 자신의 감정을 명확하게 나타내지 못하는 한계를 지니고 있는 것은 바로 이 때문이다. 단지 이들은 최소한의 감각에 의존하고 있다고 할 수 있다.

이상의 의미를 종합하면 정서 발현의 근원이 특정 대상인가 또는 인식에 따른 개념인가 아니면 개념의 체계인가에 따라 정서가 서로 다른 의미를 지닌다.

예를 들면, 어떤 사람은 복숭아가 과일 중에서 가장 맛있다고 생각하는 반면, 다른 사람은 그것을 보기만 해도 피부에 알레르기 반응을 일으킨다. 이처럼 감각적으로 서로 상반되는 반응을 초래하는 것은 복숭아라는 실체에 그러한 자극 요소가 내재하여 있기 때문이다. 그러나 사람마다 효행이 서로 다르게 나타나는 것은 결코 효에 다양한 특성이 내재하여 있는 것에 기인하는 것이 아니라, 단지 각자 효에 대한 개념이나 효가 삶에서 어떠한 의미를 지니는가에 대한 판단에 차이가 있다는 점에 기인한다. 한마디로 말해 전자는 대상이, 후자는 인식에 따른 개념이 중요한 의미를 지닌다.

이처럼 정서는 다양한 측면에서 논의되고 검토되어야 하는 것이기에 이해의 어려움이 따른다. 여기에서 과연 정서 곧, 기(氣)의 변화를 가져오는 그 근원은 무엇인가 하는 의문이 제기된다.

3. 정서의 기저

이미 살펴본 바와 같이 정서는 무엇보다 자아의식에서 그 뿌리를 찾을 수 있다. 따라서 정서 생성의 요인을 살펴보기 위해서 먼저 자아를 형성하는 주체인 인간의 실체를 파악하는 것이 중요하다. 이것에 관해서는 제1부에서 상세하게 살펴본 바가 있기 때문에 여기에서는 정서와 관련하여 그 핵심적 의미만을 잠시 간략하게 정리해 보고자 한다.

인간의 삶과 관련된 모든 문제는 오직 대자연의 운행 원리에 예속되어 있다. 그것은 우주를 가득 채우고 있는 에너지[氣]가 영원히 일정한 이치에 따라 취합과 이산을 반복적으로 이어 가고 있다는 사실이다. 우주 속에서 무궁무진한 변화가 나타나는 것은 바로 이 때문이다.

이러한 변화에서 벗어난다는 것은 상상도 할 수 없는 일이다. 단지 인간은 다른 존재들과 달리 그러한 변화의 과정에 부분적으로 자신의 생각을 개입할 수 있는 여지를 갖고 있다는 점에서 다소 차이가 있다. 하지만 이것도 미시적 시각에서 인간의 순박한 생각일 뿐 우주 내의 모든 활동은 오로지 기(氣)의 변화 과정이라고 하는 거시적 시각에서는 절대로 벗어날 수가 없다.

이러한 의미에서 인간의 인성도 기질의 측면에서는 기(氣)의 변화에 따라 달리할 수밖에 없다. 특히, 인성의 작용에 의한 자기성찰은 '과연 인간은 무엇인가'에 대한 많은 논란을 불러일으킨다. 여기에 정서의 근원이라고 할 수 있는 깊은 자아의식이 숨겨져 있다.

자아의식은 자신의 정체성은 물론 필연적으로 자신의 생명과 장래에 대한 생각을 불러일으킨다. 자신의 신체적 안전과 소망의 실현 의지가 나타난다. 여기에서 인간은 기본적으로 기(氣)의 취합에 따른 불완전한 일시적 존재임이 더욱 부각된다. 인간의 불안감은 이러한 순간부터 시작된다. 그것은 연이어지는 의식주의 해결이나 꿈에 대한 도전 등과 같은 크고 작은 모든 인생사가 모두 생명의 한시성에 연계되어 있기 때문이다.

우선 인간은 임신이 이루어진 순간부터 세상에 태어나 어느 정도 독자적 생활을 할 수 있는 시기에 이르기까지 최소한 10년 이상의 세심한 배려와 보호가 절대적으로 요구된다. 그러한 보호가 끝나고 나름대로 독자적 생존 능력을 갖추었다 해도 죽는 순간에 이르기까지 자신의 생명을 이어 가기 위해서 숙명적으로 수많은 육체적 또는 정신적 고통을 감수해야 하는 존재이다.

예컨대, 일상적 의식주의 해결을 위한 사회 활동, 다양한 인간관계 등에 따르는 근심과 걱정은 기본적인 것이며, 자신의 꿈과 희망을 펼쳐 나가는 데 따른 좌절과 열등감 그리고 원인조차 알 수 없는 불안, 초조, 두려움, 공포 등의 마음의 불안에서 결코 쉽게 벗어나기 어려운 존재이다.

그와 같은 마음의 불안 중에서 특히 불안, 초조와 같은 원인 미상의 근원적 불안은 인간 존재 일반에게 주어진 숙명적인 것이다. 하지만 한편으로 이것은 당장의 의식주 해결이나 원대한 꿈을 향한 도전의 토대가 되기도 한다. 여하간 이러한 인간의 심리적 불안은 근본적으로 세상의 모든 만물이 각기 태생적 한계를 지닐 수밖에 없으며, 자신에게 일시적으로 주어진 소중한 생명력 역시 시·공간의 제약하에 놓여 있다는 엄연한 사실에 기인한다.

정서가 인간의 삶에서 중심이 되는 까닭을 이러한 사실에서 확인해 볼 수 있다. 불안은 언제나 안정을 요구하기 때문이다. 한없이 이어지는 불안과 그것을 잠재우려는 노력의 순환 고리 속에 정서가 존재한다. 따라서 인간의 숙명적 불안은 곧 정서 발단의 원인이 된다.

물론 일시적으로 그러한 불안을 잠재워 얻게 되는 즐거움이나 만족감의 심리적 상태가 없는 것은 아니지만, 이 역시 일상적인 신체적 고통과 정신적 불안을 잠시 해소하는 것에 불과한 것 일뿐 지속적 마음의 안정을 도모하기에는 도저히 넘을 수 없는 뚜렷한 한계가 있을 수밖에 없다. 이처럼 끊임없이 이어지는 심리적 불안정에 따른 마음의 동요가 바로 정서 발단의 근원이다. 정서는 마음이 불안과 안정을 오가는 상태 그 자체이기 때문이다.

이러한 의미에서 달리 표현하면 정서는 기본적으로 마음의 불안정 해소에 그 의미의 초점이 있다. 하지만 현실적으로 인간은 그 어떠한 경우에도 근원적 불안을 잠재울 수 없다는 한계를 지닌다는 점에서 정서가 지니는 비애를 확인할 수 있다. 이것은 곧 정서 자체의 한계를 확연하게 나타내는 것으로서 인간은 죽음에 이르는 순간까지 한시도 빠짐없이 영원히 이룰 수 없는 마음의 안정을 찾아 헛되이 떠도는 가엾은 존재임을 일깨워 준다. 이 점은 정서 발달의 과정에서 결코 소홀히 할 수 없는 중요한 점이다.

이제 정서의 근원으로서 이러한 불안의 근원을 자세히 살펴보고자 한다.

불안의 근원은 일단 크게 인간의 감각적 성향과 개념적 성향에 의한 것으로 구분된다. 우선 감각적 성향에 의한 것은 미완의 존재 또는 개별적 존재에 따른 결핍감과 무능감 등이 있으며, 개념적 성향에 의한 것은 삶에 대한 자기성찰에 따른 고독감과 공허감 등이 있다. 결핍감과 무능감은 외적 대상에 대한 불안을 조성하며, 대외적 직감이라고 할 수 있다. 고독감과 공허감은 자신의 내적 심리 상태에 대한 불안을 조성하며, 대내적 직관감이라고 할 수 있다.

1) 대외적 직감-감각적 성향

정서 발현의 원인으로서 감각적 성향에 의한 대외적 직감에는 결핍감과 무능감이 있다.

(1) 결핍감

결핍감은 신체적으로 모종의 부족함이 있음을 직감에 의해서 스스로 깨달은 지각이다. 이것은 신체를 이루는 기질 자체가 원천적으로 지니고 있는 한계에 의해서 나타나는 현상으로 그 자신의 신체만으로 이미 불안한 존재임을 의식하지 않을 수 없게 하는 사태이다. 아무리 정교한 구조를 이루고 있는 신체라 할지라도 그 존재 자체가 기(氣)로 이루어져 있는 만큼 변화하는 기(氣)의 활동에 따라 무시로 에너지를 흡수하고 배출하는 과정에서 벗어날 수 없으며, 필연적으로 항시 결핍감이 나타난다.

예컨대, 인간의 단순한 신체적 증세만 하여도 각종 통증, 저림, 울렁증, 이명, 난청, 구토, 소화불량 등 이루 다 말할 수가 없으며, 정신적 증세도 현기증, 어지럼증, 불면증, 악몽, 환각, 환청 등 다양한 결핍 현상이 여기저기에서 끊임없이 나타난다. 이것은 오로지 신체가 지닌 한계로 인한 결핍에 따른 것이다. 이러한 제반 결핍 사태가 발생하면 언제라도 각자 적절한 대처 방안을 찾아 나서지 않으면 안 된다.

이러한 인간의 개별적 결핍 상황에 따라 보호, 보충, 보완 등을 통하여 주체의 신체적 안정을 구하는 것이 곧 삶이다. 다시 말해, 삶이란 결핍의 순간적 해결 과정의 연속이다. 그러나 그러한 결핍감에 따른 해결은 일시적 보충이나 보완을 하는 것만으로는 충족되지 않는다. 죽음에 이르는 순간까지 일정한 상황에 따라 끊임없이 대책을 강구해 나가야 하는 숙명적인 것이다.

특히, 일상생활 속에서 의식주 문제는 무엇보다 가장 시급한 과제로 여겨진다. 이것은 자신이 언제든지 절체절명(絶體絶命)의 처지에 놓일 수 있다는 생각으로 불안을 안겨 준다. 문제는 그것이 특성상 항구적으로 한정적 희소가치를 지니는 재물과 관련되어 있다는 점이다. 각자 자신을 위한 재물의 확보에 심한 경쟁이 발생하는 것은 지극히 당연하다. 따라서 누구나 재물의 확보에는 필요 이상의 많은 관심을 기울일 수밖에 없다. 일차적으로 주체 생존의 이기적 성향이 강하게 나타나는 것은 바로 이러한 과도한 관심에 기인한다고 할 수 있다.

하지만 이러한 이기적 성향은 자신의 신체를 이루고 있는 기(氣)의 본원적 회귀 성향에는 반하는 것이 된다. 여기에서 회귀 성향은 기(氣)가 임시로 현재 거처하고 있는 신체에서 이산하여 어느 때이든 원래 자신이 머물던 상태로 되돌아가려는 속성을 말한다. 그러나 신체의 이기적 성향이 강하면 강할수록 그러한 회귀 성향을 거스르게 되어서 결국 신체가 지닌 기(氣)의 자연스러운 소통을 저해하게 되기 때문이다. 따라서 그러한 이기적 성향은 자신의 신체를 위한 최소한의 의미를 제외하고는 결코 바람직한 것이라고 할 수는 없다. 하지만 무엇보다 신체의 생존을 최우선 기본 과제로 여기는 굳은 의지는 자신의 이기적 성향을 앞세워 의식주 해결을 위한 원천을 찾아 나서게 할 뿐이다.

그리하여 대부분의 사람은 세상에서 비교적 재물을 보다 쉽게 쟁취하기 위한 발판이 되는 권력, 명예 등을 얻어 내고자 자신의 온갖 노력을 기울여 나간다. 하지만 이러한 것들은 그 속성이 재물인 것이기에 만약 풍족한 재물을 얻게 되었다 하여도 이후에 더 많은 것을 갈망하게 될 뿐만 아니라 가진 것이 늘어나면 늘어날수록 오히려 결핍감은 더욱 증대되는 역현상이 나타난다. 남들이 부러워할 만한 부와 명예를 지닌 사람들일수록 더욱더 부와 명예를 갈구한다. 오죽하면 옛 속담에 "아홉 섬 추수한 자가 한 섬 추수한 자더러 그 한 섬을 열 섬으로 채우자 한다."는 말이 있을 정도이다.

이러한 과욕은 이제 자신의 의식주를 넘어서 맹목적 재물의 확보에 전념하도록 촉구한다. 의식주를 위한 재물이 역으로 재물을 위한 의식주로 전환되는 역현상이 나타난다. 이것은 실로 엄청난 인식의 전환이다. 삶의 의미와 가치의 추구가 아닌 물질 확보를 위한 과대 망상적 사욕의 추구가 된다. 이것은 필연적으로 재화의 편재나 과도한 투쟁을 초래하여 결국 자신과 기존 사회질서를 어지럽히는 부작용을 막을 수 없게 된다. 자신을 위한 것이 오히려 파멸의 길로 안내한다. 바로 과욕이 부른 참사이다. 이것은 결핍이 자아낸 이기심의 아이러니가 아닐 수 없다.

이러한 결핍감에 따른 대표적 정서가 바로 분노이다. 결핍감은 신체 각 부위에서 감각될 수 있지만 그중에서도 배고픔에 따른 감각은 생명과 직결되어 있는 문제로 사생결단이라는 거의 절대적 사태를 유발한다. 때문에 식량의 해결을 위해서는 세상에 못할 일이 없다. 그런데 만약 문제 해결에 어떠한 장애가 발생한다면 자연히 분노가 나타난다.

물론 분노는 자신의 결핍에 따른 적절한 대처에 실패한 결과이기는 하지만, 다른 한편으로 적절한 정서 관리에서도 실패한 것이 된다는 점에서 문제가 있다. 그러므로 누구든지 신체 혹은 정신에 다양한 증세나 질환과 같은 제반 문제가 나타날 때, 너무 조급하게 문제 해결을 서두르기보다 다소 여유를 갖고 침착하게 대처해 나갈 수 있는 태도가 필요하다. 즉, 삶 속에서는 언제나 결핍에 따른 크고 작은 문제를 야기할 가능성이 있는 것임을 인정하고 문제 발생의 원인을 찾아 적당한 수준에서 서서히 해결해 나가야 한다. 다시 말해, 과욕이나 성급함보다는 오히려 적은 것에 만족하고 감사하게 생각하며, 만사에 여유를 갖는 자세가 더욱 필요하다.

그러나 만일 현실에 만족하지 못하고 분노를 일삼는다면 자신이 당면하고 있는 문제의 해결은 더욱 요원하게 된다. 그것은 분노가 기본적으로 문제 해결의 실패를 자인하는 것이 되기 때문이다. 정작 문제 해결을 원한다면 실패에 따른 대응책을 차분하게 강구해야 한다. 분노는 그저 하나의 한풀이에 지나지 않는 것이며, 여기에 얽매여 있는 한 문제 해결에는 단 한 발도 진전을 이룰 수가 없다. 분노는 문제 해결에 별다른 도움이 되지 않을 뿐만 아니라 분노를 더욱 가중시킨다.

그럼에도 불구하고 많은 사람이 분풀이에 매달린다. 특히 요사이 우월적 지위를 남용하여 사회 문제 중 하나가 되고 있는 소위 갑질이 바로 그러한 것이다. 이것은 어떠한 문제를 해결하는 것이 아니라 상대적 약자에 대한 분풀이

인 것이다. 자존감과 자신감으로 내면이 강한 사람들은 남이 자신을 알아봐 주기를 기대하지 않고 먼저 자신의 문제를 찾아 나선다. 그들에게 중요한 것은 남들이 아니라 자신의 부족함을 개선하는 일이기 때문이다. 그래서 남들의 일은 그들에게 별다른 의미를 주지 못한다. 이러한 사람들은 자신의 심리적 안정을 바탕으로 남들이 다가가기 전에 주변 사람들에 대한 배려를 우선적으로 고려하는 사람들이다. 그러므로 이들에게서 분노를 찾는 것은 하늘의 별따기만큼이나 힘든 일이다.

그러나 자신의 내면이 약한 사람들은 어떠한 경우에도 자신의 위태로운 존재감을 드러내고자 한다. 이러한 사람들에게는 공통점이 하나 있다. 그것은 바로 자신의 능력에 맞지 않는 이기적 욕심이 많다는 것이다. 그렇게 되면 하고 싶은 일이 뜻대로 잘 이루어지지 않기 때문에 자연히 욕구불만으로 스트레스가 많아진다. 이들의 특성은 강자에게는 한없이 약하며, 약자에게는 더없이 강하다. 아니 다른 측면에서 보면 강자에게는 굴종하며, 약자에게는 무법자로 군림한다. 그래서 남들이 조금만 심기를 거슬려도 곧바로 자신이 강자임을 과시하려 한다. 그것이 바로 분풀이다. 이러한 분풀이의 특징은 자신의 유약함을 감추려는 것이다. 겉으로 강자로서 군림하려 하는 것은 그 자체가 자신의 유약함을 인정하는 것이 된다는 점을 그들은 미처 인식하지 못한다. 자신의 문제를 해결하고자 한 분노가 결국 자신의 유약함을 천하에 드러내고 범법의 길로 들어서는 결과를 낳는 것이다. 이것은 이기심의 극치로서 분노의 아이러니가 아닐 수 없다.

(2) 무능감

무능감은 결핍에 따른 문제 해결 능력에 한계가 있음을 직감적으로 절실하게 깨달은 지각이다. 이러한 무능감은 신체 구조의 한계에 의하여 나타나는 현상으로 자신의 고유한 신체 특성을 소중하게 여기는 주체적 성향에 의해 더욱 가중된다. 신체를 중심으로 하여 사지로 구성되어 있는 신체는 비록 이성을 통하여 사고하는 능력을 발휘할 수는 있다. 하지만 신체적 능력에서는 다른 동물에 비하여 부분적으로 취약할 뿐만 아니라 다양한 능력을 발휘할 수 없다는 점을 직감적으로 인식한다.

예컨대, 인간은 기본적으로 단순하게 걷고 뛰는 능력에도 일정한 한계가 있을 뿐만 아니라 새와 같이 날아다닐 수도, 물고기와 같이 물속을 유영할 수도 없다. 기계의 도움을 얻을 수 있으나 그것도 한계가 있는 것은 매한가지다. 물론 소소한 욕구가 발생하는 경우에는 그러한 무능감을 찾아볼 수 없다. 하지만 진실로 소중한 의미를 구하는 결정적 순간에서는 여지 없이 난항에 봉착하게 된다. 자연히 자신의 신체적 능력에 대한 자신감에 상처를 입게 된다.

뿐만 아니라 같은 인간이면서도 신체의 개별적 특성에 따라 각자 커다란 차이를 나타낸다. 자연히 신체적 능력의 우열이 발생하기 때문이다. 그러나 모든 면에서 항상 상대적으로 우수한 능력을 소유한다는 것은 거의 불가능하다. 이 역시 자신감에 상처를 입게 되는 사태이다. 이처럼 자신감에서 상처가 조금씩 커지면 자연히 자주성이 감소하게 된다. 자신의 문제를 스스로 해결하기보다는 간편하게 다른 사람들에게 의존하려는 의존성이 나타난다.

이러한 의존성에는 자신의 부단한 노력을 통한 능력의 제고보다는 대부분 다른 사람들과의 협력을 구하여 문제를 해결하려는 성향이 강하게 배어 있다. 따라서 주변의 도움에 대한 욕구가 강하면 강할수록 그에 비례하여 자신의 무능감도 함께 증가하는 것이 엄연한 이치이다. 이러한 의존성은 세월이 흐를수록 자연히 점차 증대되고 그와 비례하여 불안은 가중되어 간다. 그러한 불안과 의존성이 상호 연계되어 악순환되는 연결고리를 끊지 못하면 결국 파멸의 순간을 맞이하게 된다. 이 역시 의존성의 아이러니가 아닐 수 없다.

따라서 자신의 문제 사태 해결은 언제나 자신의 능력을 중심으로 해결하고자 하는 자세가 반드시 필요하다고 할 수 있다. 비록 처음에는 약간의 도움을 청하여 해결하는 한이 있어도 가급적 독자적으로 해결해 넘으로써 그에 따른 성취감을 얻을 수 있는 계기를 마련해야 한다. 일상적으로 발생하는 이러한 성취감에 따른 쾌감은 점차 자신감의 회복을 가져옴과 동시에 다른 사람들에게도 도움을 줄 수 있는 여건이 조성된다는 점에서 지대한 관심을 갖지 않을 수 없다.

그러나 이러한 성취감의 이면에는 반드시 자신의 열정과 노력이 수반되어야 하기 때문에 적지 않은 어려움이 따른다. 하지만 이러한 자신만의 열정과 노력 속에는 강한 자주성이 숨겨져 있음을 놓쳐서는 안 된다. 물론 자주성의 중심에는 언제나 자존심이 자리 잡고 있다. 자존심의 본질은 자신만의 고유한 특성에 대한 강한 애착 성향이다. 이러한 애착은 타인들과 같은 평범한 생존 전략을 거부하고 그들로부터 남다른 평가를 요구한다.

따라서 자존감은 자존심을 건 치열한 투쟁의 산물이다. 즉, 자존감이 자신에 대한 자기만족적 평가인 반면, 자존심은 자신의 고유한 능력에 대한 타인들의 평가를 의식하여 얻어 내고자 하는 배타적 존재감에 대한 기대 요구이다.

이러한 의미에서 자존심은 어찌 보면 자신의 고유한 독립적 욕구의 발로이다. 그러므로 자신만의 창의적 대안과 도전으로 다양한 욕구의 발생에 대처하여 주체의 고유한 특성을 실현하고자 하는 강한 자존의식은 자신을 지키는 거의 유일한 버팀목이다. 자존심의 손상은 곧 자신의 존재 불안을 초래하는 이유가 여기에 있다. 따라서 항상 여기에는 자신의 나약함이나 불안감을 본인 스스로 뛰어넘으려는 자기만족 추구 성향이 담겨 있다.

이러한 자기만족 추구 성향은 존재감으로 더욱 빛을 발하게 된다. 존재감은 다른 사람들과 관계 속에서 자신만의 독자성을 드러내는 것이 요체이기 때문이다. 물론 사회적 관계가 어떻게 형성되어 있는가에 따라 존재감이 다르게 반영될 수 있는 여지가 없는 것은 아니지만, 일반적으로 핵심은 일정한 상황에서 자신만의 독자성을 통하여 존재 의미의 수월성을 확보하는 것에 있다고 할 수 있다. 따라서 이것은 구성원 상호 간 경쟁에서 거의 필수적인 것이 되지 않을 수 없다.

이를 위해서는 오로지 장시간에 걸친 부단한 자기 연마를 위한 노력과 준비가 절대적으로 요구된다. 평소 꾸준하게 자신의 심신을 연마하여 자신의 존재를 부각시킬 수 있는 기회를 확보해야만 한다. 특히 한정된 부분적 시각에서 벗어나 자신의 잠재적 역량과 특성을 최대한 발현해 낼 필요가 있다.

예컨대, 역사를 통하여 이룩한 인간의 모든 위대한 문화의 융성은 바로 이러한 인간 자존의식에 따른 부단한 연마와 도전 그리고 남다른 노력의 결과로 나타난 승리의 모습이다. 이것은 오직 자신만의 온갖 재능과 역량을 총동원하여 어렵게 성취한 창의적 결과가 아닐 수 없다. 그러한 결과는 주로 지금까지의 삶을 보다 새로운 차원의 삶으로 전환할 수 있는 삶의 획기적 전환점을 마련한다는 점에서 그 의미를 찾을 수 있다. 얼마나 슬기롭게 어려운 상황을 헤쳐 나가는가의 여부에 따라 삶의 방향은 전혀 다르게 설정되기 때문이다.

이러한 의미에서 볼 때, 문제 사태가 심각하면 심각할수록 더욱 강한 자신감으로 사태가 요구하는 문제를 보다 적극적으로 헤쳐 나감으로써 생의 전환점을 마련해야 한다. 비록 수많은 실패와 좌절을 겪는 과정을 외면할 수는 없지만 그것을 딛고 일어서서 이룩한 승전보야말로 자신만의 값진 인간 승리이다. 이러한 경험이 점차 쌓이면 이제는 움직일 수 없는 자신감으로 무능감을 떨쳐버릴 수 있게 된다. 여기에 비로소 자존감이 들어서는 계기가 나타난다.

그러나 문제는 모든 사람이 한결같이 이러한 자존감 확보에 몰두하지만 대부분 실패와 좌절에서 벗어나지 못하고, 결국 자신의 뜻을 실현해 내지 못하고 있다는 점이다. 만약 실패와 좌절 속에서 생활이 계속 이어지면 무능감이 심화되어서 평소 잘할 수 있던 일도 어렵게 된다. 그리하여 대부분 앞서 언급한 바대로 단순히 감각적 쾌락을 추구하거나 또는 특정의 절대적 능력에 의존한 궁극적 가치의 추구, 은둔과 같은 현실도피 등을 통하여 다소 긴장의 이완을 도모하고 있는 정도에 머문다.

뿐만 아니라 특히 촌각을 다투는 소위 비상사태와 같은 절박한 경우에 무능감은 극대화된다. 사태가 다급할수록 더욱 극심한 무능감을 체험하게 된다. 갑자기 급류에 휩쓸려 떠내려가는 가족을 보면 거의 속수무책일 수밖에 없다.

물론 이러한 경우를 대비하여 사전에 만반의 준비를 하고 있었다면 사정은 다소 달라지겠지만 이것은 극히 드문 예에 속하는 것이 아닐 수 없다. 여기에서 다만 한 가지 다행스러운 것은 비록 개인은 무력하여도 서로 간 협력을 통하여 어느 정도 그 대처 방안의 마련이 가능하다는 점이다.

그러나 만약 이러한 협력마저 뜻대로 구할 수 없으면 더 이상 갈 곳이 없는 막다른 궁지로 내몰리게 된다. 이러한 상황은 불안 수준을 최고조에 이르게 한다. 자연히 정신적 안정을 회복하는 데 어려움이 따를 수밖에 없다. 심지어 정신이상이 발생할 수 있는 순간이 될 수도 있다. 이러한 경우에 나타나는 일반적 현상은 요행 또는 행운을 바라거나 아예 모든 것을 체념하고 의존성을 극대화한다. 도박이나 복권과 같은 행운을 통하여 일확천금을 꿈꾸거나 자존심을 던져 버리고 구걸을 통하여 다소의 생존 이득을 취하는 것 등이 그 예이다.

그러나 요행을 바라는 것은 마치 뜬구름을 잡는 것과 같아서 불안감만 더욱 가중시킬 뿐이다. 불안이 가중될수록 이제는 맹목적 단순 쾌락에 쉽게 빠져들게 된다. 비록 순간일지언정 평소의 불안을 떨쳐 버리고 싶은 허황된 욕구를 포기하지 못한다.

이처럼 요행이나 구걸과 같은 외부 도움을 심하게 갈구하려 하는 것은 그 자체가 이미 자신도 모르게 자신을 비하하고 이미 무능하다는 것을 자인하는 것이한다. 다시 말해, 그와 같은 단순한 감각적 쾌락이나 순간의 안정감이 안겨 주는 만족감이 아무리 클지라도 그것이 결코 자신의 근원적 문제를 해결하는 것이 아니라 자신을 더욱 궁지로 몰아가는 것을 스스로 방관하고 있는 셈이 된다. 따라서 그와 같이 단순 쾌락이나 편리를 추구하는 것은 상대적으로 냉철한 이성을 약화시켜 자기 합리화를 하는 것에 지나지 않는다.

본래 인간의 감각은 자극에 반응하기 때문에 특히 쾌락과 같은 유쾌한 자극에서는 그것이 강하면 강할수록 감각기관의 자체 한계를 무시한 채 지속적으로 보다 더 강한 자극을 추구하려는 경향을 나타낸다. 그것은 감각이 쾌락의 이면에서 숨겨져 있는 잠재적 불안만을 의식할 뿐 쾌락의 현상적 의미를 깨닫지 못하게 이성을 마비시키기 때문이다. 일순간의 만족을 포기하지 못하는 까닭이 여기에 있다.

이러한 의미에서 무능감은 한편으로 인간으로 하여금 그 극복에 따른 성취감을 안겨 주는 것도 사실이지만, 반대로 실패하여 절망하는 경우에는 감각적 쾌락을 추구하게 하는 것임을 알 수 있다. 또한 설사 그와 같은 절망에 이르지는 않았어도 대부분의 많은 사람이 그러한 감각적 쾌락의 유혹에서 쉽사리 벗어나지 못하는 것도 기실은 그러한 무능감에 따른 현상이 아니라고 할 수 없다. 이것은 무능감을 극복하는 일보다 단지 무능감에 따른 불안을 해소하는 일이 상대적으로 훨씬 쉬운 것이기 때문이다.

따라서 많은 사람은 거의 본능적으로 감각적 쾌락을 추구하려는 일반적 경향을 나타낸다. 그러나 그러한 단순 쾌감은 자칫 자기 파멸을 부를 수 있는 것임을 알아 둘 필요가 있다. 일반적으로 말하여 순간의 감각적 쾌락은 생활 속에서 겪게 되는 수많은 위협과 고통을 참고 극복해 나가도록 하는 원동력이 일부 되기도 한다. 하지만 그렇다고 해서 알 수 없는 허무감 속에 드리워져 있는 자신의 근원적 불안마저 떨쳐 버릴 수 있는 것은 아니라는 점을 분명하게 인식해야 한다. 그러한 단순 쾌락은 기(氣) 소통의 한시적 변화 과정으로 그 이면에는 반드시 그에 따른 반대급부의 더 큰 고통을 겪게 된다는 엄연한 이치가 있음을 알지 않으면 안 된다.

예컨대, 만취의 흥겨움은 숙취 해소에 따른 고통이, 쇼핑의 즐거움은 추후 결제의 고통이 상호 연계되어 있다. 다시 말하면, 모든 쾌락은 반드시 고통의 체험이 수반된다.

만약 이러한 이치를 직시하지 못하고 그러한 쾌락을 사전에 절제하지 못하면 결국 파멸을 마주하는 순간을 만나게 된다. 이것은 무능감의 극치로서 쾌락의 아이러니가 아닐 수 없다.

따라서 그러한 쾌락의 추구는 반드시 반대급부의 고통이 수반되는 분명한 자기 한계가 있는 것임을 인식하고 항상 일정한 절제를 해야 한다. 이러한 점은 세상의 그 무엇보다 매우 중요한 의미를 지니는 것으로 특히 정서와 불가분의 관계가 있는 것임을 확인해 둘 필요가 있다.

특히 성욕의 추구에서 절제는 매우 중요하다고 할 수 있다. 본래 성욕은 성차에 따른 자기 한계를 상호 간 공동 이해의 바탕 위에서 넘어서고자 하는 의욕의 발로로 나타난다. 남녀 간의 결합은 인간의 이상적 협력의 모습을 보여 준다. 때문에 정신적 충만감은 물론 여타의 추종을 불허하는 쾌감을 안겨

준다. 하지만 성욕에 따른 감각적 쾌감도 역시 그 이면에 어려운 고통이 수반
된다는 점에서는 결코 예외가 될 수 없다.

2) 대내적 직관-개념적 성향

정서 발현의 원인으로서 개념적 성향에 의한 대내적 직관에는 고독감과 공
허감이 있다.

(1) 고독감

대내적 직관으로서 고독감은 자신의 소중한 생명을 담보하고 있는 신체가 공
간의 한계 속에서 고립적으로 존재하고 있다는 존재 자체의 근원적 한계를 자
각하는 인식이다. 즉, 신체의 공간적 한계에 대한 인식이다. 현재 자신의 신체
가 절대 무변의 공간 속에서 철저하게 분리되어 있는 독자적인 것이며, 생을 마
감하는 마지막 순간에도 결국 자신만의 단독일 수밖에 없다는 생각이 절대 단
독의 고독감이다.

여기에서 절대 단독이라는 것이 단지 외롭다는 생각에 한정되지 않는다는
것이 중요하다. 아무리 부모나 친구 또는 애인과 함께 있어도 자신과 구별되는
지울 수 없는 공간적 경계에 따른 차별성이 분명하게 인식되는 것이다. 이러한
인식의 내면에는 허약한 존재감이 자리 잡고 있다고 할 수 있다. 즉, 자신이 존
재하고 있다는 사실에 대한 깊은 불안감이 들어 있는 것이 특징이다.

이것은 외적 자극에 대한 직감으로서의 결핍감 또는 무능감과는 달리 내면
에 은밀하게 조성되는 인식에 의한 자신의 한계 상황에 대한 긴장으로 깊은 심
리적 불안의 원인이 된다. 그런데 고독감에서는 이처럼 불안을 조성하는 원인
으로써의 한계 상황은 근본적으로 해결할 수 있는 방안을 찾을 수 없다는 점이
특징이다. 여기에서는 단지 자신의 존재 근거인 신체를 대상으로 한 주체적 자
기성찰에 따른 자연 발생적 내부 의식만이 발견될 뿐이다. 이에 대한 적절한
대처 방안의 마련이 당초에 좌절된다.

고독감에서 보다 심각한 문제는 그것을 실감하면 할수록 그러한 내부 의식이 더욱 뚜렷하게 부각되는 의식의 순환이 반복됨으로써 그 후에는 그 심연조차 알 수 없는 불안감이 함께 조성된다는 사실이다. 이것은 고독감에 따른 불안감은 항상 그 강도가 한없이 고조되는 새로운 국면으로 유도될 가능성을 지니고 있음을 나타낸다.

특히, 고독감이 극도로 최고조에 달하는 순간은 어느 미래에 당면하게 될 자신의 죽음이 현재의 상상 속에 전개될 때이다. 이것은 현재의 자신과는 전혀 다른, 하지만 도저히 알 수 없는 죽음을 예감하는 절대 불안이다. 인간에게 있어 이와 같은 불안 사태는 절대 단독 특유의 체험이다. 다시 말해, 현재 당면하고 있는 순간의 연속이 결국 자신의 죽음에 맞닿아 있다는 생각에 의한 것이기에 다시는 현재와 같은 상황으로 회귀될 수 없다는 엄연한 사실과 생명을 마감하는 막다른 순간의 체험을 오로지 자신만이 단독으로 외롭게 겪을 수밖에 없다는 점을 직관한다.

물론 여기에는 기본적으로 인간의 생명에 대한 강한 집착이 숨겨져 있다. 설령 아무리 현생의 어려움이 크다 할지라도 오직 죽음만은 회피하고 싶은 인간의 절박한 심정이 담겨 있는 것이다. 물론 드물기는 하지만 가끔 스스로 죽음을 선택하여 결행하는 소위 자살도 전혀 없는 것은 아니다. 하지만 그것은 어디까지나 매우 특수한 경우로 정상적 사고 활동의 범위를 넘어선 이상 행위일 뿐이다.

따라서 인간이 자신의 삶에 대한 건강한 활력을 얻기 위해서는 최소한 이러한 고독감에 따른 불안을 벗어나야만 한다. 여기에 사랑이나 연대감 또는 소속감 등의 의미가 소중하게 다가온다. 그중에서 특히 사랑은 인간의 삶에 있어서 가장 핵심적 의미를 담고 있다고 해도 과언이 아니다. 기독교에서 '사랑'을, 불교에서 '자비'를, 유교에서 '인(仁)'을 그토록 중요시하는 까닭이 바로 여기에 있다.

여기에서 찾아볼 수 있는 의미는 그저 순간의 고독감을 모면하기 위한 하나의 방편으로서의 단순한 사랑이 아니라 삶의 핵심적 행동 원리로써 누구나 반드시 걸어가야 할 길이다. 사랑은 개별적 다양을 화합적 총화로 이끌어 가는 연대감과 화합적 총화 속에서 개별적 다양의 의미를 찾는 소속감을 모두 갖춘 소중한 의미를 지닌다. 이것은 비록 고독감을 벗어나는 제한적 방법이기는 하지만 상호 간 심리적 안정을 마련해 줌으로써 삶의 새로운 활력을 찾을 수 있는 계기를 마련한다.

실제로 고독감에 따른 심리적 안정을 위하여 거의 예외 없이 많은 사람이 다른 사람들과의 유대 관계를 중요시하는 경향을 나타낸다.

예컨대, 각종 친목회나 동창회 그리고 동호회 등의 집단 속에서의 활동을 즐기려 한다. 또한 최근 온라인 상에서 트위터(twitter)나 페이스북(facebook)과 같은 각종 사회연계망(Social Network Service: SNS) 활동은 거의 생활의 중심이 되어 있다고 해도 과언이 아니다. 심지어 그러한 연계망 중독 현상도 비일비재하게 나타나고 있다. 이것은 일종의 깊은 사랑, 곧 연대감과 소속감의 갈구이다.

하지만 이러한 사랑도 인간의 이기적 성향을 크게 벗어나지 못함으로써 자신의 이익에 반하는 경우, 오히려 반목과 질시, 횡포와 무시, 중상과 모략 등 온갖 배타적 행위를 유발하는 원천이 되기도 한다. 악성 댓글 소위 악플(惡, reply)에 따른 반목과 질시는 심한 반감과 소외를 부르게 되고 그것은 결국 부메랑이 되어 다시 자신에게 되돌아옴으로써 몰락의 위기를 자초하는 결과를 낳기도 한다. 이것은 사람들과 서로 사랑을 나누고 조화와 질서를 추구하기 위해서는 먼저 본인 자신의 고유한 특성을 구비하여 존재감을 확보하고 있어야 한다는 점을 소홀히 하는 까닭이다.

이러한 존재감은 일정한 자신감이 뒷받침되어야 하므로 매우 중요한 의미를 지닌다. 적어도 어떠한 특정의 사태에서 나타나는 문제는 오로지 자신만이 해낼 수 있다는 나름대로의 일정한 자신감이 없는 존재감은 무의미하다. 따라서 여기에는 반드시 열정과 몰입이라는 현상이 따른다. 이것은 결국 자신의 존재감을 확인할 수 있도록 함과 동시에 고독감을 벗어날 수 있는 계기를 마련한다.

생산이라는 의미는 여기에서 그 가치를 배가하게 된다. 의미 있는 생산 활동에 자신이 참여함으로써 고독감을 떨쳐 버릴 수 있는 기회가 마련된다. 즉, 그러한 생산 활동의 질이 높아지면 질수록 상대적으로 고독감은 멀어지고 성취는 다가온다. 또한 생산에 따른 개인적 성취감은 오직 자신만이 느낄 수 있는 즐거움과 희열이 아닐 수 없다. 이러한 의미에서 인간에게 있어서 생산 활동에의 참여는 그 어느 것보다 중요한 의미가 있는 것임을 알 수 있다. 가끔 일중독 현상이 나타나는 것도 이와 결코 무관하지 않다고 할 수 있다.

여하튼 고독의 탈피는 기본적으로 자아를 특정 활동에 몰입하여 존재감을 드러내는 과정에서 찾을 수밖에 없다. 이러한 존재감이 확보된 이후 비로소 진정한 사랑의 의미를 발견하게 되기 때문이다. 자신감이 존재감을 부르고 이것은 다시 심리적 여유를 제공함으로써 사랑의 원천이 마련된다.

이러한 여유에 기초한 사랑은 타인으로부터 받는 사랑이 아니라 다른 이를 진정으로 배려하고 사랑해 줄 수 있게 된다. 이러한 사랑이야말로 세상에서 가장 아름답고 숭고한 사랑이다. 사랑을 주는 사람이나 받는 사람 모두가 진정으로 기쁨과 희열을 느낄 수 있다. 쾌락이 누구나 맛볼 수 있는 감각적 즐거움이라면, 기쁨과 즐거움은 인간의 내부 한가운데에서 솟구쳐 오르는 자기 충족의 진정한 정신적 즐거움이다. 쾌락은 반드시 고통을 수반하는 것임에 반해, 기쁨은 비록 순간일지언정 그러한 흔적이 쌓여 나감으로써 진정한 자아를 확인할 수 있는 길이 열리게 되는 원천이 되기 때문이다.

하지만 만약 어떠한 경우에도 이와 같은 존재감의 확보에 실패한다면 그것은 곧바로 고독과 열등감이 더해진 소외감으로 연결된다. 이것은 비록 사소한 경우라 할지라도 각 개인에게는 치명적인 것이 될 수도 있다는 것을 알지 않으면 안 된다. 왜냐하면 이러한 소외감은 고독감에 의한 불안이 가중된 대표적 형태로 자칫 자아 혼란에 따른 자포자기에 이를 수 있기 때문이다.

예컨대, 주변 사람들로부터 요구받는 자신의 역할에 부응하지 못하는 경우, 사태가 심각해지면 폭행, 사기, 절도, 자살 등과 같은 반사회적 위험한 행동도 마다하지 않게 된다.

이러한 사태의 근원은 자신의 주도권 상실에 따른 고독감의 심화에서 찾을 수 있다. 따라서 소외는 주도권의 상실 양상에 따라 자기소외와 타율적 소외로 구분해 볼 수가 있다.

먼저, 자기소외는 주객전도에 따른 피할 수 없는 주도권의 상실에 핵심적 의미가 있다. 처음에는 인간이 기계를 만들어 그것을 생산 활동에 활용하여 왔으나 기계가 점차 자동화되면서 이제는 역으로 인간이 기계의 지시에 따를 수밖에 없는 현실이 바로 인간의 자기소외이다. 말하자면, 자신이 만들어 놓은 기계에게 도리어 주도권을 빼앗김으로써 인간의 존재 가치가 기계보다 열등한 지위가 되어 존재감에 손상을 입게 된 것이다.

예를 들어, 길을 편리하게 찾기 위하여 내비게이션(navigation)을 만들어 활용하였지만 이제 인간은 그것이 지시하는 대로 무조건 따를 수밖에 없는 현실이 되고 있다. 이렇게 되면 과거 스스로 찾아가던 자신의 능력은 점차 상실되고, 결국 자신감의 저하로 소외감이 다가온다.

이처럼 주객이 전도되어 인간이 기계의 노예로 전락된다는 것은 그 자체가 존재의 파멸을 의미하는 것으로 실로 엄청난 불안을 조성한다. 자기소외감이 더 가중될 수밖에 없는 이유가 여기에 있다.

이에 반하여 타율적 소외는 타인이나 집단이 의도적으로 특정 개인의 주도권에 제약을 가하여 소외시키는 것을 의미한다. 이러한 타율적 소외감의 경우에도 불안감의 정도는 결코 자기소외의 경우에 비하여 적지 않다. 여기에서 한 가지 특이한 점은 다른 사람을 소외시키려고 하는 사람이나 집단은 대부분 그 자신들이 이미 소외당하고 있는 상황에 처해 있다는 점이다. 이미 다른 사람들로부터 호응을 얻고 있는 사람이나 집단의 경우에는 비교적 그러한 따돌림을 거부하는 경향이 강하게 나타나기 때문이다.

그러므로 자신들의 행동은 그에 대한 일종의 보복으로 생각하며 이들에게서 어떠한 죄의식도 찾아볼 수 없다. 이들의 판단 기준은 오로지 다수의 인기에 영합하는 것뿐이다. 상대가 괴로움을 겪는 것을 즐기고 설령 불편하게 느끼더라도 그저 다수의 의견을 쫓아다니며 수수방관(袖手傍觀)할 뿐이다. 이것은 일그러진 인간 정신의 단면이다. 즉, 소외를 유발하는 따돌림은 병적 심리 상태에 있는 것이다. 따돌림과 같은 부당한 차별이 겉으로는 단순히 소외를 유발하지만 그것을 당하는 사람의 내면에 강한 적대감을 형성하는 것은 이 때문이다. 만약 이러한 적대감이 중대되면 대부분 반사회적 성향을 나타낸다.

최근에 들어와서 각종 언론 매체에서 자주 회자되고 있는 소시오패스(sociopath)나 사이코패스(psychopath) 등의 증상은 그와 같은 소외감으로 발생하는 대표적 증상에 속한다. 이러한 증상에 관하여 우리 모두가 관심을 기울여야 하는 이유는 살인, 방화, 테러와 같은 폭력 등의 반사회적 범죄의 폭발력이 규모를 가늠할 수 없을 정도로 막대하다는 점에 있다. 사회가 막대한 피해를 입게 되는 사태가 언제 어떻게 일어날지 아무도 예측할 수가 없다.

예컨대, 지난 2001년 9월 11일, 이슬람 급진주의자들이 미국 뉴욕의 무역센터를 여객기로 공격하여 무려 5,000명 이상의 사상자를 발생시킨 대폭발 테러 사건이 그것이다. 심지어 도처의 IS(Islamic State)조직은 전 세계를 대상으로 대형 테러 행위를 일삼고 있을 정도이다. 뿐만 아니라 최근 대부분의 선진 문명 사회에서 예외 없이 자주 목도되고 있는 '무차별 총기 난사' '집단 인질극' '자살 폭탄 테러' '광란의 질주' 등 이루 헤아릴 수 없을 정도의 엽기적 사건들은 모두 소외의 분노를 폭발적으로 쏟아 내는 현상 이외의 다름이 아니다.

이것은 모든 인간이 지니고 있는 근원적 불안인 고독감을 어루만져 주지는 못할지언정 그것을 더욱 심화시킨 사회 환경에 대한 일종의 보복 행사이다.

더욱이 이러한 적대감의 심각성은 단순히 보복을 부르는 것에 그치는 것이 아니라 다시 또 다른 보복으로 이어지는 보복의 악순환이 이어질 가능성이 크다는 점에 있다. 이것은 자신의 과오를 인정하기보다 가급적 호도(糊塗)하거나 남에게 책임을 전가하기 때문이다. 이와 같은 책임 전가는 인간 행위의 이해에 중요한 의미를 시사한다. 즉, 과오를 저지른 사람의 적대적 의도에 이미 다른 사람들이 사전에 그에게 가한 나쁜 행위의 결과가 개입되어 있다는 점이다.

대부분 자신의 능력 부족으로 좌절감을 느끼면 단순하게 자책을 하는 것으로 마무리될 수 있지만, 이와는 달리 타율적 소외감을 느끼면 자신의 무능을 생각하기보다는 우선 타인을 비난하게 되는 것이 상례이다. 한 사람의 행위 결과를 평가할 때, 행위자가 진정으로 자신의 과오를 인정하는가의 여부는 앞으로의 행위에 크게 영향을 미칠 수밖에 없기 때문이다.

그러므로 대체로 다른 사람에 대한 소외는 소외감이라는 병폐로 반드시 우리 모두에게 되돌아온다는 점과 아울러 자신의 과오는 자책점으로 기억될 뿐이지만, 강한 적대감과 억울함은 거의 평생 지울 수 없는 소위 트라우마(trauma)로 남게 될 가능성이 크다는 점을 명심해야 한다. 이러한 의미에서 특히 타율적 소외의 경우에는 자기소외감와 달리 매우 세심한 주의를 요한다.

(2) 공허감

공허감은 자신의 존재 의지에 대한 일종의 막연한 정신적 결핍감을 의미한다. 따라서 이것은 신체의 시간적 한계를 드러내는 사태와 연관되어 있다.

누구나 인간은 세월의 흐름을 막을 수 없다. 그러한 세월의 흐름은 자신의 존재가 한계 상황 속에 놓여 있도록 하는 것임을 직관한다. 그 무엇으로도 채우기 어려운 정신의 빈 공간이 존재한다. 이것은 우리의 냉철한 이성의 작용에 따른 것으로 자신의 한계를 객관화하여 가감 없이 알려 주는 일종의 허무의식이다.

곧, 인간도 시간 속에서 이루어지는 기(氣)의 순환 작용에 따르는 엄연한 자연의 일부로서 미완의 한시적 결합체임을 있는 그대로 알려 준다. 다시 말해, 인간은 미완의 존재로서 언제인가는 존재로서의 의미마저도 상실하게 되는 한시적 존재라는 것을 우리에게 심각하게 알려 주는 것이다. 뿐만 아니라 이성은 현재 자신의 현실이 그러한 냉철한 자기비판을 수용하기에는 너무도 미약한 상황임을 함께 알려 준다. 여기에서 공허감은 더욱 증대된다. 이성은 항상 직관이 전하여 주는 자신의 한계를 뛰어넘어서 스스로 자유롭게 활동할 수 있는 존재가 되어야 함을 알려 주지만 동시에 이것은 쉽게 받아들일 수 없는 메아리에 불과한 공허한 것이라는 점을 일깨워 주는 것이다.

이러한 공허감은 비록 한시적일지라도 취약한 정체감에서 비롯된다고 할 수 있다. 즉, 자신의 실체에 대한 명확한 이해가 부족할수록 공허감이 배가된다.

대체로 정체감은 자신이 직관적으로 느끼고 있는 정도를 벗어나기 어려운 것이 사실이다. 자신의 정체 근원이 되는 출생 사태부터 어느 정도 의식이 형성되기 이전까지의 자신의 변화 모습은 단지 간접적으로 전해 듣는 것이거나 추정해 보는 정도가 전부이기 때문이다. 더욱이 자신의 의식이 아무리 분명하다 하여도 자신을 제대로 이해하는 것은 결코 쉬운 일이 아니다. 이것은 인식의 대상이 곧 인식의 주체가 되는 인식의 특수한 상황이 발생되기 때문이다.

따라서 이러한 태생적 한계나 인식의 한계에 따른 정체감의 허약성은 자신의 존재 가치를 약화시키고 나아가 자신의 행위에 대한 정당화를 저해한다. 이러한 정도가 심한 경우 만사를 부질없는 것으로 여기게 된다. 올바른 정체감의 형성이 무엇보다 중요한 까닭이 바로 여기에 있다.

이러한 정체감의 형성에 절대로 간과할 수 없는 것이 바로 관계인식이다. 우주 공간 안의 모든 존재가 상호 관계하에 존재하고 있는 것임을 깨닫지 않으면 안 되는 것이다. 자신의 존재는 단지 감각적으로 구분되는 하나의 개체로서 존재하고 있는 것이 아니라, 과거와 현재 그리고 미래를 연결하는 시간의 연속 속에서 모든 존재가 서로 연계되어 있는 것임을 알아야 하는 것이다. 이러한 의미에서 인격의 소중함을 다시 확인해 볼 수 있다.

하지만 바람직한 인격의 형성은 결코 누구에게나 쉬운 일이 아니다. 그렇다고 하여 전혀 불가능한 일도 아니다. 다소의 어려움을 극복하고 꾸준하게 진솔한 양질의 정신 연마 활동을 이어 나간다면 얼마든지 가능한 일이다. 원효나 화담과 같은 수많은 우리의 뛰어난 선각자들은 한결같이 분명한 자신의 인격을 나타내 보여 주고 있기 때문이다.

다만, 그러한 정신 연마는 단순히 우수한 맑은 정신의 유희를 즐기는 것에 한정되어서는 안 되며, 반드시 신체 활동과의 연계가 확보되어야만 한다. 신체는 비록 한시적이기는 하지만 자신의 고귀한 생명을 담보하고 있는 실체이며, 또한 고유한 개별적 존재로서의 가치를 지니고 있는 근거가 되기 때문이다.

여기에서 신체와 정신의 우위를 가리는 것은 별로 의미가 없다. 단지 인간은 정신의 자율과 함께 신체의 생명을 전 우주 공간 속에서 총체적으로 고려해야 할 필요가 있을 뿐이다. 다시 말해, 인간의 이기적 성향 이전에 신체의 표상으로서 자신과 공간의 표상으로서 우주는 결국 하나이기 때문이다. 이것은 인간을 포함한 모든 각각의 존재가 광활한 우주 속에 일정 기간 나름대로의 절대의 고유 가치를 지니며, 그것을 실현해 내기 위하여 항상 무엇인가 방안을 강구하거나 보완하고 그것을 효과적으로 실행에 옮길 수 있는 능력을 부단히 갖추어 나가야 함을 알려 준다.

그러나 대부분의 많은 사람이 이러한 총체적 의미를 도외시하고 오로지 자신의 신체 안위만을 추구하는 경향을 나타낸다. 사람들이 주로 재물 또는 명예와 권력 같은 삶의 사욕의 추구에 몰두하는 것이 바로 그것이다. 그렇게 하여 설사 아무리 성공을 거두었다고 해도 결국 그것은 단지 신기루(蜃氣樓)나 사상누각(沙上樓閣)과 같은 의미에 머물 수밖에 없게 된다. 삶의 총체적 의미를 상실한다면 절대로 공허한 존재감을 벗어날 수 없다.

이처럼 바른 정체감이 없는 사람들의 특징은 허황된 존재감을 찾는다는 점이다. 그러므로 이들은 이기적 성향이 매우 강하다. 이들에게 자연과 주변 사람들은 그저 수단적 도구에 불과할 뿐이다. 이기적 독선과 자기 합리화에 급급한 삶 속에서 진정한 삶의 의미를 간과하는 것이다. 자신의 행동 하나하나가 다른 사람들과 연계되는 것이 아니라, 오직 자신의 존재감을 드러내는 일에 한정되기 때문에 애당초 다른 사람들을 위한 의무감이나 봉사와 같은 의미는 찾아보기 어렵다. 그러므로 설령 이들이 아무리 유능한 전문인이라고 해도 그것은 단지 기능인일 뿐 진정한 전문인으로서의 의식이 없는 사이비 전문인에 불과한 것이다.

예컨대, 엄청난 인기를 독차지했던 연예인들이 쉽게 마약중독에 빠지거나 갑자기 자살하는 경우가 적지 않게 나타나고 있다. 이것은 일차적으로 자신의 본모습과 인기의 허황됨 간의 괴리에서 발견되는 공허감에 따른 정신적 고통을 심하게 겪기 때문이다. 그러나 보다 근본적인 문제는 자신의 분명한 정체감을 찾지 못한 점에 있는 것이다. 즉, 자신은 개별적 단독의 존재가 아닌 관계적 존재임을 자각하지 못한 것이다.

그러한 까닭으로 대부분 공허감에 따른 불안을 해결하기 위한 임시방편으로 잠시 쾌락을 찾아 나서지만, 대부분 우리의 이성은 이것 역시 그 이면에 더 큰 허무가 있음을 일깨워 줄 뿐이다. 그리하여 공허감에 따른 존재 자체의 근원적 불안은 끊임없이 방황을 거듭하게 된다. 결국은 자신의 존재를 영속적으로 지속시키기 위한 간접적 대안에 이르게 된다. 종교와 예술 등에 탐닉하거나 자녀와 취미 등에 관심을 집중하는 성향을 나타내는 것이 바로 그것이다.

하지만 이러한 성향에도 불구하고 쾌락적 성향에서 벗어나는 것은 결코 쉽지 않다. 비록 허무감에 따른 정신적 안정을 추구하는 일이지만 애당초 허약한 정체감에서 출발하므로 처음부터 냉철한 정신 활동을 기대하기 어렵기 때문이다. 그리하여 이러한 정신 활동의 제약은 스스로 더욱 사고체계의 불안을 가중시키는 결과를 낳는다. 심지어 학자들마저 대부분 학문의 주변만을 맴도는 것에 그칠 뿐 쉽사리 학문적 성취에 다가서지 못하는 이유가 여기에 있다.

결국 인간의 삶이란 올바른 정체감의 형성도, 명예와 권력 같은 사욕의 추구도, 감각적 쾌락의 추구도, 학문과 예술, 종교 등의 추구도 어느 것 하나 뜻대로 이루지 못하고 공허감이 주는 불안을 항상 가슴에 안고 살아갈 수밖에 없는 슬픈 일이 된다. 이처럼 공허감은 우리에게 오롯이 슬픔을 안겨 준다. 슬픔 속에는 다시는 절대로 이전의 사태로 되돌릴 수 없다는 절망감이 서려 있으므로 우리에게 돌이킬 수 없는 마음의 상처를 남긴다.

그러므로 누구나 항시 자신의 몸가짐을 돌아보며 정체감을 확보하고 그에 따른 자존감을 잃지 않도록 노력하는 자세를 견지해야 한다.

이상으로 정서의 기저에 대하여 살펴본 바를 정리하면 일차적 감각적 성향에 의한 결핍감과 무능감, 그리고 이차적 개념적 성향에 의한 고독감과 공허감 등은 정서의 중요한 근원이 된다고 할 수 있다. 또한 이기적 성향에 의한 결핍감과 무능감이 비교적 신체로부터 직접적으로 다가오는 직감에 의한 것이라면, 주체적 성향에 따른 고독감과 공허감은 정신의 작용에 의한 순간적이고 개념적인 직관에 의한 것이다.

그리고 이들은 각기 분노와 쾌락 그리고 기쁨과 슬픔 등의 심리적 불안을 동반함으로써 인간의 내·외부에서 다가오는 자극에 더욱 민감한 반응을 유발한다. 소위 욕구는 바로 그러한 반응을 유발하는 심리 기제이다. 다시 말해, 대부분의 정서, 곧 정의 발단은 거의 이러한 인간의 근원적 불안에 있다.

아울러 이러한 정서 생성의 근원적 요인들은 평소 수용이 가능한 수준 이하의 자극제가 됨으로써 생활 속에서 적당한 활력을 부르는 원인이 되기도 한다. 하지만 때로는 자신의 능력이나 신체적 한계를 넘어서 수용하기 어렵게 되는 경우, 정신적 부담감이 극대화되어 일상생활을 유지할 수 없도록 만들기도 한다는 점을 유의해야 한다. 특히 이러한 정서 생성의 근원적 요인들이 거의 작동하지 않는 경우에는 냉소, 무감각, 실어증, 무관심, 기행 등의 증상을 나타내며, 그 반대의 경우에는 공포증, 피해망상, 편집증, 공황장애 등의 증상을 나타낸다는 점을 잊어서는 안 된다.

4. 정서 형성의 주요 요인

앞서 살펴본 바와 같이 정서는 감각에 따른 마음의 동요로서 이것이 일정 기간의 성숙 과정을 거치면 현재의 정서를 좌우할 수 있는 정을 형성하게 된다. 그리고 그러한 정이 어느 정도 형성된 이후에는 그것에 의하여 주된 정서 활동이 이어진다. 따라서 사람마다 각기 다른 정서를 형성하게 되는 것은 피할 수 없다. 곧, 개별적 정서가 형성되어 간다.

그렇다면 이러한 정서 형성에 영향을 미치는 주요 요인은 어떠한 것이 있는가를 살펴볼 필요가 있다. 정서는 기본적으로 감각적 인식에서 비롯되기 때문에 감각의 자극적 요소가 되는 모든 것은 정서 형성의 요인이 된다. 하지만 일상적 생활 속에서 개인의 의도와 관계없이 지속적으로 특히 강한 영향을 주는 직간접적인 몇 가지 주요 요인을 생각해 볼 수 있다.

여기에는 크게 개인의 기질과 환경적 여건 등을 생각해 볼 수 있다. 그리고 전자는 다시 신체적 요인과 정신적 요인으로 구분되고, 후자 역시 물리적 요인과 심리적 요인으로 구분된다.

한편으로 이러한 요인들은 대내적 요인과 대외적 요인으로도 구분된다. 전자에는 개인의 기질과 가정환경이 있고, 후자에는 사회적 환경이 있다. 이러한 정서 형성에서 전자는 후자보다 중요한 의미를 지닌다고 할 수 있다. 전자의 경우에는 후자의 경우와 달리 통제 불가능한 측면이 내재하고 있으며, 모든 정서가 일차적으로 개인의 신체적 특성이나 가정환경에 의하여 형성되어 나간다는 점에서 보다 더 중요한 의미를 지닌다. 이제 그러한 의미를 조금 더 구체적으로 살펴보면 다음과 같다.

1) 개인의 기질

이것은 주로 유전적 요인에 의한 개인의 신체적 특성을 의미한다. 앞서 잠시 살펴본 바와 같이 개인의 신체를 이루는 오행의 특성을 지닌 기(氣)의 청탁 또는 수박 등에 의하여 이미 태생적으로 결정되어 있는 기질로서 평생 동안 거의 변함없는 불변적 요인이다. 이것은 신체적 요인과 정신적 요인으로 구분되며, 아무리 같은 환경적 여건이라고 할지라도 얼마든지 다른 정서를 형성할 수 있는 바탕이 된다.

우선 신체적 요인은 신체의 물리적 특성에 의하며, 성별과 건강의 정도 그리고 외모 등이 여기에 속한다. 어느 사회를 막론하고 성별에 따른 인식의 차가 있으며, 각기 타고난 외모와 건강의 정도에 따라 일상적 활동의 영역이 다르게 형성되기 때문에 자연히 체험의 유형 역시 다르게 형성되어 결국 정서 형성에 심대한 영향을 준다고 할 수 있다.

또한 정신적 요인은 성격과 재능 등으로 사고 능력과도 깊이 관련되어 있다. 먼저, 성격은 기본적으로 기질에 따른 것이지만 주로 행동에 의하여 확인할 수 있다. 그런데 행동은 사고에 의한 결정을 중심으로 이루진다는 점을 감안할 때 논리적으로 성격과 사고는 서로 연계되어 있음을 알 수 있다. 또한 재능 역시 타고난 능력으로 선천적인 것이기는 하지만 그것이 아무리 출중한 것일지라도 이것을 발견해 내고 연마해 나가는 것은 자신의 사고 능력과 의지에 의존하는 바가 크다고 하지 않을 수 없다. 예술적 재능과 스포츠 재능을 지닌 사람은 각기 성정(性精)이 다르며, 사고하는 바 역시 다를 수 밖에 없다. 개인의 사고 능력이 중요한 까닭이 여기에 있다.

이러한 의미에서 개인의 신체적 특성과 사고 능력 등의 개인적 기질은 각기 다른 체험의 영역을 형성함으로써 결국 개인의 정서 형성에 중요한 의미를 지닌다고 할 수 있다.

2) 환경적 여건

이것은 개인의 생활에 따른 제반 환경 여건을 의미한다. 아무리 일란성 쌍생아로 태어난 경우라 할지라도 서로 전혀 다른 환경에서 성장한다면 정서 형성에 엄청난 차이를 나타낼 수밖에 없다는 점은 다시 언급할 필요가 없다. 다시 말해, 환경적 여건은 개별 체험을 결정하는 피할 수 없는 중요한 장이 된다. 이것은 환경이 정서 형성에 매우 중요한 가변적 요인이 될 수 있는 것임을 나타낸다. 이러한 요인은 크게 가정환경과 사회환경에 따른 물리적 요인과 심리적 요인으로 구분해 볼 수 있다.

우선 가정환경에서 물리적 요인은 경제 수준과 거주 지역 등의 요인으로 구분할 수 있다. 경제적으로 생활에 여유가 있는 경우와 그 반대의 경우 자연히 그 물리적 생활 모습은 현격한 차이를 나타내기 때문이다. 또한 거주 지역의 편차 역시 행동반경을 달리 하기에 충분하다.

예컨대, 도시와 농촌은 물론 굳이 부자촌과 판자촌이 아니어도 경제특구지역, 공업지역, 상가지역, 예술인 마을, 항만 또는 부두가 등 주거 환경 역시 생활 모습에 상당한 영향을 미치므로 정서 생활에 많은 영향을 준다.

그리고 가정환경에서 심리적 요인은 양육 태도와 부모의 직업 등의 요인으로 구분할 수 있다. 양육 태도는 부모가 자녀의 양육에 어떠한 태도로 임하는

가 하는 것으로, 주로 자녀에 대한 애정과 집착의 정도, 자녀의 자율성에 대한 허용의 정도 등에 따라 다른 형태로 나타난다. 이러한 양육 태도가 자녀의 정서 발달에 얼마나 중대한 영향을 주고 있는가 하는 점은 이미 수많은 연구 결과로 밝혀진 바 있다.

또한 부모의 직업은 가정에서 기본적 의식주는 물론 언어 수준, 여가 활동, 의례 활동, 상호 교류 등의 생활 방식 전반에 영향을 미치게 된다. 뿐만 아니라 가정 밖에서 이루어지는 언어와 예절 등의 행동 양식까지 좌우함으로써 가족 구성원들의 의식 수준에 거의 절대적인 영향을 미친다. 그러므로 역시 정서 형성에 결코 빼놓을 수 없는 요인이 된다고 할 수 있다.

다음으로 사회 환경의 물리적 요인은 국토의 면적과 인구의 규모, 지정학적 위치 그리고 산과 바다, 들과 강에 대한 인접성 이외에 기후 변화의 정도와 특색 등이 모두 여기에 속한다. 대체로 국토의 면적과 인구의 규모에 따라 대국과 소국으로 구분되고, 지정학적 위치에 따라 대륙, 반도 또는 도서 지역으로 구분해 볼 수 있다. 이것은 개인의 활동 영역뿐만 아니라 국가 상호 간 교류의 빈도와 접촉에 따른 갈등의 정도에 영향을 주는 결정적 요인이 된다. 또한 주변국과의 관계, 더 나아가 세계 속에서 자신이 속한 국가의 위상 역시 개인의 행동에 크고 작은 영향을 주어서 결국 정서 형성에 깊은 영향을 미치게 된다.

예컨대, 일반적으로 인간은 인구 과밀 지역의 좁은 공간보다는 비교적 넓은 공간에서 보다 더 심리적 안정을 취할 가능성이 높아지고, 국가에 대한 자부심이 높을수록 자신감이 있는 행동을 할 수 있기 때문이다.

그리고 주거 지역 주변의 산, 들, 강, 바다 등 특수한 자연환경은 온도와 습도, 공기의 질과 풍광 등을 좌우하는 주요 요인으로 역시 감성에 중요한 의미를 지니지 않을 수 없다. 이러한 물리적 요인들은 자연히 지역의 특성에 따른 생활방식을 창출하게 되고 결국 집단이나 개인의 정서에 영향을 주게 된다.

다음으로 사회 환경의 심리적 요인은 문화 수준, 정치제도 등의 요인으로 구분된다.

우선 문화 수준은 개인이 속한 사회의 전반적 문화 수준으로 산업화의 정도,

사회 변화의 속도, 교육 수준 등이 여기에 속한다. 어느 사회를 막론하고 산업화의 정도에 따라 경제 수준, 경제 구조 또는 생활필수품의 조달과 활용 양식에 많은 차이를 나타낸다.

사회의 변화 속도에 따라 개인의 적응 방식에 변화가 일어나는 것도 결코 피해갈 수가 없다. 이처럼 사회의 문화 수준에 따라 대부분 사회 구성원의 체험 형태가 다르게 형성되어 가는 전반적 사회 현상을 피할 수 없기 때문에 정서의 형성에 심대한 영향을 미치게 된다.

또한 어느 사회를 막론하고 한 사회의 교육 수준은 그 사회 문화의 중심이 되며, 사회 분위기와 개인의 사고력에 거의 절대적 영향을 주게 된다. 이로써 집단이나 개인의 활동에 영향을 미치게 되어 역시 정서 형성에 중요한 요인으로 작용한다.

마지막으로 정치제도는 사회 구성원들의 활동에 총체적 영향을 주는 것으로 의사결정의 방식에 따른 민주화의 정도, 사회 질서 그리고 국가 안보 등이 여기에 속한다. 기본적으로 자유로운 의사 표현과 집회나 결사의 자유가 얼마나 허용되는가 하는 행동 제약의 정도에 따라 개인의 체험 정도가 다르게 되는 것은 어찌할 수가 없는 일이다. 또한 국토방위를 위한 군사력과 국민의 안전을 위한 국내 치안 수준 등은 생활의 기본이 되며, 이것이 안정되어야 자신의 안전에 대한 막연한 불안을 떨쳐 버릴 수 있다. 이것은 공무원들의 부패 정도와 더불어 사회 전반에 대한 건전성의 지표가 되기도 한다.

이상의 제반 요인들은 한결같이 사회 구성원들의 집단행동에 영향을 미치고 그에 따른 정서가 개인에게 영향을 주고, 때로는 그 반대의 현상이 지속되어 나감으로 인하여 개인 또는 집단의 정서가 형성되는 것임을 나타내고 있다.

이러한 의미에서 볼 때, 그러한 제반 조건들을 두루 알맞게 갖추기가 불가능한 것일 뿐만 아니라 개인이 선택하고 집중할 수 있는 사안도 아니기에 단지 주어진 여건을 수용하고 활용해야 하는 사안이라는 점에서 적어도 논리적으로는 바람직한 정서의 형성은 거의 불가능하다. 이러한 까닭으로 스스로의 정서 안정을 도모하는 것이 무엇보다 중요한 의미로 부각된다.

5. 정서 발현의 기본 형태

앞에서 살펴본 바와 같이 본래 정서는 신체 내·외부에서 이루어지는 기(氣)의 소통과 직접 연계되어 있기 때문에 자연히 그러한 기(氣)의 성향에 따라 철저하게 서로 다른 모습을 나타낸다. 즉, 정서는 그러한 기(氣)의 성향에 따라 서로 다르게 발현(發顯)된다. 따라서 여기에서는 신체를 관통하는 기(氣)의 흐름을 중심으로 그 발현의 기본 형태를 살펴보고자 한다.

본래 한의학에서는 인체의 기(氣)가 내·외부를 연계하며, 경락(經絡)을 위주로 하여 흐르는 것으로 보고 있다. 경락은 기(氣)가 인체의 상하를 관통하는 일종의 길인 것으로 12~14개 정도의 경락이 있다고 알려져 있다. 이러한 경락에는 모두 약 360여 개의 경혈(經穴)이라는 반응점이 있다. 말하자면 경혈은 경락을 형성하는 주요 지점이다. 따라서 만약 경락에 기(氣)의 소통이 원활하지 못하거나 정체되는 경우, 그러한 경혈에 침이나 손 등으로 자극을 가하면 응체되어 있는 기(氣)의 소통을 도와주게 된다.

이와 같이 체내 경락을 중심으로 하여 흐르고 있는 기(氣)는 일반적으로 그 질과 양에 따라 소통의 정도가 다르게 나타난다. 전자는 보통 정기(精氣)에 따라 청탁(淸濁)과 수박(粹駁)으로 구분하며, 후자는 기세(氣勢)에 따라 허실(虛實)과 과부족(過不足)으로 구분한다. 이때, 기질(氣質)은 주로 정신적 정서에 관여하며, 기량(氣量)은 주로 신체적 정서에 관여하게 된다. 그러므로 신체적 정서는 주로 기량과 이동 속도에 의한 기세에 의하여 정서가 결정되는 것임에 반해, 정신적 정서는 주로 정기의 기질에 의하여 결정되며, 여기에 소통의 양과 속도도 가세하는 것으로 볼 수 있다.

좀 더 구체적으로 말하여 기(氣)의 소통에서 기세가 중심을 이루고 있으면서 기질이 수반되는 정서의 발현에는 낙(樂)과 노(怒)가 있으며, 반대로 정기가 중심을 이루고 있으면서 기세가 부가되는 정서의 발현에는 희(喜)와 애(哀)가 있다. 따라서 낙과 노는 주로 신체적 정서에, 희와 애는 정신적 정서에 해당된다.

그리고 신체적 정서의 중요한 특성은 기(氣)의 소통이 주로 신체 내부에서 외부로 발현하는 경향이 짙게 나타나는 것임에 반해, 정신적 정서는 신체 외부에서 내부로 발현하는 경향을 나타낸다. 따라서 전자의 경우에는 다른 사람의 정서 상태를 누구나 쉽게 알아볼 수 있는 데 반해, 후자는 잘 알 수 없는 경우도 많이 발생한다. 이제 각각의 정서를 자세히 살펴보면 다음과 같다.

1) 신체적 정서

(1) 낙(樂)

낙은 우선 기세가 강하고 여기에 맑은 정기가 수반될 때 발현되는 정서이다. 기세가 강하다는 것은 기(氣)의 양이 많고 그 소통의 속도가 빠르다는 것을 의미한다. 이와 같이 기세가 강화되는 것은 신체 내·외부의 여러 가지 변수에 따라 발생하게 되지만 특히 신체적 필요에 따라 기(氣)의 좋은 소통 여건이 조성되는 경우에 한정된다.

예컨대, 배가 고플 때 맛있는 음식을 먹을 수 있게 되는 경우, 몸의 활력이 다소 침체되어 있을 때 알맞은 운동으로 몸이 활성화되는 경우, 오랫동안 갖고 싶었던 물건을 얻게 되는 경우 등이 여기에 해당된다.

그런데 이러한 경우에 정기도 좋은 기질로 다소 변화된다는 점이다. 이러한 변화는 기세를 한층 더 배가시키는 효과를 초래한다. 이렇게 기세가 점차 증가되면 대개 일정한 수준에서 멈추게 되지만 때로는 한없이 지속되는 경우도 발생한다. 즐거움이 한없이 증폭된다. 소위 신바람 또는 신명난다는 것이 바로 이러한 상태를 의미한다. 이것은 체내의 기(氣)가 넘치게 되어 밖으로 분출되는 현상이다. 이때, 외부로 과도하게 기(氣)가 발산되면 내부의 기가 다소 허약하게 되어 자칫 자아의식마저 잃어버리는 순간이 나타나기도 한다.

하지만 낙은 대부분의 경우 자신과 외부가 혼연일체가 되어 하나로 되는 사태가 중심이 되기 때문에 주로 체내로만 흐르던 기(氣)가 외부와 연계되어 활성화되는 사태이다. 이러한 기(氣)의 활성화는 기(氣)의 본성을 회복하므로 정서의 지극히 자연스러운 현상이 아닐 수 없다. 다만, 사람들과 연계되는 경우에 자신과 외부와의 경계가 소멸되면서 자칫 도가 지나쳐 오만 방자한 행동으로 이어져 예를 소홀히 할 가능성이 많다는 점에서 적정한 선에서 극히 자제하지 않으면 안 되는 것이 있음을 알아야 한다.

한의학적으로 볼 때, 낙은 주로 신장(腎臟)과 부신(副腎)의 활동이 강화됨으로써 나타나는 것으로 알려져 있다. 신장과 부신은 체내에서 기(氣)의 소통을 관장할 뿐만 아니라 정기(精氣)를 관리하는 기능을 담당하고 있기 때문이다. 어찌 보면 이들은 신체 내부에서 활력을 불러일으키는 핵심 장기이다. 맑은 정기가 계속 증가되어 간다면 자연히 기세가 강화됨으로써 외부로 기(氣)의 분출이 발생하는 것은 지극히 자연스러운 현상이다. 이와 매우 밀접하게 관련되어 있는 것이 바로 성욕이다.

(2) 노(怒)

노는 기세는 강하지만 정기가 탁한 경우에 발현되는 정서이다. 그런데 노는 일정한 정도의 탁한 기(氣)가 먼저 조성되어 있는 상태에서 기세가 수반되는 것이라는 점에서 낙과는 차이가 있다. 탁한 기(氣)가 조성되는 것 역시 신체 내·외부의 여러 가지 변수에 따라 다르지만, 특히 신체적 필요에 부응하지 못하는 좋지 않은 여건이 조성되는 경우가 주를 이룬다고 할 수 있다.

예컨대, 배가 고플 때 먹을 것을 구하기 어려운 경우, 설혹 먹을 것이 있다고 해도 자신이 원하는 것이 아닐 경우, 잠을 자고 싶을 때 공부를 강요당하는 경우, 오랜 세월 믿고 있던 사람이 그동안 자신을 속여 왔음을 알게 되는 경우 등 이루 헤아릴 수 없이 많다.

대개 이러한 경우 처음에는 체내에서 기(氣)의 순환이 잠시 적체됨으로써 약간 거친 기질이 형성되는 정도에 불과하다. 그러나 이러한 경우가 비록 조금씩일지라도 빈번하게 발생하거나 특히 동시에 같은 상황이 수없이 반복되는 경우에는 일순간 기(氣)의 흐름이 거세게 변모하는 사태가 발생한다. 그동안 조금씩 쌓여 응체되었던 체내의 탁한 기(氣)가 어느 순간 갑자기 외부로 분출되는 현상이 발생한다.

상황이 이렇게 되면 낙과는 반대로 자신과 외부의 분리가 더욱 강화되면서 특정의 대상에 한정하여 기(氣)가 분출된다. 문제는 그러한 노의 탁한 기(氣)는 기본적으로 소통이 어려울 뿐만 아니라 아예 상대와의 소통 거부를 전제로 분출하기 때문에 거의 허공으로 날아가게 된다는 점이다. 이러한 사태는 그동안 가슴속에 쌓여 있던 탁한 기운이 송두리째 없어질 때까지 계속되는 경향을 나타낸다. 이러한 노기의 분출은 가끔 중도에 차단되거나 더욱 심화되는 현상을 나타낸다. 전자의 경우에는 신체 내부에서 혼선이 일어나 실신(失神)하는 경우가 발생하며, 후자의 경우에는 단순한 분노(忿怒)가 격분(激忿)이 되고 격노(激怒)가 된다.

그러므로 정도가 심한 경우에는 그동안의 탁한 기(氣)를 가급적 서서히 배출한 이후 가벼운 음식으로 기운을 보충하는 것이 중요하다. 이것은 아무리 탁한 기(氣)라고 할지라도 일단 분출이 되면 그만큼 기세는 허약해지므로 어느 정도 안정이 되면 스스로 허기를 느끼게 되는 것을 피할 수 없기 때문이다. 뿐만 아니라 기(氣)가 약하면 상대적으로 마음의 불안이 가중되기 때문에 사후에는 가급적 심리적 안정을 취하는 것이 좋다.

이러한 의미에서 노는 탁한 기(氣)를 외부로 배출하는 현상으로 자신과 외부의 강한 분리감이 중심이 된다고 할 수 있다. 이것은 기(氣)의 본성, 즉 자연성에 극히 반하기 때문에 매우 불쾌한 정서를 유발한다. 따라서 자칫 잘못되는 경우 그야말로 자신의 신체 내부에서 기(氣)의 소통이 심하게 막혀 위급한 상황이 될 수도 있음을 파악하고, 노기의 분출은 가급적 삼가는 것이 좋다. 특히 격노의 경우에는 매우 각별한 경계가 요구된다.

보통 노가 발생하는 원인은 자신의 이해(利害)와 배치되는 사태가 장기간 지속적으로 이어져 불편을 겪게 되는 경우와 차별 또는 무시 등의 자존감을 훼손당하는 경험이 지속되어 불편을 겪게 되는 경우 등이다.

우선 첫 번째의 경우는 많은 사람이 일상생활 속에서 대부분 개인적 이익만을 고수하려는 경향에서 발생한다. 그렇게 되면 서로 간에 상대의 편파적 이익 추구를 문제 삼아 언쟁과 대립이 자주 나타나게 되고, 급기야 대화를 단절하는 사태에 이르는 것이 상례이다. 이러한 경향은 단지 사소한 오해로 빚어지는 경우도 간혹 있으나, 대부분은 오랜 세월 속에서 각자 주관적 인식에 따른 자신의 생활 방식을 고수하려는 성향으로 인하여 발생한다.

　이러한 주관적 태도는 그 한 사람만의 것이기는 하지만 사실은 그 자체가 이미 그물망과 같이 서로 연계되어 상대적으로 형성된 것이어서 어느 하나의 실마리를 찾는다고 해서 해결할 수 있는 그러한 문제가 아니라는 점에서 문제의 심각성이 있다. 심지어 분명한 근거를 제시하는 경우에도 의견의 일치를 구하는 것은 좀처럼 쉬운 일이 아니다.

　따라서 이러한 경우에는 상대방의 문제보다 차라리 자신의 견해를 반성적으로 되돌아보는 것이 순서이다. 보다 폭넓은 안목을 견지하려고 노력하는 가운데 상대를 포용할 수 있는 여지를 갖게 되면 문제의 실마리를 찾을 수 있기 때문이다. 여기에서 폭넓은 안목은 필수적이다. 이것은 사욕을 줄이고 소아에서 대아로 나아가는 일이기 때문이다. 이렇게 되면 상대에 대한 적대적 감정은 자연히 점차 슬며시 사라지게 된다. 물론 생각처럼 쉬운 일은 아니지만 감정 조절의 가능성이 열려 있는 것은 분명한 사실이다.

　두 번째는 자존감이 모멸되는 경우이다. 이때 발생하는 분노는 첫 번째의 개인적 이익과는 달리 멸시와 소외에 그 뿌리를 두고 있기 때문에 첫 번째 상황과는 다소 차이가 있다. 멸시와 소외는 협력 과정에 동참할 수 있는 기회를 자의가 아닌 외부의 강압에 의하여 박탈당하는 것으로, 이것은 개인의 의식주 해결을 본원적으로 폐쇄당하는 것과 동일한 의미를 지닌다. 다시 말해, 멸시와 소외는 신체의 생명 그 자체와 직접 연결되어 있는 것으로 곧 생사의 문제다. 그러므로 이것은 마치 그 자체가 바로 죽음을 뜻한다 해도 과언이 아니다. 개인적 이익은 다소 양보할 수 있는 여지가 있으나, 멸시와 소외는 자신의 존재를 근본적으로 부정하는 사태이기 때문에 이것은 결코 양보가 있을 수 없는 문제이다.

세상의 어떠한 생명체도 자신의 죽음에 직면하여 그것을 순순히 받아들이려 하지는 않는다. 따라서 누구나 어떤 방식으로든지 이것을 모면하기 위해 온갖 노력을 기울인다. 결코 물러설 수 없는 상황에 직면하게 된다. 그럼에도 불구하고 그러한 소외 상황이 한두 번에 그치고 마는 것이 아니라 지속적으로 이어져 더 이상 물러설 수 없는 고립 상황에 이르면 그 분노의 폭발 정도는 누구도 쉽게 예측할 수 없다.

따라서 멸시와 소외는 생활 속에서 흔히 접할 수 있는 단순 감정과는 그 성격이 전혀 다른 것이다. 타인에 대한 배신감, 자존심을 침해당한 자신 스스로의 모멸감, 집단으로부터 분리되어 있다고 하는 소외감, 아무것도 할 수 없다고 느끼는 무능감, 부모 형제에 대한 죄책감 등이 오랜 기간 조금씩 쌓여 자신이 도저히 감당하기 어려운 수준에 이르면 누구나 대부분 정신의 이상 현상이 따른다. 그리고 이제는 단지 상대에 대한 복수심만 넘치게 되어 자신도 상상하기 어려운 끔찍한 행동을 할 수 있는 가능성이 높아진다.

우리가 멸시와 소외를 유심히 살펴야 하는 이유가 바로 여기에 있다. 평소 주변 사람들에 대한 관심과 배려를 생활화하여 본의 아니게 다른 사람을 소외시키고 멸시한 일은 없는가 하는 점을 살펴야 한다. 이러한 점에서 논어에서 "남이 자신을 알아주기를 바라지 말고 내가 먼저 남을 알아봐 주려고 노력하라(不患人之不己知 患不知人也)!"는 가르침은 누구나 마음속 깊이 간직해야 할 경구이다.

한의학에서 분노는 주로 비장(脾臟)과 위장(胃臟)에 축적되어 있는 기(氣)에서 발현되는 것으로 보고 있다. 비장과 위장은 신체에 적합한 음식을 받아들여 그것의 소화 흡수를 돕는 역할을 담당하는 장기이기 때문에 외부의 기(氣)를 흡수하는 기관이다. 그러나 그러한 흡수가 잘못되는 경우에는 기(氣)의 역작용이 발하여 반대로 기(氣)를 분출한다. 그러므로 분노를 심하게 표출하는 경우에는 자칫 비장과 위장이 손상될 수 있다. 특히 이와 깊은 관련이 있는 것은 식욕이다.

2) 정신적 정서

(1) 희(喜)

희는 비교적 약한 기세이기는 하나 외부의 매우 맑은 정기가 내부로 스며드는 경우에 발현되는 정서이다. 이때는 단순히 기쁨으로 나타나지만 만일 내부의 기세가 조금 더 은밀하게 보강되는 경우에는 열(悅)이 나타나게 되어 희와 낙의 중간 형태가 된다. 따라서 기쁨이 희의 소극적 정서인 반면, 열은 적극적 정서이다.

여기에서 정기가 맑다는 것은 주로 뇌를 중심으로 한 신경계 내에서 기(氣)의 순환이 잘 이루어질 수 있는 가능성을 높여 준다는 것을 의미한다. 즉, 신체를 기반으로 신경계 내에서 외부와의 정보 소통이 매우 원활하게 이루어지고 있음을 나타낸다. 이와 같이 외부와 맑은 기(氣)의 순환이 활성화되는 것은 신경계 내·외의 여러 가지 변수에 따라 다르지만, 내부 소통이 중심을 이루는 경우와 외부와의 소통이 중심을 이루는 경우에 따라 다소 다르게 발현된다.

전자는 특히 사고를 통하여 당면 문제를 해결하는 경우에 해당된다.

예컨대, 내부 소통의 경우는 오랫동안 해결하지 못했던 어려운 수학 문제를 스스로 해결한 경우로, 만일 지금까지 누구도 엄두를 내지 못한 복잡한 난제를 외길 연구로 해결할 수 있는 아이디어를 창안해 낸 경우이다. 이때는 비록 외부에서 맑은 기(氣)가 흡수되기는 하지만 그로 인하여 내부의 기(氣)가 더욱 활성화되어 전례가 없이 한없는 자부심과 긍지를 느끼게 된다. 한마디로 말해 용기와 자신감이 배가된다. 이러한 경험의 축적이 진실로 자신을 일깨워 나가는 원동력이 된다는 점에서 매우 중요한 의미를 찾을 수 있다. 비록 외부 기(氣)의 흡수에 따른 기쁨은 한순간에 그치고 말지만 내부에서 은밀하게 진행된 기(氣)의 소통 과정은 영원히 마음속에 기록되기 때문이다.

또한 후자는 주로 당면 문제 해결을 통하여 관계 진작이 이루어지는 경우에 해당된다. 즉, 자신 또는 주변 사람이 성공하여 관계를 더욱 밀착시키거나 사회적 관계를 더욱 돈독히 할 수 있는 경우를 말한다.

예를 들어, 자식이 발군의 학문적 성취를 이루어 학자로서 두터운 사회적 신망을 얻는다거나 또는 본인이 고대하던 직장에 취업하여 비교적 안정된 사회적 지위를 얻게 되었다면 하늘에 대한 무한한 감사와 고마움을 느끼지 않을 수 없다.

이러한 경우 더없이 맑은 정기가 흡수되면서 외부의 상대와 기(氣)의 소통이 더욱 원활하게 되어 기쁨이 배가 된다. 이렇게 되면 자연히 기(氣)의 소통에 묘한 변화가 생긴다. 기질은 더욱 미세하게 정화된 상태가 되며, 외부와 기(氣)의 소통은 더욱 빠르게 진행된다.

그러나 이러한 기(氣)의 변화는 오직 기질의 변화가 중심이 되어 나타나는 현상이라는 점에 유의해야 한다. 이것은 순간적으로 정기가 더욱 기화되어 기압이 다소 상승함으로써 기(氣)의 소통이 빠르게 되는 것일 뿐, 결코 기(氣)의 절대량이 증가하여 기세가 변화한 것은 아니다. 이러한 상태가 순간 발생하면 지극히 짧은 순간 희열의 기쁨을 느끼게 된다. 이처럼 맑은 기(氣) 순환의 촉진은 외부 기(氣)의 흡입으로 더욱 강화되어 비록 순간일지언정 기쁨을 느낄 수 있게 한다. 이러한 기쁨은 자연히 기(氣)의 순환 압력 증가에 따른 부가적인 에너지가 요구된다.

이것은 마치 우리가 운동을 할 때 혈액순환이 빨라지는 것은 그만큼 운동에너지가 요구되기 때문인 것과 같은 맥락이다. 다시 말해, 속도 증가에 따른 에너지가 필요하게 된다. 그리하여 외부의 기(氣)를 흡수하여 내부에 합류시킨다. 바로 이때, 모든 외부의 기(氣)가 다 내 것인 듯한 착각에 빠지게 된다. 이러한 착각의 느낌이 바로 희의 본질이다. 따라서 희는 결국 자신과 외부의 혼연일체 상태이다. 그러나 기(氣)를 발산하여 일체화하는 낙과는 다르게 희는 기(氣)를 흡수하는 것에 따른 일체화 현상인 것이라는 점에서 근본적 차이가 있다고 할 수 있다.

이와 같이 희는 그 발단이 내부인가 아니면 외부인가에 따라 다소 기(氣)의 흐름에 차이가 있기는 하지만 본질적으로 외부의 맑은 기(氣)를 흡수하여 내부의 흐름을 강화하는 측면에서는 동일하다고 할 수 있다. 하지만 이러한 희도 좋은 느낌을 형성하는 것은 분명하지만 과도하면 희열이 되고, 이것이 넘치면 분별력을 상실하게 되어 자칫 위험한 경우가 발생하기도 한다. 주의를 요하는 일이 아닐 수 없다. 순간적으로 증가된 압력은 대개 일순간에 그치고 다시 원상태로 회복되는 특성이 강한 것이기 때문에 그에 따른 완급의 조절은 필수적이다.

한의학적으로 희는 주로 간장(肝臟)과 담낭(膽囊)의 능력에 따라 좌우되는 것으로 알려져 있다. 이들은 신체의 에너지를 생산하고 관리하는 기능을 담당하기 때문에 그러한 기능이 저하되면 맑은 정기는 애당초 기대하기 어렵다. 기본적으로 간장과 담낭이 건강할 때만이 사고가 잘 이루어질 수 있고, 그러한 가운데 소정의 정신적 결과를 얻어 낼 수 있기 때문이다.

그러나 자칫 그러한 사고 활동이 과도하면 자연히 간장과 담낭의 활동 기능이 약화되고, 결국 중병을 얻을 수도 있다. 따라서 정신 작업도 과도한 것은 가급적 경계해야 한다. 어떠한 일이든지 일정한 성취를 얻어 내기 위해서는 그에 상응하는 에너지의 소모가 필수적이기는 하지만, 완급의 조절 역시 필요한 것임을 알아야 한다. 그러므로 이것은 무엇보다 의욕 또는 성취욕과 깊은 관련을 갖고 있다.

(2) 애(哀)

애는 약한 기세이기는 하지만 외부에서 탁한 기(氣)가 유입되는 경우에 나타나는 정서이다. 애의 특성은 실로 외부의 문제 해결 방법이 전무하다는 불가역적 인식에서 출발한다. 그러므로 애는 신경계의 활동이 전반적으로 저조한 상태를 동반하게 된다. 자신이 원하는 바가 완전히 차단된 경우에는 체념하는 것 이외는 달리 방법이 없기 때문이다.

예컨대, 부모가 사망한 경우 또는 그토록 사랑하는 사람에게서 도저히 회복할 수 없는 암이 발견된 경우 등이 여기에 해당된다. 이러한 경우에는 그 해결 방법이 근원적으로 차단되어 있다.

이처럼 원상태로의 회복이 불가능하면 바로 체념할 수밖에 없다. 이것은 해결 의지 자체를 차단하기 때문이다. 자연히 생각이 멈추게 되고 신경계의 활동이 전반적으로 저하된다. 그런데 문제는 그러한 가운데에서도 외부 문제 해결의 불가능성만큼은 좀처럼 사라지지 않고 계속 생각 속에 맴돈다는 점이다. 그리하여 문제 해결에 대한 아쉬움과 미련이 교차하면서 슬픔을 더해 간다. 차라리 망각을 원하지만 이 역시 불가능한 일이다. 자신의 정기도 함께 탁해지는 까닭이 여기에 있다.

문제의 심각성은 자신의 정기가 탁해지면 탁해질수록 내부에서 기(氣)의 소통이 어렵게 되기 때문에 기세는 점차 강화된다는 점이다. 그런데 문제는 기세가 강화될수록 정기도 함께 탁해져 소통은 더욱 어렵게 되므로 슬픔이 배가되어 오열 현상마저 나타난다. 따라서 기세가 약한 상황에서 정기마저 탁해지면 자연히 외부로부터 기력을 보충할 필요성이 제기된다. 슬픔이 더해 갈수록 원기 보충이 필요한 까닭이다.

이러한 애는 희와 달리 외부와 단절되어 자신만이 홀로 있다고 생각하는 상호 분리감에서 발한다. 온 세상이 다 즐거운 가운데 자신만이 슬프다고 생각한다. 애의 형태는 신체와 정신의 분리 그리고 정신과 정신의 분리 두 가지가 있다.

전자는 물질적 분리를 전제로 하여 정신적 분리가 연계되는 경우이다.

예를 들어, 자식을 먼저 저 세상으로 보내 참척(慘慽)을 당한 경우로 이러한 때에 부모의 심정은 세상에 오직 자신만이 홀로 서 있는 것과 같은 분리감을 느끼지 않을 수 없다.

또한 후자의 경우는 흔히 갈등 사태로 표현되며, 양자의 선택을 강요당할 수밖에 없는 경우이다.

예를 들면, 배우자를 선택하는 경우 가문, 학벌 등을 이유로 부모의 완강한 반대에 부딪혀 그동안 사랑했던 애인을 마지못해 떠나보내야 하는 경우 분리감을 느끼게 된다. 대개 이러한 경우 그 어떤 것을 선택하여도 결국 어느 한쪽은 포기할 수밖에 없으므로 애절한 분리 상황이 연출된다.

이러한 애 역시 노와 마찬가지로 기(氣)의 본성에 반하는 분리 현상에 따른 것이기에 자신에게 좋지 않은 영향을 주는 것을 피할 수가 없다. 따라서 심한 경우 건강에 무척 해로운 것이므로 조심해야 할 필요성이 있다. 특히 슬픔으로 한동안 약한 기세가 지속되는 경우, 그야말로 다시는 건강을 회복할 수 없는 지경에 이를 수도 있는 것이라는 점을 유념해야 한다.

한의학에서 애는 주로 폐장(肺臟)과 심장(心臟)에서 감당하는 것으로 보고 있다. 폐와 심장은 기(氣)의 순환을 담당하고 있는 기관이기 때문에 약한 기세를 살려 내기 위해서는 그만큼 더 기능을 배가할 수밖에 없다. 뿐만 아니라 이것은 생명과 직결되어 있는 가장 중요한 기관인 만큼 조금이라도 기(氣)의 순환에 문제가 발생하는 경우에 심각한 문제가 된다.

따라서 폐와 심장은 그 어느 기관보다 많은 에너지를 사용한다. 폐와 심장이 체내 어느 기관보다 애에 민감할 수밖에 없는 이유가 여기에 숨겨져 있다. 대개 의사들이 환자의 이상 징후를 포착하기 위해 심장박동이나 맥 또는 숨소리 등을 살피는 것은 이 때문이다. 다시 말해, 굳이 애가 아니어도 조금이라도 신체에 이상이 발생하면 그 즉시 가장 민감하게 반응하는 것이 폐와 심장인 것을 명심해 둘 필요가 있다. 이러한 장기는 과욕 또는 소유욕과 매우 깊은 관련을 갖고 있다.

이상에서 살펴본 바와 같이 낙과 노의 신체적 정서와 희와 애의 정신적 정서는 각각 기(氣)의 소통과 방향이 서로 다를 뿐만 아니라 기질에서도 서로 다른 차이가 있다. 그러나 분명한 것은 누구나 낙이나 희를 선호하며, 노와 애는 기피하는 경향을 지닌다는 점이다.

그리고 이와 같은 정서 발현의 기본 형태는 어디까지나 현시점을 기준으로 하는 일차 정서가 중심이라고 하는 점에 유의해야 한다. 이것이 이차 정서가 되기 위해서는 과거 또는 미래의 시간이 부가되어야만 한다. 과거는 추억이나 회상에 의하여, 미래는 전망이나 기대에 의하여 보다 깊은 정서의 발현이 가능해진다.

예컨대, 과거에 의한 정서로는 그리움, 후회, 분노 등이 있으며, 미래에 의한 정서로는 희망, 두려움, 절망 등이 있다. 또한 과거와 미래가 밀접하게 연계되어 나타나는 정서로는 짝사랑, 친근감, 거리낌, 미움 등이 있다. 이러한 것들은 통시적 정서라는 점에서 특징이 있다.

　이러한 의미에서 정서의 발현은 항상 시간과 연계되어 있음을 알 수 있다. 하지만 그럼에도 불구하고 정서 발현의 기초는 항상 현재의 정서가 그 중심을 이루고 있다는 점에서는 이의가 있을 수 없다. 이제 그러한 기본 형태에 따른 정서 발현의 구조를 살펴보고자 한다.

6. 정서 발현 형태의 기본 구조

　인간은 항상 신체적 고통과 정신적 불안에서 벗어나고자 끊임없이 다양한 대책을 강구하고 노력을 기울인다. 또한 이러한 활동 과정에서도 언제나 크고 작은 고통이나 불안이 상호 연계되어 나타나게 된다. 신체적 고통이 심리적 불안을 가중시키는가 하면, 반대로 심리적 불안이 신체적 고통을 가중시키기도 하는 순환의 연속이 이루어지기도 한다. 이처럼 신체적 고통과 심리적 불안은 상호 밀접하게 연계되어 인간의 일생을 지배하게 된다.

　특히, 결핍에 따른 신체적 고통은 물론 의식주의 확보를 위한 고통과 아울러 신체의 안전과 생명에 대한 정신적 고독과 불안이 더해짐으로써 인간은 항상 벗어버릴 수 없는 일종의 멍에를 안고 살아가고 있다. 이러한 것은 모든 정서 발현의 근원이 되며, 여기에서 정서의 다양한 형태가 발현된다.

　이러한 정서의 발현 형태는 각 정서의 유형에 따라 다르게 나타난다. 일반적으로 정서의 유형은 분류 기준에 의한 상대적 의미에 따라 감각 정서와 개념 정서, 일차 정서와 이차 정서, 신체적 정서와 정신적 정서, 기본 정서와 부속 정서, 흡입 정서와 분출 정서 그리고 중심 정서와 주변 정서 등 여러 가지 유형의 정서로 구분해 볼 수 있다. 그러나 여기에서는 이러한 유형 중에서 정서 발현의 기본 형태인 낙, 노, 희, 애와 가장 깊이 연계되어 있는 신체적 정서와 정신적 정서를 중심으로 하여 일차 정서 발현 형태의 기본 구조를 살펴보고자 한다.

　우선 일차 정서의 발현은 신체적 정서인 감각 정서로서 쾌(快)와 고(苦), 정신적 정서인 개념 정서로서 희비(喜悲)가 시발점이 된다. 이것은 의심의 여지가 없는 인간의 가장 원초적인 정서 발현의 형태이기 때문이다. 물론 이러한 정서 발현의 바탕은 신체적 결핍과 정신적 고독에 따른 불안이다.

　우선 신체적 결핍의 경우에는 주로 필요한 물질의 확보 여부가 정서 안정의 관건이 된다. 그러나 필요 이상의 물질은 사실상 자신에게 그렇게 커다란 의미를 지니는 것은 아니다.

　예컨대, 아무리 백만장자라고 해도 자신의 신체적 고통의 해소에는 필요한 금액 이외는 별다른 의미가 없다.

　따라서 신체적 정서의 발현은 다만 결핍 정도에 따른 쾌와 고의 정도 차이가 다소 있을 뿐 그 밖의 다른 유형의 정서는 쉽게 찾아보기 힘들다. 이것은 신체적 정서는 기(氣)의 소통 정도에 따라 결정되는 특성이 있기 때문에 단순히 쾌와 고라는 감각을 크게 벗어나지 못하기 때문이다.

　그리하여 항상 결핍의 고통 속에 있는 사람들은 꾸준한 자기 개발을 통하여 존재감을 확보하고, 다른 사람들과 원만한 관계를 추구하여 협조를 강화하는 것은 거의 절대적이라고 해도 과언이 아니다. 즉, 항상 자신의 역량을 강화하면서, 한편으로는 부모 형제를 비롯하여 친구와 애인, 심지어 신(神)에 이르기까지 다양한 관계 개선을 통하여 필요한 물질의 확보를 시도해야 한다. 이러한 과정에서 일단 물질적 여유를 확보하면 그만큼 신체적 고통의 가능성은 멀어진다. 인간이 끊임없이 자기 관리를 하고 다른 사람들과 관계 개선을 시도하는 것은 바로 이러한 까닭이다.

　그러나 어떠한 순간에도 물질의 확보는 결코 쉽지 않을 뿐만 아니라 인간관계를 지속적으로 유지하는 일도 어렵다. 그리고 한때의 성취는 또 다른 도전을 부르고 세월에 따라 신체가 허약해지면 다치고 병들어 신체적 고통을 쉽게 벗어날 수 없다. 이러한 사정으로 인하여 불경은 삼계고해(三界苦海)라 하여 인생을 고통의 바다라고까지 일컫는 것이다. 이러한 생각에 이르면 누구나 못내 서글프다는 생각을 피할 수 없다. 고통을 해결하기 위한 모든 시도가 결국 슬픔으로 다가오고 이러한 슬픔은 다시금 고통을 가중시키는 악순환의 연속이 이루어진다.

이러한 의미는 정신적 고독에서도 거의 같은 맥락을 지닌다. 고독으로 인한 정신적 불안은 자신의 생존 가능성을 위협하면서 더욱 가중되어 정신적 고통으로 연계된다. 고독에 대한 심리적 불안에 더하여 죽음에 대한 두려움이 더하여 막연한 공포를 불러일으킴으로써 불안이 더욱 증폭된다. 즉, 불안과 고통의 악순환이 이루어진다. 따라서 불안은 정신적 고통의 근원이 된다.

이러한 악순환에서 벗어나고자 사람들은 누구나 믿고 의지할 수 있는 대상을 찾아 나서게 된다. 특정의 신이나 애인 또는 친구 등을 찾아 나선다. 그러나 그 어느 것도 근원적 고독감을 해소할 수 없는 것임을 곧 깨닫게 된다. 모든 관계는 항상 변화 속에서 각자의 이익을 찾아가거나 일정한 때가 되면 스스로 사라지는 가운데 있기 때문이다. 따라서 불안에 따른 고통은 쉴 새가 없이 이어지는 반면, 진정으로 바라는 기쁨과 행복은 점차 요원해져 가는 인상을 지울 수가 없게 된다.

이처럼 어려움을 겪는 것은 신체적 고통과 달리 정신적 불안의 경우에는 단순하게 협조를 얻어 낼 수 있는 대상을 확보하는 것만으로 해결되지 않기 때문이다. 다시 말해, 신체적 고통의 경우에는 내·외부와의 기(氣)의 소통 문제가 중심이 되지만, 정신적 불안의 경우에는 근본적으로 외부에 의존하여 밀착하는 심리적 유대 관계가 중요한 과제가 되기 때문이다.

따라서 정신적 불안의 경우에는 외부와의 애착 관계가 중심이 되며, 이것은 항상 자신의 내적 평가에서 만족함을 획득할 수 있는가의 여부에 따라 희비(喜悲)가 엇갈리게 된다. 그러나 이러한 자기평가의 안정성을 확보하는 것은 현실적으로 거의 불가능하다는 점에서 역시 인간의 비애를 벗어나기 어렵다.

인간의 모든 정서는 결국 순간의 즐거움과 일상적 불안의 사이에 놓여 있다. 그러나 언제나 고통과 불안은 순간의 기쁨보다 끝내는 슬픔과 절망을 우리에게 안겨 준다. 여기에서 우리는 삶의 비극적 의미가 깃들어 있음을 알 수 있다.

대체적으로 신체적 정서에는 고통과 관련하여 불편, 불쾌, 이물감 등이 있으며, 쾌락과 관련하여서는 편안, 안온, 쾌적함, 포근함 등이 있다. 한편 정신적 정서에서는 불안과 관련하여 슬픔, 절망, 공허 등이 있으며, 즐거움과 관련하여 기쁨, 희망, 행복 등이 있다. 이러한 의미를 신체적 정서와 정신적 정서의 여러 가지 관계 상황에 따라 조금 더 상세히 살펴보고자 한다.

1) 신체적 정서의 발현 구조

신체적 정서는 고통의 근원이 어느 곳에 있는가에 따라 정서 발현의 양상이 다르게 나타난다. 기본적으로 신체적 정서는 결핍에 의한 고통에서 시작되므로 무엇보다 물질적 욕구의 충족이 관건이 된다. 그런데 그러한 욕구의 추구는 주로 자신의 능력 혹은 여건과 대인 관계에 따라 성패가 좌우되기 때문이다.

그리하여 누구나 우선 자신의 역량을 증대하기 위한 노력을 기울인다. 하지만 여기에는 항상 경쟁이 개입되어 자신의 노력을 한층 더 강화해야 한다. 경쟁이 치열할수록 상대적 우위를 선점하는 일은 하늘의 별을 따오는 일만큼이나 어렵게 된다. 대부분 자책과 후회는 물론 패배와 굴욕에 따른 열등감을 감수해야 하는 여건을 거의 모면하기 어렵다.

또한 대인 관계는 더욱 중요한 의미를 지닌다. 아무리 자신의 능력이 출중하다고 하여도 실상 외부의 협조가 없이 물질적 욕구의 추구는 거의 불가능하다고 할 수 있다. 이것은 외딴 고도에서 혼자 생활하는 경우를 상상해 보면 가히 그 정도를 짐작해 볼 수 있다.

그러므로 외부와의 관계에서 나타나는 핵심적 문제는 자신과 외부의 단절 또는 분리에 따른 생존 위협이다. 이것은 실로 엄청난 고통을 초래한다. 왜냐하면 분리는 자신의 능력이 부족한 것보다 더 신체적 욕구의 단절을 뜻하기 때문이다. 여기에서는 거부하는 경우와 배신하는 경우로 구분해 볼 수 있다. 전자는 다시 자신이 타인을 거부하는 경우와 타인이 자신을 거부하는 경우가 있으며, 후자에도 역시 두 가지로 나뉘어 결국 네 가지로 구분된다.

- 자신이 타인을 거부하는 경우: 상대의 약점을 문제 삼아 소통의 여지가 없다고 판단하는 경우이다. 사실 그동안의 정리(情理)를 생각한다면 다소 미안하다는 생각은 들지만 그보다는 상대에 대한 혐오감이 앞서서 이것을 감당하기 어려운 경우이다.
- 타인이 자신을 거부하는 경우: 순간적으로 일종의 깊은 반감을 갖게 될 수밖에 없지만 결국은 소외를 당하게 된다. 그러한 가운데에서 한편 열등감이 들기도 하며, 경우에 따라 간혹 억울함도 발생하게 된다.

배신의 경우에는 이러한 거부에 비하여 다소 미세한 차이를 나타낸다.

- 자신이 타인을 배신하는 경우: 주로 더 큰 이익을 얻기 위해서 현재의 작은 이익을 포기하는 경우가 대다수이기 때문에 의리를 저버리고 이익을 선택하는 경우이다. 이때, 조금이라도 양심이 있는 사람은 수치감을 느낄 수밖에 없다. 왜냐하면 그것은 결코 떳떳한 행위라고 할 수 있는 것은 아니기 때문이다.
- 타인이 자신을 배신하는 경우: 이러한 경우에는 자신의 잘잘못을 떠나서 심한 배신감을 느낄 수밖에 없다. 이유 여하를 떠나서 자신을 배신하였다는 그 사실 하나만으로도 증오를 느끼기에 충분할 수밖에 없다.

이상에서 살펴본 혐오감이나 열등감 또는 수치감이나 배신감 등의 다양한 정서는 신체적 정서의 발현으로써 한결같이 자신의 무능과 그에 따른 소외를 내포하고 있는 것임을 알 수 있다. 또한 일단 소외 상황이 전개되면 자타의 불일치라는 의식을 기반으로 하여 다양한 불쾌함이 나타나게 된다.

그런데 문제는 우리의 일상 속에서 좀처럼 다른 사람들과의 관계에서 일치를 이루어 내기가 어렵다는 점이다. 소위 '군중 속의 고독'이라는 말은 그러한 의미를 단적으로 나타내고 있다. 인간은 일상의 생활 속에서 끊임없이 타인과의 관계 개선을 추구하여 나가고 있지만, 현실은 언제나 외로움 속을 헤매고 있다. 그야말로 삶의 슬픈 현실이다.

그러나 그러한 어려움 속에서도 만일 자신의 노력과 외부의 협조를 얻어 내어 자신의 능력을 십분 발휘할 수 있는 기회를 갖게 된다면 신체적 결핍의 충족이 원만히 이루어져 그 유쾌하고 홀가분한 느낌은 어디에서도 찾아보기 어렵다.

2) 정신적 정서의 발현 구조

정신적 정서는 내·외부와의 소통 관계가 어떠한가에 따라 정서 발현의 형태가 결정된다. 소통 관계는 조화가 이루어지는 상황과 서로 분리되는 상황으로 크게 나누어진다. 먼저 분리 상황은 내부 분리 상황과 외부 분리 상황으로 나뉘고, 전자는 다시 신체와 정신 그리고 정신과 정신의 분리 상황으로 나뉜다. 그리고 조화 상황은 각각 자신의 내부와 외부로 구분할 수 있다.

(1) 분리 상황

내부 분리 상황 중에서 신체와 정신의 분리 상황의 경우에 대해 살펴보면 다음과 같다.

이것은 자신의 일정한 욕망 또는 의지가 분명하게 인식되는 상황에서 자신의 신체가 그러한 의지에 전혀 부합하지 못하고 있음을 깨닫게 되는 자기성찰이 나타나는 상황을 의미한다.

예컨대, 자신은 앞에 있는 친구를 들어 올릴 수 있다고 스스로 굳게 믿고 있지만 막상 들어 올리려 하면 꼼짝도 하지 않는 경우에 자연히 머쓱해질 수밖에 없다. 이러한 경우 때로는 황당하고 씁쓸하며, 때로는 한탄스럽고 불만스러운 등의 자괴감을 얻게 된다. 자신감으로 자신의 불안을 다소 해소하려던 것이 오히려 자신을 더 궁지로 몰아넣게 되는 상황이 벌어진다.

또한 내부 분리 상황 중에서 정신과 정신의 분리 상황의 경우는, 생각하는 주체는 하나임이 분명하지만 동일 대상에 대한 생각이 서로 양분되는 상황, 곧 갈등 상황을 의미한다. 이러한 상황은 합리적이고 타당한 편을 선택하는 이성이 마음을 지배하는 감성의 선택을 극복하지 못하는 경우에 절정에 달한다.

예를 들어, 이성은 내일로 예정되어 있는 시험에 대비할 것을 명령하지만 감성에 따른 마음은 친구와 뛰어놀고 싶은 것이다. 이것은 감성과 이성이 의도적으로 분리되는 상황으로 일종의 정신의 내부 분열이다.

이때, 만약 수준 높은 의식의 명료함이 확보된다면 이성의 선택이 가능하지만, 일반적으로 다소 혼돈스러운 상황에서는 대부분 감성의 선택에 의존하게 된다. 이것은 이성의 냉철한 논리보다 감성의 불안 해소를 더 소중하게 생각하는 인간의 일반적 경향성 때문이다. 당연히 자신의 책무를 다하지 못한 것에 대한 죄책감이 뒤따를 수밖에 없다. 그리고 만약 이러한 경향을 계속 지속하게 되는 경우 이중인격자가 되거나 심한 경우 정신 분열 증세를 겪을 수 있는 상황이 초래된다는 점도 아울러 기억해 둘 필요가 있다.

다음으로 외부 분리 상황은 이미 대내적 직관에서 논의한 근원적인 고독감으로 여기에서 다시 언급할 필요가 없다. 다만, 자신의 지적 능력에 따라 그 정도의 차이가 나타나는 것은 피할 수가 없다.

(2) 조화 상황

조화 상황의 경우에는 앞서 언급한 대로 내부와 외부로 구분해 볼 수 있으며, 먼저 외부와 조화의 경우를 살펴보면 다음과 같다.

외부와 조화는 크게 자연과의 조화와 사회와의 조화로 다시 구분된다. 전자는 자신과 자연의 일체감이 중심을 이루고 있다. 인간도 하나의 자연임을 감안할 때 자연과의 일체감 추구는 어찌 보면 지극히 당연한 것이어야 한다. 하지만 앞서 살펴본 바와 같이 인간의 과도한 욕구는 자연환경의 질서를 파괴하여 그러한 조화를 저해할 수 있는 가능성을 안고 있다. 따라서 자연과의 조화는 항상 사전에 이미 그러한 제반 욕구의 통제가 이루어진 이후에야 비로소 가능하다. 이렇게 되면 자연은 항상 고마움과 감사의 마음을 솟아나게 한다.

다음으로 사회와의 조화 상황은 사회에서 의미 있는 삶을 산출해 내는 것을 의미한다. 이것은 다양한 인간관계를 바탕으로 자신의 능력에 따른 역할을 만족스럽게 수행해 나감으로써 가능하다. 즉, 부모와 형제, 부부와 자녀 등 가족과의 원만한 관계를 기초로 여러 주위 사람들과 협력을 통하여 끊임없이 자신의 능력을 십분 발휘할 수 있을 때 얻을 수 있다.

일반적으로 친구나 직장 동료, 친목회, 동창회, 동우회 등 이루 헤아릴 수 없을 만큼 많은 사회적 관계가 원만하게 형성되는 기반은 그 어느 것보다도 깊은 사랑이 이루어지는 과정에서 확보되는 정서적 안정이다. 사회에서도 사랑과 배려는 관계의 핵심이 되기 때문이다. 다만, 가족 관계와 달리 사회적 관계는 다소 의도적이며 한시적이라는 점에 차이가 있을 수 있다는 점이 다를 뿐이다. 이러한 의미에서 사회적 인간관계와 자신의 책무에 따른 너른 유대감과 애정은 사회적 조화에서 매우 중요한 의미를 지닌다고 할 수 있다.

이처럼 사회적 관계의 중요성에 대한 인식이 들어서면 애정은 이제 사회에 대한 보답과 헌신의 길을 모색하게 됨으로써 사회 발전에 초석이 된다는 점도 결코 도외시할 수 없다. 이러한 사회와의 조화에는 결국 바람직한 관계와 탁월한 능력의 발휘가 주요인이 된다고 할 수 있다. 그러나 만일 사회에서 이들과의 조화를 이루지 못하면 결국 자신의 존재감을 드러낼 수 없고 소외된 삶을 이어가게 된다.

한편 내부 조화 상황의 경우는 다소 주의를 요한다. 주지하는 바와 같이 그러한 내부 조화가 온전히 이루어진다는 것은 논리적으로는 가능하지만, 실제로는 거의 불가능한 것이라고 할 수 있기 때문이다. 하지만 내부 조화 상황은 그것이 신체적이든 정신적이든 간에 자신의 내부 분열을 스스로 두루 통합하는 경우를 의미하기 때문이다. 따라서 내부 조화의 경우에는 어떠한 통합의 결과보다는 그 효율적 방법에 초점이 주어진다. 즉, 신체와 정신 또는 정신과 정신의 분열에 따른 효율적 방안의 모색이 주요 과제로 부상된다.

여기에서 대두되는 것이 몰입에 의한 무아(無我)이다. 모든 사람이 각기 관심사가 다르기 때문에 일률적으로 단정할 수는 없지만 일단 자신만의 세계를 구축한다. 문제는 이것이 개별적 특수성을 벗어나 일반적 보편성을 얻어 낼 수 있어야만 하는 것이다.

이러한 의미에서 무엇보다 학문과 예술을 빼놓을 수 없다. 학문은 개인적 주체에서 출발하여 보편적 인간에 이르는 인간의 정신적 혼란을 잠재우는 유일무이한 장치이며, 예술은 신체와 정신의 분열을 하나로 통합하는 활동이다.

특히 학문은 인간에게 근원적으로 야기되는 신체적 결핍과 정신적 고독이 신체와 정신의 자기 분열 사태를 더욱 가중시켜 인간 본연의 자연성을 잃고 방황할 때, 정신 분열에 따른 안정을 도모하고 인식의 명료함을 바탕으로 자신과 환경의 관계를 밝혀 나간다. 결국 학문은 자기 자신과 공통의 자아 이해를 통하여 정신적 불안의 근거와 원인을 찾아내고 그것을 해소할 수 있는 방안의 탐색과정이라고 보면 거의 틀림이 없다 할 것이다.

또한 예술은 신체와 정신의 분열을 하나로 다시 일체화하는 역할을 담당한다. 예술은 오로지 심신일여태(心身一如態)에서 진실을 드러내기 때문이다. 시·공간 제약의 한계를 벗어난 예술의 창의와 기술은 언제나 신체적 고통과 아픔을 사랑으로 승화하는 것에 핵심이 있다.

예컨대, 음악은 마음의 상처에 대한 아름다운 울부짖음인 것으로 인간의 신체와 음의 파동을 일체화한다. 미술은 마음의 일그러짐을 회복하기 위한 조화로움의 추구로써 특정 대상의 모양, 색 등의 조화를 통하여 새로운 의미를 창출하여 신체와 대상의 일체화를 얻어 내는 것에 초점이 있다.

따라서 탐구를 중심으로 하는 학문과 창의를 중심으로 하는 예술은 모두 권위, 금력, 제도 등에서 자유롭지 않으면 안 된다. 법으로 학문과 예술의 자유를 보장하고 있는 것도 바로 이 때문이다. 만약 어느 한순간이라도 학문과 예술이 이들에 의하여 제약된다면 사람들은 이미 심신의 분열에 따른 무감정의 순응 인간으로 변화하게 된다. 이러한 사태는 특히 의존이 절대적인 발달 초기에 있는 유아의 경우에 비교적 쉽게 나타난다. 즉, 유아에게 강한 제약이 장기화되면 자신도 모르게 감정이 메말라 사이코패스나 소시오패스로 전락할 가능성

높아진다.

이러한 의미에서 볼 때, 인간의 정서는 결국 기본적으로 자(自)와 타(他)의 조화에 따르는 일체감 또는 기쁨과 부조화의 인식에서 나타나는 슬픔에서 기인하는 것이지만 여기에는 언제나 사랑과 조화와 같은 자연의 이치가 중심에 자리 잡고 있다는 점을 알 수 있다.

여기에서 우리는 사랑의 의미를 조금 더 생각해 볼 필요가 있다. 많은 사람이 흔히 사랑을 쉽게 얻을 수 있다고 생각하고 있지만 실상은 이와 정반대가 되기 때문이다. 사랑은 한마디로 정서 표현의 가장 승화된 상태이다. 특히, 정신적 정서의 꽃이다. 왜냐하면 사랑이란 자신의 불안이 절실함을 깨닫고 이것을 되짚어 생각하여 자신을 아랑곳하지 않고 먼저 다른 사람의 불안을 돕는 초월적 자아의 전이 현상이기 때문이다. 그럼으로 사랑에는 반드시 자발적 헌신과 희생이 뒤따른다.

이러한 사랑을 상징적으로 보여 주는 사례가 부모가 자식에게 보여 주는 사랑이다. 여타의 인간관계에서 이러한 숭고한 사랑을 찾는다는 것은 거의 불가능한 일이 아닐 수 없다. 어떠한 의미에서 부모가 자식에 대한 사랑을 빌미로 조금이라도 대가를 바란다면 그 자체가 모순되는 것이 아닐 수 없다. 그럼에도 불구하고 현실의 수많은 애환의 원천이 부모와 자식의 관계에서 비롯되고 있다는 것은 매우 아이러니한 일이 아닐 수 없다.

이것은 평소 일상적 인간의 마음속에는 누구나 자신을 위하여 조화를 추구하려 하고, 그에 따라 그토록 사랑에 대한 갈망을 이어 나가려고 하는 본원적 성향에서 벗어나기 힘든 때문이다.

이러한 점에서 이차 정서로서의 그리움은 정신적 정서의 중핵을 이룬다. 왜냐하면 적어도 그것은 과거와 현재 그리고 미래를 모두 아우르고 있는 정서의 하나이기 때문이다. 다시 말해, 그리움은 관계에 대한 아련한 추억과 현실적 외로움과 미래를 향한 절실한 요구로써 의존성이 안으로 가득한 마음의 상태를 표현한다.

이상으로 신체적 정서와 정신적 정서를 중심으로 한 정서 발현의 유형을 살펴보았다. 이에 따라 신체에는 단순히 쾌와 고의 정도에 따라 정서가 나타나는 것에 반해, 정신에는 여러 상황에 따라 비교적 다양한 정서가 나타나는 것임을 알 수 있다. 그러한 정서의 기본 구조를 그림으로 간략하게 나타내면 다음과 같다.

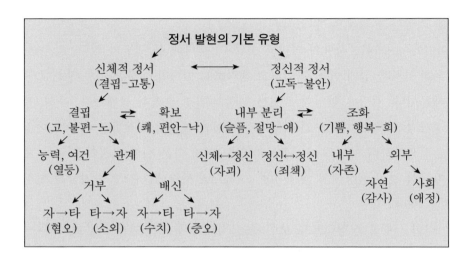

[그림 4-1] 정서 발현 형태의 기본 구조

[그림 4-1]에 따르면 인간은 기본적으로 불완전한 존재이기에 신체적 또는 정신적 불안에 따른 쾌와 고, 희비가 정서의 주류를 이루고 있으며, 그에 따른 다양한 정서가 발생하는 것임을 알 수 있다. 대체적으로 보아 신체적 정서와 정신적 정서가 서로 균형을 이루고 있다. 그리고 신체적으로는 부정적 정서가, 정신적으로는 긍정적 정서가 다소 우위를 나타내고 있다. 그러나 무엇보다 결핍과 분리에 따른 고통과 불안은 자신은 물론 사회 불안의 주요 요인으로 작용할 뿐만 아니라 그 자체가 좀처럼 치유의 가능성을 찾기 어렵다는 점에서 주의를 요하는 대목이다.

이러한 문제를 다소라도 보완하기 위하여 인간은 정서 안정의 불안을 야기하는 제반 자극적 대상들을 한 가지로 집중하여 정서 안정을 꾀하려 한다. 여기에서 중심 정서의 의미가 대두된다. 이제 이에 대하여 살펴보고자 한다.

제5장

중심 정서

지금까지 정서의 개념 정립에 요구되는 제반 사항을 밝히고자 주력하였다. 이제 그러한 토대를 발판으로 정서가 실제의 생활 속에서 각 개인에게 어떻게 활용되고 있는지에 대하여 살펴보고자 한다.

이를 위하여 먼저 정서에 개인적 욕구가 어떻게 연계되는 것인지를 살펴본 후 그에 따른 중심 정서(주정서)의 의미를 밝혀 보고자 한다.

1. 욕구와 정서

앞 장에서 살펴본 바와 같이 인간은 신체적으로 결핍감과 무능감 그리고 정신적으로 고독감과 공허감을 숙명적으로 지니고 살아 나갈 수밖에 없다. 그런데 문제는 이러한 사실이 단순히 제반 심리적 불안정을 유발하는 원인이 되고 있는 것에 그치는 것이 아니라, 그것을 끊임없이 지속시키고 더욱 가중시키는 작용을 유발한다는 점이다. 욕구는 바로 그와 같은 심리적 불안정의 지속이나 가중이 필연적으로 안정을 추구하려는 경향에 기인한다.

이러한 욕구는 주로 감각에 의존하는 감성적 욕구와 이성에 의존하는 이성적 욕구로 구분할 수 있다. 감성적 욕구가 단순하게 외부로부터 자신에게 다가오는 자극을 받아들여 그것을 선택적으로 수용하는 경향을 나타내는 반면, 이성적 욕구는 기존의 인지구조를 활용하여 보다 효율성을 추구하는 경향을 나타낸다. 이제 그러한 욕구의 유형별 특성을 중심으로 욕구와 정서의 관계를 살펴보면 다음과 같다.

1) 욕구의 유형별 특성

욕구의 유형별 특성을 살펴보기 전에 먼저 욕구의 발생 과정을 살펴볼 필요가 있다. 이것은 욕구와 정서의 관계를 이해하는 데 필수적이기 때문이다.

앞서 밝힌 바와 같이 욕구 발생의 원인은 대부분 내적 불안감에 따른 정신적 긴장의 조성이다. 즉, 감성과 이성의 작용에 따른 여러 가지 신체의 감각적 불안과 정신의 개념적 불안에 의한 긴장은 욕구의 근원이 된다고 할 수 있다. 그러므로 욕구는 이와 같은 긴장을 조성한 불안의 근원에 따라 그와 연계된 내·외적 대상에 강하게 집착하는 지향 또는 쟁취 성향이다. 이제 욕구의 진행 과정을 보다 면밀하게 살펴보면 다음과 같다.

욕구가 처음 작동하게 되는 것은 내부 또는 외부의 주변 환경으로부터 일정한 대상에 대한 감각적 자극을 얻게 되는 순간이다. 그리고 그러한 자극을 자신의 내부에 수용하기 위해서는 지각(知覺)이 뒤따르게 된다. 그 결과는 자신의 인지구조를 바탕으로 삶의 이해득실과 깊게 연계되어 해석되고 실제의 대상이 얼마나 자신의 긴장을 조성하고 이완시키는가를 확인하게 된다.

물론 이러한 욕구에는 이미 살펴본 바와 같이 자신의 결핍감이나 무능감 또는 고독감이나 공허감에 따른 불안감이 암암리에 연계되어 있는 것임은 다시 언급할 필요가 없다. 이때, 그에 따른 안정의 필요 정도에 따라 그 원인에 대한 단순 지향적 의지 수준에서 강한 쟁취 수준에 이르기까지 일정한 의지(意志)가 조성된다. 긴장(緊張)은 이러한 의지의 조성 정도에 따른 것이다.

　따라서 긴장은 단지 의지에 따른 심리 현상이다. 좀 더 구체적으로 말하여 긴장은 이기적 또는 주체적 성향에 따른 결핍감 또는 고독감 등의 자체 불안과는 별개로 형성되는 오직 신체적, 정신적 긴장의 경직성만을 그대로 간직하고 있는 심리적 상태이다. 이러한 긴장 상태에서는 평소와 달리 필요 이상의 많은 에너지가 소모된다. 만일 한동안 이처럼 과도한 에너지의 소모가 계속된다면 이것은 그 자체가 신체 내 기(氣)의 균형을 허물어 제반 소통을 저해함으로써 생명의 유지에 위협적 사태가 된다. 따라서 시급한 것은 이완(弛緩)을 통하여 에너지 소모를 가급적 축소하는 일이다. 욕구는 바로 이러한 이완을 갈구하는 심리적 상태이다.

　그러나 욕구 충족에 따른 이완은 기본적으로 또 다른 새로운 욕구를 발생하도록 하여 다시 새로운 긴장을 초래함으로써 욕구의 순환이 끊임없이 이어지는 성향을 지니고 있다. 이러한 의미에서 모든 욕구는 일차적으로 긴장과 이완이 밀접하게 연계되어 발생하는 것이지만, 문제는 현실적으로 그러한 긴장과 이완의 순환이 대부분 수많은 난관으로 인하여 좀처럼 쉽게 이루어지지 않는다는 점이다.

　예컨대, 배고픔으로 긴장이 조성되어 음식을 찾게 되는 경우에 본인이 원하는 음식이 아닌 경우 새로운 긴장이 나타난다. 설령 원하는 음식을 얻게 되어도 그러한 경험을 한 이후에는 또 다른 새로운 음식에 대한 긴장이 조성되어 새로운 욕구가 나타나게 된다.

　이처럼 정서는 일차적으로 욕구를 추구하는 순환 과정의 한가운데에 있다. 이것을 불안에 따른 긴장의 측면에서 보면 내적 정서인 것이며, 이완 또는 긴장의 연속에 따른 반응의 측면에서 보면 외적 정서라고 할 수 있다. 어찌 보면 인생은 결국 이러한 긴장과 이완의 연속이다.

　그런데 앞서 살펴본 바와 같이 모든 욕구는 감성적 직감 또는 개념적 직관에 의한 심리적 불안에서 유래하므로 그 특성에 따라 감성적 욕구와 이성적 욕구로 구분해 볼 수 있다. 이제 그에 따른 이기의 아이러니 그리고 불안의 증폭이 어떠한 차이가 있는가를 살펴보고자 한다.

(1) 감성적 욕구

감성적 욕구는 자신의 존폐 여부가 핵심이 되기 때문에 존재 자체를 지속적으로 유지하기 위한 안정성의 욕구가 기본적으로 전제된다. 즉, 감성에 의한 신체적 자극은 항상 결핍감과 무능감을 불러일으킴으로써 불안감을 조성하는 단초를 제공하여 주는 바, 여기에 바로 감성적 욕구가 제기된다.

이러한 의미를 오직 감성의 측면에서 보면 신체적 안정에 대한 요구는 매우 당연하다. 하지만 이러한 요구가 오히려 신체의 불안을 더욱 심화하여 또 다른 감성을 촉발하는 원인이 된다는 점도 빼놓을 수 없다는 점이다. 즉, 감성에 의하여 욕구가 발생하기도 하지만 욕구에 의하여 감성이 발생하기도 한다.

여기에서 한 가지 중요한 것은 감성적 욕구는 감각의 특성상 반드시 일정한 요구 수준과 시간의 한계를 벗어날 수 없다는 점이다. 자칫 욕구 추구에 따른 일정한 범위와 시간의 한도를 넘어서면 예상하지 못했던 나쁜 결과로 오히려 불안정이 더 심화되는 아이러니가 숨겨져 있기 때문이다. 실제로 과도한 욕구의 추구로 인한 문제의 발생은 생활 속에서 자주 체험하는 현상 중의 하나이다.

예컨대, 과음이나 과식은 적정한 요구 수준을 넘어서는 것이며, 한때의 사치와 낭비는 다소 있을 수 있는 일이나 이것을 계속 이어 가는 것도 감각의 한도를 넘어서는 것으로 역시 빼놓을 수 없는 과욕의 전형이다. 과음이나 과식은 곧바로 신체의 통증으로 다가오며, 사치와 낭비는 날이 갈수록 점차 심화되어 결국 파산을 자초하게 된다.

다시 말해, 일정한 감각적 쾌락이 또 다른 욕구를 불러 과욕이 일상사가 되어 결국 참사를 피할 수 없게 된다. 이러한 참사의 근원은 무엇보다 자신의 감성적 욕구의 한계를 명확하게 인식하지 못하고, 허황된 욕구를 무리하게 추구하려는 무분별한 성향에서 찾을 수 있다. 따라서 진정한 자기 안정을 위해서는 언제나 감성적 욕구의 자체 한계를 철저하게 살피지 않으면 안 된다.

물론 인간의 삶에서 쉽게 벗어날 수 없는 것 중의 하나가 과욕의 추구이다. 곧, 대다수 사람의 굴레이다. 그러므로 아무리 평소에 자신이 간절하게 소망하던 바가 이루어진 경우라고 할지라도 반드시 그러한 감성의 한계를 고려하여 기쁨을 추구해야 한다. 만약 이러한 한계를 고려하지 않고 오로지 성취의 기쁨에 도취되어 마음껏 탐닉하게 되는 경우, 그것 역시 도리어 해가 되어 더 큰 마음의 상처를 안겨 주게 되는 것을 피할 수 없기 때문이다.

그런데 욕구의 억제는 일정한 수준 이상의 정신 연마가 필요하다. 즉, 바람직한 인격이 갖추어져 있어야 하는 것이다. 문제는 그것이 결코 수월하지 않다는 점이다.

그리하여 대부분 욕구 추구를 위한 보다 강력한 방법들을 모색하게 된다. 이들 중의 하나가 바로 단체 협력이다. 물론 이를 위해서도 우선 자신의 존재 가치를 인정받을 수 있는 위치에 올려놓아야 한다. 즉, 일정한 조직 내에서 자신의 존재감을 확보해야 한다. 그렇지 않으면 타인의 협력을 통하여 자신의 욕구를 최대한 달성하기 어렵기 때문이다.

그러나 존재감의 확보는 기본적으로 자신의 타고난 역량과 자기 혁신의 노력에 따라 좌우된다고 할 수 있다. 특히 자기 개발을 위한 끊임없는 노력의 집중은 아무나 쉽게 할 수 있는 것이 아니다. 여기에는 물론 자신의 의지에 따른 열정이 뒷받침되어야 하지만 그것은 주변 여건에 따라 다양한 변수가 개입되며, 결코 쉽게 얻어 낼 수 있는 것은 아니기 때문이다. 그러므로 누구나 대부분 조직 내에서 경쟁하고 적응하는 데 어려움을 겪는다. 문제는 이러한 어려움이 크면 클수록 이에 비례하여 자신의 이기적 성향은 더욱 강화된다는 사실이다.

이러한 성향에 따른 절제 없는 과도한 욕구의 추구는 언제나 투쟁을 유발한다. 특히, 생명에 대한 강한 집착은 언제나 지구상에 한정되어 있는 재물의 확보를 위해 과도한 경쟁을 부르고 결국 투쟁에 이르는 것이다. 문제는 투쟁에는 끝이 없다는 것이다. 물욕에 따른 일순간의 승리는 영원한 승리가 아니며, 이어지는 투쟁에서 언제든지 패배로 다가올 가능성이 더 큰 것이다.

예컨대, 세상의 그 어떠한 부자도 항상 재물의 풍족함에 따른 기쁨 속에서 살아가는 것이 아니며, 또한 운 좋게 그 어떠한 엄청난 횡재를 했다고 할지라도 단지 일순간에 그칠 뿐이다. 부자는 재물을 더 확보하기보다는 그것을 지켜내는 것을 더 고심해야 하며, 횡재한 것을 더 늘리는 일은 아예 상상할 수도 없으며, 지키는 일도 거의 불가능에 가깝다고 할 수 있다.

그런데 개인의 이기적 욕구나 과욕은 영원한 승리가 아니면 안 된다. 그저 막연한 투쟁만 이어지는 원인이 여기에 있다. 결국 한 개인의 욕구 추구가 다른 사람의 욕구를 가로막고 자신도 욕구 좌절에 봉착함으로써 스스로 무능감을 더욱 분명하게 확인하는 결과를 초래한다. 이것이 감성적 욕구의 아이러니이다.

따라서 항상 소아적 발상에서 나타나는 자신만을 고수하려는 과도한 이기적 욕구를 벗어나 사랑, 예의, 정의, 지혜 등을 소중하게 여기는 대아의 견지에서 모두가 상생할 수 있는 방안을 모색하여 나가도록 노력해야 한다. 이를 위하여 다른 사람들과 원만한 의사소통은 매우 중요한 의미를 지닌다. 또한 이와 함께 자신의 바른 존재감을 확보하기 위한 노력을 기울여 나가는 것이 중요하다고 할 수 있다.

그러한 마음가짐과 실천이 뒷받침된 이후에야 비로소 상대에 대한 배려와 존중이 가능해진다. 상대를 분별하는 것은 필요한 것이나 가급적 그 어느 누구도 차별하여서는 안 되며, 차별할 권리도 없다. 이러한 행동의 중심에는 감성은 물론 이성의 통제가 항상 자리 잡고 있다.

(2) 이성적 욕구

이제 이성적 욕구에 따른 불안감의 정도를 살펴보면 이것은 감성적 욕구보다 더 강한 불안을 조성한다는 점을 알려 준다. 인간이 미완의 한시적 존재라는 사실만으로도 이미 인간은 결코 근원적 불안감에서 벗어날 수 없음을 우리에게 분명하게 알려 준다. 이것을 벗어나는 유일한 길은 주어진 능력을 최대한 동원하여 마음의 안정을 유지하는 것이다. 여기에 이성의 능력은 빛을 발하게 된다. 이성은 소정의 욕구 추구를 위한 제반 수단의 효율성을 확보할 수 있는 중요한 방편이 되기 때문이다.

이러한 이성의 작용 과정에서 필수적으로 요구되는 것이 주변 환경에 대한 파악이다. 이 시점에서 인간은 그 어느 때보다 강한 호기심을 드러낸다. 말하자면 호기심은 인간이라고 하는 미완의 존재에 따르는 신체적 또는 정신적 불안을 안정으로 일구어 가도록 하는 시발점이다. 호기심을 통하여 자신의 신체 또는 주변 환경으로부터 매 순간 다가오는 크고 작은 자극들을 민감하고 명확하게 인식하도록 유도할 수 있을 뿐만 아니라 그러한 자극과 인식에서 크고 작은 감각적 또는 정신적 쾌감도 얻어 낼 수 있기 때문이다.

그러나 예지가 발달하여 일정한 시기에 이르면 그러한 쾌감으로는 도저히 채워지지 않는 또 다른 불안이 있음을 직감하는 순간에 직면하게 된다. 그것은 일종의 지적 혼돈으로 그 근원조차 알 수 없으므로 불안은 더욱 가중되어 간다. 시원도 끝도 알 수 없는 우주의 신비는 막연한 두려움과 공포를 자아내고, 이것은 죽음과 연계되어 절망적 고독과 허무감을 낳는다. 곧, 주체의 절대한계를 의식하는 순간을 접하게 된다. 바로 이 순간에 이성적 욕구 본연의 활동이 시작된다고 할 수 있다. 막연한 불안에 얽매여 있는 정신에 자율성을 불어넣어 정서적 안정을 추구하려는 경향이 나타난다.

어느 의미에서 보면 이성적 욕구는 기본적으로 이러한 지적 자율성을 추구하려는 경향에서 출발한다고 해도 과언이 아니다. 그런데 생활 터전으로써 자신을 에워싸고 있는 사회의 여러 가지 관습과 규범 또는 규율이나 제도 그리고 자연환경 등 수많은 외적 요소는 물론 자신의 신체적, 정신적 능력마저 일정한 한계가 있을 뿐만 아니라 이들이 상호 연관되어 자신의 지적 자율성마저 제약한다. 따라서 이성적 욕구는 일차적으로 자율성을 억압하는 내·외적 각종 제약을 벗어나고자 하는 강한 성향을 나타낸다.

그리하여 처음에는 오로지 강한 자신감으로 자신을 구속하고 제약하는 사회와 자연에 도전하고 모험을 감행한다. 그러나 그러한 도전과 모험을 계속할수록 당초 자신이 계획했던 제약을 벗어나는 것이 아니라 오히려 사태를 더욱 미궁으로 빠져들게 한다. 뿐만 아니라 결국 자신의 한계를 절감하고 제도에 굴복하는 시점에 봉착하게 된다. 여기에서 현실적 시·공간에서 나타나고 있는 엄연한 제약을 명확하게 인식하게 되는 순간 인간의 숙명적 자기 한계를 절감하게 된다.

사정이 이렇게 되면 어느 사회든지 가급적 현실에 중점을 맞추려는 보수와 어떠한 경우에도 미래의 변화를 꿈꾸며 현실의 문제를 보다 적극적으로 해결하려는 진보가 궁극적 가치를 중심으로 상호 대립하게 된다. 보수는 도전보다 한계를 앞세우고, 진보는 한계보다 도전을 앞세우는 까닭이다. 이러한 대립은 상호 간 현실적이고 이성적인 타협에 의한 해결이 아닌 간교한 술수와 폭력에 의한 해결을 앞세우는 경향으로 나타난다. 즉, 이성에 의한 설득과 협조가 아닌 쟁취와 선점을 위한 무질서와 폭력을 앞세우기 때문이다. 그러나 그러한 비이성적 해결은 사회의 불안정으로 이어지면서 다시 정신적 안정을 추구하려는 경향을 나타낸다.

원래 인간은 발달 초기부터 어느 정도 자신이 지니고 있는 능력의 한계와 우월성을 뚜렷하게 인식하고, 감각적 혹은 이성적 욕구를 추구하는 과정에서 환경의 지배를 극복하고 이상적 가치를 추구하고자 하는 강한 성향을 지니기 때문이다. 정서는 이와 같이 생존을 위한 감각적 또는 이성적 판단의 결과로 얻게 되는 일종의 부수물이다. 그러므로 이성적 욕구는 근원적 불안에 따른 정신적 안정과 이상적 가치의 추구 과정에서 이성에 의한 외부 상황 파악이 개시되는 순간 이후에 나타나는 것임은 분명하다고 할 수 있다. 따라서 이성을 도외시한 무질서와 폭력이 난무하는 사회일수록 모두가 추구하는 궁극적 가치에 결코 다가설 수 없는 심연의 괴리를 확대하는 것임을 알아야 한다.

그러므로 문제는 이성적 요구가 단순히 외부 상황 파악에 있는 것이 아니라 가치 추구에 따른 정신적 자율과 안정에 더 깊이 연계되어 있다는 점이다. 인간이 끊임없이 배움을 추구하는 것은 자신을 포함한 주변 대상에 대한 명확한 인식을 얻으려는 일차적 요구도 분명 확인되지만 그보다 과연 항구적이며, 궁극적 가치를 지닌 것은 무엇인가에 대한 호기심의 발로이다. 삶의 진정한 가치를 추구하려는 욕구가 발아하는 까닭이다. 뿐만 아니라 설령 그러한 욕구가 허황된 것일지라도 끊임없이 쉽게 포기하지 않으려는 성향마저 지니고 있다.

하지만 이러한 이성적 욕구에 의한 안정은 현실에서 수용될 때만이 가능하다는 점에서 분명한 한계를 지닌다. 아무리 이성에 의한 이상적 가치가 중요한 것이라 해도 그것이 현실에서 수용되지 못한다면 의미가 없다. 그런데 현실은 항상 보수와 진보의 갈등과 대립에서 벗어나기 힘들기 때문에 수많은 저항이 따른다. 이에 보다 분명한 욕구 판단의 근거를 살펴볼 필요가 있다.

2) 욕구 판단의 근거

이미 살펴본 바와 같이 욕구는 생존의 필수적 현상 중의 하나이며, 실로 인간의 삶에서 매우 중요한 의미를 지닌다. 일상의 생활 속에서 욕구가 어떠한 기준을 근거로 하여 수단적 방편을 마련하는가에 따라서 삶의 모습이 다르게 나타나기 때문이다. 즉, 각자가 생존 방법을 모색하는 가운데에서 참다운 삶의 의미와 가치에 관심을 갖게 되는 경향으로 발전하여 나아간다. 한마디로 말해 긴장과 이완의 경험이 반복되는 과정에서 욕구의 일정한 성향이 형성되고 그것이 점차 주체의식을 형성한다.

이와 같은 주체의식은 다시 자신의 욕구 추구에 따른 쾌와 고통에 따라 선택적으로 욕구를 유발하는 상호작용이 이루어진다. 그렇다면 그러한 선택을 위한 판단은 어떠한 근거에 따른 것인가를 살펴볼 필요가 있다.

욕구의 판단에서 가장 중요한 것은 자신의 고유한 가치판단에 의한 정서적 감각의 형성이다. 그러한 감각의 형성은 대체로 다음과 같은 가치의 세 가지 차원에 의하여 결정된다.

첫째, 생과 사의 차원이다. 여기에서 가장 중요한 것은 자신의 생명을 유지하는 것이다. 따라서 이러한 차원에 있는 사람들의 삶은 사적 이익에 예민한 반응을 나타낸다. 건강과 재산을 기본으로 하여 명예와 권력을 추구하며, 놀이와 쾌락 등이 주요 관심사가 된다. 이러한 사람들의 사회는 당연히 경쟁적이고 이기적인 경향을 나타낸다. 그리하여 가끔 투쟁과 무질서가 난무하는 현상을 벗어나지 못한다.

둘째, 옳고 그름의 차원이다. 이 차원에서 살아가는 사람들은 상호 관계적 삶을 가장 중요한 것으로 여긴다. 따라서 이들은 비리와 부조리에 민감한 반응을 나타낸다. 정의와 공정을 기본으로 하여 도덕과 윤리를 추구하며, 의무와 가치 등이 주요 관심사가 된다. 그리하여 사실과 논리적 판단에 따른 진실과 허위, 현실적 행동 표준으로서의 선과 악, 양심의 근거로써 아름다움과 추함 그리고 존재 근거로서의 절대와 상대 등의 네 가지는 매우 중요한 관심사가 된다. 따라서 이것은 한마디로 말해 이상(理想)과 현실(現實)의 대립이 중심이 된다고 할 수 있다.

이 모든 대립이 하나로 통합되면 결국 자아 확대 또는 자아초월로 나아가는 초석이 된다고 할 수 있다. 이러한 사람들의 사회는 평등의 상호 관계를 기반으로 하여 자유와 공존을 추구하는 경향을 나타낸다.

셋째, 자아초월의 차원이다. 이러한 경지에 이른 사람들은 주변 환경에 활력을 불어넣어 주는 삶을 묵묵히 이어 갈 뿐이다. 따라서 이들은 주변 환경의 어려운 상황에 민감한 반응을 나타낸다. 이러한 분들은 자신의 희생과 헌신을 바탕으로 무한한 사랑과 봉사를 추구하며, 신에 대한 경배와 감사 등이 몸에 깊숙하게 배어 있는 사람들이다. 이러한 사람들의 역할은 사회의 원동력이 된다고 해도 과언이 아니다. 그러나 현재의 상황으로 볼 때 이러한 사람들의 사회는 꿈속에서나 찾아볼 수 있는 이상 사회가 아닐 수 없다.

이상의 욕구 판단의 기준이 되는 가치의 세 가지 차원을 정서와 관련하여 보다 간략하게 나타내면 다음과 같다.

[생과 사의 영역]	[옳고 그름의 영역]	[초월 영역]
	진위(경험, 근거, 사실……학문)	
투쟁과 무질서	미추(강약, 대소, 농염……예술)	자아 확대와 초월
(부, 명예, 권력)	선악(헌신, 희생, 봉사……도덕)	(봉사, 희생, 헌신)
	성속(경이, 숭배, 감사……종교)	

[그림 5-1] 욕구 판단의 기준

[그림 5-1]에 따르면 한 사람이 세상에 태어나 어떠한 모습을 견지하며 평생을 살아가는 것인가 하는 것은 일종의 가치 차원 문제가 중심이 된다. 이에 의하면, 오로지 생과 사의 문제에 집착하여 부(富) 또는 명예와 권력 등을 추구하거나, 아니면 옳고 그름의 문제에 집중하여 진위, 미추, 선악, 성속 등을 가려내는 일에 집중한다. 그리고 이제는 한 발 더 나아가 자신을 넘어서서 진, 선, 미, 성이 하나로 통합된 인간 행동으로서의 봉사와 희생 등을 추구하는 일에 몰두하는 등의 세 종류의 삶으로 구분할 수 있다.

여기에 시간과 공간의 의미를 더하면 한 개인의 삶의 모습이 총체적으로 드러나게 된다. 제반 욕구를 해결해 나가는 인간의 삶은 숙명적으로 환경과 시간 속에 제약되는 것은 부동의 사실이며, 또한 생존을 위한 행위 선택의 판단은 기본적으로 이 세 가지 욕구 판단의 가치 유형의 차원에 따를 수밖에 없기 때문이다. 물론 어떠한 삶을 선택하는가 하는 것은 전적으로 본인의 가치판단에 달려 있다고 볼 수 있다. 이제 그러한 욕구의 수준과 인간의 삶의 관계를 도표화하여 나타내면 다음과 같다.

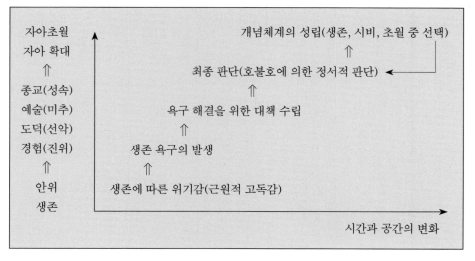

[그림 5-2] 욕구의 수준과 인간의 삶

[그림 5-2]에 따르면 모든 인간의 삶은 시·공간의 제약을 전제로 일단 생존에 따른 위기감으로 인하여 생존 욕구가 발생하는 것으로부터 시작된다. 이후 욕구 해결을 위한 다양한 대책을 마련하게 되며, 그러한 대책의 최종 판단은 결국 호와 불호의 인식에 따를 수밖에 없게 된다. 이러한 과정이 되풀이되면서 자연히 안위 생존, 시비 논쟁, 자아초월 등의 차원 중에서 일정한 개념체계가 형성되어 이를 준거로 피드백(feedback)이 반복됨으로써 한 개인의 삶의 모습이 결정된다. 다시 말해, 일정한 욕구 판단의 차원에 의하여 욕구 발생에서 개념체계의 성립에 이르기까지 다양한 삶의 모습이 전개된다.

한마디로 말하여 인간의 모든 삶은 각 개인의 사고와 판단에 따른 것이며, 이것은 시·공간의 제약과 욕구 판단 차원의 관계에서 단 한 치도 벗어날 수 없다.

그리하여 이러한 의미는 개인의 신분(身分, status)과 깊은 관련을 갖는다. 어느 사회를 막론하고 소위 신분은 바로 한 인간의 삶을 상징적으로 대변하는 중요한 개념이기 때문이다. 인간의 삶 속에서 단 한 순간이라도 도저히 떨쳐 버릴 수 없는 것이 신분이다. 이러한 신분을 결정하는 요소는 다양하지만 진정한 의미에서 신분은 그 사람의 언행이 중심이 된다. 그리고 언행은 그의 사고와 판단의 근간이 되며, 사고는 주로 개인의 가치관에 의해 좌우된다. 일반적으로 개인의 학력이 그 사람의 신분을 결정하는 중요한 요소 중 하나가 되는 것은 바로 이 때문이다. 그리고 이것은 유사 이래 변함없이 적용되어 온 숨길 수 없는 사실이다. 즉, 가치의 차원이 낮으면 낮을수록 그만큼 일천한 대접을 받을 수밖에 없다. 그러한 세 가지 차원에 의한 정서적 감각의 중심에는 교양과 생활 여건, 사회 문화적 환경 등 다양한 변수가 있는 것은 사실이지만, 무엇보다 중요한 것은 수준 높은 지성과 도덕성을 위한 끈질긴 노력 그리고 차원 높은 예술적 감각과 삶에 대한 자신의 확고한 신념 등에 의한 고매한 인격이 요구된다는 점이다.

생과 사의 문제를 해결하는 것도 결코 간단한 것은 아니다. 하지만 옳고 그름을 타당하게 식별할 수 있는 능력과 그것을 실천에 옮기는 고도의 정신적 자세 그리고 풍부한 예술적 감성 등은 인간으로서 갖추지 않으면 안 될 매우 소중한 품격이 아닐 수 없다. 이들은 생과 사의 문제와는 그야말로 차원이 다른 가치의 수준으로써 탐구 열망과 노력이 수반되지 않으면 안 되기 때문이다. 수많은 사람이 비교적 수준 높은 교육을 이수하고서도 자신의 행동에 갈피를 잡지 못하고 우왕좌왕하는 사례가 비일비재하게 나타나는 것은 바로 생과 사의 차원을 벗어나지 못하고 항상 자기중심적 사고에 얽매여 있기 때문이다.

이제 여기에서 한 발 더 나아가 자아초월의 경지에 이르는 것은 그야말로 하늘의 뜻이 아니고서는 어렵다고 할 수 있는 일 중의 하나이다. 이것은 자신의 정신적 연마를 위한 열정과 노력이 필수적이기는 하지만 여기에 함부로 형용할 수 없는 중차대한 핵심요소가 요구되기 때문이다. 그것은 다름 아닌 자신의 존재를 스스로 초월하는 일이다. 이것은 이미 자제나 극기 또는 도덕과 윤리를 넘어서서 아무나 함부로 범접할 수 없는 영역에 속한다. 아무리 모든 이가 그토록 신분 상승에 대한 갈망을 놓지 못하면서도 뜻을 쉽게 이루지 못하는 것은 바로 이 때문이다.

세칭 금수저로 불리는 사람들처럼 단지 좋은 여건에 의존하여 신분 상승이 이루어진다고 생각하는 것은 이러한 욕구 판단의 근본 원리를 모르고 있는 때문이다. 설령 좋은 집안 덕분으로 다소의 신분 혜택을 얻었다 해도 그것은 뿌리 없는 나무와 같은 것으로 결과적으로는 본인이 노력하여 얻어 낸 실질적 대가 이외는 크게 별다른 혜택이 없는 것임을 알아야 한다. 물론 입지적 여건이 좋은 경우 좋은 신분을 갖출 수 있는 다소 유리한 측면이 없는 것은 아니지만 그 반대의 경우라고 하여 반드시 불리하다고만 할 수도 없다. 그것은 오직 자신의 부단한 연마에 따른 언행이 나타낼 뿐인 것이다.

따라서 일상의 생활 속에서 이루어지는 다양한 욕구의 추구에서 자신의 사고와 가치판단은 무엇보다 중요한 의미를 지닌다. 그런데 이것은 근본적으로 자신의 정서적 감각에 따른 심리적 안정과 깊이 연계되어 있는 것임을 알아야 한다. 우리의 삶 속에서 다소나마 정서 안정을 마련할 수 있는 것은 각종 판단을 제공하는 사고가 어느 정도 제 역할을 하고 있기 때문이며, 또한 그러한 건전한 사고가 자신의 정서 안정을 도모하고 있는 셈이다. 다시 말해, 정서가 비록 만족할 만한 문제 해결 방안을 마련하여 주는 것은 아닐지라도 이를 통하여 자신의 사고 능력을 배가시키는 계기가 마련되고 그럼으로써 다시 정서적 안정을 얻게 된다.

이러한 의미에서 볼 때, 정서는 신체에 에너지의 활력을 제공하여 보다 적극적 삶의 방편적 의미를 찾아 나서게 하는 원동력이 되는 것임을 알 수 있다. 다시 말해, 자신의 호불호에 따른 정서는 항상 사고의 근저에 파고들어 적극적으로 문제를 해결하도록 하는 발판이 된다고 할 수 있다.

이와 같이 사고에 정서가 개입되는 것은 논리와 사실의 객관적 근거에 따른 진위를 판별하는 사고 본연의 기능에는 다소의 손상을 피할 수 없다. 하지만 적어도 자신의 욕구 해결에 대한 주체적 판단의 발판을 마련하는 것이 되며, 이것은 나아가 자신의 판단에 스스로 수정을 가할 수 있는 계기를 마련하기도 한다. 곧, 주체의 고독한 결단이면서도 항상 주변과 바람직한 조화를 이루고자 하는 소망에 따라 자신의 개념체계에 피드백을 통하여 끊임없이 수정을 가하게 된다. 그러나 이러한 의미 역시 개인의 일정한 허용 범위 내에서만 가능한 것이라는 점도 알지 않으면 안 된다. 만일 그러한 범위를 넘어서면 사고의 이상이 발생하게 된다.

본래 개별적 개념체계는 자신의 경험적 사태와 직결되어 있기 때문에 각자의 고유한 특성을 나타내지 않을 수 없다. 하지만 그러한 가운데에서도 주변을 둘러싼 날카로운 여러 시선은 다시 한 번 자신의 모순과 부족함을 되돌아보게 하며, 그에 따라 최대한 객관적 의미를 견지하려는 경향도 나타나게 된다. 주관적 사태는 대부분 나름대로의 취약점을 인정하지 않을 수 없기 때문이다.

여하튼 일반적으로 개념은 생활 속에서 반복하여 활용됨으로써 호불호의 생활 감정을 은밀하게 내포하게 된다. 문제는 그에 따른 개념의 변용이 일정한 인내의 한계를 넘어서는 경우, 자아상실감에 따른 정신이상 증세 또는 심한 적대감에 따른 반사회적 행동을 유발 할 수 있다는 점이다.

예컨대, 자신의 의지에 반하는 분위기를 혼자서 도저히 감당해 내기 어려운 경우에 심한 정서적 불안정으로 알코올중독자가 되거나 폭력자로 변신하는 등의 현상이 나타난다. 이와 같이 개념체계 내에는 보이지 않는 인간의 욕구가 깊숙하게 숨겨져 있음을 알 수 있다.

결국 인간의 역사란 한마디로 말해 그러한 욕구의 연속적 해결 과정이다. 하지만 모종의 절제가 뒤따르지 않는 한 욕구는 본래 근원적 해결책을 찾을 수 없다는 한계를 지니고 있다는 점에서 과도한 경쟁과 협력이 나타나고, 그에 따른 서로 간의 이해 상충은 결국 사회의 모순과 부조리를 유발하는 원인으로 작용하고 있음을 알 수 있다.

이상에서 살펴본 것을 종합하면 다음과 같다.

인간의 개별 정서 안정은 일정한 사고와 판단에 따라 결정된다. 그러한 사고에는 단순히 생사의 문제인가 또는 옳고 그름의 문제인가 아니면 자아초월의 문제인가 등의 가치판단 차원이 적용되는 바, 만약 사고와 판단에서 정확성과 일관성이 결여되면 주체성을 잃고 단지 이기적 속성의 근성만 남아 있는 속물로 전락하게 된다.

따라서 인간이 아무리 신체적으로는 결핍감을, 정신적으로는 불안감을 안고서 오직 자신의 생존을 위해 부단히 노력하는 존재라고 해도 언제나 높은 수준의 가치판단을 통하여 대아를 향해 나아갈 필요가 있다. 정서가 비록 이기적 특성을 지니며 주체적 판단에서 비롯되기는 하지만, 그러할수록 소외감이나 배타적 성향에서 벗어나 타인과의 연대감을 형성해 나가지 않으면 안 된다.

이러한 의미는 정서의 본질이 자신의 신체와 다른 물체가 일체화하려는 기(氣)의 성향이라는 점에서도 확인해 볼 수 있다. 즉, 정서는 한정되어 있는 자신을 보다 더 넓은 세상과 연대함은 물론 나아가 합일을 추구함을 최대의 과제로 하고 있음을 나타낸다. 이것은 한마디로 자아 확대이다. 좀 더 구체적으로 말하여 정서는 자신의 한계에 따른 불안정을 자아 확대라고 하는 특유의 방식을 통하여 안정시키는 과정이라고 생각하면 거의 틀림이 없다. 이것의 본질은 결국 기(氣)의 원활한 소통에 있다. 소통이 원활하게 이루어지는 것은 자아 확대로 나아가는 것이며, 단절되는 것은 그것을 저해한다.

그러한 이유로 사람들은 본능적으로 원활한 기(氣)의 소통을 즐거워하며 단절되는 것을 기피한다. 소위 행복감은 결국 그만큼 기(氣)의 소통이 원활하게 진행되고 있다는 증거이다.

예컨대, 숙면을 취하거나 관심 있는 일에 몰두하거나 사랑하는 사람과 이야기를 나누는 등의 경우가 여기에 해당된다.

이와 같이 누구나 자신의 정서 안정을 도모하는 방식으로 이름하여 '중심 정서'라는 기제가 따로 마련되어 있다. 이제 개인의 욕구 선택 성향과 깊이 연계되어 있는 중심 정서에 대하여 상세하게 살펴보고자 한다.

2. 중심 정서의 개념

앞서 정서는 결핍 존재로서의 인간이 자연스럽게 일정한 욕구를 추구하는 가운데 마음의 안정을 도모하는 일종의 적응 형식임을 살펴보았다. 그런데 이러한 마음의 안정이 오로지 욕구의 처리 결과에 따른 것이라고 한다면, 인간은 항시 팔색조처럼 매 순간 정서가 변화함으로써 일생 동안 좀처럼 안정을 찾을 수 없게 된다.

그러나 대부분의 사람이 특수한 경우를 제외하고 매일 저마다 나름대로의 일정한 정서를 유지하며 살아가고 있는 것은 중심 정서(中心 情緒, centric emotional sentiment)라고 하는 새로운 정서가 따로 마련되어 있기 때문이다.

중심 정서는 엄밀히 말하여 주(主) 정서(情緒) 또는 중심 정감(中心 情感)이라고 해야 하는 것으로 매 순간의 자극에 흔들리지 않고 평소의 생활습관과 연계되어 비교적 안정적으로 지속되는 일정한 정서이다. 이것은 내부의 정(情)에 뿌리를 두고 있다는 점에서 본질은 감정이다. 감정은 주로 내부의 정이 외부의 자극과 연계되어 발현되는 것이 보통이지만, 이것은 단지 내부의 정을 체내에 수용하여 간직하고 있을 뿐 특별한 발현의 형태를 나타내지 않는다는 점에서 일반적 감정과 다른 정감이다.

이러한 현상이 나타나는 것은 앞서 밝힌 바와 같이 감정에는 내부의 정을 단순히 내부 의식에 수용하는 정감(情感)과 그것을 발현하여 외부로 나타내는 감정(感情)의 두 가지 성향이 있기 때문이다. 따라서 정감 위주의 정서 경우에는 감정보다는 시간의 흐름에 따라 내부에 세밀한 정을 쌓아 나가는 것에 중점을 두기 때문에 상대적으로 정서의 변화가 적어 비교적 안정적인 정서가 유지된다. 반면에 감정 위주의 정서 경우에는 내부에 정을 쌓아 나가기보다는 외부 자극과 연계되는 상황에 따라 즉시 발현해 내는 것에 중점을 두기 때문에 정서가 다소 불안정한 모습을 나타낸다.

그러므로 정감 위주의 정서를 갖고 있는 사람들은 평소 자신의 감정을 잘 드러내지 않지만 일단 감정을 나타내는 경우 다소 과다한 발현을 하며, 감정 위주의 정서를 갖고 있는 사람들은 그토록 과다한 발현은 하지 않지만 평소 자주 자신의 감정을 드러낸다. 간략하게 말하여 감정의 경우에는 사람들이 매번 자신의 감정을 분명하게 드러내는 경향을 지니는 반면, 정감의 경우에는 비교적 자신의 감정을 좀처럼 잘 드러내지 않는 경향을 나타낸다. 이것은 인간의 모든 정서가 내·외부 자극의 수용과 발현에 연계되어 있기 때문이다.

따라서 정서의 안정에는 자극의 수용과 발현의 조화는 물론 그 정도의 조절 역시 중요한 의미를 지닌다.

예컨대, 정서의 안정을 위해서는 자극을 수용하는 경우에도 약한 자극을 강하게 하거나 또는 그 반대로 하는 등 각각 상황에 따라 그 수용 정도를 다르게 해야 할 필요성이 있다.

그러나 정서의 안정에 무엇보다 중요한 역할을 하는 것은 중심 정서이다. 이것은 주 관심 분야 혹은 대상을 위주로 하여 장시간 크고 작은 정을 쌓아 나감에 따라 형성되는 정감이기 때문에 항상 일정한 수준의 정서 안정을 유지하게 한다. 따라서 만일 중심 정서가 안정을 찾으면 여타 자극의 수용과 내부 정의 발현, 즉 감정의 조절에 여유가 나타난다.

특히 감정의 경우에는 대부분 격한 발현으로 이어지기 때문에 이에 대한 조절은 누구나 경계해야 한다. 그런데 많은 사람은 이미 발현되고 있는 감정의 조절에는 한계가 있는 것임을 잘 알지 못한다. 특히 분노와 같은 감정은 그 자체가 이미 내부의 정과 깊이 연계되어 있는 상태이기 때문에 한번 연계가 된 이후에 그것을 차단하는 것은 거의 불가능하다. 감정이 사그라지는 것은 자신이 스스로 지쳐서 온 힘이 소진될 때라고 보면 거의 틀림이 없다. 그래서 가끔 감정이 솟구칠 때 정신을 잃고 쓰러지는 경우도 발생한다.

따라서 감정의 조절은 내부의 정을 가급적 최소화하는 길뿐이다. 정서의 관리에서 자극의 수용이 보다 중요한 의미를 지니는 것은 이 때문이다. 대부분의 사람은 감정의 격한 표출 행태만 보고 감정의 조절이 필요한 것으로 여기고 있으나, 사실은 그 이전에 내부의 정을 쌓아 나가기 위한 자극의 수용이 더 중요한 것임을 알아야 한다. 지금까지의 삶의 과정 속에서 이미 자신의 내부에 형성되어 있는 정을 임의로 바꾸어 나가려는 노력보다 먼저 자극의 수용에 세심한 관심을 기울일 필요가 있다. 이러한 의미에서 정서에서는 자극의 수용에 대한 자율성의 확보가 중요한 관건이 된다.

예를 들면, 상황에 따라 개미와 같은 작은 곤충의 생명도 무척 소중하게 받아들일 수 있으며, 때로는 엄청난 자연의 재앙도 덤덤하게 받아들일 수 있는 자율적 능력이 필요하다. 즉, 외부 자극을 상황에 맞게 스스로 조절하여 수용하고 그에 상응하는 반응을 하는 것이다. 자극의 수용을 단지 그 자극의 강도에만 전적으로 의존하는 기계적 수용 방식만으로는 정서의 관리 능력이 부족하다.

중심 정서는 이러한 정서 관리에 결정적 역할을 한다. 이미 안정적 중심 정서가 형성되어 있는 사람들은 상대에 대한 기존의 감정을 상황에 따라 자율적으로 변용하여 수용하기 때문에 아무리 심한 비난이나 칭찬, 수용과 거부 등의 제반 자극에 대하여서도 적절한 반응이 가능해진다.

예를 들어, 상대에 대한 호감이 있는 경우에도 때로 비난이나 거부의 태도를 나타내며, 반대로 전혀 용납할 수 없는 비호감인 경우에도 능청스럽게 칭찬이나 수용의 태도를 나타낼 수 있다. 하지만 이러한 경우 필요 이상의 칭찬이나 비난 또는 무조건적 반대나 찬성 등은 모두 감정 조절의 능력이 부족한 것이다.

　이러한 정서 관리 성향은 개별 성격과도 무관하지는 않으나 무엇보다 풍부한 사고 능력에 따른다. 일단 주변 상황에 대한 올바른 인식이 선행되지 않으면 안 되기 때문이다. 따라서 어려서부터 좋은 환경을 제공하여 평소 올바른 생각과 정서 습관을 답습해 나감으로써 안정적 중심 정서를 확립해 나감이 무엇보다 중요하다고 할 수 있다.

　특히, 중심 정서는 한번 형성되면 쉽게 변화시킬 수 없는 정서의 핵심이기 때문에 더욱 조심스러운 접근이 요구된다. 이러한 중심 정서는 주로 욕구의 통제와 선택에 의하여 형성된다. 그 의미를 살펴보면 다음과 같다.

　일단 정서는 언제나 특정의 대상을 전제로 하여 성립하기 때문에 주변의 복잡한 생활 속에서 당면하게 되는 다양한 대상에 대한 개인의 욕구를 두루 만족시킨다는 것은 논리적으로 어렵다. 이것은 능력의 한계도 고려해야 하지만 욕구의 대상이 기본적으로 희소가치를 지닌 재화나 지위 등이 대부분이기 때문에 상호 간 경쟁은 기본적인 것이며, 자신의 경제적 또는 시간적 여건이나 사회적 여건의 부족 등을 모두 고려하지 않으면 안 되기 때문이다.

　그러므로 만약 자신의 다양한 욕구를 어느 정도 통제하지 못하면 항상 정서적 불안을 감수할 수밖에 없게 된다. 더욱이 현대 생활은 환경 자체가 자신의 생활 주변으로 한정되어 있던 과거와 달리 지구촌 전체로 확대되어 있을 뿐만 아니라 하루가 다르게 새롭게 변하고 있는 실정이어서 욕구를 자극하는 제반 감각의 대상은 거의 무한에 가까운 실정에 있다. 이러한 상황에서 두루 만족하며 살아간다는 것은 오히려 그것이 더 이상한 일이다.

　실제로 소위 선진국일수록 각종 정신질환을 겪고 있는 사람들이 점차 늘어나고 있는 현상도 결코 이와 무관한 것은 아니다. 다시 말해, 욕구의 대상은 나날이 폭발적으로 늘어나는 데 비하여 자신의 통제력은 필연적 한계가 있기 때문이다. 이러한 의미에서 보면 대부분의 현대인들의 정서는 항시 불안정한 가운데 이어진다고 할 수 있다.

　그러나 만약 많은 사람이 그와 같이 매일 정서의 불안정 속에서 삶을 이어간다면 이것은 적지 않은 어려움이 예상된다. 어려움은 차치하고 아마 인간은 쉽사리 살아 나가기 조차 어려울 것이다. 그럼에도 불구하고 실제로 사람들은 급변하는 환경 속에서도 대부분 일정 수준의 정서 안정을 유지해 가면서 살아 가고 있는 것은 곧 중심 정서 때문이다. 그러한 이유가 무엇인가를 살펴보는 것은 중심 정서를 이해하는 첩경이 된다.

그것은 바로 자신의 통제력의 한계를 보완할 수 있는 욕구 선택의 가능성이 열려 있기 때문이다. 여기에는 다음과 같은 욕구의 두 가지 특성이 활용된다.

첫째, 욕구는 간접 체험보다는 직접 체험의 가능성이 있는 대상에 더 민감한 반응을 한다는 점이다. 아무리 욕구가 발생한다고 해도 직접 체험이 거의 불가능한 대상에는 심한 불만족을 느끼지 못한다.

예컨대, 우주여행은 하고 싶다고 해서 할 수 있는 것이 아니기 때문에 그러한 욕구를 만족하지 못한다고 하여 심한 불편을 겪게 되지는 않는다.

따라서 욕구 불만은 대체로 주변에서 실제로 직접 접할 수 있는 대상에 대하여 심하게 나타난다. 그러나 특별한 경우를 제외하고는 일반적으로 각 개인이 평소에 접하게 되는 주변의 대상들은 대부분 익숙한 소수의 대상에 한정되어 있으므로 새로운 욕구를 촉발할 수 있는 정도의 자극이 되지 못한다.

하지만 그처럼 주변의 새로운 자극이 없다고 해서 내부의 결핍감이나 고독감에 의한 자극마저 사라지는 것은 아니다. 이러한 내부의 불안감은 언제나 그에 따른 대상을 찾아 정서 안정을 추구한다. 뿐만 아니라 오늘날과 같은 정보 사회에서는 외부 환경으로부터 항상 새로운 대상을 접하게 됨으로써 정서의 안정을 도모하기가 좀처럼 쉽지 않다.

둘째, 욕구는 그 대상에 따라 만족의 정도가 다르다는 점이다. 모든 욕구가 다 동일한 만족감을 주는 것은 아니다. 개인의 관심사에 따라 추구하려는 욕구가 다르게 형성된다.

예컨대, 어떤 사람은 낮은 관직일지라도 그것을 이용하여 온갖 사욕을 채우려 하지만, 어떤 사람은 높은 지위에 있으면서도 자신보다는 사람들에게 한없는 베풂을 잃지 않으려 한다. 또한 어떤 사람은 아무리 높은 관직을 맡긴다고 해도 굳이 사양하지만, 어떤 사람은 관직을 얻기 위해서는 자신의 지조를 아랑 곳하지 않고 온갖 권모술수(權謀術數)를 활용한다.

　이러한 현상은 주변 여건과 개인의 취향 등에 따라 각기 다른 선택에 의한 욕구의 개별적 특성이 있는 것임을 반증한다. 즉, 사람들은 주요 관심사에 따라 각자 선택한 어떠한 특정 대상에 욕구를 집중시키는 경향을 갖는다. 그리하여 그것과 확고부동한 일체감을 형성함으로써 개별적 안정을 도모한다. 물론 이 것은 일정 기간 특정 대상과의 일체감에 따른 체험이 기억 속에 숙성되어 있는 정을 근간으로 하는 정감으로써 나름대로 확고한 믿음과 가치관에 연계되어 있다는 것은 분명하다고 할 수 있다.

　이와 같이 인간은 대부분 생각처럼 다양한 욕구에 매몰되지 않고 개별적 중요 관심사에 따라 비교적 주변에서 찾을 수 있는 대상으로 한정하여 선택하는 경향을 지니고 그에 따라 중심 정서를 형성하여 나가고 있는 것임을 알 수 있다. 어찌 보면 중심 정서는 생존을 위한 일종의 불가피한 전략적 선택일 수도 있으나, 분명한 것은 생활 속에서 발생하는 자신의 모든 개별적 문제 사태를 비교적 손쉽게 해결해 나갈 수 있도록 하는 하나의 방편이다.

　이러한 의미에서 볼 때, 중심 정서는 외적 관심의 대상과 내적 자신의 개별적 욕구의 상호 관계를 통하여 형성되는 것임을 알 수 있다. 그러나 외적 관심의 대상과 내적 자신의 욕구도 일생을 통하여 끊임없이 변화를 거듭해 나간다. 이 러한 내·외적 변화에 대한 통시적 시각이 없이는 중심 정서의 이해가 거의 불 가능하다. 따라서 앞으로 중심 정서의 개념과 관련하여 중심 정서의 유형, 외 적 관심 대상과 관련하여 주요 대상, 내적 개별적 욕구와 관련하여 중심 정서의 구성 요소 등을 살펴보고자 한다.

3. 중심 정서의 유형

　중심 정서는 기존의 내부 정과 연계되므로 사전에 일정한 정도의 의미 축적이 요구된다. 따라서 그러한 의미는 자연히 개별 생활 여건과 방식 그리고 성격 등 다양한 요인에 의하여 다르게 형성된다. 그럼에도 불구하고 모든 의미가 대부분 감각과 개념에 의하여 형성되기 때문에 중심 정서 역시 감각 중심 정서와 개념 중심 정서로 구분된다. 이에 대하여 살펴보면 다음과 같다.

1) 감각 중심 정서

감각 중심 정서는 주로 개인의 감각 특성 그리고 생활환경과 깊은 관련을 갖고 있다. 우리의 일상적 삶은 결국 생활 속에서 감지되는 자극과의 상호작용에 의하여 이루어지기 때문이다.

이미 앞 절에서 언급한 감각 정서는 단지 끊임없이 자신의 부족함을 보완하기 위해 수반되는 특정 대상의 자극에 대한 평가, 즉 좋음과 나쁨(good-bad, superiority-inferiority)의 정도가 매 순간 당시 상황과 관련하여 판단이 이루어져 내부에 정서가 형성된다. 하지만 감각 중심 정서는 그러한 감각적 정서에 따라서 기존에 이미 기억되어 있던 정에 의한 소위 정감이 판단의 중심이 된다는 점에서 차이가 있다.

다시 말해, 내·외부 감각 대상의 변화에 따른 현 사태에 대한 감각의 변화가 아닌 기존의 자신의 내부 정에 의한 정감의 변화가 정서의 중심이 된다. 이와 같은 감각 중심 정서는 과거의 감각을 토대로 형성되는 정에 의하며, 정감은 물론 중심 정서에 있어서 매우 중요한 의미를 지닌다. 이것은 평소 개인의 감각이 어떠한 대상에 초점을 두고 있는가에 따라 장시간의 생활 속에서 기억 속에 일정한 감각적 정을 형성하게 되기 때문이다. 이처럼 개인의 감각적 정에 따라 정서 안정의 토대가 마련되면 그것을 감각 중심 정서라고 한다.

특히 이것은 다양한 감각자극 대상 속에서 자신이 요구하는 대상만을 선별적으로 수용하려는 성향을 지닌다는 점에 주목해야 한다. 감각 중심 정서의 이러한 성향은 매 순간마다 끊임없이 주변 환경으로부터 다가오는 다양한 자극에 효과적으로 적응하고, 보다 지속적이며 항구적인 정서 안정에 이바지하는 결정적 역할을 수행한다.

　이와 같은 감각 중심 정서가 형성되기 시작하는 것은 당연히 사전에 그에 부응할 수 있는 정서 감각이 선행된 이후라고 할 수 있다. 따라서 아직 정서 감각을 미처 충분히 갖추지 못한 단순 감각 정서 수준의 유아는 엄밀히 말하여 중심 정서가 없다고 할 수 있다. 그들에게는 특정의 대상을 명확하게 구분할 수 있는 정도의 능력이 아직 구비되어 있지 못한 때문이기도 하지만, 이들에게는 감각 체험의 기회가 절대적으로 부족한 상태에 있기 때문이다.

　그러나 감각 중심 정서는 원래 특정의 대상을 중심으로 정서의 안정을 추구하기 때문에 비록 제한된 대상을 중심으로 생활하는 유아들이지만 그들도 한시적으로 자신의 관심사에 따라 조금씩 감각 중심 정서를 형성해 나간다.

　예컨대, 엄마, 장난감 또는 특정의 동물이나 식물에 남다른 관심과 집중을 나타내는 것은 그 개인의 감각적 취향에 따르는 경향이 많다. 즉, 매 순간의 계속되는 선택은 일단 개인의 성향에 따른 감각 중심 정서의 영향이다.

　그러므로 비록 일시적이기는 하지만 일차적으로 영아들의 주 관심 대상이 될 수밖에 없는 모든 엄마의 행동은 그들의 감각 중심 정서 형성에 거의 절대적 의미를 갖는다. 특히 영아와 엄마의 정서적 일치 관계인 애착은 모든 정서의 본원적 토대가 된다는 점에서 깊은 주의를 요한다. 다시 말해, 주로 만 1세 이전 모유 수유기에서의 애착형성 여부는 곧 그 영아 평생의 정서를 좌우한다고 해도 과언이 아니다.

　이러한 애착형성을 토대로 유아들은 점차 주변 물체에 대한 호기심을 통하여 사물의 이름이나 용도 등을 자연스럽게 익혀 나간다. 이것은 주변 상황에 대한 인식을 넓혀 나가는 토대가 된다. 이러한 인식 과정이 어느 정도 이루어지면 이제는 동료에 대한 관심을 나타내어 소위 동료 집단을 형성하며, 그들만의 세계를 상호 의존적으로 확립하여 나간다. 그리고 이러한 기본적 과정이 이루어지면 이제는 점차 자아의식이 싹트면서 자신의 능력을 발휘하여 무엇인가 새로운 도전을 모색하게 됨으로써 그에 따른 성공의 희열과 실패의 쓰라림을 맛보게 된다. 결국 이러한 모든 과정은 자신의 정체를 확립해 가는 중요한 발판이 된다.

또한 제반 삶의 과정에서 감각 정서에 특히 강한 인상을 남기는 대상 소위 '의미 있는 대상'과의 만남은 삶의 중요한 변곡점이 되기도 한다.

예컨대, 웅장한 산이나 협곡과 같은 특이한 자연환경, 선생님, 삼촌, 이모 등과 같은 사람, 감동적으로 읽은 책이나 영화, 아름다운 음악 혹은 주변 스포츠 등의 문화의 영향으로 자신의 진로가 뒤바뀌는 일은 얼마든지 가능하다. 유아들에게 주변 환경이 중요한 까닭이 바로 여기에 있다.

이상의 의미에서 볼 때, 유아의 감각 중심 정서는 애착을 기반으로 하여 주변 환경에서 일정 기간 체험하게 되는 경험에 따라 형성된다. 이것은 바람직한 정서 감각을 형성시키는 토대가 되며, 또한 한시적인 중심 정서로서의 의미뿐만 아니라 다음으로 논의할 개념 중심 정서의 형성에도 중요한 기초가 되기 때문에 매우 세심한 주의를 요한다.

물론 개인의 성격이나 인지능력도 무시할 수는 없으나 특히 유아기에는 주로 주변 생활환경에 의하여 좌우된다. 따라서 중심 정서에서 무엇보다 가장 중요한 것은 유아기를 기반으로 하여 소년기, 청년기 등을 통하여 지속적으로 나타나는 생활의 난제들을 얼마나 슬기롭게 극복해 나가는가 하는 점이다. 그러므로 아직 일정한 개념을 형성하지 못한 유아들이나 특히 감각을 위주로 생활하는 예술가들에게 이러한 감각 중심 정서는 매우 중요한 의미를 지닌다고 할 수 있다.

그렇다면 그러한 대상들은 일생을 통하여 각 개인과 어떻게 밀접한 관계가 형성되는 것인가를 살펴볼 필요가 있다. 대상과의 관계가 밀접할수록 개념 형성에 깊은 영향을 미치게 되고, 이것은 결국 개념 중심 정서에 관련되기 때문이다.

2) 개념 중심 정서

개념 중심 정서는 자신의 손익과 연계하여 지속적인 평가로 이루어진 개념체계에 의하며, 자신의 사고 특성과 깊은 관련이 있다. 평가는 자신의 부족함을 보완하려는 일종의 심리적 기제로써 이것은 결국 자신의 마음의 안정을 도모할 수 있는 주요 방편이 되기 때문이다. 따라서 개념 중심 정서에는 기본적으로 평가의 출발점이자 기준이 되는 자아개념이 전제되어야 한다. 이것이 흔들리면 모든 대상에 대한 평가는 흔들리고, 결국 개념 중심 정서의 안정은 어렵게 될 수밖에 없다. 한마디로 말해 개념 중심 정서는 감각 중심 정서와 달리 오로지 자신의 내부에 형성되는 주체적 개념체계를 근거로 주변 환경과의 일체감을 추구하는 가운데 형성된다.

대체적으로 주변 환경은 크게 자연, 인간, 사회 등의 세 가지로 구분해 볼 수 있다. 좀 더 구체적으로 말하여 신을 포함한 대자연, 자신과 밀접하게 연관되는 가족이나 친구 등을 포함한 주변의 사람들 그리고 사회 환경을 포함한 다양한 사회 현상에 따른 문화 등은 우리 모두의 주된 관심사에서 결코 벗어날 수 없는 대상이 된다.

요컨대, 자연의 근원과 질서에 대한 탐구와 이해, 자아정체성의 추구와 인간에 대한 사랑, 역사와 문학, 철학과 종교, 인류와 민족 등의 사회 현상은 인간의 삶을 좌우하는 결정적 요소들이 내포되어 있다. 이러한 주변 환경의 다양한 요소를 두루 포함하고 있는 인간의 주요 활동 분야는 대략 다음과 같이 다섯 가지로 구분해 볼 수 있다. 자연과학, 사회과학, 인문과학 등의 학문 탐구 활동, 의식주의 해결에 관련되어 있는 경제 활동, 심미 추구를 위한 예술 활동, 심리적 안정을 추구하기 위한 종교 활동 그리고 기타 자아실현과 지위 확보를 위한 사회 활동 등의 영역이 그것이다.

그런데 사람들은 이러한 제반 활동 분야에 총체적 관심을 나타내는 것이 아니라 대부분 그중 어느 특정의 활동 분야에 편향적 성향을 나타낸다. 그것은 각 활동 분야는 어떤 의미에서 인간의 개별적 성향에 따른 인생관이나 가치관에 따라 구분되기 때문이다.

특히 종교는 인류의 역사 이래 그 자체가 삶의 총체로 여길 정도로 중요시했던 것으로서 지금도 누구에게나 관심의 초점이 되고 쉽게 피해갈 수 없는 대상으로 인식되고 있다. 하지만 비록 대부분의 사람이 개별 신앙에 따른 신에 의지하는 경향은 있지만 모두가 그것을 자신의 중심적 활동 과제로 여기지는 않는다.

예컨대, 중세 시대 서구의 기독교 문화와 근대 이전 동양의 유교 문화가 장구한 역사를 통하여 인간의 삶에 미친 영향은 거의 절대적이었다고 해도 과언이 아니다. 하지만 당시 모든 사람이 그러한 종교를 자신의 모든 것으로 생각하고 있었는지는 지극히 의심스럽다. 또한 지금 코란을 세상에서 둘도 없는 경전으로 믿고 생활하고 있는 무슬림 신자들 역시 모두 자신의 관심을 오로지 알라신에 집중하고 있다고 볼 수는 없다.

물론 종교는 모든 인간에게 생활의 기본적 행동 규범을 제공하는 역할을 하고 있는 것은 분명하다. 뿐만 아니라 일정 부분 인간의 심리적 의존성에 도움을 주는 측면이 있는 것도 부정할 수 없다. 하지만 그들이 전적으로 종교에 의해서 자신의 정서 안정을 꾀하고 있다고 보기는 어렵다. 왜냐하면 서로 다른 종교 간의 분쟁은 고사하고, 같은 종교 내에서도 수많은 종파로 나뉘어 무수한 갈등과 분쟁이 오늘날에도 계속 이어지고 있는 것이 엄연한 사실이기 때문이다. 아마 지금까지 인류의 대다수 전쟁과 참화의 원인이 종교 분쟁에 있었다 해도 과언이 아니다. 이것은 종교적 믿음이 주는 심리적 안정은 온데간데 없고 단지 생존의 불안감에서 벗어나지 못한 때문이다. 결국 이것은 곧, 다른 사람들을 포용할 수 있는 자신감의 여유가 없음을 반증하는 것이다.

또한 오랜 인류 역사 속에는 종교 이외에도 권력과 명예 또는 학문과 예술 등을 좇아 미련 없이 평생을 보낸 수많은 사람이 있었다는 사실이다. 특히 학문과 예술 분야는 세상의 변화에 아랑곳하지 않고 언제나 조용히 오직 자신의 학문과 예술 탐구에만 전념하여 살아가고 있는 수많은 사람이 있음을 부정할 수가 없다. 결국 이것은 하나의 지향점이나 지침으로써 각기 주된 활동 분야가 있음을 논리적으로 나타내고 있다.

이러한 한정된 개별 활동 분야는 개념 중심 정서의 기반이 된다. 개념 중심 정서는 그러한 개인적 관심 영역에 따른 특정의 활동 분야를 스스로 선택하여 일상의 생활 속에서 크고 작은 체험을 기억 속에 쌓아 나간다. 그리고 그에 대한 의미를 심화시켜 은밀하게 개념체계를 구축하고 강화하여 나감으로써 일체감을 형성하고 그에 따라서 자신의 정서 안정을 도모하는 정서를 의미하기 때문이다. 여기에서 개인적 활동 분야와 개념적 의미가 무엇보다 강조되고 있다는 점을 분명히 확인해 볼 수 있다. 이러한 의미에서 개념 중심 정서는 감각 중심 정서에 비하여 상대적으로 정서 안정성이 높다고 할 수 있다.

그런데 모든 정서의 안정은 일단 항구적이고 절대적인 안정을 추구하려는 성향을 갖는다. 항상 수시로 변화는 불안정성은 안정의 최대 적이기 때문이다. 그러므로 특히 개념 중심 정서는 궁극적으로 자아초월감을 통한 정서 안정의 이상을 지향하여 나아간다. 만약 여기에 이르는 경우 이것은 그야말로 금상첨화로서 정서 안정의 정점에 이른 것으로 볼 수 있기 때문이다. 말하자면 자아초월감은 정서 안정의 꽃이다. 이것을 이루기가 결코 쉬운 것은 아니지만 정서에 절대적 의미를 지닌다는 것은 분명하다고 할 수 있다.

그러나 대부분의 경우 개념 중심 정서는 일정한 정서 안정에 기여하는 정도의 수준에 그치는 것이 상례이다. 그것은 이미 앞서 살펴본 바와 같이 인식에 따른 개념의 자체 한계를 벗어나기가 어렵기 때문이다. 그러므로 아무리 안정적 개념 중심 정서라 할지라도 때로는 갑자기 중심 정서를 변경하는 경우도 간혹 발생한다. 물론 이것은 개념 중심 정서 형성의 근거가 되는 주 관심 영역의 변화를 전제로 할 수밖에 없다.

그러나 이러한 경우에는 오히려 패가망신하는 길로 접어드는 사례가 종종 나타난다. 왜냐하면 주 관심 영역의 변화는 그동안 주변과 자신과의 일체감 형성에 따른 문제로 심리적으로 불안한 상태에 있었음을 스스로 자인하는 것이 되기 때문이다. 따라서 비록 새로운 활동 분야를 찾게 된다 하여도 심리적 안정에는 개념 형성에 따른 오랜 기간의 숙성 과정이 요구될 뿐만 아니라 앞으로의 정서 안정에 대한 가능성을 계속 의심하게 되어 기대하는 안정을 찾기가 결코 쉽지 않게 된다.

예컨대, 학자나 예술가가 어느 날부터 갑자기 재물이나 권력을 탐하다가 자칫 치욕을 당하는 경우를 주변에서 적지 않게 찾아볼 수 있다. 이것은 자신의 기본적 개념체계의 부정이 곧 심리적 혼란으로 이어져 모든 사고와 판단에 치명적 약점을 드러낸다는 사실을 간과하기 때문에 나타나는 현상이다. 누구나 일정 대상을 중심으로 지속적이며 안정적인 중심 정서의 관리가 요구되는 까닭이 여기에 있다.

적어도 어느 한 사람이 자신의 활동 분야에서 진정으로 탁월한 능력을 나타내는 것은 그 사람의 타고난 재능도 무시할 수 없는 요소이기는 하나, 그보다도 그동안 장시간에 걸쳐서 남과 다르게 본인이 구축하여 쌓아 놓은 굳건한 개념체계가 충실히 밑받침의 역할을 담당해 내고 있기 때문인 것을 명심해야 한다.

저간의 사정이 이러한 까닭에 개념 중심 정서의 불안정은 자칫 매우 심각한 자포자기의 사태를 유발할 수 있을 뿐만 아니라 정신이상의 원인도 될 수 있는 것임을 감안해야 한다.

예를 들어, 지금까지 몇 십 년 동안 직장생활을 주축으로 하나의 중심 정서를 갖고 있었던 정년 퇴직자들은 갑자기 자신의 역할이 공백 상태가 됨으로써 그러한 중심 정서가 흔들리게 되어 예상치 못한 결과가 나타나는 사례가 종종 목격되는 것이 바로 이 때문이다.

이상에서 살펴본 바에 따르면 개념 중심 정서의 핵심에는 일정한 활동 분야가 자리 잡고 있음을 알 수 있다. 이러한 활동 분야가 얼마나 기억 속에 의미 있게 형성되어 있는가 하는 점이 한 사람의 중심 정서를 좌우한다고 해도 과언이 아니다. 또한 이처럼 활동 분야와 연계되어 나타나는 중심 정서는 개인의 개념체계가 중심을 이루고 있으며, 이것은 먼저 건실한 자아개념의 형성이 중요한 것임을 알려 준다.

뿐만 아니라 중심 정서는 일반 정서와 같이 내·외적 자극에 의해 정이 형성되는 순방향이 아니라, 기존의 정에 의해 일정한 대상과 자신이 일체화됨으로써 형성되는 역방향의 정서라는 특징이 있다. 따라서 중심 정서는 기본적으로 감정의 성격을 지니며, 그 대상도 각각의 신체적 특성과 처한 여건과 환경에 따라 다를 수밖에 없다. 이러한 의미에서 단순 감정과 중심 정서의 정감은 다음과 같은 몇 가지 차이점이 있다.

  첫째, 전자는 정에 대한 반응이지만, 후자는 정에 대한 평가이다.
  둘째, 전자는 단편적 정에 의존하지만, 후자는 체계적 정에 의존한다.
  셋째, 전자는 순간적 현상이지만, 후자는 지속적 현상이다.

  하지만 어느 한 대상과 집중적으로 일체감을 추구하는 것은 이미 다른 대상들과의 분리를 논리적으로 전제하는 것이기 때문에 중심 정서 역시 근원적으로는 필연적 한계가 있다고 할 수 있다. 그리고 이것은 그 자체가 중심 정서의 특성이 된다.

4. 중심 정서의 주요 대상

  정서는 기본적으로 특정의 자극에 의하여 촉발되는 것이므로 그 자극을 불러일으키는 대상에 따라 매 순간 다르게 나타난다. 그러나 중심 정서는 일정한 기간에 걸쳐서 특정의 대상에 대하여 비교적 지속적인 정서를 나타내는 정감이다. 이처럼 중심 정서가 지속적으로 정서를 유지하게 하는 것은 무엇보다 특별한 관심을 계속 유발하는 외적 주요 대상과 내적 만족감이 형성되어 있기 때문이다. 그런데 아무리 중심 정서라고 해도 한 가지의 대상만을 일생 동안 유지하는 것은 아니다. 그러한 관심의 주요 대상은 주로 인간의 발달 단계와 깊이 연계되어 있으며, 그와 관련하여 물리적 주요 대상 또는 심리적 주요 요소 등에 대한 감각도 각각 다르게 나타난다. 다만, 일정한 연령이 되어 개인별 기호나 적성에 따른 전문 분야를 중심으로 계속하여 생활하게 되는 경우에는 한 가지 대상에만 지속적 관심을 유지함으로써 비교적 굳건한 중심 정서가 나타난다.
  따라서 여기에서는 발달 과정과 관련하여 일반적으로 예상되는 단계별 물리적 대상과 그리고 심리적 감각 요소에는 어떠한 것이 있는가를 살펴보고자 한다.

1) 물리적 대상

(1) 엄마

세상에 처음 태어난 아기는 거의 절대적으로 엄마에 대한 관심을 나타낸다. 엄마의 양육 태도 여하에 따라 아이의 정서가 형성되는 것은 피할 수가 없다. 이에 따른 애착형성은 신뢰감의 형성에 필수적인 일이다. 또한 이 시기에는 엄마로부터 사랑을 배우며, 아빠로부터는 가정생활에서의 일정한 질서와 규칙에 대한 준수를 익히게 된다. 그다음 형제와 친척과의 만남을 통하여 공감과 동일시 등을 체험하게 되며, 이웃과 사회의 여러 사람과 어울려 생활해 나가면서부터는 상호 협력하는 방법과 공동체를 깨닫게 된다. 이러한 모든 사태가 엄마의 사랑이 중심이 되어 정서 안정을 이룸으로써 가능해진다.

(2) 장난감

이제 엄마에 대한 관심이 점차 줄어들면 주변 물체에 대한 강한 호기심을 나타낸다. 이때, 주로 집중적 관심을 보이는 것이 장난감이다. 이것을 만져 보고, 서로 부딪쳐 보고, 맛보고, 냄새를 맡아 보고, 흔들어 보고, 자르고, 붙이고, 던지고, 끼워 넣고, 색칠하고, 굴려 보는 등 감각발달에 따르는 제반 행동들을 이어 나간다. 이러한 감각 활동에서 어느 정도의 만족감을 얻어 내는가에 따라 자율감이 형성된다. 이 시기에 신경조직의 발달이 본격적으로 시작되며, 인지능력의 발판을 마련하게 된다.

주변의 장난감에 대한 관심은 아이가 일정 시간에 걸쳐 한 대상에 집중하여 몰입함으로써 정서 안정을 유지하게 된다. 이러한 의미에서 보면 엄마는 단지 정서 안정의 토대로서 의미를 지니는 반면, 장난감은 자신과 일체감의 체험, 곧 몰입할 수 있는 계기를 마련해 준다는 점에서 다소 관심의 차이가 있음을 알 수 있다.

(3) 또래집단

점차 장난감에 대한 관심이 줄어들면 이제는 주변 또래집단에 대한 관심을 나타낸다. 이들과 함께 의견을 나누고 협력함으로써 자신의 능력을 배가할 수 있음을 체험하게 된다. 뿐만 아니라 자신의 생각을 검증해 보고 새로운 자극으로 인한 색다른 생각도 얻어 낼 수 있는 것임을 알게 된다. 중요한 것은 여기에서 자신의 존재를 확인해 볼 수 있는 기회를 갖는다. 단순하게 동료의 의견에 추종하며 지내는 것이 아니라, 자신의 의견이 거부되면 좌절감을 맛보게 되거나 소중하게 받아들여지면 자긍심을 갖게 되는 경험을 하게 된다. 따라서 이 시기는 자신감 형성의 결정적 시기라 해도 과언이 아니다. 당연히 이때의 정서 안정은 친구와의 관계가 얼마나 친밀한가에 따라 다르게 나타난다.

이러한 의미에서 볼 때, 과거 장난감은 단지 자신의 의도에 따라 수동적으로 움직여 주던 물체이었던 반면, 또래집단은 자신과 의견이 상충되는 가운데에서도 자신이 능동적으로 상호 일체감을 이루어 낸다는 점에서 역시 관심의 차이가 있음을 알 수 있다.

(4) 의미 있는 타인

또래집단과의 일체감으로 어느 정도 자신감이 형성되면 이제는 자신이 주도적으로 무엇인가를 실행하고 성취하고자 한다. 자신의 능력을 현실로 나타내 보고자 한다. 자신의 생각 속에 구상하고 있는 것을 실제로 시도한다. 그리하여 주변 환경을 탐색하여 각종 소요 자료를 구하고 그것을 변형시켜 자신이 사전에 구상한 작품을 주도적으로 만들거나 조작해 보려는 노력을 기울인다. 이처럼 주도적인 활동에 관심을 집중하는 시기는 소위 **성취감**이나 인정 욕구가 강하게 나타나는 시기이기도 하다.

그리하여 남보다 좋은 성과를 얻기 위해서 나름대로 온갖 노력을 기울여 보는 때도 이 시기이다. 간혹 좋은 성적을 얻어 선생님으로부터 따뜻한 칭찬을 듣게 되는 경우, 이제는 확고한 자긍심이 형성된다. 성취감이 자신만의 인정으로 형성되는 것이라면, 자긍심은 다른 사람들로부터의 인정으로 형성되는 것이기 때문이다. 하지만 이것은 누구에게나 결코 쉬운 일이 아니다. 여기에서 때로는 즐겁고 때로는 실망과 좌절을 경험하게 된다.

따라서 이 시기에는 자신이 주도적으로 추진하고자 하는 일이 얼마나 성공적으로 진행되는가에 따라 정서 안정이 다르게 나타난다.

또래집단과의 일체감이 단순히 자신의 실체를 확인하는 의미를 지닌다면, 이와 같은 주도적인 과제의 추진은 자신의 능력이 실제로 현실에서 얼마나 활용될 수 있는가를 확인하는 의미를 지닌다. 이 시기에 자신의 재능을 살펴주고 자긍심을 북돋아 주는 '의미 있는 타인(mentor, significant other)'과의 만남으로 생의 진로가 결정되는 사태도 많이 발생한다.

(5) 자기 자신

이제 아동의 단계를 벗어나 13~14세경에 이르면 어느 정도 인지가 발달한 가운데 다소의 자신감을 토대로 조금씩 자아에 대한 생각이 움트기 시작한다. 자신의 주변 환경과 여건 등을 자주 생각하면서 정체성, 적성, 진로, 취업, 결혼 등에 대한 모든 생각이 희미하고 막연한 상태로 유지될 뿐 뚜렷한 행동의 기준을 찾을 수 없는 시기에 접어들게 된다.

이처럼 이 시기는 중심 정서의 대상을 쉽게 특정할 수 없는 시기이기 때문에 자연히 정서가 매우 불안정한 상태를 나타낸다. 그러나 때로는 자신의 취향으로 생각되는 특정의 대상에 집착하기도 한다. 좋아하는 연예인의 모든 행동을 모방하려 하는 것도 이 시기이다. 어찌 보면 인생에서 가장 불안한 시기이며, 동시에 자신을 찾아가는 일종의 결정적 전환기라고도 할 수 있다. 이 시기에는 고민과 방황의 연속 그 자체이다.

특히 점차 앞으로 다가오는 독립적 생활에 대한 자신감의 부족은 자신을 더욱 비참하게 만든다. 이러한 생각은 17~18세경에 절정을 이루게 된다. 본격적으로 자신의 참다운 정체에 대한 생각 속에 빠져 든다. 개인적으로 그 어느 시기보다 매우 중요하지 않을 수 없다. 소위 자아정체감의 형성을 위한 깊은 고민이 시작된다. 자기 인생의 기준점을 세우는 일 그 자체이다. 만약 그 기준을 명확하게 설정하지 못하는 경우 매사가 엇나가게 되는 것은 당연한 이치이다. 인생의 개인적 토대를 구축하는 일이기 때문이다.

(6) 친구

그러한 가운데에 점차 성적 호기심의 증가로 이성에 대한 관심을 적극적으로 나타낸다. 하지만 여러 가지 경제적 여건, 사회적 지위, 당면 과제 등 현실의 제약으로 약화되고 우선 자신의 당면 과제인 직업에 대한 관심이 앞서게 된다. 자신의 재능을 펼쳐 나가고, 경제력을 확보할 수 있는 방안을 모색하게 된다. 곧, 적성과 능력에 알맞은 직업을 선택하는 것은 평생 직업에 대한 고려이다. 이것은 가문을 빛내고 가족을 부양하며 나아가 사회에 봉사하고 기여할 수 있는 기회와 깊이 관련되어 있기 때문이다. 이에 따라 자연히 주변 사람들 또는 친구들과 교류하고 친분을 쌓아 나감으로써 유대감을 형성해 나간다. 다시 말해, 유대감은 자신의 존재감과 연계되어 있는 매우 소중한 문제이다. 자신의 사회적 성공을 통하여 존재감을 확보하는 것은 물론 장래를 확실하게 보장받는 여건을 마련할 수 있다. 대다수의 많은 사람이 세칭 일류 직업을 얻고자 그토록 좋은 대학에 입학하려 하는 것은 바로 이 때문이다.

(7) 경제력

일정한 직업에 종사하게 되면 이제는 경제력을 중시하고 자신의 적성과 능력 개발에 대한 관심이 고조된다. 자신의 능력을 최대한 발휘할 수 있는 방안을 모색하고 그것을 실천하는 일에 몰두하게 된다. 자신의 적성과 능력을 확인하고 일정한 성취를 이어 가는 과정에서 그동안 질풍노도(疾風怒濤)와 같았던 정서의 불안을 다소 덜어 내고 안정을 찾을 수 있게 된다. 이러한 과정에서 과거 의존적인 삶을 탈피하고 독립적인 자주 역량을 갖게 됨으로써 이제는 분명한 자신의 존재감을 확보하게 된다.

여기에서 한 가지 중요한 것은 이러한 정서는 기존의 정서 안정과는 근본적으로 다른 양상을 나타낸다는 점이다. 즉, 기존의 경우는 항상 주변의 여건에 따른 일정 대상과의 관계 속에서 정서 안정이 이루어진 것이다. 하지만 자신의 집중적인 능력 개발에 따른 경제력의 확보는 오로지 자신의 의지에 따른 통제로 정서 안정을 이루는 것이라는 점에서 극명한 차이를 드러낸다. 즉, 강한 인내와 지구력 그리고 미래에 대한 전망 등을 종합적으로 고려한 자기통제력에 의한 것이다.

(8) 자녀

이제 결혼이 임박하게 되면, 결혼과 경제적 독립에 대한 관심이 혼재하는 양상으로 인하여 그러한 관심의 정도에 따라 불안한 요소가 다소 있기 때문에 보다 세심한 주의가 요망되는 시기이기도 하다. 특히, 결혼은 자신에게 부모 다음으로 사랑을 안겨 주는 의미 있는 타인과의 만남이 이루어지는 계기가 되므로 누구나 매우 지대한 관심을 자아내기에 충분하다. 물론 생활 속에서 우연 또는 필연으로 만나는 형제, 친척, 이웃, 선생님, 친구, 학교 선배, 동창 등에도 얼마든지 의미 있는 타인이 있을 수가 있다.

하지만 결혼은 배우자와 서로 은밀한 사랑을 나눌 수 있다는 것은 차치하고서도 그 사이에서 자녀를 얻을 수 있도록 한다. 부부간 사랑의 열매로서 자녀는 부모 모두에게 정서 안정의 결정적 의미를 지닌다. 자녀는 부모의 유전자를 동시에 물려받고 태어나는 확실한 신의 선물인 동시에 자신을 넘어서는 존재이기 때문이다. 누구나 자녀를 처음 얻는 순간의 경이로움은 영원히 잊을 수 없는 추억이 된다. 인간의 정서를 뒤흔드는 결정판이 아닐 수 없다. 여기에서 강한 책임의식이 싹트게 된다.

인간이 그토록 힘들고 어려운 여건 속에서도 끝내 자신을 포기하지 않고 경제력을 추구하는 것은 거의 자녀를 위한 책임감 때문이라고 해도 과언이 아니다. 아니, 자녀를 위한 그러한 희생과 헌신도 차라리 초라한 의미로 전락된다. 적어도 자녀는 부모에게 있어 그 무엇과도 바꿀 수 없는, 그 무엇으로도 대체할 수 없는 그러한 존재이기 때문이다.

가끔 부모가 자녀를 학대하고 자녀가 부모를 외면하는 것은 인간 본성의 일그려진 단면일 뿐이다. 어떠한 의미에서 인간의 모든 정서는 부모와 자식 간의 관계 속에 담겨 있다고 해도 과언이 아니다. 그리하여 결혼은 능력 개발에 이은 정서 안정의 또 다른 전기를 마련한다.

이러한 의미에서 바로 이전에 언급한 능력 개발에 따른 정서 안정은 자신의 의지가 중심을 이루고 있는 반면, 오직 자녀에 대한 관심으로 인한 정서 안정은 이미 그 자체가 하나의 신의 선물이 된다는 점에서 차이가 있음을 알 수 있다. 또한 그러한 차이에도 불구하고 자신의 능력 개발에 따른 경제적 독립과 결혼은 상호 밀접한 관련이 있는 것임을 알 수 있다.

(9) 업적

가정에 대한 집중적인 관심에서 어느 정도 벗어나 40세 이후 중반에 접어들면 이제는 그러한 경제적 독립과 자신의 삶 속에서 반드시 이루어 내야 할 업적에 대한 관심이 제기된다. 후세에 자신의 흔적을 뚜렷하게 남기고자 한다. 이때는 만사를 제쳐 두고 오로지 자신의 업무 성과를 높이기에 몰두하는 시기가 형성된다. 자신의 몸도 돌보지 않고 성과나 업적에 전념하는 소위 일중독에 빠져드는 시기이기도 하다. 이것은 일종의 소명감에 따른 것이다. 따라서 이 시기에 대부분 가장 메마른 정서가 나타난다. 사소한 것에도 예민하게 자기방어나 공격성을 나타낸다.

이러한 의미에서 이 시기 역시 청소년기의 전환기 못지않게 정서의 불안이 나타나는 시기이다. 자신의 소명을 완수할 수 있는가의 여부는 인생을 판가름하는 막중한 의미를 지닌다는 점에서 대부분 자유롭지 못한 것이다. 따라서 이 시기는 분명한 관심의 대상이 있음에도 불구하고 좀처럼 정서의 안정을 이루기 어렵다는 점에서 청소년기의 불안과는 분명한 차이가 있다.

이후 직장을 은퇴하는 시기가 되면 그동안 자신의 삶을 정리하고 세상을 관조하는 통합적 자세로 자기만족을 느끼며, 비교적 안정된 정서를 갖게 된다. 이것은 지극히 자연스러운 현상이다. 이 시기에는 여유 있는 마음으로 세상을 관조하며 지내는 것이 중요하다. 하지만 적지 않은 사람들이 그동안 자신의 삶에 만족하지 못하고 당황하거나 방황하고, 때로는 저항하는 경우도 종종 발생한다. 매우 불행한 사태가 아닐 수 없다.

이상으로 살펴본 바를 간략히 정리하면, 일반적으로 중심 정서의 외적 대상은 세월에 따라서 변하며 처음 엄마에서 시작하여 장난감, 또래집단, 의미 있는 타인, 자기 자신, 친구, 경제력, 자녀 업적 등으로 다양하게 변화하는 것임을 알 수 있다. 또한 그에 따라 단계별 심리적 감각 요소들이 연계되어 있다. 이러한 것들은 결국 의지할 사람과 자신의 역할에 따라 다양하게 형성된다. 실제로 인간은 삶이 시작되는 순간부터 죽는 순간에 이르기까지 어느 누구에게 의지하거나 자신의 역할에 몰두하는 양상에서 벗어날 수 없음을 부인하기 어렵다. 이제 발달 과정에서 정서 발달은 물론 정서 안정에 결정적 영향을 주고 나아가 중심정서의 형성에 주요 내적 요인이 되는 심리적 감각 요소에 대하여 살펴보고자 한다.

2) 심리적 감각 요소

지금까지 중심 정서를 형성하는 외적 관심 대상에 초점을 맞추어서 그 의미를 살펴보았다. 하지만 그것은 중심 정서의 정서 안정 기능이라는 측면에서 볼 때 어디까지나 수동적 의미가 강한 것이다. 자신의 정서를 스스로 평가하고 통제한다는 능동적 측면에서 보다 확고한 자아개념의 형성을 빼놓을 수 없다. 앞서 살펴본 바와 같이 중심 정서는 욕구의 통제와 선택의 토대가 되기 때문이다. 중심 정서의 형성은 비록 외적 대상에 의하여 많은 영향을 받는 것은 사실이지만 그러한 대상의 선정과 관리는 자신의 개별적 특성, 특히 내적 욕구의 영향이 크게 작용하는 것임을 간과할 수 없다. 다시 말해, 중심 정서는 단순하게 감각의 수용 여부에 한정하여 일시 반응하는 것이 아니라 개인의 의지와 생각이 전반적으로 깊게 개입된다는 사실이다.

이러한 개인의 특성은 특히 자아개념과 연계되어 있다. 만일 자아개념이 불안정하면 스스로 내면을 통제할 수가 없어서 어찌할 바를 모르고, 급기야 자아를 잃게 되어 자신도 모르게 파산 지경에 이르고 마는 최후를 맞이하게 된다는 점에 문제의 심각성이 있기 때문이다. 따라서 자아개념의 안정이야말로 모든 사람의 최우선 과제가 아닐 수 없다.

인간은 세상에 태어나기 이전, 태내에서도 이미 어느 정도의 정서 감각을 지니고 있다. 실제로 태아들은 태내에서도 상황에 따라 신체적 고통과 심리적 안정감을 얼굴 표정으로 나타내 보인다. 이러한 현상은 태아들도 외부의 자극에 따라 자극을 수용하고 반응할 수 있는 정서적 능력이 어느 정도 있음을 나타내고 있다. 또한 신체 내부에서 제반 감각을 위한 다소의 신경조직이 이미 형성되어 있음을 나타내는 좋은 증거이다.

그러나 정서적 반응이 아무리 외부의 감각에 따라 변화를 초래할 가능성이 있다고 해도, 일단 어느 정도 성인이 된 이후에는 그것은 단지 순간의 한 주요 변인으로써 의미를 지닐 뿐이다. 정서의 근원적 핵심은 오로지 자신의 내부 안정이 얼마나 공고하게 구축되어 있는가의 여부를 가늠하는 중심 정서가 어느 정도 확보되어 있는가 하는 점에 있다.

그런데 중심 정서의 형성은 무엇보다 외부 자극의 수용에 얼마나 자율성을 확보할 수 있는가의 여부에 달려 있으므로 자아개념은 여기에 직간접적인 영향력을 행사하게 된다. 어떤 의미에서는 중심 정서에 직접 영향을 주는 것은 감각의 대상으로서 환경보다는 자신이 된다고 할 수 있다.

하지만 여기서 자신은 일반적 의미의 자신이 아닌 오로지 생각과 느낌을 주관하고 있는 순수자아만을 뜻한다. 이것은 자신이 스스로가 감각의 대상으로 대자화 됨으로써 나타나게 된다. 이러한 순수자아에 대한 감각이 없이 중심 정서의 형성은 불가능하다. 요컨대, 순수자아는 중심 정서의 전제가 된다. 중심 정서는 무엇보다 명확한 인식의 전제가 되므로 순수자아와의 연계는 불가피하게 된다.

일반적으로 순수자아는 오직 자신만이 감지할 수 있는 자아개념에 대한 총체적 의미로써 이것은 인식과 정서의 안정에 중요한 요인으로 작용한다. 여기에는 대체로 무엇보다 중심 정서에 결정적 요인으로 작용하는 자아개념의 요소가 내포되어 있기 때문이다. 따라서 여기에서는 그것을 중심 정서의 심리적 요소로 규정하여 사용하고자 한다.

그런데 중요한 것은 그러한 순수자아에 대한 감각에 따른 심리적 요소가 인간의 발달 단계에 따라 변화를 거듭하여 나간다는 점이다. 그러한 발달에 따른 심리적 요소는 대체로 신뢰감, 자율감, 자신감, 정체감, 유대감, 존재감, 자존감, 일체감 등 여덟 가지로 대별하여 생각해 볼 수 있다. 이제 그러한 심리적 요소의 변화를 각각의 발달 단계에 따라 살펴보면 대체로 다음과 같다.

(1) 신뢰감

1~2세경 신생아기에는 자신의 순수자아 내부에 무엇보다 신뢰감의 형성을 구축해 나가는 일이 중요한 과제가 된다. 자신이 생존해 나가기 위해서는 지속적으로 자신을 지원하는 지원자가 다른 어느 것보다 소중하다. 그런데 만약 그러한 지원자를 신뢰할 수 없으면 자신의 생존은 치명적 위협을 받게 된다. 따라서 이 시기에는 누구보다 부모, 특히 그중에서도 엄마는 아기에게 절대적 영향력을 주는 존재로 신뢰감을 안겨 주어야 한다. 엄마가 아기에게 일정 기간 동안 무한한 사랑으로 지원을 베풀어 주면 자연히 아기는 엄마에 대한 신뢰감을 갖게 된다. 신생아는 이러한 신뢰감을 바탕으로 하여 자신과 엄마가 결코 둘이 아닌 하나의 신체라는 느낌의 애착형성을 이루게 된다. 그러나 만약 엄마의 돌봄이 부족하여 이러한 신뢰감 구축에 실패하면 아기는 자아가 불안정하게 되어 정서의 중심을 잃고 방황하게 된다. 이것은 아기가 부모라고 하는 외부 자극에 얼마나 예민한 반응을 하고 있는 것인지를 알려 준다.

(2) 자율감

3~6세경의 유아는 자신의 자율감을 확인해 볼 수 있어야 한다. 이 시기가 되면 대부분의 유아는 자신이 무엇인가 하고 싶은 욕구가 생겨나 스스로 그것을 하고 싶어 한다. 따라서 이러한 시기에 부모는 유아의 자율감 형성을 위해서

최대한 자율성을 인정해 주어야 한다. 과거 엄마가 아기를 통제하고 지시하거나 또는 대신하여 주던 관행에서 벗어나, 이제는 모든 일을 유아가 직접 할 수 있도록 안내하고 배려하여 줌으로써 하나의 엄연한 인격체로 대하여 주어야 한다. 즉, 비록 유아 스스로 하는 것이 서툴고 불안하여도 자신의 일은 가급적 스스로 해결해 나갈 수 있는 기회를 마련해 주어야 한다.

이때, 주의를 요하는 것은 부모가 필요 이상의 기대를 하여 무리한 요구를 하거나 유아 혼자서 서서히 해결해 나가는 과정에 성급한 판단으로 간섭하는 등의 잘못을 저질러서는 안 된다. 유아가 자신의 일처리에 다소 느리고 부족한 듯해도 그러할수록 더 기다려 주고 격려하여 주는 여유 있는 태도를 보임으로써 유아는 점차 자신의 자율성을 더해 간다는 사실을 알아야 한다.

이것은 비록 부모라고 하는 외부 자극에 따라 다소 영향을 받기는 하나, 기본적으로는 내부 자극을 통한 자신만의 자율감에 따라 자신의 능력을 스스로 생활 속에 드러내는 과정이 선행됨으로써 나타난다. 그리고 이러한 자율감은 자신의 관심 분야에 대한 호기심과 새로운 과제에 대한 의욕을 불러일으키는 기초가 된다.

결국 인간은 부모의 한없는 신뢰와 사랑 그리고 자신의 자율성 확인이 조화를 이루어 나가면서 삶의 기초가 형성되는 것으로 볼 수 있다. 따라서 유아의 진정한 자율감은 내부의 욕구와 외부의 협조가 서로 조화를 이룰 때 형성되며, 어느 한쪽이라도 문제가 있을 경우 그만큼의 결손이 발생하는 것은 당연하다고 할 수 있다.

(3) 자신감

7~12세경 유년기 아동은 매사에 자신감을 순수자아에 확보하는 것이 중요하다. 이를 위해서 부모는 자녀에 대한 무한의 신뢰와 가급적 적극적이고 긍정적인 태도 그리고 격려와 칭찬을 아끼지 말아야 한다. 유년기 아동은 이러한 외부 자극을 통하여 자신도 모르게 점차 자신감을 형성하여 나갈 수 있는 기회를 얻게 된다.

그러므로 자신감에는 무엇보다 성취감을 경험하는 과정이 수반되어야 한다. 성취감은 자신이 추진하고자 했던 사항과 실제로 이룩한 사항이 일치되는 정도에 따른 만족감으로 얻을 수 있기 때문에 이것은 후에 자신감을 형성하는 중요한 계기가 된다. 이때, 바로 이전의 유아기에서 자율감에 따른 새로운 과제에 대한 도전 의욕은 매우 중요한 의미를 지닌다. 실제로 도전을 감행하는 경우에 의욕의 정도는 성공률에 결정적 영향을 주기 때문이다. 도전에 따른 성공이 단지 의욕만으로 이루어지는 것은 아니지만, 그 의욕에 따른 열망만큼은 결코 무시할 수 없는 중요한 성취의 요인임에는 틀림이 없다.

그리하여 일상의 생활 속에서 도전하는 일마다 매번 성공하게 된다면 그 성취감은 자연히 넘쳐나게 된다. 이것은 그 체험 자체가 자신의 능력을 주관적 또는 객관적으로 인정받는 지름길이 되기 때문이다. 그러나 만약 도전 과제에 대한 성공률이 20~30% 정도 이하로 저조하다면 자신의 주도적 역할에 따른 성취감은 손상을 입을 수밖에 없다.

그러므로 이러한 시기에 중요한 것은 매사를 스스로의 판단에 의하여 주도적으로 이끌어 나가도록 해야 하며, 결코 외부의 섣부른 간섭이 개입되어서는 안 된다는 점이다. 다시 말해, 유년기 아동의 행동 과정과 그 결과에 대한 최종 평가는 오로지 아동 자신에게 맡겨 두어야 하는 고유 영역이라는 점을 잊지 말아야 한다.

아동의 행동 결과는 부모의 입장에서 볼 때는 항시 부족함이 따를 수밖에 없으나 그렇다고 하여 섣불리 평가에 개입하려 하는 것은 매우 위험한 행위라는 점을 인식해야 한다. 특히 조금이라도 아동에게 모멸감을 줄 수 있는 말은 절대 삼가야 한다. 비록 지금은 그것이 보잘것없는 것으로 여겨질지라도 곁에서 믿고 지켜봐 준다면 머지않아 곧, 상상을 초월하는 엄청난 능력으로 거듭날 수 있는 시기가 찾아오는 것이 일반적 현상이기 때문이다. 그것이 곧 인간발달의 신비이다.

다만 아동이 만족스러워할 때 함께 기뻐해 자신감을 불어넣어 주며, 반대로 실망하여 좌절감에 빠지면 격려하여 주고 도전에 성공할 수 있도록 용기를 주고 도와주는 세심한 배려가 반드시 필요하다.

이러한 의미에서 보면 아동의 자신감 역시 부모가 보여 주는 긍정적인 태도와 자신의 성취감이 상호 조화를 이루어 나가면서 형성되는 것임을 알 수 있다. 다시 말하면, 자신의 내부 능력의 표현과 부모의 긍정적인 태도라고 하는 외부 자극의 수용이 서로 만나서 훌륭한 자신감을 일구어 낸다.

(4) 정체감

13~19세경 청소년기에는 자아정체감의 형성이 주된 과제가 된다. 이것은 주체의식의 형성에서 비롯된다. 주체는 한마디로 말해 자신의 생명을 지키는 것을 무엇보다 최우선의 과제로 삼으려는 의지를 지닌 개체이다. 주체의 확고한 자기 결단이 없이는 삶에 따르는 여러 가지 중요한 선택 행위를 자유롭게 할 수가 없다. 모든 선택은 먼저 그 선택의 명확한 근거가 전제되어야 하기 때문이다. 다시 말해, 선택과 결단이 중요한 것이 아니라 그것이 얼마나 주체와 의미 있게 합일을 이루어 내는가 하는 것이 중요하다. 그러므로 주체의 자기의식이 희미할수록 선택이 그 의미를 상실하게 됨은 자명한 이치이다.

그러므로 주체의식은 시간과 공간에 의거한 주변 환경과 자신의 관계 인식에 의하여 형성된다. 시간은 삶을 이어 가는 축이 되며, 공간은 삶의 터전이며 환경이 되기 때문이다. 특히 주변 환경의 근간을 이루는 시간과 공간이 어떻게 주체에 작용하는 것인가를 살펴볼 수 있는 능력은 정체감 인식에 필수적 요소이다. 역으로 말하여 그러한 능력은 무엇보다 주체가 확고한 정체감에 따른 자기의식을 지니고 있을 경우에만 비로소 가능해진다. 비록 역사와 환경이 서로 다른 의미를 나타내기는 하나, 인간의 삶을 중심으로 하여 보면 환경에는 역사가 배어 있으며 역사에는 환경이 토대가 되어 있으므로 결국 그 둘은 하나이다.

이처럼 세상 만물은 시·공간 속에서 태어나고 사멸하는 존재로 시간과 공간을 절대로 벗어날 수가 없다. 바로 이 점에서 각기 나름대로의 주체가 형성되는 계기를 만나게 된다. 좀 더 구체적으로 말하여 우리가 현재 살아가고 있는 환경 속에서 오랜 세월 선조들의 진솔한 삶이 이어져 내려오고, 그 결과로 현재 이 순간 나라고 하는 주체가 존재하게 된다.

적어도 우리 민족은 4,300여 년에 걸친 장구한 시간을 다름 아닌 바로 이 한반도에서 땅을 벗 삼아 집을 짓고 농사를 지어서 먹을 것을 구하고 풍토에 따른 옷을 지어 입으며 살아온 것이다. 바로 이 땅은 지금까지 선조와 우리들이 몸을 맡기고 의지하여 온 터전이자 황금 같은 보물창고인 셈이다. 곧, 현재의 내자신이 존재하게 된 소이가 이러한 시간과 환경 속에 있으며, 또 현재의 순간도 그 속에서 존재한다.

그런데 대부분의 우매한 사람들은 이와 같은 시간 속에 담겨진 깊은 의미의 역사를 무시하거나 자신이 처하고 있는 공간을 가볍게 여기려 한다. 심지어 아예 이것을 도외시하여 스스로 자기부정을 하는 경우도 적지 않다.

예컨대, 과거와 미래를 외면하고 현재의 당면한 가치만을 중시하여 오로지 현재의 사회 상황에 안주하려 하거나 또는 이 땅의 지정학적 특성을 무조건 비하하고 막연히 다른 나라를 동경하면서 부정적 삶을 이어 간다면 그것처럼 우매한 짓도 찾기 어렵다.

이것은 그저 야생의 동물적 삶처럼 매일 자고 일어나 하는 모든 행동이 오직 자신의 욕구 충족을 위한 것일 뿐, 단 한 순간이라도 조상에 대한 긍지와 조국에 대한 애국심 등은 아예 생각도 할 수 없는 것이 된다. 더욱이 오늘날과 같이 숨 가쁘게 조직의 '구성 → 해체 → 재구성'이라고 하는 순환이 끊임없이 이어지고 있는 사회적 환경은 그러한 의미를 더욱 가중시키고 있다고 보인다. 실제로 현재를 살아가고 있는 지구상의 적지 않은 사람들이 주체의 자기 결단을 포기한 채 단지 외부의 상황에 자신을 신속하게 적응하는 방식 위주의 삶을 살아가고 있다고 여겨진다. 자신의 개성은 고려하지 않고 오로지 사회의 유행만을 추구하며 살아가는 삶이 그것이다.

이러한 현상의 원인은 일차적으로 과거에 전례가 없었던 급격한 환경의 변화를 도외시할 수는 없지만, 보다 근본적인 것은 소위 정체성의 결여라는 점을 부인하기 어렵다. 왜냐하면 주체의 자기 결단은 오로지 정체감의 토대에서만 비로소 가능한 것이기 때문이다. 정체감은 주체의 자기 결단에 절대적 의미를 지닐 수밖에 없다.

여기에서 인간이 시ㆍ공간에 이끌려 간다면 단지 환경의 노예가 되며, 반대로 분명한 자기의식을 갖고 주도적으로 시ㆍ공간을 선택하여 나간다면 자신만의 고유한 가치를 실현할 가능성을 열어 간다.

이러한 자기의식은 신체의 감각발달에 뿌리를 두고 있는 것임을 분명히 하는 것이 무엇보다 중요하다. 자신의 신체 유지를 위한 필요한 거의 모든 정보가 감각의 발달에 따라 이루어지기 때문이다. 자신의 특성과 자극이 일치하게 되는 과정을 생활 속에서 수없이 반복하게 되는 과정에서 기억 속에 그러한 경험이 누적되어 오직 자신만을 위한 정보의 수집이 일정한 형식을 이루게 되는바, 그것을 독자적 생활 방식이라고 일컫는 것이다.

이러한 생활 방식에는 자연히 시간과 공간에 따른 의미가 배어들 수밖에 없다. 그러므로 여기에는 자신만의 고유한 삶에 대한 총체적 의식의 지평을 넓혀 갈 수 있는 지혜가 감추어져 있다. 이러한 가운데 자신의 정체감을 확보하는 일은 그리 어려운 일이 아니다. 물론 이것은 그 이전에 자율감과 자신감을 전제로 하지 않을 수 없다.

(5) 유대감

20~39세경의 청ㆍ장년기에는 유대감의 형성이 순수한 자아의식의 주요 과제가 된다. 물론 앞서 살펴본 신뢰감, 자율감 그리고 정체감 등만으로도 중심 정서 형성의 주요 기반은 거의 완성된 것으로 볼 수 있지만 보다 안정적인 중심 정서를 위해서는 유대감의 형성이 반드시 필요하다.

뿐만 아니라 본격적으로 자신의 꿈을 실현하여 나가기 위해서는 대인 관계의 폭을 넓혀 가지 않으면 안 된다. 즉, 유대감은 왕성한 활동의 터전이 된다. 따라서 아무리 자신감이 충만해 있다고 하여도 바람직한 유대감 형성에 실패한다면 자신이 의도하는 바를 추구해 나가기 어렵기 때문에 자연히 내부 정서의 불안이 조성될 수밖에 없다.

물론 논리적으로 볼 때, 정체감이 명확하게 설정되면 유대감의 형성은 자연히 이루어진다. 그러나 정체감과 유대감은 나름대로의 특성이 있기 때문에 그에 따른 노력을 해야 한다. 즉, 정체감은 관심의 초점이 오로지 자신에게 있는 반면, 유대감은 자신과 타인의 관계에 있다. 다시 말해, 유대감은 자신과 주변 대상 간의 차별성을 극복하고 상호 간의 공통적 요소를 찾아 자아를 굳건히 하려는 본원적 욕구의 표출이라고 보면 거의 틀림이 없다.

이러한 본원적 욕구는 기본적으로 자아 확대와 자아 연대의 두 가지 형태로 구분해 볼 수 있다. 전자는 사회화가 중심이 되며, 후자는 유대감의 형성이 주축을 이룬다.

우선 자아 확대는 정체성 또는 자아개념에 따른 자아의식이 상대적으로 자신의 신체적 한계를 알려 주기 때문에 나타나는 일종의 사회화 현상이다.

주변의 모든 사물에 대한 차별적 인식은 비록 자신의 존재를 상대적으로 더욱 부각시키는 결과를 낳기도 하지만 또한 세상의 어느 무엇도 결코 자신을 대신할 수 있는 것은 없다는 절대 단독의 세계를 열어 가는 단초를 마련하기 때문이다. 즉, 차별성에 따른 자신의 존재에 대한 명료한 의식이 더 이상 피할 수 없는 위협이 되는 죽음과 마주하게 되며, 바로 그 순간 존재는 자신의 내부에 그 어떠한 경우에도 죽음의 사태만큼은 두 번 다시 되돌릴 수 없다는 하늘의 절대 명령이 잠재되어 있다는 점을 자각하도록 함으로써 절대 고독의 느낌을 만나게 된다.

여기에는 오로지 좌절 또는 절망만이 기다리고 있을 뿐이다. 이러한 것들의 그늘이 깊게 드리워진 모습이 바로 공허감이다. 그리고 이것은 다시 강한 결핍의식으로 변환되어 무엇인가 방향 감각도 없이 공허를 채우려는 시도를 나타낸다. 이러한 시도 중의 하나가 바로 동질감의 확인을 통한 위안의 획득이며, 곧 관계 추구이다.

이러한 관계 추구의 성향은 기본적으로 내부 자극의 자연적 발로에서 나타나는 사회화 현상이 된다. 여기에 관계 형성의 대상 유형을 국가, 부모, 선배, 친구, 후배 등으로 구분하여 예로부터 각각 충(忠), 효(孝), 제(弟), 신(信), 애(愛)

등의 일종의 행동 강령이자 생활 태도가 요구되었던 것이다. 이것은 이미 오래 전부터 알려진 것이나 오늘날에도 역시 유효한 것이며, 사전에 스스로 몸에 익혀 두어야 하는 생활 태도이다.

다음으로 자아 연대는 자신의 실제 생활 속에서 요구되는 다양한 능력의 한계에 봉착하게 됨으로써 나타나는 현상이다. 대부분의 사회 활동은 아무리 자신이 혼자 진솔한 노력을 기울인다고 해도 상대의 협조가 없이 이룰 수가 없기 때문이다. 여기에 자연히 주변의 여러 사람과 연대하여 공동으로 대처하여 나아갈 필요성이 제기된다.

그러나 이러한 연대로는 자신의 생각을 주도적으로 관철시켜 나아가는 데 필연적 제약이 따름으로써 또 다른 협력 방안이 요구되는 바, 그것이 바로 사전에 유대감을 형성하는 것이다. 이것은 자신이 어떠한 협력이 필요한 경우 상대로부터 조건 없는 배려와 지원을 요구할 수 있는 터전이 되기 때문이다. 물론 이를 위하여 사전에 친밀한 관계를 폭넓게 형성해 놓아야 한다. 이러한 유대가 없이 일정한 사업을 시도하거나 추진하는 것은 거의 불가능하다고 할 수 있다.

더욱이 상호 유대 관계가 악화되어 배신과 기만 그리고 위협과 공격이 계속된다면 사회 활동은 거의 치명적인 것이 된다. 하지만 주변에서 결코 적지 않은 사람들이 그와 같은 비겁한 행위를 마다하지 않는 것도 사실은 기본적으로 자신의 존재감 결손에서 비롯된다는 점 또한 살펴볼 필요가 있다. 존재감은 자신감을 낳고 이것은 다른 사람을 배려할 수 있는 여유를 마련해 주기 때문이다. 이러한 의미에서 유대감의 형성은 인간 삶의 중핵을 이룬다고 해도 과언은 아니다.

그런데 이것은 곧 사회화와도 상호 깊이 연계되어 있는 것으로 모두 그 핵심에 관계성이 자리 잡고 있음을 알지 않으면 안 된다. 이때, 한 가지 유의해야 하는 점은 유대감 형성과 사회화는 서로 반대되는 성향이 있다는 점이다.

연대감과는 달리 유대감은 타인을 중심으로 하고 자신을 소멸하여 타인에게 다가가려는 성향, 즉 동일시가 중심이 된다. 반면에 사회화는 자신을 중심으로 하여 타인을 나에게 부속시키는 성향, 즉 타인을 소멸시켜 자신을 확대하는 성향인 자아 확대가 중심이 된다. 따라서 일반적으로 정체감이 형성된 이후에는 사회화가 어느 정도 성숙된 다음에 유대감의 형성이 나타난다고 할 수 있다. 그러므로 사회화는 문자 그대로 타인과 바람직한 관계를 형성하는 바탕이 된다고 할 수 있다. 그러나 유대감과 사회화는 모두 기본적으로 기(氣)의 동질성 추구에서 비롯되는 현상의 다른 모습일 뿐이다.

따라서 이러한 관계 추구의 핵심적 의미는 동질감에 대한 갈망에 따른 자아 확대이다. 다시 말해, 기(氣)의 동질성을 이념의 동일성으로 한 차원 더 상승시키려고 하는 것으로 여기에서 인간의 우수성을 찾아볼 수 있다.

(6) 존재감

유대감 형성에 이어 40~60세경에는 활동 기반을 토대로 더욱 강한 자신감으로 이어지면서 이제는 자신의 사회적 역할에 따른 존재감이 자아에서 중요한 의미를 지니게 된다. 이 시기에는 자신의 고유한 재능으로 이룩해 낼 수 있는 업무를 찾아 몰두하는 경향을 보인다. 물론 자신의 개인적 이익을 도모하려는 의도가 전혀 없는 것은 아니지만, 그것보다는 어떻게 하면 자신의 개인적 역량을 사회에 최대한 발현해 낼 수 있는가 하는 소명의식에 더 초점이 주어진다. 외부의 칭찬과 격려보다는 자신의 능력을 감안하여 스스로 정해 놓은 일정한 기준에 얼마나 도달할 수 있는가 하는 점이 더 중요하게 부각된다. 자신과의 치열한 투쟁이 본격적으로 시작된다. 일생에서 가장 커다란 업적과 성과를 이루어 낼 수 있는 시기가 아닐 수 없다.

이때, 매 순간 이어지는 크고 작은 좌절과 성취는 바로 자신의 진정한 자아를 재확인하고 형성하는 계기가 된다. 다시 말해, 엄청난 좌절과 절망 속에서도 결코 굽히지 않고 보다 드높은 꿈을 향해 과감하게 도전하고 극복해 나가는 불굴의 정신과 우직하게 실천해 나가는 열정 속에서 진정한 자신의 존재감을 발견한다. 이 시기야말로 인생의 중심이 되는 시기로 진정한 자신의 존재 가치를 확인해 보는 시기가 아닐 수 없다.

자신의 존재감에 대한 확신은 결국 그러한 정신과 열정을 자양분으로 한 아름다운 결실이다. 공자가 언급한 소위 불혹(不惑)은 이러한 존재감의 자양분이 되는 불굴의 정신과 우직한 열정을 지칭한 것은 아닌지 의심스럽다.

(7) 자존감

61~79세경은 자아 긍정과 자부심, 곧 자존감의 시기이다. 이 시기에는 이전에 비하여 활동력이 현저하게 저하되는 현상이 나타난다. 뚜렷한 희망을 찾아보기 어려울 뿐만 아니라 과거와 같은 왕성한 열정을 찾기 어렵게 된다. 지금까지 오로지 미래만을 바라보며 정신없이 달려온 자신의 삶을 다시금 되돌아보는 경향이 자연스럽게 나타나게 된다. 그러나 아직은 일에 대한 습관적 욕심이 다소 잔존해 있기 때문에 새로운 관심사를 찾아 나서기도 하지만, 주로 자신의 역할에 대한 총체적 정리 작업이 이루어진다.

이러한 과정에서 흔히 아쉬움과 만족 그리고 미련과 소망이 교차된다. 그러나 중요한 것은 그동안의 인생 역정에 대한 감사와 자신의 고유한 역할 수행에 따른 만족감을 찾아볼 수 있어야 한다는 점이다. 자신의 참다운 노년은 여기에서 시작되기 때문이다. 흔히 노년의 삶을 논하는 경우 매우 다양한 견해가 제시되고는 하지만, 한 가지 양보할 수 없는 것은 후손은 물론 주변의 다양한 사람에게 든든한 지원군으로서의 역할을 감당할 수 있어야 한다는 점이다.

노년에 이르러서야만 비로소 깨달아 알 수 있는 값진 경험을 토대로 훌륭한 인생의 안내자로서의 자격을 지녀야 한다. 물론 이러한 자격은 하루아침에 얻을 수 있는 것도 아니지만, 그렇다고 하여 누구나 할 수 있는 것도 또한 반드시 어떠한 역할을 수행해야 하는 것도 아니다. 이를 위해 존재 자체만으로도 무한의 가치를 지닐 수 있어야 하며, 특히 자녀들에게는 든든한 버팀목으로서의 역할을 감당할 수 있어야 한다. 비록 노년에 이르러 체력은 하루가 다르게 감소하고 있지만 나름대로의 열과 성을 다하여 삶을 이어 가는 모습을 보여 주어야 한다. 어떠한 의미에서 이 시기가 인생에서 화룡점정(畵龍點睛)의 의미를 지닌다고 할 수 있다.

(8) 일체감

이제 80세가 넘어서면 자존감은 마음에 걸림이 없는 무애(無㝵)의 경지가 나타날 수 있는 단계가 되며, 이것은 자신을 자연과 합일시키는 일체감으로 이어진다. 이러한 단계의 특징은 이들이 그들 나름대로의 분명한 가치관 또는 정조 관념을 지니고 있다는 점이다. 이를 통하여 이들은 만사를 아우를 수 있는 여유를 갖는다. 이들의 무욕은 단지 개인의 특성으로 표출되는 것일 뿐 실제로는 세상 만물 어느 것에도 한없는 자애로움을 드러낸다. 이것은 인간이 궁극적으로 이르는 길이다.

중요한 것은 이러한 일체감은 결국 자신의 후손들에게 소중한 자양분이 된다는 점이다. 그러므로 가급적 다른 사람들에게 불편함이 없도록 배려하고 이를 위해서 무엇보다 자신의 건강을 꾸준히 관리하여 스스로 강건할 수 있도록 노력해야 한다. 대개의 경우 사람들은 이러한 가치를 잘 인식하지 못하지만 이것은 다른 어느 시기보다 중요한 정신적 의미를 지니고 있음을 알지 않으면 안 된다. 만약 이러한 자기 관리에 실패하면 자신이 삶을 이어 갈 수 있는 근거를 잃게 되기 때문이다.

최근에 들어서면서 흔히 인간의 삶을 단순하게 물질을 조달해 나가는 과정으로 착각하는 경향이 더욱 깊게 만연해 있으나, 이것은 속히 근절하지 않으면 안 될 경박한 생각이다. 세상의 어떠한 존재보다 인간은 자신의 고유한 정신을 중심으로 일생을 이어 나가려 한다. 이러한 정신의 자양분은 자신의 의지와 상관없이 단지 선조들로부터 이어받고 자신이 스스로 얻어 낼 수밖에 없다. 이것은 마치 나무가 그 뿌리로부터 자양분을 얻어 내고 흔들림을 방지하는 이치와 동일하다.

이러한 의미에서 볼 때, 자식이 의무적으로 부모를 모시는 것이 효라고 한다면 그것은 진정한 효가 아니다. 효라는 것은 부모가 한없는 사랑과 배려를 자식에게 알려 줌으로써 부모와 자식의 관계를 초월하여 자식이 스스로 부모에게 다가설 수 있을 때 비로소 가능한 어떤 것이다. 이러한 모든 일은 바로 자신이 처하고 있는 여건에 따라 행동에 반듯함이 배어 있을 때만이 가능하다. 따라서 인생의 마지막 황혼기에서도 그에 필요한 일체감을 형성하는 것은 정서 안정에 필수적인 일이다.

이상에서 언급한 신뢰감, 자율감, 자신감, 정체감, 유대감, 존재감, 자존감, 일체감 등은 순수 자아의 요소이자 중심 정서 형성의 심리적 감각 요소로서 이들은 각각의 시기에 맞추어 순차적으로 발달되어 가면서 중심 정서와 끊임없이 연계된다. 중심 정서가 있기 때문에 이러한 현상이 가능한 것도 사실이지만 이러한 순수자아 현상이 나타남으로써 중심 정서가 더욱 강화됨은 물론 그 빛을 발하게 된다.

하지만 20세 이전에는 아직 정체감이 형성되기 이전으로 주체의 자아의식이 미약하여 실상은 중심 정서의 의미가 부족하다고 할 수 있다. 그리하여 최소한 20세를 전후하여 유대감이 자리 잡으면 이후 40세경에 존재감, 60세경에 자존감 등이 나타나고, 80세 이후에는 일체감을 형성하여 분명한 자기 신념에 따른 정조 관념이 정착된다고 할 수 있다. 따라서 한 인간으로서 어느 정도의 완숙한 경지의 중심 정서를 갖기 위해서는 적어도 약 40여 년 이상의 기간이 요구되는 것임을 알 수 있다.

이러한 의미에서 정서의 중핵이 되는 자아개념과 관련하여 중심 정서의 중요한 구성 요소로서 자존감, 공감과 감동 그리고 정조 등은 특히 중요한 의미를 지닌다. 이들 중에서 특히 정조는 자존감과 공감을 아우르는 핵심 요소이다. 다음 절에서는 이에 대하여 보다 상세하게 살펴보고자 한다.

5. 중심 정서의 구성 요소

앞서 살펴본 바와 같이 중심 정서는 적어도 외적으로는 개인별 주요 관심 대상에 대한 자율적 역량에 의존하지만, 기본적으로는 자신감, 자존감, 정체감 등의 자신의 심리적 역량에 따라 많은 영향을 받고 있음을 알 수 있다. 즉, 자신의 심리적 역량에 따라 자극을 수용하고 이해하고 반응하는 제반 인지적 과정에서 자율적 역량을 발휘할 수 있는 가능성이 확대된다. 이것은 주변 사람들과의 유대감을 신장하고 나아가 자아를 확대하여 나갈 수 있는 중요한 터전이 된다. 이제 그러한 내·외적 요소를 통합한 의미로서 중심 정서의 핵심적 구성 요소에 대하여 살펴보고자 한다.

중심 정서에는 우선 자존감이 요구된다. 이것은 정서 안정에 결정적 영향을 주는 자기평가와 절제력이 중심이 되기 때문이다. 다음으로는 공감과 감동 능력이 요구된다. 이것은 정서의 기본 속성인 일체감의 추구를 위한 타인과의 관계를 원만하게 하는 포용력과 관계 촉진의 원동력이 되기 때문이다. 그리고 정조 관념이 요구된다. 이것은 관계 추구에 따른 제반 행동에는 넓은 포용력과 실천을 위한 충분한 이해력이 중요시되는 바, 여기에는 확고한 가치관과 그에 따른 명확한 준거가 준비되어 있어야 하기 때문이다. 이러한 의미를 조금 더 상세하게 살펴보고자 한다.

1) 자존감

이미 줄곧 살펴본 바와 같이 정서는 기본적으로 쾌와 불쾌의 단순 심적 상태에서 시작된다. 그러나 중심 정서에 연계되어 있는 정감은 일정한 관심 영역에 한정되어 형성된 정에 의하여 나타나게 되는 것이므로 일반적 감정과는 조금 다른 의미를 지닌다. 대체로 이와 같은 정감은 몇 가지 핵심적인 중심 정서의 요소와 연계되어 있는 지배적인 정감으로 항시 불안정한 정서를 안정으로 이끌어 내는 역할을 한다. 자존감은 그러한 요소들 중에서 가장 중요한 요소가된다.

자존감은 자신의 정체성을 중심으로 겪게 되는 일상적 체험에 의하여 형성되며, 논리적으로 볼 때 자존감은 일상의 모든 분야에서 긍정적 평가를 얻어 낼수록 높아진다. 즉, 자신의 존재 가치를 다양한 자기평가에 의하여 확인함으로써 얻어 낼 수 있다.

그런데 존재 가치는 인간으로서 삶과 연계되어 있는 자신의 실제 능력이 중심이 된다. 이러한 인간의 능력은 신체, 인지 그리고 정서적 능력 등으로 구분해 볼 수 있다. 신체적으로는 체력과 제반 신체적 기능 등이 있으며, 인지적으로는 지능과 탐구력 등이 있다. 또한 정서적으로는 열정과 예민한 감각 등이 있다. 이러한 제반 능력은 기본적으로는 선천적으로 부여받게 되기도 하지만, 대부분 스스로의 열정과 노력으로 어렵게 연마하여 계발해야 한다. 고매한 인격이나 학력 또는 재력이나 각종 특수 기능 등 삶의 실제적인 출중한 능력을 확보하기 어려운 것은 바로 이 때문이다. 아예 그러한 연마를 거부하거나 중도에 포기하는 경우에는 오로지 타고난 그대로의 모습대로 살아갈 수밖에 없다.

따라서 자신의 존재 가치를 증대시킬 수 있는 길은 오로지 이와 같은 다양한 실제적 능력을 소지하기 위하여 얼마나 남다른 노력을 기울이는가에 달려 있다. 물론 현실적으로 모든 능력을 두루 갖추기는 어렵지만 어느 것이든 먼저 자신이 그러한 능력을 갖출 수 있도록 끊임없이 노력하고 정진해야 하는 것임은 다시 언급할 필요가 없다. 여기에서 자존감이 발아하기 때문이다.

이제 진정한 자존감의 형성은 자신이 연마해 놓은 능력들이 결코 자신이 아닌 주변 환경에 바람직한 영향력을 발휘하여 자신의 존재 가치를 드러낼 때에 한정된다고 할 수 있다. 자신의 재력, 권력, 학력, 재능, 명예, 인격 등 모든 것이 결국 다른 사람들이나 주변 환경을 위한 것이 아니면 안 된다. 이러한 의미에서 존재 가치에 대한 평가는 기본적으로 재물[財], 사랑[愛], 지식[知] 등의 세 가지 분야에 한정된다. 즉, 다른 사람들에게 재물을 나누어 주거나 사랑하고 또는 지혜를 밝혀 어둠을 일깨워 줌으로써 자신의 존재 가치를 드러낼 수 있다. 물론 현실적으로 이 모든 것을 함께 갖추기는 어렵지만 어느 것이든 자신이 먼저 그러한 능력을 갖추도록 끊임없이 남다른 노력과 정진을 추구하여야 하는 것이 삶의 본질인 것임은 다시 언급할 필요가 없다.

재물과 사랑을 주축으로 하여 한없는 보시(布施)를 하고, 재물과 지식을 주축으로 기술[技]과 재능[才]을 발휘하고, 사랑과 지식을 주축으로 새로운 사상[思潮]을 확립하고, 삶의 지혜를 전수하는 등의 역할은 각자 자신의 역량에 따를 수밖에 없기 때문이다. 때로는 그 모두를 갖추거나 어느 한 가지도 갖추지 못하는 등의 능력 차별이 나타나는 것은 피할 수 없는 현실이다. 당연히 그에 따른 자존심의 정도 차이는 없을 수가 없다.

여하튼 이와 같이 자신의 존재 가치를 확보하면 자연히 자신감이 나타나고 이후 긍지와 자부심에 따른 자존감이 형성된다. 이것은 존재감에 대한 일종의 자기 인정이다. 여기에는 자신의 존재에 대한 긍지와 자부심을 바탕으로 한없는 자기 사랑, 곧 자기애(自己愛)가 오롯이 담겨져 있다.

이러한 자기애는 주체의식을 더욱 강화하는 경향을 지닌다. 따라서 일단 어느 정도 자존감이 형성되면 그 이후에는 더욱더 자신의 감성을 통제하는 현상이 나타난다. 즉, 자존감이 심리적 여유를 갖게 됨으로써 절제력을 강화하게 된다. 결국 자존감에 담겨 있는 자기애 등의 핵심적 정서에는 바로 이러한 자기통제력의 결과도 함께하고 있다. 인간에게 있어서 자존감이 무엇보다 소중한 것은 이처럼 자신의 경거망동(輕擧妄動)을 경계하는 자아성찰이 항상 따르기 때문이다.

그러므로 만일 자신을 절제하는 것이 어렵다면 그만큼 자존감이 부족하다고 보면 거의 틀림이 없다. 일반적으로 누구나 자아의식이 미약하면 이러한 자아성찰이 어렵게 되고 연이어 정체성의 혼란에 따른 존재감의 상실이 나타나는 것은 정한 이치이다. 상황이 이렇게 되면 소외는 물론 스스로의 존재 불안으로 도저히 자존감은 찾아볼 수 없게 된다. 그러므로 자존감의 상실은 곧 자신의 파멸을 부를 수밖에 없다. 대체로 자존감 없는 사람들이 나타내는 한결같은 특징이 바로 정서 불안이다.

또한 자존감은 객관적 인식을 제공하는 근간이 되므로 특히 중심 정서에서 소홀히 할 수 없는 요소이다. 이러한 의미를 조금 더 자세히 살펴보면 다음과 같다.

대체로 인간의 기억 속에 저장되는 것은 주로 감각 자극과 개념 자극에 의한 인식이다. 그리고 그러한 인식에는 자연히 자신의 기준에 따라 호불호의 느낌으로 인한 정서가 발생되고, 연이어 그것은 정으로 기억된다. 하지만 여기에서 유의해 두어야 할 점이 있다.

그것은 그러한 다양한 자극 속에는 단순 이해관계를 떠나 오로지 자신의 존재 가치와 연계하고 있는 자신만의 주요 관심 영역이 있다는 점이다. 이러한 대상에 의하여 형성되는 인식은 보다 세밀한 개념체계와 중심 정서를 이루는 기초가 된다. 이처럼 자존감과 연계하여 하나로 통합되어 모인 정들은 그 규모나 깊이가 개별적으로 흩어져 있는 일반적 정들과는 차원을 달리 한다.

이러한 정서는 관련 사항에 대한 대처 반응에 한결 여유를 갖게 함으로써 절제된 판단과 행동이 가능할 수 있도록 한다. 그것은 일반 감정에 의한 반응이 아닌 중심 정서 특유의 정감에 의한 반응이 되기 때문이다. 그러므로 이렇게 안정된 정감은 자존감의 제고는 물론 공감의 폭을 확대시키며, 나아가 확고한 정조 관념의 형성에 기여한다. 이러한 일련의 과정에서 자기통제의 능력이 갖추어지기 시작한다.

여기에서 중요한 것은 중심 정서와 정서 안정의 관계이다. 중심 정서가 개인의 정서 안정에 기여하는 것은 분명하지만, 그것의 본질은 어디까지나 감정이기 때문에 감정 특유의 격한 특성을 항시 잠재하고 있다는 사실이다. 그러므로 만약 중심 정서의 안정이 파괴되는 순간에는 오히려 일반적 감정과 비교할 수 없는 감정을 노정시킬 가능성도 전혀 배제할 수 없다. 다시 말해, 감정의 뿌리가 중심 정서에 연계되어 있는 경우에는 더욱 격한 감정이 나타나 그 통제가 어렵게 될 일말의 가능성은 항상 남아 있다.

2) 공감과 감동

공감은 동일 대상에 다른 사람들이 동일한 정서를 갖는 현상이다. 감정이 정의 표출에 따른 것이라면, 공감은 일정한 대상에 대하여 다른 사람들과 정서 감각의 수용이 동일한 것이다. 다시 말해, 개인의 차별성을 넘어서 특정의 대상에 관한 상대의 정서 감각과 자신의 정서 감각이 일치되는 일체감이다.

예컨대, 승진으로 즐거워하는 사람과 함께 즐거워하고, 부모상을 당하여 슬퍼하는 사람과 함께 진정으로 슬퍼한다.

이러한 공감에는 기본적으로 많은 제약이 뒤따른다. 분명히 객관적으로 자신과 다른 개별적 특성이 있는 것임에도 불구하고 그러한 차별성을 차감하여 일체감을 형성하는 것이 공감이기 때문이다. 공감이 결코 쉽지 않은 이유가 여기에 있다.

공감에는 고유한 평가(숭고한 가치 추구), 동일성(몰입), 비언어적 의미(예술성) 등 헤아릴 수 없는 고등 조작을 거친 인간의 고귀한 정신을 통한 카타르시스가 함축되어 있다. 이러한 까닭으로 공감은 때로는 깊은 감동(感動)을 자아낸다. 감동은 기본적으로 상대에 대한 충분한 이해에서 출발한다. 그런데 그러한 이해력은 상대에 있는 것이 아니라 자신에게 있다는 점이 중요하다. 이 점을 대부분 의식하지 못한다. 이것은 대상의 진정성을 토대로 하여 일체감의 절정을 이룰 수 있게 하지만 끝까지 주관의 객관적 차별성을 고수한다는 특성을 지닌다.

따라서 공감은 주로 실제의 관련 대상과 일치하는 단순한 정서적 행위인 반면, 감동은 주로 대상이 발하는 의미에 동조하는 이성적 판단이 선행된다는 점에서 다소 차이를 지닌다. 또한 감동은 숭고함, 헌신과 희생, 진정한 용기, 숨겨진 진실 등의 사태에 대하여 비교적 순간적으로 발아하기 때문에 개인적인 경험이나 신체적 특성에 따라 장시간에 걸쳐 축적되어 있던 정의 발동인 감정과도 완연히 다른 것이다. 이러한 의미에서 감동은 공감과 다소 대조를 이루는 것이 된다.

그러나 감동이 먼저 이성적 판단을 요구하는 것은 분명하지만 공감의 협조가 없이는 어렵다. 감동과 공감이 모두 기본적으로 특정의 대상과 연대감이나 동질감을 본질로 하는 점에서는 동일하기 때문이다. 따라서 감동 역시 넓은 의미에서 개념적 공감인 것이며, 이것은 외부 대상의 특정 사태와 관련되어 나타나는 개념적 정서의 한 유형이다.

그러므로 진정한 감동이나 공감이 없다는 것은 결국 자신이 그만큼 특정의 공감 사태에 대한 이해력 또는 정서 감각이 부족하다는 것을 의미할 뿐만 아니라 그만큼 자신을 스스로 좁은 울타리 안에 가두어 두고 있는 셈이 된다.

예컨대, 지진으로 흙 속에 파묻히는 급박한 상황에서도 자신을 희생하며 어린 동생을 감싸 안아 동생의 목숨을 구해 낸 사례에서 나타나는 형제애는 누구에게나 감동을 안겨 줄 수 있는 여지가 많은 사실적 사태이다.

하지만 모두가 이것을 자신이 직접 경험한 것처럼 이해할 수 있는 것은 아니다. 이에 대한 감동은 먼저 주어진 사태가 보편적이고 총체적이며, 선험적 특성을 지니고 있어야 할 필요성이 있으며, 그에 따른 해석의 여지가 남아 있다는 점을 나타내고 있다.

이제 공감과 감동을 학문과 예술을 중심으로 비교하여 보면 다음과 같다.

원래 학문은 특수의 보편화가 중심이 된다. 따라서 학자는 자신의 학문의 깊이가 더하여 가면 갈수록 보편화에 따른 남다른 감동이 가능하게 된다. 문제는 학문의 깊이를 그처럼 쉽게 마련할 수 있는 것이 아니라는 점에 있다. 세상에는 수많은 학자가 연구와 강의 그리고 집필 등으로 한 세월을 보내지만 정작 자신의 학문에 감동하여 자기만족을 얻어 낸 학자가 얼마나 되는지 의심스럽지 않을 수 없다. 적어도 자신의 학문에 대한 깊은 애착은 물론이려니와 학문 탐구의 과정에서 경험할 수 있는 다양한 감동의 순간을 축적해야만 얻어 낼 수 있는 원숙한 경지의 안목은 남다른 부단한 노력이 없이는 절대로 불가능하기 때문이다.

이러한 노력의 경주는 결코 쉬운 일은 아니다. 가끔 연구비 횡령으로 사회 문제를 야기하거나 소위 현실 참여라는 명분을 내걸고 정가에 얼굴을 내밀면서 본연의 연구와 후학 양성을 도외시하는 경우를 볼 수 있는 것도 이와 관련이 없다고 할 수 없다.

모름지기 외부 변화에 일희일비(一喜一悲)하지 않고 항상 자신의 학문 연마에 정진을 끊임없이 이어 나가는 사람들은 노년에 이르면 거의 자아초월의 경지에 이른다. 이들은 깊은 감동으로 한결같이 대양과 같은 학문의 폭과 심연과 같은 깊이의 이해 수준을 지닌다. 이러한 사람들은 비록 전공이 서로 다를 경우에도 얼마든지 공감이 가능하게 된다. 아니, 주변 상황과 다른 사람들을 이해하지 못하는 것이 오히려 더 이상한 것이 된다. 따라서 인식의 폭이 좁을수록 공감은 물론 대화의 상대가 제한되어 외부와 소통이 어렵게 되는 것은 피할 수가 없다.

한편 예술은 학문과 다소 다른 특성을 지닌다. 예술은 무엇보다 자신의 진솔한 느낌과 감정이 중요하다. 따라서 예술가는 드러내고자 하는 자신만의 고유한 의미를 얼마나 깊이 있게 작품에 표현해 낼 수 있는가에 따라 차별성이 부각된다. 그러므로 자신의 작품에 대한 일반인들의 공감 가능성은 오직 자신만의 고유한 표현 양식에 달려 있다. 즉, 예술의 가치는 예술가가 지닌 차별성을 얼마나 보편적 의미로 표현해 낼 수 있는 것인가에 달려 있다고 해도 과언이 아니다.

뿐만 아니라 예술은 먼저 일반의 상식적 이해를 넘어서 있다는 점에 출발한다. 그러므로 예술작품의 평가에서는 모든 평가에 거의 필수적으로 개입되는 유용성과 효용 가치를 뛰어넘어 오로지 느낌과 감성에 호소하는 특성을 지닌다. 즉, 예술의 진정한 가치는 일반적 유용성에 예속되는 속박을 벗어나 자유로운 영혼을 추구하는 정신에서 드러난다.

이러한 의미에서 예술작품은 생활의 편의를 위한 수단적 가치를 허용치 않는다. 아니, 예술은 그 자체가 이미 그러한 수단적 가치를 거부하고 누구나 함부로 범접할 수 없는 오로지 예술 고유의 절대 가치를 고수하려는 성향을 강하게 지닌다. 여기에는 무엇보다 인간의 정신을 선도하고 일깨우는 숭고한 가치가 내포되어 있다는 점을 간과해서는 안 된다. 이러한 의미에서 예술에서의 소위 개성과 창의성 논쟁은 매우 진부한 의미를 지닐 뿐이다.

그러나 예술의 이러한 특수성은 보편적 감정의 공감을 형성하는 데에는 근원적 한계를 지닌다는 문제가 자체에 내재되어 있다는 아이러니가 있다. 애당초 보편적 감성이 존재하는가 하는 문제는 차치하고서라도, 설령 있다고 해도 모든 사람은 현실적으로 각자 서로 다른 이해 수준이 있음을 부정할 수 없기 때문이다. 적어도 논리적으로 볼 때, 예술에서 진정한 감동의 일치는 근원적으로 불가능하다. 이러한 의미에서 예술에서는 대체적으로 감동보다는 공감이 요구된다.

이러한 공감의 정도는 예술에 대한 이해의 수준에 따라 예술적 엘리트, 일반인 그리고 예술에 거의 무관심한 사람들 등의 세 가지 부류로 구분해 볼 수 있다.

우선 예술적 엘리트는 다양한 예술의 상징적 의미의 횃불을 감지할 수 있는 식견이 어느 정도 구비되어 있기 때문에 이들은 각자의 예술 그 자체의 개별적 특성보다는 그러한 예술 추구 방식의 고유한 특성에 공감하고 감동할 수 있는 여유가 있다. 다시 말해, 이들은 예술이 나타내고자 하는 상징적 의미와 표현 양식의 예리한 일치성을 감지할 수 있는 능력을 구비한다. 누구나 같은 의미를 표현할 수는 있지만 주요한 것은 그러한 의미를 얼마나 아름답고 정교하게 표현해 내었는가 하는 그 정합성에 따른 독창성을 갈파한다.

이러한 표현의 정교함에 대한 이해는 그야말로 예술이 추구하는 고도의 아름다움에 대한 감동의 가능성을 열어 준다. 그러나 사전에 그러한 능력을 미리 갖추지 못하고 있으면 의도적으로 상대에 다가서는 공감 수준에 머물게 된다. 어찌 보면 순수 예술의 세계이다.

다음으로 일반인들은 대체로 그 작품의 개성보다는 자신이 그 작품에서 어떠한 공감을 얻을 수 있는가에 따라 다르게 나타난다. 대체로 예술가의 노력에 부합하는 태도를 견지하면서도 자신의 취향과 맞지 않는 경우에는 작품의 고유한 예술적 가치를 인식하지 못한다. 즉, 작품이 지니는 의미와 표현의 정합성에 따른 독창성을 인식하지 못하기 때문에 감동이 어렵고 공감에도 자연히 한계가 따를 수밖에 없다. 이들의 예술에 대한 성향은 자신의 취향에 따른 일반적 공감 수준을 벗어나지 못한다는 한계가 있다.

이들에게 예술작품이란 단지 생활의 편의를 위한 공감을 제공하는 수단일 뿐이다. 소위 대중예술이 여기에 속한다. 그러므로 대중적인 연극, 영화, 음악, 무용, 개그(gag), 마술 등의 예능이 중심을 이루는 연예 활동은 예술적 공감의 의미보다는 오락적 색채가 더 강하게 나타난다.

마지막으로 예술에 거의 무관심한 사람들은 예술 그 자체를 신기하게 바라볼 뿐이다. 때로는 예술적 가치 자체를 전혀 이해하지 못하는 경우도 적지 않다. 이들에게 예술은 거의 무관심의 영역이거나 그저 호사스러운 세계로 자신의 주관적 의미를 갖지 못하고 다른 이들의 생각에 마지못해 동조하는 수준에 머물게 된다. 이들에게 예술은 한풀이 수준을 벗어나지 못하고, 공감은 그저 강 건너 불구경하는 정도에 불과할 따름이다.

한마디로 말해 예술적 엘리트들은 이미 일정한 예술적 식견을 지니고 있기에 다양한 표현 방식에도 불구하고 공감에 따른 감동이 이루어진다. 보통 사람은 다소 이해 수준의 한계로 자신의 취향에 근접할 때에 비로소 공감을 얻어 내며, 무관심한 사람들은 예술적 감각이 거의 없기 때문에 다른 사람을 조건 없이 따르거나 무관심으로 일관하는 방식을 취할 수밖에 없게 된다.

이상으로 살펴본 의미에 따르면 중심 정서와 학문은 서로 밀접한 관계를 지니고 있음을 알 수 있다. 또한 예술은 공감과 감동을 통하여 타인과의 합일을 추구하는 것임을 알 수 있다. 그러나 지고의 예술은 먼저 감동을 추구함으로써 예술적 엘리트들 이외의 사람들에게는 진정한 의미에서 예술적 가치의 체험에 다소 한계가 있음을 확인할 수 있었다. 이로 인하여 진정한 예술가는 수많은 사람으로부터 호응을 얻어 내는 데에는 현실적 한계가 있는 까닭으로 대부분 고독할 수밖에 없다.

만일 예술가가 이것을 극복하지 못하면 결국 그는 자신의 숭고한 예술을 도구화하여 오로지 명예와 재물을 탐하는 수단으로 전락시켜 예술의 세속화를 부르지 않을 수 없게 된다.

그리하여 세칭 연예인이라고 하는 사람들이 오직 대중의 공감을 얻어 내는 일에만 전념한다면 그들은 이미 예술이 추구하여야 할 지고의 정신적 가치를 포기한 예능인에 머물 수밖에 없다. 만약 끝까지 스스로 예술가임을 자처하고자 한다면 적어도 예술을 물질의 화려함 속에 파멸시키는 자기 파괴적 모순적 행위에서 하루속히 벗어나지 않으면 안 되는 것임을 분명히 알아야 한다. 진정한 예술적 공감에는 무엇보다 일반인들의 이해 수준과 다른 매우 정교한 이해의 지평이 분명하게 요구된다는 점이다. 이에 대한 자세한 논의는 독자의 판단에 의존할 수밖에 없다. 단지 분명한 것은 공감과 감동이 중심 정서에서 중요한 의미를 지닌다는 점이다.

여기에서 학문과 예술의 분명한 공통점과 차이점이 부각된다. 우선 공통점은 모두 인간 최고의 가치를 추구하고 있다는 점이다. 차이점은 학문은 오직 자신의 내면 성찰에, 예술은 내면을 외부로 표출하는 것에 관심의 초점이 집중되고 있다는 점이다.

3) 정조

앞서 언급한 바와 같이 정조(情操)는 특히 개념 중심 정서와 관련하여 반드시 살펴봐야 하는 핵심 개념 중의 하나이다. 이것은 정서가 발아하여 중심 정서로 줄기가 선 다음 다양한 정서로써 잎이 자라고 마지막으로 피는 꽃이다. 간단히 말하여 정(情)의 진수이다.

앞서 살펴본 바와 같이 정서는 기본적으로 감각을 중심으로 발아한다. 하지만 정조는 그 감각의 뿌리를 놓치지 않으면서 감각의 모순을 넘어서 저 이념의 푯대를 향하여 나가는 개념 정서에 따른 가치관이 중심이 되기 때문이다. 이러한 의미에서 정조는 중심 정서의 중심이 된다고 할 수 있다.

이것은 감각적 정으로도 어느 정도 가능하지만 주로 개념적 정으로 형성되는 것으로 보는 것이 타당하다. 물론 감각적 정에서도 정으로써의 진수가 형성될 수 있는 것은 사실이지만, 문제는 그것이 감각에 한정될 수밖에 없다는 한계가 있다. 그러나 개념적 정은 사정이 이와 다르다. 이것은 감각적 정을 기반으로 하되 여기에 개념적 정을 더한 것이기 때문이다. 즉, 정조는 장기간에 걸친 인식의 일관성에 따른 견실한 개념체계를 토대로 하고 있다는 사실이다. 이것은 마치 그물망과 같은 개념체계를 기반으로 하여 개념 특유의 논리와 추상이 이루어 낸 결과이기에 상대적으로 의미의 흔들림이 최소화된다.

그리하여 정조는 섣불리 감정의 파도가 일어남을 사전에 방지함은 물론, 설혹 높은 파도가 몰아쳐도 추호의 흔들림 없이 그에 대한 대책을 마련하여 주는 방파제와 같은 역할을 담당한다.

조금 더 구체적으로 말하여 개념 정서는 감각이 지닌 변화 가능성을 개념체계 내에 흡수하여 비교적 일정한 안정성을 유지함으로써 자연히 정서 안정을 취할 수 있는 가능성을 높여 준다. 더욱이 개념체계는 일정한 가치관이 형성된 경우에도 다시 장기간에 걸쳐 고도의 논리적 검증 절차를 거치게 하며, 최종 판단 이후 다시 신념의 수준으로 도약하기까지 무수한 사고를 불러일으킨다. 정조는 바로 이때가 되어야 비로소 진정한 의미를 갖게 된다.

소위 고매한 인격의 소유자로 거듭나게 되는 것도 이와 깊은 관련이 있다고 할 수 있다. 이것은 이미 제1부에서 언급한 대로 분명한 자기정체성과 자신을 중심으로 한 여타 만물과의 관계 인식 그리고 그로부터 자연히 우러나오는 자기 절제의식 등이 어우러질 때만이 가능한 그 무엇이다. 곧, 자아초월의 경지이다. 이제 그다음은 다시 언급할 필요가 없다. 정조가 높은 이념과 가치를 내포하고 있는 까닭이 바로 여기에 있다. 그러므로 중심 정서가 불안정한 사람들에게서 이러한 정조를 찾는다는 것은 그 자체가 모순되는 것이 아닐 수 없다.

일반적으로 정조는 논리적 일관성, 지식의 폭과 깊이, 예술에 대한 격조 높은 관점, 신에 대한 믿음성 등 그 대상에 따라 크게 논리적 정조, 지적 정조, 심미적 정조, 종교적 정조 등으로 구분한다. 하지만 정조는 단지 이러한 네 가지 영역에 한정되는 것이라기보다 실제로 삶을 총체적 관점에서 조망하고 숭고한 가치 추구에 따른 수준 높은 행동의 기준을 갖추고 있음으로써 나타내는 안정적인 개념적 정에 대한 징표이다. 어떠한 정조든지 간에 높은 정조 관념은 이미 도덕이나 윤리를 통합하고 이들을 자신의 개념체계에 융합해 놓은 상태이다. 따라서 정조는 그 가치의 고하를 떠나 중심 정서의 중핵적 구성 요소로서 누구나 지니고 있어야 할 소중한 인간의 품성에 해당한다.

이상으로 중심 정서의 요소를 살펴본 바에 따르면, 중심 정서에는 한결같이 인간에게 거의 빼놓을 수 없는 자존감과 정조와 같은 매우 차원 높은 정신 그리고 주변의 다양한 대상과 공감하고 감동할 수 있는 능력 등이 내재하여 있음으로써 이들이 상호작용하여 자아를 확대하여 가고 있음을 알 수 있다. 이것은 결국 정서의 안정은 자아 확대가 중심이 되는 것임을 알려 준다.

6. 정서의 특성

이제 지금까지 살펴본 제반 정서의 특성을 종합하여 몇 가지 정리하여 보면 다음과 같다. 우선, 정서는 그 작용 과정에서 일정한 특성을 나타낸다. 정서의 발단에서 표출에 이르기까지 일정한 작용 형식이 있는가 하면, 불쾌한 경우와 유쾌한 경우에 따라 정서의 일정한 작용 특성이 서로 다르게 나타난다. 뿐만 아니라 자신에게 심리적 안정을 주는 몇 가지 요인에 따라 정서가 다르게 작동된다. 이러한 의미들을 정서의 작동 구조, 정서와 행복 및 불행의 관계, 정서와 만족감의 관계 등 정서의 특성을 인지, 양면, 개인 등을 중심으로 하여 조금 더 구체적으로 살펴보고자 한다.

1) 작동 구조-인지적 특성

정서의 인지적 특성에 대한 보다 상세한 이해를 돕기 위하여 표출 과정에서 나타나는 작동 구조를 개략적으로 구분해 살펴보면 다음과 같다.

정서의 작동은 인식과 거의 동시에 발생하지만 비교적 일정한 과정에 따라 작동된다. 기본적으로 처음 자극이 감각을 유발하면 이것을 인식한 후 정서 반응이 표출된다. 하지만 일반적으로 볼 때, 정서는 기억 내부에 잠재하고 있었던 정에 대한 신체의 반사작용이 주축을 이룬다. 왜냐하면 대부분의 주변 자극은 순간적이기보다는 지속적으로 발생하기 때문이다. 그러므로 그에 대한 인식이 매번 기억 속에 축적되면 임의 자극이 조건 자극이 되어 일정한 정서적 반응이 형성된다. 이것을 도표화하여 나타내면 [그림 5-3]과 같다.

```
임의 자극 → 감각 → 인식(순간적) → 반사적 반응
                    ↓
      반복, 충격(지속적) → 정의 형성(기억)
                              ↓
              조건 자극 → 인지 과정(검증) → 정서 반응
```

[그림 5-3] 정서의 작동 과정

즉, 일정 기간 특정 자극에 대한 감각이 반복적으로 진행되거나, 아니면 순간적으로 예기치 못한 충격으로 발생한 인식은 기억 내부에 강한 인상으로서의 정을 남기면서 잠재하게 된다. 이러한 기억 내부의 흔적은 정서의 중요한 토대가 된다. 다만, 장기간에 걸쳐서 서서히 형성된 기억과 달리 순간적으로 형성된 기억은 다소 불안정한 성격을 지니며, 때로는 기억 혼란 사태를 초래하기도 한다.

하지만 여기에서 기억은 특별한 의미를 지닌다. 일반적 의미에서의 기억은 단순히 인식이나 사고 활동의 자료를 제공하는 역할을 담당하는 것이지만, 정서와 관련되어 정을 형성하는 경우에는 신체적 조건 반응을 유발하는 조건 자극을 제공한다는 점이다.

이러한 의미에서 본다면 정의 형성은 일종의 조건화 현상과 일치하는 측면이 있다. 다만, 양자가 서로 다른 점은 정은 단순한 조건화와는 달리 인지적 검증 과정을 반드시 거친다는 점이다. 정은 이와 같이 인지적 판단에 의하여 반복적으로 진행된 것이기 때문에 다소 고정 불변의 속성을 나타낸다.

이처럼 정서는 기본적으로 인지적 특성이 전제되기 때문에 정서의 표출에도 그러한 인지적 과정이 나타난다. 이러한 의미를 구체적으로 살펴보면 다음과 같다.

• 감수(感受) 단계: 정서의 표출 이전에 항상 자극 정보를 받아들이는 것으로, 이것은 단지 명확한 정서 반응을 위한 판단의 근거를 확보하는 준비 단계

이다. 이 단계에서는 주로 자극 정보와 관계되는 기존 관련 개념을 탐색하여 인식하는 활동이 이루어진다.

- 판단(判斷) 단계: 인식 정보를 비교하고 검토하며 확인하는 것으로, 이 단계에서는 과거의 인식과 기억 속에 잠재하여 있는 정의 양과 질에 대한 회상으로 반응의 여부 및 정도를 판단한다.

- 동기(動機) 단계: 정서의 표출과 억제에 따른 반응 행동의 방향을 결정하는 것으로, 이때에는 자신의 정서 감각과 표출 정도와의 일치 정도를 확인하여 그에 따른 행동 방향을 뚜렷이 결정한다. 이것은 전 단계에서 확보한 판단 자료를 재차 면밀하게 검토하는 단계이다. 이때, 만약 정을 표출하려는 경우에는 그에 소요되는 에너지를 비상소집하게 된다. 그러나 아직 본격적 표출 활동은 하지 않고 있는 단계이다.

- 충동(衝動) 단계: 정이 이미 일부 표출되기 시작하는 것으로, 이 단계는 상황에 따라 여력의 에너지까지 총동원되고 특정의 방향을 향하여 힘차게 반응 행동을 시작하는 단계라고 할 수 있다. 이미 밖으로 자신의 생각이 일부 드러난 상태로 강력한 의지에 의하여 지원을 받고 있는 상태이다. 따라서 이 단계에서는 활용하게 될 에너지의 질과 양이 거의 확정되고 반응하기 위한 준비가 어느 정도 이루어진다.

- 결단(決斷) 단계: 에너지의 표출과 억제를 확정하는 것으로, 만일 표출로 결단하면 목표에 이미 정해져 있는 대로 모든 가용 에너지를 총동원하여 본격적인 에너지 운용이 시작되는 단계이다. 이러한 단계에서는 에너지를 운용하기 위한 모든 수단과 방책이 이미 강구되어 있어서 특별한 사정이 없는 한 다시 되돌리기 어려운 상태이다. 긴장이 최고조에 이르는 것도 바로 이 단계이다.

그러나 만일 억제로 결단하면 목표를 향해 이미 모든 준비를 마치고 총동원된 에너지들을 다시 원점으로 되돌리게 된다. 그러나 그러한 과정에서 일부 에너지 이탈이 발생하여 다소의 불안정은 불가피하게 된다.

따라서 결단 단계는 정서 활동에서 매우 중요한 분기점이 되며, 개인의 성정을 비교적 분명하게 확인하여 볼 수 있는 단서가 되기도 한다.

- 반응(反應) 단계: 목표에 이미 정해져 있는 대로 모든 방안과 에너지를 총동원하여 본격적인 표출 활동에 들어가는 것으로, 여기에서는 당초 의도했던 바대로 표출을 감행함으로써 소기의 목적을 추구하고 성취하는 단계이다. 이 단계에서는 에너지 본연의 임무에 충실하게 활동하므로 에너지의 방출이 심하게 진행된다.

- 회복(回復) 단계: 에너지 활동의 안정을 확보하기 위하여 사후 보충하는 것으로, 이 단계에서는 주로 정의 표출에 따른 부족한 에너지의 보충 활동이 이루어진다. 당면한 허기를 보충하여 신체의 안정을 도모하는 단계이다.

- 반성(反省) 단계: 그동안 자신의 제반 활동을 점검하는 것으로, 이 단계에서는 기존 활동의 문제점을 검토하고 보다 능률적인 에너지 활용 방안을 고려하는 활동이 이루어진다. 이에 따라 새로운 대처 방안을 마련하기도 한다. 이 단계에서 아쉬움과 후회가 교차된다.

- 안정(安定) 단계: 정의 표출에 보다 더 원숙함을 나타내는 것으로, 이 단계는 이미 동일한 행동의 반복을 통하여 거의 습관적이며, 반사적 에너지 활동이 이루어지는 단계이다. 이에 따라 심리적 안정에 이르게 되고 일정한 성격 형성의 토대가 마련되는 단계라고 할 수 있다. 이러한 단계에서 비로소 한 사람의 정의(情意)의 바탕이 마련된다고 할 수 있다.

이상으로 살펴본 정서의 작동 과정에 따른 제반 단계별 세부 정서 변화는 각 단계별 상황에 따라 다시 관심, 흥미, 갈망, 흥분, 희열 등 세부적 정서가 작동하여 더욱 복잡한 양상을 나타낸다. 또한 정서의 작동 과정은 기질에 따라 소통의 안정성이 좌우되며, 기세에 따라 소통의 속도에 차이를 나타낸다.

예컨대, 청기(淸氣)의 경우 소통의 안정성이 높아져서 매우 합리적 절차를 유지하게 되며, 탁기(濁氣)의 경우 그 반대의 경향을 나타낸다. 뿐만 아니라 기세가 강한 경우 소통의 속도가 증가되어 안정성을 저해하여 거칠게 되며, 약세인 경우 속도가 둔화되어 소통이 잘 안 되거나 아예 소통이 차단되는 사태가 발생하게 된다.

이러한 기(氣)의 특성은 개별 성격 형성의 중요한 요인으로 작용하게 된다. 따라서 정서의 표출은 각자의 성격과 오랜 기간의 생활습관에 따라 좌우되는 것이 사실이지만, 엄밀히 말하자면 인지능력에 따라서 영향을 받게 되는 것임을 알 수 있다. 다시 말해, 정서는 기본적으로 자신의 존재 유지와 발전에 유리한 조건을 지니는 것과 그렇지 못한 것을 판단한다. 전자는 호감을, 후자는 불호로 감지하는 인지 작용에 의한 것이다. 한마디로 말하여 정서는 인지적 특성에 의하여 현실 상황에 따른 개인의 이해(利害) 정도를 나타내는 총체적 반응이다.

2) 행복과 불행-양면적 특성

앞에서 언급한 바와 같이 정서는 변함없이 일정한 형식의 틀을 전제로 작동되는 것은 분명하다. 대부분 특정 자극에 걸맞은 정서 반응으로 대응하려는 경향을 나타낸다. 하지만 한 가지 세심히 살펴보아야 할 점은 정서는 특정의 자극에 몰입하면 쉽게 벗어나지 못하는 경향을 갖고 있다는 점이다. 그리하여 때로는 과도한 반응으로 일관함으로써 통제 불능의 상황을 연출하기도 한다.

이러한 경향은 특히 행복과 불행이라는 정서와 깊게 연계되어 있다. 유쾌하거나 불쾌한 감각이 각기 잠시 자신의 정서 전반을 지배하는 상황이 나타난다. 이러한 상황에서 나타나는 특징은 다음 세 가지로 요약해 볼 수 있다.

첫째, 유쾌와 불쾌를 유발하는 어느 한편의 지배적 자극 이외의 여타 자극은 감각이 마비되는 사태가 발생한다는 점이다. 이러한 상황하에서는 어느 한편으로 편중된 감각만 작동되고, 나머지 모든 자극은 마비되는 현상이 나타난다.

예컨대, 그동안 몹시 갈구하던 성취를 이루어 기쁨이 넘치면 세상 만물이 다 아름다운 것으로 보이는 착각에 빠지게 된다. 그러나 반대로 실패를 거듭하여 일말의 회생 가능성도 보이지 않는 절망적 상황을 맞이하면 모든 것이 절망적 의미로 인식된다.

둘째, 필요 이상의 과도한 반응을 나타낸다는 점이다. 일단 한 번 지배적 자극이 여타의 감각을 마비시키면 그 자극은 더욱더 강화되어 자연히 신체적으로 점차 더 강력한 반응을 하려는 경향을 나타낸다.

예컨대, 어느 한 사람을 애인으로서 한번 좋은 인상으로 기억하면 다른 사람은 인식되지 않고 오직 그 한 사람만을 더욱 좋아하게 되는 현상이 나타난다. 이 역시 그 반대의 경우도 마찬가지이다.

셋째, 감정의 절정에서는 유쾌와 불쾌가 순간적으로 교차되는 불안정을 나타낸다는 점이다. 어느 한편의 지배적 자극이 지나치게 과도하여 표현하기조차 어려운 일정 수준 이상의 감정에 도달하면 양극단의 감정이 서로 교차되어 나타나는 특이한 현상이 나타난다. 이처럼 인간이 한편으로 감정이 치우쳐 극에 달하게 될 때를 소위 절정이라고 한다. 하지만 매우 조심스러운 부분은 이처럼 정점에 이르게 되는 경우에는 자칫 위험이 도사리고 있음을 알지 않으면 안 된다.

유쾌한 경우에는 그동안 억울했던 감정이 되살아나 독선(獨善)이 되고, 불쾌한 경우에는 냉소적 웃음을 머금은 잔인한 파괴가 나타날 가능성이 높아지기 때문이다. 마약이나 도박은 전자에, 폭력이나 자살과 같은 것은 후자의 경우에 해당된다.

이와 같이 정서가 양극단의 정서에서 특이한 현상을 나타내는 것은 기본적으로 부정적 정서를 해소하려는 정서 자체의 특성에 기인한다. 원래 정서의 출발은 행복을 추구하는 인간의 기본적 욕구에서 비롯된다. 그리하여 긍정적 정서는 누구나 선호하는 그 무엇이다. 하지만 [그림 5-4]에서 보는 바와 같이 행복을 추구하는 과정의 그 이면에는 필연적으로 부정적 정서가 개입된다는 점에서 문제가 복잡해진다.

즉, 모든 행복에는 필연적으로 불쾌가 수반되는 일정한 인내와 노력이 요구된다. 누구에게나 일(work)이란 어떤 목적을 추구하고자 하는 욕구에 따라 정신과 신체를 사용하는 것이며, 여기에는 크고 작은 장애는 물론 남다른 인내와 노력이 반드시 따르기 마련이다.

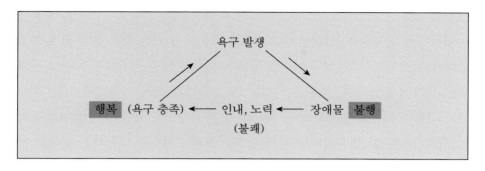

[그림 5-4] 긍정적 정서와 부정적 정서의 관계

　이러한 경우 정신과 신체가 서로 부조화를 이루거나 자신의 생각과 현실이 서로 부합되지 않는 일이 다반사로 나타난다. 만일 이러한 여러 가지 장애를 자신의 인내와 노력으로 극복하면 그것이 바로 행복이 되지만, 여러 가지 사정으로 장애를 극복하지 못하면 그것이 곧 불행이 된다. 뿐만 아니라 희소성이 높은 가치에 대한 욕구의 추구는 그만큼 더 많은 장애로 인하여 보다 더 자신의 능력을 발휘하고 노력을 기울이지 않으면 안 된다. 특히 물질적 가치보다는 지속적이고 보편적인 정신적 가치의 추구는 반드시 일정 기간 연마를 거쳐야 비로소 어느 정도 가능해진다고 할 수 있다. 하지만 연마가 한계 상황에 이르면 자칫 만사휴의(萬事休矣)의 상태가 되기도 한다.

　이처럼 행복의 추구 과정에는 일정한 노력과 그에 따른 고통스러운 인내를 극복해 내는 불쾌의 과정이 필수적으로 요구된다. 만일 일상적 상황에서 흔히 접하게 되는 제반 여건의 사소한 불일치에서 발생하는 불쾌한 경험마저 거부한다면 행복은 애당초 요원한 것이 되고 만다.

　이러한 의미에서 우리가 소위 행복과 불행은 동전의 양면과 같은 것으로 불행을 넘어서지 못한 행복이 없고, 행복을 겪어 보지 못한 불행이 없다. 이처럼 정서는 항시 양면적 특성을 지니는 것이다. 그러나 사람들은 오직 불행이 없는 행복만 추구하려는 어리석음으로 작은 불행에도 더 큰 어려움을 겪는 것으로 착각하는 경향을 갖고 있다. 이것은 일상에서 크고 작은 스트레스가 발생하는 원인이 된다.

여기에서 일정 부분 사전에 스트레스를 해소하기 위한 소위 정화 과정이 필요하게 된다. 즉, 제반 장애 여건에 따른 정신적 분열을 잠시나마 하나로 통합하는 순간이 필요하다. 예술은 이러한 마음의 정화 과정과 연계되어 있다. 이것은 결국 문자를 중심으로 하는 학문과 달리 음향이나 형상 등의 표현을 통하여 그러한 불쾌한 정서의 해소를 담당하는 카타르시스를 제공하는 것과도 연계되어 있다.

3) 만족감-개인적 특성

정서는 무엇보다 현재의 불안 상황을 벗어나 소정의 만족감을 얻으려는 욕구에서 발생한다. 이러한 욕구의 판단은 이미 앞서 살펴본 바와 같이 생과 사, 옳고 그름 그리고 자아초월 등의 세 가지 차원에 의하여 결정된다. 그러나 그러한 판단에 따른 정서 표현의 강도는 주로 개인의 만족감이 지배하고 있다.

따라서 기대하고 있는 만족감에 따라서 정서가 다르게 표출되는 것은 당연하다. 이처럼 정서를 나타내는 정도, 즉 그 강도는 기본적으로 욕구 추구에 따른 만족감에 대한 기억의 강도에 비례한다. 과거의 만족도에 따른 기억이 강하면 강할수록 강한 정서를 동반한다고 할 수 있다.

정서가 기본적으로 에너지의 파동이라는 점을 감안할 때 강한 정서는 결국 그 파동에 따른 진폭이 크고 속도가 빠르다는 것을 의미한다. 대체로 유아기에는 정서 파동의 진폭은 작지만 속도는 빠른 것이 특징이다. 이에 반하여, 성인은 진폭은 크지만 속도는 느린 형태를 보인다. 따라서 유아기에 진폭이 다소 큰, 수용 능력 이상의 자극은 그만큼 정서 발달에 치명적 영향을 준다고 할 수 있다. 또한 유아에게 불편한 자극을 지나치게 반복하는 경우에는 자폐적 성향을, 반대로 필요 이상의 즐거운 자극을 주는 경우에는 과잉행동장애(Attention Deficit Hyperactivity Disorder)를 나타낼 수 있다. 그러므로 유아들의 정서 형성에 무엇보다 중요한 것은 항상 인내를 갖고 아이의 행동을 관심 있게 지켜보아

주며, 감정이 표출될 때는 언제나 함께하여 주는 사랑의 마음이다.

이러한 의미를 조금 더 자세히 살펴보면 기억의 질과 양은 자극과의 동질감 또는 이물감을 바탕으로 정당성, 이해관계, 주관적 성향 등과 관련하여 정서에 대한 욕구가 발생한다. 이것은 정서가 본래 무엇이든 완벽을 기하려는 인간의 원초적 욕구 성향, 즉 만족감에 따른 것이기 때문이다. 정서 관리는 이러한 만족감을 면밀하게 파악하는 것에서 시작된다고 할 수 있다. 따라서 여기에서는 이러한 개인의 만족감을 결정하는 다음과 같은 몇 가지 요인을 살펴보고자 한다.

(1) 가치관

개인에 따라 특정 사안에 보다 중점을 두어 고려하는 경향이 나타나는 바, 이것은 각자 가치관의 차이 때문이다. 가치관이란 본래 거대 우주를 포함한 자신의 환경을 파악하고, 자신이 살아 나아갈 바를 모색하는 가운데 무엇이 옳고 그른 것인가를 판단하는 기준에 대한 일련의 체계적 설계라고 할 수 있다.

이러한 기준의 설계에서 특히 중요한 것은 시간과 공간에 대한 관점이다. 특히 시간에 대한 관점은 가치관의 중심이 된다. 이것은 현생에 대한 관점의 차이에서 나타난다. 만약 전생을 강조한다면 운명적 태도를 형성하여 조소가 섞인 삶을 이어 나갈 것이다. 이에 비하여 현생을 강조한다면 쾌락적 태도를 형성하여 즉흥적 기분에 따라 삶을 즐기고자 하는 성향을 나타낼 수밖에 없다. 그러나 사후의 세계를 강조한다면 다음 세계를 준비해 나가는 자세로 성실성 있게 헌신적인 삶을 살아 나가려고 할 것이다.

공간에 대한 관점도 판단에 중요한 준거가 된다. 자신이 속하고 있는 지역이나 국가를 중심으로 생각하는 경우, 종족이나 민족주의에 함몰될 수 있다. 그러나 지구촌으로 연장한다고 해도 인류애나 자연주의에서 벗어나지 못한다. 여기에서 만일 전 우주 공간으로 나간다면 이제는 모든 것을 벗어나 무아의 경지에 다다를 수가 있다.

이처럼 시간과 공간에 대한 관점에 의한 판단의 기준, 곧 가치관은 개인의 삶

전 영역을 지배한다고 할 수 있다.

예컨대, 동일한 상황에서 정신과 물질, 개인과 공동체, 이익 추구와 위험성, 긍정과 부정, 사고와 실천, 결과와 과정, 성공과 실패 등의 대비적 상황에서 어떠한 것을 근거로 하여 우선적으로 고려하는가에 따라 사태의 전개 과정은 사뭇 다를 수밖에 없다. 다시 말해, 사람에 따라 기대 수준이나 선택 기준이 다르기 때문에 동일한 상황에서 서로 다른 정서의 강도를 나타낸다. 이것은 가치관이 정서의 강도에 얼마나 많은 영향을 주고 있는 것인가를 잘 나타내고 있다.

(2) 습관

사람들은 각자 생활환경이 다르기 때문에 성장 과정을 통하여 익힌 습관 역시 정서의 표현과 강도에 영향을 준다.

예컨대, 어떤 사람은 부정적 사태에서 다소 강한 분노를 표출하는가 하면, 또 다른 사람은 긍정적 사태에서 보다 강한 희열을 토하는 성향을 나타낸다.

이러한 성향은 정서 표현의 빈도에서도 찾아볼 수 있다. 즉, 일반적으로 정서 표현의 빈도와 강도는 상호 반비례하는 경향을 나타내지만, 그 어느 것이든 결국은 개인의 만족이나 불만족에 따른 성향 역시 하나의 습관이다.

예를 들면, 잔소리가 심하여 불만을 자주 나타내는 사람이 있는 반면, 잔소리는 없지만 한번 불만을 토로하는 경우에는 누구도 피해갈 수 없을 정도의 강도를 나타내는 사람도 있다.

또한 남편이나 아내, 자식, 부모, 가까운 친인척, 이웃, 친구 등과 같은 의미 있는 타인에게는 상대적으로 강하거나 약한 정서 반응을 나타내는 경우도 많이 나타나고 있다.

예를 들어, 같은 부모라 해도 평소 어머니와 더 교분을 나누어 왔다면 아버지보다는 어머니에게 더 편한 마음을 갖게 되는 것은 당연한 이치이다. 따라서 누구나 평소 자신의 정서 발달과 관리에 세심한 관심을 기울일 필요가 있다.

이외에도 평소에도 웃음을 입가에 머금고 있는 사람이 있는 반면, 항상 무표정으로 일관하는 사람도 있듯이 개인의 만족과 불만에 의한 습관에 따라 정서의 표현이 다르게 나타나는 현상을 쉽게 찾아볼 수 있다.

이상으로 정서에서 만족감의 의미를 정리하면 정서는 개인의 만족감 성향에 따라 다양한 모습을 나타내고 있으며, 만족감은 특히 개인의 가치관이 중심을 이루고 아울러 생활습관도 적지 않은 영향을 주고 있음을 알 수 있다.

제6장

정서 발달

　이제 비로소 정서의 발달과 관련하여 발달 단계와 발달 요인 등에 대하여 살펴볼 수 있는 계기가 마련되었다. 정서의 발달은 연령이나 사고 수준 등 고려하는 측면에 따라서 다양하게 살펴볼 수 있으나, 여기에서는 정서의 중심이 되는 자아의식 수준을 중심으로 살펴보고자 한다. 그리고 발달 요인은 정서의 발달 과정에서 긍정적 요인뿐만 아니라 오히려 부정적 요인이 더 중요한 의미를 지닐 수 있기 때문에 함께 살펴보고자 한다.

1. 발달 단계

　앞서 누차 강조한 바와 같이 정서는 기본적으로 자아의식을 기반으로 하지 않고서는 성립할 수 없다. 그러므로 정서의 발달은 자아의식의 발달과 깊이 연계되어 있다. 자아의식은 일반적으로 자아의식 이전, 자아의식 형성, 자아의식 초월 등 세 단계로 구분해 볼 수 있다. 이러한 단계를 그림으로 나타내면 다음과 같다.

[자아의식 이전]	[자아의식 형성]	[자아의식 초월]
신경 ····▶ 감각 ──▶	인식능력 ····▶사고력 ──▶	가치관 ····▶자아초월

[그림 6-1] 정서 발달의 단계

각 단계별로 정서 발달과 연계되어 있는 의미가 내포되어 있다. 따라서 각 단계는 상호 독립적이라기보다는 필연적 연계가 되어 있음을 알 수 있다.

- 자아의식 이전 단계: 신경의 발달과 그에 따른 감각의 발달이 진행된다. 이 단계는 주로 감각 활동을 위주로 정서 활동이 이루어지는 단계이기 때문에 보다 넓은 의미에서 감각적 정서 단계라고 할 수 있다.
- 자아의식 형성 단계: 인식능력의 발달에 따른 사고력의 증대가 이어진다. 이 단계는 주로 사고력을 중심으로 주관적인 정서 활동이 이루어지는 단계이기 때문에 주관적 정서 단계라고 할 수 있다.
- 자아의식 초월 단계: 가치관의 확립에 따라 궁극적으로는 자아초월의 경지에까지 이를 수 있게 된다. 이 단계는 중심 정서에서 요구되는 확고한 자존감을 바탕으로 공감과 정조 관념을 두루 갖춘 상태로 자아초월이라는 하나의 이념을 좇아 정서 활동이 이루어지는 단계이기 때문에 이념적 정서 단계라고 할 수 있다.

이에 따라 정서 발달의 단계를 크게 감각적, 주관적, 이념적의 세 단계로 구분하여 살펴보면 다음과 같다.

1) 감각적 정서 단계

감각적 정서 단계는 아직 자아의식이 형성되기 이전으로 이 단계는 신경망이 점차 형성되어 가는 과정이기 때문에 감각 역시 당연히 매우 불안정한 시기이다. 따라서 초기에는 무의식적이며, 생리적 반사를 위주로 하는 단순 감각 단계에서 후기에는 감각을 할 수 있을 뿐만 아니라 어느 정도 감각적 의도가 개입되는 초기 감각 단계로 변화하게 된다. 즉, 신체가 거의 반사적으로 알려 주는 감각에 의존하다가 점차 자주 반복되는 감각을 한두 가지 인식하고, 다소간 자신의 의도를 개입할 수 있는 수준에까지 이르게 된다.

이 시기의 특징은 아직 자아의식이 없기 때문에 독자적 감각 의식은 물론 자기통제력이 거의 없으며, 많은 자극에 대한 정서적 반응이 생리적 반사나 주변의 상황에 대한 감각 인식에 따라 변화한다는 점이다. 그러므로 이 단계를 생리적 또는 장 의존적 정서 단계라고도 할 수 있다. 다시 말해, 이 단계는 주로 내·외부 자극에 의한 감각에 따라 반응하거나 주변의 상황을 무조건 받아들여 따르는 수동적 표현을 하게 되는 수동적 정서 단계가 된다. 이러한 가운데에서도 감각의 발달이 왕성하게 진행되면서 인지능력이 발달하고 이에 따라 점차 구체적 개념이 형성되어 나간다.

따라서 이 단계에 있는 영·유아들에게 환경의 여건은 매우 중요할 수밖에 없다. 이들의 모든 정서는 결국 환경에 의하여 결정되기 때문이다. 따라서 이들에게 있어 강력한 폭발음이나 천둥소리 같은 일정 수준 이상의 강도를 지닌 자극이나 한두 가지의 제한된 자극이 장기간 지속되는 것은 지극히 위험한 일이다.

예컨대, 영·유아들이 갑자기 충격적 장면이나 시끄러운 소리에 그대로 노출되거나 그리고 폐쇄된 공간에 장시간 방치되는 경우에 치명적 영향을 주게 되어 심하면 회복하지 못하게 된다.

그러므로 부모는 이들의 정서 또는 인지 발달을 위하여 주변 환경에 대한 각별한 주의를 기울이지 않으면 안 된다.

2) 주관적 정서 단계

이 단계는 자아의식이 어느 정도 형성된 이후의 단계로 무엇보다 중요한 특징은 비교적 원활한 의사소통이 이루어진다는 점이다. 이것은 언어능력이 증대되고 이에 따른 사고력이 점진적으로 발달하고 있기 때문이다. 따라서 초기에는 주로 주변 여건이나 상황을 파악하는 인지 단계가 나타나고, 후기에는 그러한 자료 인식을 바탕으로 점차 자아를 확대하고 더 나아가 주관적 판단을 할수 있는 사고 단계로 진행되어 나간다. 주변 환경을 나름대로 인식하고 활용할수 있는 이러한 주관적 판단은 자신만의 고유한 생각의 세계를 고수하려는 경향으로 나타난다.

이러한 경향에는 크게 사회화 작용이 주로 작용하고 있음을 알 수 있다. 사회화는 한마디로 말해 자아 확대의 과정이다. 사회화 과정이 처음 시작되는 유아들은 기본적으로 자기중심적이다. 하지만 사회화가 진행되어 감에 따라 자신의 주관적 정서를 마련함은 물론 상대의 생각이나 감정을 이해할 수 있는 감정이입 능력도 조금씩 형성되어 나간다.

물론 사회화는 자아의식이 어느 정도 확보된 이후 나타나는 현상이다. 대체로 초기에는 자신이 하고자 하는 것은 이유 여하를 막론하고 강한 집착을 보이는 욕구 중심적 경향을 강하게 나타낸다. 하지만 점차 또래에 대한 관심을 나타내기 시작하면서 변모하게 된다.

그리하여 유아들의 사회화는 또래집단에서 시작된다고 할 수 있다. 여기에서 자신의 생각을 펼쳐 보이거나 다른 사람의 생각으로 인하여 자극을 받기도한다. 이러한 가운데 기본적으로 긴장과 이완의 반복이 이루어지면서 이제는자신의 주장을 포기하거나 타협할 수도 있는 것임을 깨닫고 점차 환경과 자신의 관계를 익혀 나가게 된다. 이러한 과정 속에서 자신의 생각을 환경에 견주어 비교, 검토하여 보거나 아니면 새로운 생각으로 당면 문제를 극복해 나가는단계로 변화한다.

이러한 단계가 어느 정도 정착하면 이제는 적극적으로 다른 사람의 생각을 이해하고 받아들일 수 있는 단계로 나간다. 곧, 사회화 과정이 착실하게 진행되고 있는 것이다. 이러한 과정에서 내면에 조금씩 자기통제력이 형성되기 시작한다. 뿐만 아니라 다른 사람들과 사랑하고 신뢰를 쌓을 수 있는 것도 이러한 사회화 과정의 소산이다.

이것은 아동들에게 있어 매우 획기적 변화가 아닐 수 없다. 과거 수동적 정서에서 능동적으로 자신의 정서를 형성해 나갈 수 있는 자아의식을 마련하는 중요한 전기가 되기 때문이다. 뿐만 아니라 이것이 제대로 형성되지 않으면 이후 자아의 정체성 확립이나 자신의 개성 또는 전문적 역량을 증대시켜 나가는 데 심각한 문제를 일으키게 된다. 다시 말해, 자기통제력은 일상의 난제를 극복하는 원동력으로 이것이 없으면 쉽게 단념하거나 좌절함으로써 삶의 의미를 근원적으로 잃게 만든다.

예컨대, 세상의 아무런 어려움이 없는 가운데에서 성장한 소위 재벌 2세들 중에서 폐인에 가까운 삶을 이어 가거나 자살을 시도하는 등 과도한 행동이 가끔 나타나는 것은 이러한 자기통제력의 부실에 기인한다. 그러므로 만약 바람직한 사회화에 실패하면 동료들로부터 소외되기 쉽고, 때로는 은둔형 외톨이가 되거나 사이코패스가 되는 등의 심각한 문제가 발생한다.

사회화를 통한 관계적 정서의 발달이 중요한 것은 이 때문이다. 이러한 관계적 정서가 오랜 세월에 걸쳐서 쌓여 나가면 하나의 집단 정서 단계—(가족 → 직장 → 한국인의 정서(恨의 정서)—로 나아가게 된다. 그러므로 사회화 과정에서 의사소통은 주관적 정서의 발판이 된다고 할 수 있다. 다시 말하면, 다른 사람들과 의사소통을 통하여 자신의 생각을 펼치고 확인하여 봄으로써 개념의 명확성을 더해 가고, 이로써 자기반성의 토대가 마련되는 것이다.

이상에서 살펴본 자아의식 형성 단계의 특징은 사회화를 중심으로 상호 간 의사소통을 토대로 하여 자기통제력을 신장시켜 나가면서 동시에 주관적 개념 체계를 완성하여 나간다는 것이다. 그리하여 이들은 주로 주관적 정서를 갖고 있지만 사정에 따라 환경을 고려한 집단적 정서의 모습도 갖추어 나간다.

3) 이념적 정서 단계

이념적 정서 단계는 이제 사고가 일정 수준으로 성숙되어 감에 따라 자신을 대자화하여 객관화할 수 있는 단계이다. 물론 이러한 단계의 초기에는 아직도 주관적 사고의 경향을 완전히 벗어나지 못하여 다소의 혼란이 발생하기도 하지만, 점차 객관적 사고로 전환하여 가급적 공정하고 총체적인 관점에서 판단하는 경향으로 나아간다. 이후 이러한 경향은 점차 궁극적이고 절대적인 가치 판단이 중심을 이루게 되어 결국 일정한 신념체계를 갖추게 된다. 그러므로 자아의식 초월 단계는 신념 중심적 단계 또는 이념적 정서 단계라고 할 수 있다. 이러한 단계에 이른 사람들의 특징은 주변 다른 사람들의 정서와 생각을 이해할 수 있는 능력이 탁월하다는 점이다. 또한 긴장 속에서도 재치가 있으며, 이완 속에서도 절제가 있는 빛나는 모습을 지닌다.

따라서 이 단계에 진입한 사람들은 정서의 핵심적 의미가 되는 자아의식마저 퇴색되어 정서가 개인의 정서적 안정에 주는 영향이 매우 약화되어 있다. 다시 말해, 이 단계에서는 이념과 숭고한 가치를 추구하는 가운데 보편타당한 정서를 갖게 됨으로써 정서의 수용이나 표현이 이미 자아의식의 경계를 벗어나 좀처럼 내·외부 감각 자극에 의하여 흔들리지 않을 뿐만 아니라 타인의 정서를 고려한 정서 표현이 자신의 정서로 대치된다. 그러므로 이러한 단계를 탈정서적 단계 또는 자아 확대의 통합적 단계라고 할 수 있다.

생활 속에서 다른 사람을 위한 배려와 헌신이 나타나는 단계가 바로 이 단계이다. 이 단계에서는 상대의 정서를 정확하게 파악하고 공감하거나 동조하는 등의 호응이 매우 자연스럽게 나타난다.

과거 위대한 성현들의 모습은 말할 나위도 없고, 우리 사회 곳곳에서는 힘들고 어려운 사람들을 위하여 묵묵히 봉사와 헌신을 아끼지 않는 수많은 작은 거인은 한결같이 자아의식의 경계를 떠나 이념적 정서 단계에 이른 분들이다. 이 자리를 빌려서 그분들에게 한없는 존경과 감사를 드린다. 우리 사회의 안정이 부분적으로는 권력을 쥐고 있는 위정자들이나 그것을 집행하는 공무원들에 의하여 이루어지고 있는 것은 사실이나, 실은 사회 도처에 숨어서 헌신하고 있는 수많은 작은 거인의 공로가 없이는 거의 불가능하다고 할 수 있다.

이러한 분들은 비록 그 숫자는 적으나 우리 사회의 전반적인 질서 안정에 숨은 공로자들이다. 문제는 아쉽게도 대부분의 사람이 그들과 같은 단계에 진입하지 못하고 세상을 마감한다는 사실이다.

이상으로 살펴본 정서 발달 단계의 특징을 간략하게 정리하면 다음과 같다.

- 장 의존적 정서에서 독립적 정서로 변화한다.
- 감각 중심의 신체적 정서에서 개념 중심의 정신적 정서로 변화한다.
- 자아 중심의 정서에서 타인 중심의 정서로 변화한다.

2. 발달 요인

정서의 발달은 정서 자극의 수용과 표현 능력의 두 가지 측면에서 고려해야 한다. 따라서 이에 따른 정서 발달의 요인을 살펴보고자 한다.

우선 내·외부 자극에 따른 에너지 소통 정도를 감각적으로 느낄 수 있는 감각 능력의 발달은 기본적으로 신경망의 발달과 깊이 연계되어 있다고 할 수 있다. 감각은 신경조직의 활동으로 이루어지며, 느낌은 이러한 신경조직 활동을 탐색하기 때문이다. 따라서 정서 자극의 수용 능력은 신경의 자연적인 성숙과 체험을 통한 자극 활동에 의존할 수밖에 없다.

다음으로 정서 자극의 표현 능력은 주변의 여건에 따라 제약을 받게 된다. 표현 그 자체가 이미 주위 환경이 수용해 주는 것을 전제로 하기 때문이다. 물론 주위와 상관없이 단순한 자기 표현도 없는 것은 아니지만 극히 한정되어 있는 특수한 경우일 뿐이다. 따라서 정서적 표현은 항상 주변의 반응에 따라 영향을 받을 수밖에 없다. 이러한 경험이 반복적으로 진행되면 처음에는 자기중심적이었던 표현이 점차 일정한 표현 양식을 지니게 된다. 곧, 그러한 양식에 의한 학습은 정서적 표현을 결정하게 된다.

이제 신경의 성숙과 표현 학습의 의미를 보다 구체적으로 살펴보고자 한다.

1) 신경의 발달

신경의 발달은 뇌의 무게 증가와 밀접하게 관련되어 있다. 일반적으로 성인 뇌의 평균 무게는 약 1,300g 정도가 된다. 그러나 태아의 뇌는 350g 정도로 성인의 약 25%에 불과하다. 하지만 만 6세경에는 대략 성인의 90% 정도가 된다. 나머지 10%는 그 후 약 7~8년에 걸쳐서 증가된다.

또한 발달 측면에서도 감각운동기에서 전조작기에 이르는 시기에 감각의 발달이 거의 완성 단계에 이르는 것으로, 이 역시 신경의 발달과 깊이 연계되어 있다. 그것은 제반 신경의 성숙은 단지 자연적으로 이루어지는 것이 아니며, 특히 만 3세에서 6세 이전 말초신경에 다양한 자극을 주기 위한 감각 활동으로 이루어지기 때문이다. 인간의 인지발달을 연구한 피아제(Piaget)가 형식적 조작기 단계에서 비로소 바른 사고 활동이 전개된다고 한 까닭이 바로 여기에 있다. 바른 사고가 있다는 것은 이미 그만큼 신경의 성숙이 이루어져 있는 것임을 의미한다.

이러한 의미에서 만 6세 이전의 감각 활동은 감각의 수용 능력과 연계되어 인식과 사고의 발달은 물론 정서 발달의 중요한 요인이 되고 있음을 알 수 있다.

2) 표현의 학습

우선 태아 또는 영아는 매우 어린 시기이기 때문에 특정 자극의 수용에도 아직 민감하지 못하다. 당연히 정서적 표현도 어눌할 수밖에 없다. 하지만 앞서 살펴본 바와 같이 유아기에 접어들어 신경의 발달이 급증하면서 감각은 기하급수적으로 신장된다. 이처럼 감각 능력이 발달하면 그에 대한 표현도 다양해지는 것은 지극히 당연한 현상이다. 이 시기의 유아들은 자신의 느낌을 끊임없이 외부로 표출한다.

중요한 것은 이러한 정서 표현에 대한 외부의 반응이다. 반응은 격하게 환호하며 권장하거나 아니면 별로 탐탁하지 않게 여기거나 또는 강하게 통제하거나 거의 무관심한 경우로 구분되는 것이 보통이다. 이러한 주변의 반응은 유아들이 자신의 표현을 그대로 지속하거나 아니면 수정을 가할 필요를 느끼게 한다. 즉, 반응에 따라 표현 양식에 변화를 주게 된다.

대체로 칭찬을 받는 경우 즐거움을 자아내고 안정을 유도하는 신경전달물질인 엔도르핀(endorphin)이나 세로토닌(serotonin) 등을 생성해 낸다. 하지만 이와는 반대로 부정적 평가를 받는 경우에는 아드레날린(adrenaline)이 증가되어 스트레스를 유발하거나 체내에서 세로토닌의 소모가 심하게 증가되어 혈액 순환에 변화를 초래함으로써 우울하거나 정신적 혼란을 겪게 되기 때문이다. 다시 말해, 가급적 자신의 정서 표현에 대한 주변의 선호를 기대하는 본능적 욕구가 작동된다.

이러한 지속과 수정이 일상의 생활 속에서 반복적으로 이어지면서 부지불식간에 정서 표현의 일정한 방식을 습득하여 나간다. 이러한 학습은 적어도 자신의 주체적 의지에 따른 정서가 확립되기 이전까지는 계속 이어진다고 할 수 있다. 여기에서 우리는 정서 발달이 주로 정서 표현에 대한 학습에 의하여 이루어지는 것임을 알 수 있다.

3. 발달의 저해 요인

인생은 단지 하늘에서 내려와 사회라는 연극 무대에서 일순간 배우 놀음하다가 다시 하늘로 돌아간다. 이러한 놀음 속에 제반 본원적 합일에로의 욕망이 분출되고 이들에 대한 통제가 얼마나 적절하게 잘 이루어지는가에 따라 다양한 연극이 연출된다. 그리고 그러한 통제를 담당하는 것이 바로 정서이다.

이러한 정서는 앞서 살펴본 바와 같이 제반 요인에 따라 일정한 발달을 계속 이어 가는 것으로 사람마다 각기 다른 양상을 나타낸다. 그런데 정서의 발달은 단지 그러한 발달에 요구되는 요인에만 의하여 이루어지는 것이 아니라, 발달을 저해되는 요인에 의해서 정서 발달에 많은 장애를 겪게 된다는 점에 유의해야 한다. 아니, 어떠한 측면에서는 저해 요인이 더 중요한 의미를 지닌다고 할 수 있다.

이러한 정서 발달을 저해하는 요인은 실로 이루다 헤아릴 수가 없다. 일반 정서에서 애착형성의 실패는 기본적인 것이며, 중심 정서에서도 제반 발달 단계에 따른 신뢰감, 자율감, 자신감, 정체감, 유대감, 존재감, 자존감, 일체감 등의 심리적 감각 요소를 두루 경험하지 못하게 되는 경우에 발달에 심대한 영향을 입게 되는 것은 피할 수가 없다. 그 밖에도 심한 충격을 받게 되거나 소외당하는 경우 등 여러 가지 원인과 연계되어 있다.

그러나 이러한 원인들은 논리적으로는 타당하지만 어찌 보면 지극히 개인적인 것으로 각자 타고난 신체와 가정환경 등에 의하여 거의 운명적으로 받아들이고 겪을 수밖에 없으므로 극복에는 필연적 한계를 갖는다.

그러므로 여기에서는 그러한 논리적 의미에 따른 원인 이외에 아직 자아개념이 채 성숙되지 않은 많은 청소년에게 중대한 영향을 주는 직간접의 저해 요인을 생각해 보고자 한다. 그러한 요인들 중에서도 특히 개인의 가치관 형성과 사고 작용에 혼란을 야기하는 사회적 현실과 관련하여 가치 전도 그리고 정서 안정을 파괴하는 대표적 악성 요인 중의 하나인 스트레스 등을 중심으로 살펴보고자 한다. 이러한 두 가지 요인은 자신의 정서 관리는 물론 우리 사회의 발전을 위하여 모두가 주의를 기울여야 할 필요가 있기 때문이다.

1) 사회적 가치의 전도

오늘날 우리 사회는 금융 중심의 후기 산업사회를 뒤로 하고, 제4차 산업혁명의 시대로 접어들고 있다. 상품이나 노동의 가치보다 자본의 가치가 월등한 지위를 점하고 있는 사회에서 아이디어 중심인 인공지능 시대로 나아가고 있다. 대량생산에 따른 상품 가치와 노동 가치가 하락하면서 자동 제어에 따른 인공지능의 유용성이 확대되어 나타나고 있는 현상이다. 아마 과학기술의 발달이 멈추지 않는 한, 이러한 현상은 계속될 수밖에 없는 것으로 보인다.

하지만 그러한 사회 변화에도 불구하고 자본과 기술의 중요성에는 변함이 없다. 즉, 자본은 기술을 독점하고, 기술은 자본을 증식하는 수단으로 활용되어 사회를 주도하는 부동의 중심 가치를 가지고 있다는 점에서 의심의 여지가 없다고 할 수 있다.

예컨대, 오늘날 마이크로소프트사(Microsoft Corporation)의 창업자인 빌게이츠(William Henry Gates III)라고 하는 컴퓨터 천재가 기술로 현재 세계 최고의 재산을 소유하고 있다는 점은 이것을 상징적으로 보여 준다. 이러한 의미에서 거의 모든 사회는 실제로 자본과 기술이 중심을 이루고 있다고 해도 과언이 아니다.

문제는 사회가 이처럼 자본과 기술이 중심을 이루면 인간의 가치가 단지 상품 생산을 위한 노동력이라는 수단으로 전락하는 심각한 사회적 가치 전도 현상이 발생한다는 점이다. 이러한 의미를 보다 구체적으로 살펴보면 다음과 같다.

대체로 오늘날 사회 문화 발전의 발판은 그 사회의 경제력이 된다. 그리고 그러한 사회의 경제력 융성은 화폐의 유통량과 속도가 성패를 좌우한다. 그런데 화폐란 그 속성상 부가가치가 높은 곳으로 집중하는 경향을 지닌다. 이러한 경향은 자연히 보다 큰 이익 창출을 위하여 자본의 대형화와 세계화를 가속화시킨다.

예를 들면, 우리나라 주식시장에서 주도권을 쥐고 있는 대부분의 사람은 내·외국의 대형 자본가들이다. 이들은 대형 자본을 활용하여 주식시장을 거의 마음대로 조정한다. 소위 주가 변동에 직간접으로 개입하여 주식의 매매 차액을 최대한 증대시키거나 편법 증좌를 통하여 천문학적 부당 이익을 취하는 등 그 수법도 실로 헤아리기 어려운 실정이다. 이러한 편파적 이익의 창출은 과거 단순 상품 산업사회에서는 도저히 그 유례를 찾아볼 수 없는 상상할 수가 없는 것이었다. 가히 천문학적이라고 해도 과언이 아니다. 상품 생산으로는 수백 년이 걸려도 얻을 수 없는 이익을 단 하루 만에 해결할 수 있는 사회가 된 것이다.

이러한 상황에서 자본의 운영과 직간접으로 연계가 되어 나름의 권력을 쥐고 있는 정치가, 자본가, 소수의 엘리트 경영자, 일부 첨단 기술 소유자 등은 자연히 일반인들이 상상할 수 없는 엄청난 재력을 소유하게 되었다. 일반 서민들이 매일 식량 해결을 위하여 힘겨운 사투를 벌이며 하루하루를 살아가고 있는 현실과는 너무나도 심한 격차가 있다. 권력자나 재력가들은 보란 듯이 자신들이 하고 싶은 일들을 마음껏 할 수 있는 반면, 재력에 발목을 잡힌 대부분의 사람은 오직 자신들의 생계를 이어 나가는 일에 강요당하며 힘겹게 살아갈 수밖에 없다. 이들에게 있어서 자신이 하고 싶은 일을 선택하는 것은 애당초 복에 겨운 이야기가 될 뿐이다.

분명 우리나라 「헌법 제15조」에는 "모든 국민은 직업 선택의 자유를 가진다." 그리고 「제34조 ①항」에는 "모든 국민은 인간다운 생활을 할 권리를 가진다." 등이 규정되어 있다. 하지만 모든 국민이 그에 요구되는 최소한의 권리라고 할 수 있는 소위 적성에 부합하는 일을 선택할 수 있다는 것은 요원한 일이다. 대부분의 근로자에게 직업은 오로지 생계유지를 위한 수단일 뿐이다. 단 한 푼이라도 더 벌기 위해서 온갖 노력을 기울이며, 일상적 삶을 계속 이어 가는 것이 엄연한 현실이다.

더욱 심각한 문제는 그러한 최소한의 생계를 이어 나갈 수 있는 수단마저 잃어버린 사람들도 적지 않다는 점이다. 이러한 문제의 유일한 대안이 바로 사회 복지정책이다. 강자가 약자를 위한 최소한의 배려이다. 그러나 아이러니하게도 그러한 복지정책은 오히려 강자를 더욱 강력하게 군림하게 하는 도구로 작용한다. 약자들이 복지정책에 만성화되어 가면 갈수록 역으로 그들의 자립의지는 점차 더욱 약화되어 가기 때문이다. 결국 이들은 복지 혜택의 노예로 전락하게 될 수밖에 없는 운명에 처하게 된다.

뿐만 아니라 사정이 이렇게 되면 소위 부익부 빈익빈의 악순환이 반복되어 사회적 재화는 점점 더 한쪽으로 편중되는 현상이 가속화된다. 이러한 사회에서 대부분의 약자는 점점 더 삶의 의미를 잃고 소외되어 가게 된다.

이렇게 되면 이들 인생의 의미는 오로지 강자들의 놀이를 도와주는 역할을 충실하게 하는 것에 한정된다. 거대 권력자의 심부름을 담당하거나 초대형 자본가들이 계획한 생산 활동에 참여하여 최소한의 생계를 유지하면서 상품의 유통과 소비를 일정 부분 담당하는 것이 그것이다. 이들은 자신의 처지를 돌볼 겨를이 없다. 숨이 막힐 정도로 짜여 있는 시간 계획에 따라 일상을 이어 갈 수밖에 없다. 이들에게는 오직 그날그날의 현재가 있을 뿐이다. 많은 사람이 절대 빈곤에 허덕일 수밖에 없는 이유가 바로 여기에 있다.

이들에게서 자신만의 뚜렷한 주관을 찾는다는 것은 지극히 사치스러운 일이 아닐 수 없다. 옳고 그름 또는 좋고 나쁨에 따른 자신의 생각을 추슬러 볼 수 있는 여유가 애당초 없다. 이러한 상황에서 누군가와 한가로운 대화를 한다는 것은 상상하기 어렵다. 아니, 아예 할 수가 없다. 불안이라고 하는 정서적 편향이 지속되는 가운데 일상적 생활이 이어지게 된다. 이러한 가정에서 자라나는 어린아이들은 정서의 발달에 심각한 피해를 입을 수밖에 없다.

뿐만 아니라 이들의 정신불안 증세는 자신도 의식하지 못하는 사이에 더욱 가중되기 시작한다. 이러한 병적인 상태의 누적은 아이들이 성장하는 동안 거의 계속된다. 이들이 사회에 대한 자신의 영향력이 거의 부재하다는 사실을 직감하는 데 이르기까지는 그렇게 오랜 시간이 필요 없다. 이렇게 되면 이들이 하는 행동은 크게 순종과 반항의 둘로 나뉘게 된다.

첫째 부류는 자신의 생각을 포기하고 외부의 지시에 철저히 순종하는 사람들이다. 이들에게 자신의 주도적인 삶은 이미 오래 전에 잃어버린 상태이다. 주로 다른 사람들의 삶을 모방하는 것이 그들 삶의 전부이다. 이들에게 진정한 삶이 무엇인가를 생각하게 하는 것은 태산을 옮기는 것만큼이나 힘든 일이 된다. 자연히 삶의 본질이 왜곡되고 실제의 삶은 더욱 수렁에 함몰되어 간다.

비정한 사회 그 자체이다. 이러한 사회에서 사람들은 가급적 자신의 생각을 감추고 점차 외부와의 소통을 단절하는 모습을 나타낸다. 자본 중심 사회의 냉혹함이 그대로 드러나는 대목이 아닐 수 없다.

그나마 이러한 약자들이 비교적 손쉽게 접근하여 소통할 수 있는 대화의 창구가 있다면 그것은 오직 허공의 사이버 공간(cyber space)이다. 그 옛날 울분이 쌓인 사람들이 산 위에 올라 고성을 지르며 항변하던 방식이 사이버 공간으로 대체된 것이다. 많은 사람이 그것을 소통의 장이라고 생각하지만 실상은 약자들의 울분을 토로하는 가공의 안타까운 빈 공간일 뿐이다.

이러한 사이버 공간의 특성은 익명(匿名)으로 의견 개진이 가능하다는 특성을 지닌다. 그저 일시적이나마 자신의 생각을 개진할 수 있고 그에 따른 댓글을 얻을 수 있다. 자신의 울분을 토해 낼 수도 있으며, 특정의 사안에 대하여 인기에 영합하여 동조하고 순간의 만족을 얻어 낼 수 있는 공간이 열려 있다. 이처럼 사이버 공간은 소위 한건주의(一件主義)가 만연할 수밖에 없는 곳이다.

자연히 저주와 비웃음이 판치는 사디즘(sadism)의 경향이 주류를 이룰 수밖에 없다. 이곳에 악성 댓글이 범람하고 마녀사냥이나 개인 신상 들추어내기가 수시로 일어나고 있다는 사실은 이를 반증한다. 여기에서는 자신의 논리와 소신에 찬 생각은 찾아보기 어렵다. 대개의 경우 주체가 지니고 있는 고유한 생각을 버리고 단지 비슷한 처지의 다른 이들이 호응해 주는 것에 열광하는 가엾은 피에로(pierrot)가 된다.

이러한 상황에서 자신의 의사가 상대에게 의미 있게 전달되어 인식되고 검토가 이루어져서 건전한 생각으로 거듭나도록 하는 데에는 한계를 지닐 수밖에 없다. 결국 진정한 소통이 없는 오로지 일방적 외침만이 있을 뿐이다.

소통의 중심은 어디까지나 의미에 있으며, 이것은 곧 일정한 기호체계에 담겨 있는 의미를 추출해 내고 그것을 보다 새로운 의미로 가감하는 작업이 통상적으로 이루어질 때 비로소 가능하다. 그러나 사이버 공간의 소통은 이러한 의미 소통에 결정적 한계를 지닌다. 일방적이고 순간적인 의미에 한정되는 사이버 공간은 언어가 창출되는 시간과 공간을 근본적으로 차단하고 있기 때문에 탈맥락적 의미만이 소통되고 있다.

　설령 사이버 공간에서 상호 간에 대화가 이루어진다고 해도 그것은 익명성으로 자신의 개성을 탈색하여 버린 기계적 표현의 교환이 이루어질 뿐이다. 이러한 행동은 점차 자기소외와 패배감을 증대시키고 이것은 다시 기계에 더욱 의존하게 하는 악순환의 고리를 공고히 한다. 그리하여 순간이라도 스마트폰이 없으면 금단증상과 같은 심리적 공황 상태를 유발하게 된다. 모두가 일그러진 우리 사회의 자화상이다. 현대사회의 많은 사람이 소위 정신적 측면에서 치유(healing)가 필요한 까닭이다.

　다른 하나의 부류는 수단 방법을 가리지 않고 자신의 생각을 관철시키려 저항하는 사람들이다. 이들의 저항은 개인적 혹은 집단적 형태로 구분되어 나타난다. 개인적인 것은 다시 두 가지 형태로 구분된다. 하나는 도피하는 것이며, 다른 하나는 반항하는 것이다.

　우선 도피하는 사람들은 일단 대응하는 것 자체를 회피하려 한다. 그리하여 모르쇠로 일관하거나 은둔 생활을 한다. 때로는 여건에 따라 해외로 이민 가는 형식을 취하기도 한다.

　이에 비하여 직접 반항하는 사람들의 경우에는 각종 편법과 불법을 저지르는 것으로 시작된다. 여기에는 탈세, 사기 행각, 탈취, 폭력 행사, 테러(terror) 등 다양한 모습으로 나타난다.

　예컨대, 오늘날 우리 사회의 성폭력은 대표적 폭력 행사 중의 하나로 일종의 반항이다. 물론 이들의 행위는 비난받아 마땅하지만 실은 우리 사회의 그늘에서 그들만의 마음의 상처가 그만큼 크다는 반증이다.

　또한 집단적인 것으로는 사회와 단절하여 자조 섞인 동조 그룹을 형성하여 그들만의 세계를 만들고 살아가는 사람들이 일부 있기는 하지만 주로 집회와 시위를 하는 형식을 취한다. 이들의 행동은 주로 음성적으로 이루어지며, 특정한 시기를 정하여 집단적으로 저항하는 양태를 나타낸다. 물론 합법적 집회와 시위를 하는 경우도 간혹 있지만 대부분 폭력을 자행하고 사회질서를 교란(攪亂)하여 강압적으로 자신들의 의견을 관철시키려고 한다.

현재 세계 도처에서 이러한 집단적 집회와 시위가 끊이지 않고 일어나고 있는 것은 그만큼 각 사회가 처한 현실이 불안한 상태임을 나타내고 있다. 이러한 현실 불안의 근원은 한결같이 그들의 생계유지 문제와 깊이 연계되어 있다는 점은 추호도 의심의 여지가 없다. 결국 인간 중심에서 물질 중심으로 가치 이동에 따른 열악한 사회 환경에서 그 원인을 찾을 수밖에 없다.

이러한 문제의 실마리는 물질에 대한 관점의 대변혁에서 찾지 않으면 안 된다. 재화가 단지 특정 몇 사람의 전유물이 아니라 사회의 공유물이라는 점을 분명하게 인식해야 한다. 이러한 인식의 토대 위에서 하루속히 사회의 빈부 격차를 줄여 나가는 방안을 강구해야 한다. 일차적으로 절대 빈곤의 해결과 이차적으로 상대적 박탈감의 해소가 필요하다.

현재 선진국을 비롯한 수많은 자본주의 사회는 사상 유례가 없는 빈부 격차에 직면해 있다. 절대 빈곤은 말할 필요도 없지만 상대적 박탈감이 하늘을 치솟고 있다. 한마디로 말해 재화로부터의 소외이다. 주변 사람들로부터의 소외, 자동기계로부터의 소외에서 이제는 물질로부터의 소외까지 이어지고 있다.

만약 우리가 이러한 현실을 무시하고 외면하려 한다면 우리 모두가 엄청난 시련에 봉착하게 되는 것은 명약관화한 일이다. 우리는 지금 하루속히 모두 지혜를 모아야 할 시점에 당면해 있다.

어떠한 경우에도 헐벗음과 굶주림을 방관해서는 안 된다. 이러한 일차적 문제를 해결한 이후 상대적 박탈감 해소가 이루어져야 한다. 물론 상대적 박탈감은 그 정도의 합의가 어려운 것은 사실이지만 여기에서 무엇보다 중요한 것은 다수의 중산층을 확보해야 한다는 점이다.

이것은 단지 현 복지제도와 같은 미봉책으로는 도저히 해결할 수 없는 문제이다. 국민을 상대로 한 획일적 복지제도는 일없이 아까운 재물을 낭비하는 것에 지나지 않는 일이다. 국민들에게 재물의 소중함을 알려 주고 그에 대한 정당한 대가를 지불해야만 얻을 수 있는 것임을 분명히 해야 한다. 복지를 위한 재원의 확보도 문제가 되지만 결정적으로 대중의 의존성만을 키워 나간다는 한계를 벗어날 수가 없기 때문이다. 아무리 복지라고 하여도 개인의 자주성을 해하지 않는 범위에서 한정해야 한다. 모두가 동일한 재능을 부여받고 동일한 삶을 누리는 것이 아니듯 재물의 소유에도 일정한 법칙이 있지 않으면 안 된다.

오늘날 재물에 대한 가치관은 너무나 천박한 모습이다. 재물을 단지 운수에 의존하여 얻을 수 있다고 생각하고 필요하다면 누구나 제한 없이 소비할 수 있다고 생각한다. 어찌 보면 모든 재물은 신께서 인간에게 내려 주신 선물이다. 인간을 창조하시고 그들에게 풍성한 삶이 이루어질 수 있도록 배려하신 선물이다. 일정량으로 제한이 있는 것은 물론 절대로 개인의 소유에 한정할 수 없는 것이라는 점을 분명히 해야 한다. 반드시 절약해야 하며, 가급적 공동으로 활용해야 하는 것이 원칙이다.

그럼에도 불구하고 재물을 독점하려 한다면 그것은 마치 신의 은총을 독차지하려는 어리석은 행동에 지나지 않는다. 온 우주의 주인이신 신의 허락이 없이 인간은 그 어떠한 행위도 해서는 안 된다. 만민을 사랑하시는 신을 위해서라도 자신의 과욕을 줄여 나가야만 한다. 아니, 모든 것을 함께 누리고자 하는 넓은 마음을 가져야 한다. 재물을 오직 자신의 개인 소유물로 한정하게 되는 순간 재물로써의 값어치를 잃게 된다는 점을 알지 않으면 안 된다.

물론 법에 일정한 사유재산권을 적시하고 있는 것은 사실이지만 그것은 어디까지나 집단생활의 편의를 위한 것일 뿐 결코 개인의 절대적 소유를 의미하는 것은 아니다. 일부의 독지가 자신이 힘들여 모은 재산을 사회에 헌납하는 것은 바로 그러한 까닭이 있기 때문이다. 그러므로 모두가 함께 풍요를 누리는 세상은 재물을 절약하는 정신과 공동체 의식이 없이는 도저히 불가능한 일이다.

그러나 현재와 같은 금융 중심 사회에서는 자본 축적의 경쟁이 더욱더 심화되고 이러한 경향은 새로운 상품의 개발과 생산 그리고 유통과 소비 등을 가속화하게 된다. 오늘날 우리는 하루가 다르게 새로운 상품들이 쏟아져 나오고 어제 구입한 상품을 미쳐 사용해 보기도 전에 또 다른 상품의 구매를 강요당하는 현실에 직면하고 있다. 이러한 현실은 오로지 신상품만이 가치를 지니며, 과거의 것은 아무리 나에게 소중한 것이라 할지라도 한갓 쓰레기에 불과한 것으로 전락되기가 십상이다. 그만큼 재물의 남용이 심각한 수준에 이르고 있다. 그러한 남용은 단지 남용으로 끝나는 것이 아니라 우리에게 다시 부메랑이 되어 되돌아온다는 사실을 잊어서는 안 된다.

예컨대, 일회용 종이컵을 함부로 허비하면 그에 따른 나무를 벌목해야 한다. 소비는 순간에 이루어지지만 그러한 재물을 또 다시 얻기 위해서는 적어도 10~20년을 기다려야 하는 것은 물론이려니와 그 생산에 따르는 엄청난 노력과 소비에 따른 부작용이 발생한다. 뿐만 아니라 자칫 자연환경의 파괴로 생태계의 교란, 기후의 변화, 오존층의 파괴 등 그 부작용은 이루다 말할 수가 없다. 생활 속에서 아무리 하찮은 물건처럼 보일지라도 한정되어 있는 재물이라는 점에서는 차이가 있을 수 없다.

그리하여 유사 이래 인간이 지금까지 지구상에 이루어 놓은 문명은 오히려 자연과 인간을 더욱 분리하여 인간의 번뇌 망상을 초래하고 있을 뿐이다. 어찌 보면 인간의 신병(身病) 역시 자연의 순리를 저버리고 과도한 욕망의 굴레를 벗어나지 못하는 현실에서 기인하는 것으로 볼 수 있다. 여기에 인간의 지혜가 필요하다. 그 지혜는 바로 우리가 터득한 지식을 우리의 삶과 능동적으로 교감하는 일에서 발생하며, 진정한 지식 역시 자신과 외부와의 능동적 교감 속에서만 가능한 것임을 명심할 필요가 있다.

그러나 오늘날 우리의 현실은 철저하게 이와는 반대의 길을 고수한다. 지금과 같은 현대사회에서 맑은 자기 정신을 갖고 살아간다는 것이 결코 쉬운 일이 아니다. 사람들이 점점 포악해지고 이기적으로 변하는 것은 어쩌면 당연하다. 사회제도 개선을 통해서 하루속히 극심한 빈부 격차를 해소하려는 노력을 해야 한다.

과거 사회의 변화 속도가 느려서 기존의 상호 관계 유지가 안정적이던 시절에는 다소 정서적 안정을 유지하기가 쉬웠으나, 현재는 사회의 변화 속도가 급격하여 기존의 상호 관계 유지가 불안정되면서 자연히 불안이 증가하는 추세를 보이는 것을 유의하지 않으면 안 된다.

매일 일상적으로 변화하는 삶 속에서 새로움에 대한 자극이 삶의 활력을 보완하여 주는 긍정적 측면이 없는 것은 아니지만, 다른 한편에서는 자신의 정서 안정이 서서히 병들어 가고 있음을 알아야 한다.

이 모든 현상은 하나같이 인간의 유대보다는 개인적 이익을, 합리적 타당성보다는 물질적 효율성을, 건전한 상식보다는 신체적 편리를, 과정의 의연함보다는 결과의 효용성을 중시하는 전형적인 가치전도의 사회 풍토에 기인하고 있다.

이러한 사회의 사람들에게서 주로 나타나는 특징 중의 하나는 스트레스에 의한 정서 불안이다. 문제는 이러한 스트레스가 지속되고 있다는 점이다.

오늘날 우리 사회는 기본적으로 일정 부분 현재 또는 미래의 사태를 과거와 연계하여 삶의 의미를 찾아볼 수 있는 여유를 빼앗고 있다. 그러한 까닭으로 우리는 매일 정신적 압박감에 시달리고 있다. 정서의 안정은 차치하고서라도 모두가 정신이상은 아닌지 점검해 볼 때이다.

2) 스트레스

스트레스(stress)는 일종의 의사(擬似) 정서(情緖)이다. 정서와 비슷한 성향을 지니고 있으나 정서와는 근본적 차이가 있다. 하지만 스트레스가 정서와 매우 밀접한 관련을 갖고 있다는 점은 주목해야 한다. 그것은 스트레스가 정서의 안정을 심히 저해하는 특성을 지닌다는 점이다. 정서 안정을 위하여 스트레스의 관리가 요구된다. 이를 위하여 먼저 스트레스와 정서의 특성을 대비하여 살펴보고자 한다.

이미 밝힌 바와 같이 정서는 철저하게 자신의 신체적 결핍 또는 정신적 불안정에 대한 해소 욕구가 선행된 이후 그에 따른 심리적 불안정에서 발아하므로 보충과 합일이 중심이 된다. 그러므로 정서는 내·외부 자극에 대한 일정한 대응 양식을 찾아 마음의 안정을 추구할 수가 있는 것이 일반적이다.

물론 스트레스도 외부 자극이 원인이 되어 안정욕구가 발아하여 일정한 정서가 형성되는 것은 사실이다. 하지만 스트레스는 자신의 욕구와 관련 없이 외부에서 예상 밖의 일방적인 불편한 자극에 따른 마음의 불안정에서 발생하므로 저항과 거부가 중심이 된다. 따라서 이것은 외부 자극의 특성이 이미 자신의 정서적 안정을 위한 양식을 차단하고 있는 불가항력적인 것임을 직감하는 데 따른 불안정이다. 따라서 일반적인 정서적 자극은 자신의 마음의 안정에 초점이 주어지는 반면, 스트레스의 경우는 통제하기 어려운 자극 그 자체에 초점이 주어진다.

그러므로 스트레스가 마음의 불안정과 관련이 있다는 점에서는 일반 정서와 동일하지만 그 원인은 근본적으로 다른 것이다. 이러한 원인의 차이는 스트레스와 정서의 성격을 전혀 다르게 형성한다. 그러한 차이를 몇 가지 구체적으로 살펴보면 다음과 같다.

첫째, 스트레스는 외부의 불편한 자극이 관심의 초점이 된다. 보충과 합일이 아닌 저항과 거부의 대상이 되는 것이 자극이 된다. 따라서 자극의 제거가 곧 마음의 안정이 된다. 문제는 자극의 제거가 현실적으로 어렵다는 점에 있다. 이에 대한 대안은 오직 자신이 그러한 자극에 유연하게 대처하는 길뿐이다.

많은 사람이 스트레스 관리에 실패하는 것은 매번 가당치 않은 자극을 해소하려 하는 방안에만 더 몰두하는 경향 때문이다. 스트레스 자극의 특성상 이것은 당초에 불가능한 것임을 인식해야 한다. 즉, 스트레스는 좀처럼 정서적 안정을 확보할 수 있는 일정한 대응 양식을 찾기가 어렵다는 특성이 있다. 스트레스로 인하여 정서적 불안정을 쉽게 벗어나지 못하는 이유가 여기에 있다.

둘째, 스트레스는 의미의 소통이 문제의 초점이 된다. 스트레스는 비록 일방적이기는 하지만 기본적으로 외부와의 의사소통에 장애가 발생하여 나타난다. 그런데 그러한 의사소통은 거의 불가능한 것이라는 점에서 문제의 심각성이 발생한다. 주지하는 바와 같이 의사소통은 기본적으로 각각 장시간에 걸쳐서 형성된 개념체계의 유사성을 전제로 한다. 그러므로 상호 개념체계가 대비되는 경우 의사소통은 거의 불가능한 것이 된다. 바로 이러한 점에서 스트레스의 가능성이 나타난다.

셋째, 스트레스는 일방적인 정서 압박을 가하는 특성을 지닌다. 때문에 일단 스트레스가 주어지면 자극에 대한 강한 보복 성향을 남긴다. 즉, 스트레스는 반 강제적인 압박에 따른 불안이 중심이 되기 때문에 이러한 불안이 장기화되는 경우, 거의 강한 보복 성향을 자아낸다.

물론 정서도 안정에 대한 욕구에 의한 것이기에 어느 정도의 심리적 압박이 있으며, 이것이 좌절되면 이 역시 보복 성향을 나타내지만 스트레스의 보복 성향과는 다소 차이가 있다. 스트레스는 보복 대상이 무차별적으로 다변화될 수 있지만, 정서는 특정의 대상으로 한정된다는 점에서 차이가 있다. 이것은 동일한 불안정 상황에서도 스트레스가 더 위험한 보복 가능성을 지니고 있음을 나타내고 있다.

따라서 장기적인 스트레스에 의한 보복은 매우 세심한 주의를 요한다. 그 유형이 매우 다양하기 때문이다. 잠시 그 유형을 몇 가지 살펴보면 다음과 같다.

(1) 피해망상적 폭력도착증

이것은 자신이 항상 다른 여러 사람으로부터 크고 작은 공격을 받고 있다는 생각이 장기간 지속됨으로써 나타나는 정신적 이상 증세이다. 이러한 증세를 가지고 있는 사람은 주변 사람 누구인가 자신에게 조금이라도 위해가 가해질 가능성이 나타나면 상대에게 폭력을 가하려는 성향을 지닌다. 한 가지 특징은 상대가 자신보다 약하다는 판단이 서는 경우에 한하는 것이다. 즉, 주변의 약자가 자신에게 피해를 줄 가능성이 있다고 판단이 되면 심한 폭력을 가한다.

예컨대, 평소 시어머니나 남편 등 주변 사람으로부터 시달림으로 인한 심한 스트레스를 받고 있는 가정주부가 뜬금없이 자녀에게 폭력을 가한다. 옛말에 "종로에서 뺨 맞고 한강에서 눈 흘긴다." 라는 의미와 일맥상통한다.

(2) 편집성 폭력도착증

이것은 어느 특정의 사람이나 세력으로부터 자신이 공격을 받고 있다고 생각하는 생각이 장기간 지속됨으로써 나타나는 정신적 이상 증세이다. 이러한 증세를 가지고 있는 사람은 평소에 자신이 지목하고 있는 사람이나 세력에 대한 증오감을 감추고 있다가 보복을 가할 기회가 포착되면 사정없이 상대에게 폭력을 가한다. 이러한 증세의 특징은 그 보복의 대상이 대개 자신보다 강한 경우에 나타나며, 보복 과정이 매우 참혹하게 이루어진다는 점이다. 자신이 자폭하는 것도 불사하면서 상대를 파괴하려 한다.

예컨대, 무슬림의 아랍인들이 미국인을 상대로 테러 행위를 일삼는 것이 바로 대표적 증세이다. 이제는 이판사판으로 생각하고 보복에 나서면 극단적 행위도 마다하지 않는다.

(3) 해리성 폭력도착증

이것은 상기의 피해망상적 폭력도착증과 편집성 폭력도착증이 혼재하여 나타나는 증세이다. 주변의 사람들은 물론 특정의 사람이나 세력이 자신에게 위해를 가하고 있다고 생각함으로써 삶의 의욕을 상실할 정도의 스트레스를 받고 있는 상태에서 나타나는 증세이다. 이러한 증세의 특징은 무차별적 사디즘 (sadism)의 성향을 나타낸다는 점이다. 상대에게 폭력을 가하는 행위를 즐기는 성향을 나타낸다. 따라서 폭력의 대상으로 가급적 약한 상대를 선택하지만 때로 기회가 포착되는 경우에는 강한 상대도 불사한다.

예컨대, 길거리에서 우연히 마주친 사람을 납치하여 공포를 조성하고 잔혹하게 살인을 자행하거나 계획적으로 총기를 소지하여 공공장소에서 무차별 난사를 하는 경우 등이 대표적 사례이다. 여기에는 '너희도 한번 당해 봐라' 하는 묘한 심리가 숨어 있다고 할 수 있다.

이상에서 살펴본 바와 같이 과도한 스트레스에 의한 부작용은 주로 공격성으로 나타나고, 그 결과는 실로 상상을 초월한다고 할 수 있다. 이것은 사람과 사람 사이에 언제나 원만한 의사소통이 필요한 것임을 반증한다. 원만한 소통은 다른 사람에게 주는 스트레스를 사전에 방지할 뿐만 아니라 더 나아가 많은 사람이 공통적으로 안고 있는 근원적 고립에 따른 불안에서 벗어나 자신의 존재를 확인할 수 있도록 하기 때문이다. 그러므로 소통이 없는 사회는 죽은 사회와 같다.

문제는 스트레스가 단지 사람들 간의 문제만이 아니라는 점이다. 사람과 물질 간에도 발생한다. 하루가 다르게 연이어 쏟아져 나오는 각종 생활도구들이 비록 편리한 것은 사실이지만 이들과 미처 대면하기도 전에 새로운 것이 등장함에 따라 여기에 적응하는 데 따른 적지 않은 스트레스가 발생한다.

정서라는 것이 특정 대상에 대한 가치판단이 비교적 장시간 숙성되어 나타나는 것임을 감안한다면 오늘날과 같이 중심 가치가 전도되고 스트레스의 요소가 만연해 있는 사회에서는 그러한 정상적인 정서의 발달과 형성은 근본적으로 불가능하다. 특히, 한창 성장 과정에 있는 청소년기 학생들에게 대책이 없는 학업의 강요는 엄청난 스트레스를 유발하여 정서 발달에 심각한 저해 요인으로 작용한다.

결국 문명이 발달하면 할수록 청소년들은 자신만의 특유한 정서를 지닐 수 있는 기회를 박탈당한 채 매일 새로운 대상에 직면하여 속절없는 스트레스에 시달리며 살아가고 있는 실로 안타까운 현실을 벗어나지 못한다.

따라서 오늘날과 같은 급속한 사회 변화는 필연적으로 바람직한 인간의 정서 발달을 저해하여 더욱 위기의 사회를 조성해 나가고 있음을 분명하게 인식하고, 하루속히 이에 대한 개선 방안의 모색이 시급하다고 할 수 있다.

지금까지 정서 발달과 관련하여 발달 단계, 발달 요인 그리고 저해 요인 등에 대하여 고찰하였다. 이제 마지막으로 정서 안정을 위한 주요 요인과 저해 요인을 살펴보고자 한다.

4. 정서 안정 관련 요인

정서는 인간의 근원적 심리 현상이다. 신체적 능력의 한계와 태생적 심리의 고독은 근원적 불안을 자아낸다. 따라서 심리적 안정은 정서의 가장 시급한 과제 중의 하나이다. 그러므로 인간은 태내에서 하나의 생명체로서의 심장박동이 시작되는 순간부터 생태적 자기 안정을 추구한다.

예컨대, 생리적 결핍 사태에 따른 충족욕구의 추구 또는 생명의 위협에 따르는 본능적 자기방어 등이 이에 해당한다.

물론 이러한 의미는 여타 여러 종류의 동물에게 있어서도 근본적인 차이는 없다. 다만, 인간에게 있어서 특이한 점은 여타 동물과 달리 자아의식을 지닌 이성적 존재이기에 다소 심리적 불안에 따른 양태는 복잡하지만 보다 체계적 대응을 할 수 있다고 하는 점에서 차이가 있다. 즉, 일정한 정서 관리를 통하여 자신의 정서 안정을 꾀하는 것이다. 신체적 한계를 극복하기 위하여 주변의 협조를 얻어 내며, 심리적 고독을 극복하기 위하여 주변과 연대를 한다. 이처럼 협조나 연대를 꾀하는 것은 모두 자아의 확대라는 점에서 공통점을 발견할 수 있다. 이것은 먼저 분명한 자아개념의 확립을 요구한다. 이러한 의미를 중심으로 정서 안정 관련 요인을 살펴보고자 한다.

1) 주요 요인

정서 안정의 핵심은 자아의 확대에 있다. 이것은 내적으로 자신의 능력을 신장하여 존재감을 확보하고, 외적으로는 주변 환경의 제반 사물들과의 관계를 돈독하게 형성하는 것 이외는 달리 방법이 없다. 결국 우리의 불안을 해소하는 길은 자력 구축과 관계 추구의 두 가지 방안뿐이다.

그런데 이들은 상호 밀접하게 연계되어 있다. 다시 말해, 개인적인 자력의 구축도 다른 사람들과의 소통과 교감 그리고 조화가 잘 이루어질 때 비로소 가능한 것임을 직감할 수 있다. 한마디로 말하여 모든 인간은 다른 사람들과 서로 사랑하는 관계를 유지하며, 그들로부터 공감이나 감동을 얻어 내기를 무엇보다 우선하여 원한다.

논리적으로는 자신의 능력을 확대하여 나가는 것이 선행되고 그에 따라 주변과의 관계 추구를 이루어 나감이 타당하지만 실제적으로는 그 반대의 의미를 지닌다. 즉, 실제적으로 주변 여건과의 관계를 바탕으로 자아 확대가 이루어진다. 그런데 주변 여건과의 관계는 대인 관계가 중심이 된다.

하지만 현실에서 원만한 인간관계를 지속적으로 유지하면서 살아가는 것은 거의 불가능한 일이다. 저마다의 이해관계가 다르기 때문이다. 그리하여 인간은 자신의 생명 유지에 따른 근원적 불안뿐만 아니라 숙명적으로 일상의 생활 속에서 욕구 좌절에 따른 크고 작은 심리적 고통과 상처를 안고 살아 나간다.

이에 따라 인간은 본능적으로 합리화, 투사, 백일몽 등과 같은 자기방어 양식을 활용하여 정서 안정을 이어 나가기도 한다. 그리하여 자신에게 불리한 상황이 전개되는 경우 대부분 그 책임을 다른 것에 전가하거나 자신이 소망하는 새로운 국면을 상상하는 등의 적응 방식을 활용한다.

이러한 적응 방식은 단순하게 정서의 안정이라는 측면에서는 무엇인가 해결된 듯한 착각을 하게 하지만 실상 정서의 안정에 별다른 의미를 지니지 못한다. 자신의 내면에 자리 잡고 있는 근원적 삶의 고통과 불안은 거의 그대로 상존한다. 따라서 실제로는 그러한 경험들이 내면에 조금씩 정으로 쌓이면 언제인가는 나쁜 감정으로 발현될 가능성이 상존한다는 점에서 결정적 한계를 지닌다.

이러한 의미에서 가장 강력한 대처 방안의 하나가 바로 공동의 이익 추구를 위한 관계의 추구이다. 협력 또는 하나의 공동체 구축은 거의 필수적이다.

흔히 생활 속에서 혈연, 지연, 학연, 결혼 등과 같은 인연이나 개인의 성격 또는 종교, 직업, 경제 수준, 취미 등의 특성을 중요하게 고려하는 것은 이들이 한결같은 관계의 연결고리를 강화하여 공동의 이익을 확보할 수 있는 수단이 되기 때문이다. 만일 그러한 관계 추구에 실패하면 소외와 배신을 당하고 그것은 거의 모멸과 죽음을 의미한다고 하여도 과언이 아니다.

또한 이러한 관계의 추구에는 반드시 자신의 존재감을 확보하여 그에 걸맞은 자신의 입지를 스스로 강화해야 한다. 이를 위하여 학력의 신장과 건강관리는 기본이며, 다른 사람들이 쉽게 넘볼 수 없는 출중한 재능 등을 구비해야 한다. 이것은 자신의 인지능력이 중심이 된다고 할 수 있다. 우수한 인지능력은 그 자체가 자신의 능력 개발에 소중한 자원이 되기 때문이다.

뿐만 아니라 원만한 대인 관계와 자력의 확보를 위한 인지능력에는 보다 감성적 능력이 필요하다. 이것은 자신의 인지능력을 향상시켜 주면서 동시에 대인 관계를 촉진하는 기능이 내재되어 있기 때문이다. 그러므로 정서 안정에 예술적 감각을 빼놓을 수 없다. 예술은 이러한 공감과 감동을 통하여 정서 안정의 계기를 마련해 주는 중심에 있기 때문이다. 이러한 역량은 자신이 스스로 갖추어 놓지 않으면 안 되며, 평소에도 가급적 민감하고 풍부하게 꾸준히 가꾸어 나가야 한다. 대인 관계와 인지능력이 직접적 공감과 감동에 의해서 촉진되는 것이라면, 예술 감각은 간접적 공감과 감동에 의하여 촉진되는 것이다.

그러므로 이 절에서는 상호 연대와 협력을 위한 대인 관계, 존재감 확보를 위한 인지능력 그리고 이들 양자를 통합한 예술적 감각 등을 중심으로 정서 안정의 요인을 살펴보고자 한다.

(1) 대인 관계

인간은 어떠한 경우에도 일정한 정도의 채울 수 없는 불안의 태생적 한계를 안고 살아가고 있다. 언제인가 자신의 존재 자체가 소멸되어 버리는 피할 수 없는 생명체의 한계 그리고 자신의 부족함을 채우기 위한 경쟁 능력의 한계 등이 그것이다. 따라서 인간은 언제나 크고 작은 불안감 속에서 지낼 수밖에 없으며, 이러한 현실적 불안은 매 순간 심리적 안정에 대한 요구를 필요로 하게 된다. 그러한 안정에 무엇보다 필요한 것이 바로 주변의 존재들과 다양한 관계를 형성해 나가는 일이다.

그러므로 대인 관계는 정서 안정의 기본 축이다. 원만한 대인 관계는 그 자체만으로도 정서 안정이 가능하기 때문이다. 인간의 삶에서 서로의 사랑이 그 토록 중요한 의미를 지니는 것도 바로 이 때문이다. 사랑은 사람과의 관계를 추구하는 것으로 본질은 자기 헌신에 있다. 그러나 그것은 먼저 자아 확대를 통한 확고한 자아통찰을 요구한다. 자아 확대가 중요한 것은 이 때문이다. 뿐만 아니라 그것은 왜소한 자아를 확대하여 정서를 안정시키는 심리적 효과를 자아내기 때문에 대인 관계에서도 매우 중요한 의미를 지닌다. 따라서 가급적 대인 관계를 넓혀 나가는 것은 그만큼 자신의 정서 안정을 도모할 수 있는 가능성을 열어 간다.

이러한 의미에서 인간의 삶은 결국 자아 확대를 추구하는 과정인 것이며, 더 나아가 자연과 하나가 되는 것이다. 이것을 포기하는 것은 곧 자멸을 자초한다. 좀 더 구체적으로 말해, 자신의 심리적 안정을 위하여 다른 사람들의 협조를 통한 자아 확대, 곧 관계의 추구는 거의 필수적이다. 이것은 인간 행복의 중심에는 대부분 다른 사람들로부터의 인정이 있음을 부인하기 어렵다는 점에서 확인해 볼 수 있다.

따라서 인간은 자신의 단독적 활동으로 얻어 낸 소정의 결과를 놓고서도 다른 사람의 동의 여부를 확인해 보고자 하는 검증 욕망을 지닌다. 자신의 활동 결과에 대한 주변의 반응 정도가 자신의 만족도를 결정하게 되는 것은 물론, 이 것이 바로 관계의 출발점이 되기 때문이다.

예컨대, 학생들이 교사에게 과제물을 제출하는 경우에도 그들은 먼저 교사의 의도를 가늠하려고 한다. 그리하여 나름대로 그에 따른 방안을 창안하여 과제를 작성하고 제출한다. 이때, 교사로부터의 평점 결과는 그것이 곧 자신에 대한 인정의 척도가 된다고 생각한다.

이러한 점에서 인간은 항상 진정한 관계 추구의 대상을 찾아 나서고, 대상과의 관계를 가급적 밀착시키려는 성향을 강하게 드러내고 있음을 알 수 있다. 다시 말해, 인간이 추구하는 일정한 대상과의 관계란 개체의 분리에 따른 근원적 불안정성의 해소 과정에서 발생되는 의미이다. 이러한 의미는 관계의 추구 경향이 얼마나 정서와 연계되어 있는 것인가를 나타낸다. 이것은 주변의 상황을 세칭 정황(情況) 또는 정세(情勢) 등으로 표현하여 정(情)을 강조하고 있는 것으로도 확인해 볼 수 있다.

또한 모든 종교의 기본 교리가 관계에서 출발하는 것은 결코 우연이라고 할 수 없다. 예컨대, 유교에서는 '인(仁)', 불교에서는 '자비(慈悲)', 기독교에서는 '사랑' 등이 교리의 중심이 되고 있다. 여기에서 인이란 만물일여(萬物一如), 곧 만물이 하나가 됨을 일컫는 것이며, 자비란 대자대비(大慈大悲)의 동정심(同情心)을 뜻하는 것으로, 곧 모든 사람을 사랑하고 어엿비 여김을 마치 자신처럼 하는 것을 받아들임이다. 그리고 사랑이란 모든 사람에 대한 깊은 관심과 헌신적 지원을 뜻한다. 이들은 모두 한결같이 하나가 됨을 나타내고 있다. 결국 모든 관계는 하나로 일치됨을 모체로 하는 것임을 알 수 있다.

따라서 관계 불안은 곧 정서 불안인 것이며, 이것은 감각적으로 서로 분리될 수 없다. 즉, 개체로서의 인간은 항상 다른 사람 또는 자연과 하나가 됨을 추구하려 하나 그것이 무산되는 경우 필연적으로 심리적 불안정이 따른다. 보다 구체적으로 말하면 주변의 실체들로부터 자신에게 얼마나 협조적 관계를 얻어 낼 수 있는가 하는 문제가 삶의 핵심 과제가 된다.

소위 문화라고 하는 것도 결국은 인간의 이와 같은 관계 추구의 방편인 것으로써 지역적, 시대적 또는 개인적으로 문화의 양상이 다른 것은 그만큼 관계 추구의 방식이 다양함을 반증한다. 자연환경과 각 지역의 역사적 산물인 학문, 종교, 예술 등이 모두 문화의 바탕이 되는 것은 이러한 이유에서이다. 따라서 그 어떠한 문화라고 할지라도 만약 인간의 정서 안정에 일익을 담당하지 못한다면 그것은 문화로서의 의미를 상실한다.

인간은 이러한 문화의 형식을 통하여 성취감, 동감, 몰입, 자신감, 안심, 즐거움, 쾌락, 망각 등을 얻음으로써 불안을 벗고 안정을 취하게 된다.

예컨대, 자연과의 동화 또는 경외, 자아의 확립, 권력, 재산, 건강, 명예, 출세, 사랑, 취미, 신앙, 친구, 출중한 외모와 능력 등이 모두 인간의 일차적 관심사가 되는 것은 바로 정서 안정을 얻을 수 있는 무엇보다 중요한 근거가 되기 때문이다.

따라서 모든 역사와 문학, 예술 등의 문화는 결국 인간관계의 정도와 진위를 밝히는 것에 초점을 두고 있는 것이라고 하여도 과언은 아니다. 인간이 태어나면서부터 숙명적으로 함께할 수밖에 없는 문화는 인간의 삶과 도저히 분리될 수 없는 삶, 그 자체로서 여기에 무엇보다 관계의 의미가 소중한 것임을 부인하기 어렵다.

예를 들어, 태어나는 순간부터 집안의 권세, 신분, 지역, 문화 수준 등은 앞으로 자신의 인관관계를 결정하며, 이것은 한 개인의 인생에 중차대한 영향을 미치게 된다. 특히 신분은 모든 관계의 양상에 결정적 의미를 지닌다.

우리가 일상의 생활 속에서 흔히 겪게 되는 양심 불량, 배반, 사기, 이중성, 군림, 아첨, 굴종, 맹종 등의 추악한 모습들과 양심, 충성, 효도, 예의, 신의, 겸손, 배려, 성실, 희생, 헌신 등의 건전한 모습들은 모두 각각의 관계 형성에 따른 다양한 모습일 뿐이다. 한마디로 말해 관계를 맺는 대상으로부터 유쾌하거나 불쾌한 경험을 겪을 수 있게 된다. 만일 유리한 도움을 얻으면 자연히 감사함과 고마움을 느끼지 않을 수 없고 주변 대상들로부터 되갚을 수 없는 마음의 빚을 지고 서로 떼어 낼 수 없는 마음의 연결이 되는 바, 이것이 바로 사랑의 본모습이다.

이러한 의미에서 볼 때, 모든 인생의 희로애락은 결국 세월에 따른 제반 관계의 변화 속에서 나타난다. 따라서 누구나 끊임없이 겪게 되는 순간의 고독도 제반 관계의 일탈에 따른 것이며, 평생 잊을 수 없는 공감과 기쁨 또한 관계의 일체감에서 찾아볼 수 있다.

그러한 의미에서 문화는 인간의 숙명적인 병이자 정서의 출발점인 것이며, 결국 자신의 삶 속에서 이루어지는 다양한 관계 중에서 얼마나 진실한 관계를 유지해 나갈 수 있는가 하는 것은, 곧 인생의 성패가 달려 있는 중요한 문제이다. 관계의 성공은 인생의 성공을 가져오지만, 반대로 실패는 좌절과 자기소외를 낳게 되는 원인이 된다.

물론 관계 형성에서 상호 간 배려에 따른 재물을 건네주고 받을 수는 있으나, 그것은 항상 상호 정신적 유대 관계의 추구를 위한 부수적인 것이어야 한다.

역으로 그러한 관계 추구를 통해서 이익을 취하는 것은 전형적 사기 수법의 하나이다. 이러한 대인 관계의 왜곡된 모습이 일상 속에서 끊이지 않고 나타나는 것은 그것이 기본적으로 의존을 갈망하기 때문이다.

이러한 의미에서 관계 추구의 과도한 집착이나 의존은 자칫 맹목적 추종 또는 배타적 이기나 몰염치 등의 병적 현상이 나타날 수 있는 가능성을 지닌다. 따라서 관계의 추구에 있어서는 언제나 헌신적 사랑과 배려라고 하는 관계의 이상적 모습을 고려해야 한다.

예를 들면, 관포지교(管鮑之交)와 같이 진정으로 상대의 진가를 인정하여 주고, 상대의 어려움에 적극적으로 도움이 되어 주는 간담상조(肝膽相照)와 같은 의미를 잃지 않아야 한다.

결국 인간이 주변 특정의 대상과 일정한 관계를 형성할 때 절대 잃지 않아야 하는 것이 바로 동질성의 확인을 통한 영원한 동반자의 관계 구축이라고 하는 순수성이다. 지속적 관계 유지는 오로지 이러한 순수성을 지니는 경우에 한한다. 그리고 바람직한 관계에서는 항상 자신은 물론 상대에게 모종의 기여함이 있어야 한다. 이것을 위하여 각 대상과의 보다 호혜적 관계를 추구하는 것이 중요하다. 일반적으로 바람직한 관계의 절정은 잠시 자아의식을 벗어난 일체감으로써 진정한 위로를 통하여 고독이나 불안을 덜어 내고 도움을 통하여 부족과 결핍을 해소하는 경험 속에서 자아 확대를 이룩해 나가는 것이다.

그러나 이를 벗어나 단지 크고 작은 이익의 추구로 관계 추구의 본질을 벗어나면 언제든 관계 파괴의 위험성을 안고 있는 것임을 분명하게 인식해야 한다. 이것은 관계라는 것이 기본적으로 신체적 측면과 정신적 측면으로 구분되어 있기 때문이다. 즉, 신체와 정신의 이율배반 현상이 나타나는 것이다.

예컨대, 남과 북의 단일민족이라는 정신적 유대와 국토의 분리라는 물리적 여건이 상호 충돌하면 동족 간에도 전쟁을 하게 된다. 대부분 문학과 예술도 사실은 이러한 갈등과 연계되어 있다. 이러한 의미는 주로 개인의 물질 추구에 따른 도덕성과 심리적 유대를 추구하는 사회성 등에 반영되어 나타난다.

이상의 의미에서 볼 때, 인간관계는 개인의 정서 안정에 핵심적 의미를 지닌다고 할 수 있다. 다만, 인간의 모든 관계는 기본적으로 이해를 기반으로 하기 때문에 그 이해 추구 행위의 타당성에 대한 기준의 설정과 관련하여 도덕성이 마련되어 있다. 도덕성과 사회성은 모두 자신의 이익을 추구하는 심리적 성향에 기초하고 있는 것으로 후자는 자신의 이익을, 전자는 자신보다 타인의 이익을 우선적으로 고려하는 점에서 다소 차이를 나타내고 있을 뿐이다. 여기에서 인간관계에 따른 주요 특성으로 사회성과 도덕성의 의미를 보다 면밀하게 살펴보고자 한다.

① 사회성

일반적으로 사회성을 말하는 경우 한 사람의 사회 적응 성향을 나타낸다. 하지만 사회성의 의미는 인간의 군집 생활 성향에서 찾지 않으면 안 된다. 군집 생활은 기본적으로 협력과 협동을 요구한다. 다른 사람들과 뜻을 함께하며, 자신의 능력을 최대한 발휘해야 한다. 자신이 필요로 하는 모든 것을 주로 그러한 협력과 협동의 결과에 따른 개인의 몫에 의존할 수밖에 없다.

따라서 일차적으로는 개인에게 할당되는 몫이 무엇보다 소중한 관심사가 되지만 그것이 기본적으로 협력과 협동에 달려 있으므로 이것을 결코 소홀히 할 수가 없다. 이것은 의사소통과 문제 해결 능력 정도에 따라 다르게 나타난다.

중요한 것은 비록 후자가 다소 부족해도 전자가 가능하면 어느 정도의 협력과 협동이 가능하지만, 아무리 후자가 뛰어나도 전자가 어려우면 거의 절망적이 된다는 점이다. 이러한 의미에서 전자의 중요성은 사회 적응에 필수적인 것이며, 이것을 흔히 사교성 또는 친밀성으로 나타내기도 한다. 그러한 의미에서 사회성을 사회 적응 성향으로 보는 것도 일견 크게 무리가 있다고 볼 수는 없다.

하지만 이것은 단순 도식적 의미에서의 사회성을 의미하고 있을 뿐이다. 오로지 자신의 몫이 먼저 전제되고 그에 따른 협력과 협동이 되기 때문이다. 이러한 것은 피할 수 없는 한계를 나타낸다. 자신의 몫에 배치되는 협력과 협동은 애당초 배제될 수밖에 없다. 이처럼 협력과 협동에 임하는 각 개인이 각자 자신의 몫과 관련하여 협동에 제약을 두고 있는 한, 그것은 모두가 수용할 수 있는 최소의 성과를 기대할 수밖에 없다. 이러한 단순 도식에 따른 사회는 매사 타협은 필수적인 것이 되며, 그에 따른 조정은 언제나 분쟁의 불씨를 남기지 않을 수 없다. 그러므로 사회 혼란이 가중되고 있다는 것은 구성원들의 다양한 의견 조정에 실패가 거듭되고 있음을 반증한다.

따라서 오직 자신만의 이익을 앞세우는 한, 타협의 실패는 계속 반복될 수밖에 없다. 이러한 경향은 특히 유아에게서 강하게 나타난다. 유아는 주변의 모든 것을 오로지 자신의 목적 달성을 위한 수단으로 생각하는 자기중심적 사고 경향을 나타낸다. 유아와 엄마 간에 분쟁이 발생하는 것도 이 때문이다. 처음으로 의식하게 되는 엄마조차도 유아에게는 생존 도구에 불과하다. 이것은 상대의 존재 자체를 의식하지 못하기 때문에 나타나는 매우 자연스러운 현상이다.

이후 점차 사고 능력이 발달하면서 상호 호혜적인 소위 합리적 사고를 할 수 있는 성인이 되어도 그러한 자기중심적 사고 성향은 좀처럼 떨쳐 버리지 못하는 것이 일반적이다. 다만, 이제는 상대를 의식할 수 있기 때문에 독점이나 강탈은 발생하지 않지만 여전히 자신의 생각과 요구가 그 어느 것보다 중요하다는 생각에는 크게 변함이 없다. 소위 지분이나 할당을 인정하지만 아쉬움을 숨기지 못한다. 만족하지 못하는 것은 유아기와 거의 다름이 없다.

그러나 진정한 의미의 사회성은 이러한 한계를 넘어서는 것에서 시작된다. 여기에 인간관계의 새로운 장이 나타난다. 이것은 오직 자아 확대의 과정을 통해서만 가능하다. 이러한 의미를 살펴보면 다음과 같다.

인간의 삶에는 항상 여러 가지 요구가 나타나게 된다. 그러나 이러한 요구에 따른 만족감을 얻는 경우는 그렇게 흔하지 않다. 누구나 해결 능력의 한계를 갖고 있기 때문이다. 대부분 실망하거나 심지어 좌절을 경험하기도 한다. 다소 만족할 만한 결과를 얻어 내기 위해서는 적지 않은 실패와 노력을 반복해야 하는 것은 거의 필수적이다. 어찌 보면 삶이 곧 고통의 연속이 아닐 수 없다.

사정이 이러하기 때문에 일상생활에서 다른 사람들의 도움을 얻는 것은 지극히 자연스러운 일 중의 하나이다. 특히, 능력이 부족한 유아들이나 노약자들은 다시 말할 필요가 없다. 이처럼 자신을 중심으로 다른 사람의 도움을 얻어내는 경우에는 언제나 주변의 제반 환경은 모두 수단적 의미에 머물게 되기 쉽기 때문에 자아의식을 확대하여 나갈 수 있는 여지는 좀처럼 찾아보기 어렵게 된다. 이러한 경우 타인에 대한 의존적 성향만 커질 뿐이다. 단지 일정한 목적 달성만이 중요할 뿐 자신의 처지를 돌아볼 수 있는 기회를 잃게 된다.

이에 반하여 진정한 의미의 사회성은 보다 적극적 개념이다. 생활 속에서 요구되는 특정의 목적 추구와 그에 따른 만족보다 자신의 능력 한계를 직시하고 그것을 보다 적극적으로 개선해 나가고자 하는 의지의 발로에 따른 것이다. 즉, 자주적이고 자립적인 의지가 사고의 중심을 이룬다. 의존적 생각을 한참 벗어나 있음은 물론 조금이라도 다른 사람들에게 폐해를 입히지 않도록 신중한 행동을 하려 하며, 나아가 다른 사람들에게 이로운 행동에 주력하는 성향을 지닌다.

여기에는 자아 확대의 체험이 선행되지 않으면 안 된다. 이것은 자신의 신체에 다른 사람의 신체를 일체화하는 것이 주가 된다. 즉, 자아가 나 중심에서 우리로 확대되어 우리는 일심동체(一心同體)라고 하는 의식을 확고하게 한다.

예컨대, 동생과 싸우던 형일지라도 상황이 바뀌어 동생이 어려운 처지가 되면 그를 보호하고 나아가 자신을 희생하면서까지 동생의 일에 헌신하는 것이다. 자아를 동생에게까지 확대한다.

진정한 사회성이란 이처럼 자신이 주도적으로 약자에게 다가서면서 자신의 존재 가치를 깨닫는 체험을 통하여 형성된다. 이러한 체험은 그 대상이 가족에 한정되던 것이 점차 이웃, 마을, 지역, 나라, 세계로 확대되어 나감은 물론 대상의 유형도 인간에서 동물, 식물, 무생물, 만물, 우주 등으로 확대되어 결국 자신과 우주가 하나로 되는 가운데 유대감을 형성하여 사회성은 안정을 취하게 된다. 이러한 자아 확대에 성공한 사람들은 남다른 삶의 형식을 취한다.

삶에 대한 한결같은 태도를 견지함은 물론 마음의 여유를 갖고 매사를 긍정적으로 해결하고자 한다. 자신의 능력에 따른 확고한 자신감이 있는 사람들만이 할 수 있는 그러한 행동이 아닐 수 없다. 이들은 자신을 중심으로 타인을 바라보는 것이 아니라 타인을 중심으로 자신을 바라본다. 즉, 자기중심적 사고에서 벗어나 타인에 대한 배려를 앞세우는 사람들이다. 또한 이들은 단지 생각으로 그치는 것이 아니라 친절을 앞세워 행동으로 솔선수범하는 것이 이미 몸에 배어 있는 사람들이다. 이러한 솔선수범이 자신의 한계를 넘게 되면 희생으로 이어지는 것이다. 그러나 만일 이러한 사람들이 사회에 넘쳐 나면 협력과 협동은 의미를 잃게 되며, 제반 사회 문제는 별다른 어려움 없이 해결될 수 있는 여유를 찾을 수 있게 된다. 진정으로 우리 모두가 바라는 사회가 아닐 수 없다.

모든 사람에게 진정한 사회성을 형성시켜 나가도록 하는 것이야말로 무엇보다 중요한 의미가 바로 여기에 있다. 이 역시 어른들이 솔선하여 모범을 보임으로써 유아들이 어릴 적부터 몸에 익숙하도록 생활화하는 것이 요체가 된다.

② 도덕성

도덕은 인간이 행동으로 나타내 보여야 하는 규범적 선(善)을 뜻한다. 따라서 도덕은 인간 행위에 대한 올바른 가치판단과 불선(不善)으로의 끈질긴 유혹을 극복하고 선을 지향하는 의지의 두 가지 요소로 구분된다. 이러한 의미에서 도덕성은 명확한 가치판단 능력을 바탕으로 선에 대한 강한 의지를 지닌 성향이다.

그러나 진정한 의미에서 한 사람이 도덕성을 갖추고 있다고 하는 것은 여기에서 한발 더 나아가 문제의 성격을 달리하는 각각의 도덕적 사태를 주체적으로 파악한 후, 자율적 의사에 따라 판단하여 행하며 그 결과에 스스로 당당하게 책임질 수 있는 능력을 구비하고 있는 수준까지 도달하여 있는 상태를 말한다. 따라서 도덕성은 절대로 교사와 부모가 알려 주는 것이나 사회에 이미 정해져 있는 규칙에 따라 단순히 이행하는 성향에 한정할 수 있는 것이 아니다.

그것보다는 교사와 부모의 명령에 담겨 있는 진정한 의미와 사회의 여러 규칙에 내포되어 있는 의미를 이해하고, 그런 연후 자신의 판단과 의지에 따라 스스로에게 내린 자율적 명령에 의하여 행동하는 성향이 바로 도덕성이다. 한마디로 말하여 올바른 행위에 대한 주체적이고 자율적인 지향 성향이 도덕성의 중심이 되어야 한다.

전통적 또는 관습적 덕목과 그 행동 양식 등의 정형을 무비판적으로 단순하게 받아들이고 있는 것은 단지 자신이 사회의 장애가 아니라는 것을 보증하는 것뿐이지, 자신의 주체적이고 자율적인 도덕적인 삶에는 아무런 보탬이 되는 것이 아니기 때문이다. 참된 도덕성은 언제나 내 자신이 제반 도덕적 사태를 창의적으로 주도해 나감으로 해서 비로소 확인할 수 있는 것임을 잊어서는 안 된다. 이러한 진정한 도덕성은 다음과 같은 두 가지의 의미를 함축한다.

첫째, 도덕성의 기초는 욕구의 자율적 통제이다. 즉, 도덕성을 아무리 각양각색의 의미로 표현한다 해도 결국 도덕성은 욕구의 절제에 기초한다.

일반적으로 인간의 행동은 특정 대상의 자극에 따른 욕구가 발단이 된다. 이때, 나는 어떻게 욕구를 해결하여야 하는가의 문제가 발생한다. 이러한 경우 인간은 대체로 본능적으로 자신의 생명을 보존하기 위하여 필요한 정도를 넘어서는 과욕의 경향을 지닌다. 하지만 한편으로 이성은 그러한 자신의 과욕을 비판적으로 검토하려는 경향성을 나타낸다. 본능과 이성의 갈등 사태가 빚어진다. 바로 여기에 도덕성의 씨앗이 숨겨져 있다.

이러한 의미에서 볼 때 결국 도덕성의 출발은 사사로운 이기를 버리고, 객관적 타당성을 택하려 하는 것에 있다고 할 수 있다. 자기중심적 생각으로 자기 안정과 이익에만 안주하는 것이 아니라 비록 자기에게는 불리하더라도 진정한 가치와 총체적 사회 질서와 가치를 존중하는 자세가 요구된다.

둘째, 도덕성의 완성은 주체성의 확립에 따른 자율성의 완성을 의미한다. 이것은 흔히 '의지의 자유' 또는 '인격의 자율'로 나타내기도 한다. 물론 인간이 도덕성을 갖추게 되는 것은 우리 사회가 요구하는 제반 도덕적 규율을 엄밀히 준수하는 데에서 출발한다. 하지만 여기에는 결정적으로 의지의 자유가 결여되어 있다.

그러므로 이것은 오로지 사회 통제에 잘 순응하는 일개 로봇에 지나지 않는 상태에 불과하다. 도덕성의 완성은 인간이 일체 타인의 간섭이 없는 상황에서도 스스로의 주체적 상황 판단과 자율적 창의에 의한 실행 능력을 지니게 될 때 비로소 이루어진다.

이것은 무엇보다 철저한 자기반성이 없이는 불가능하다. 다시 말해, 도덕성은 자신을 스스로 도덕적 천재, 즉 완벽한 인격자라고 호언하는 사람들에게서 찾아볼 수 있는 것이 아니라 항상 부족한 자신을 겸허하게 인정하고 보다 나은 좋음에로의 자기 정진 의식을 견지할 수 있는 그러한 사람들에게서만 찾아볼 수 있다. 그러한 노력과 정진은 이상적 인격을 향한 굳건한 마음가짐을 기반으로 하여 자신의 부족함을 깨닫고 그에 대한 겸허한 자각과 반성으로부터 출발한다.

도덕에서 빛나는 정신은 우리가 도덕적으로 완벽한 경지에 서는 것이라기보다 오히려 자신의 부족함을 깨닫고 독선과 아집에서 벗어나 참다운 도덕적 사태에 대한 관점을 마련하고자 하는 '도덕적 정진과 자성을 위한 자율적 정신'이다.

이러한 의미는 도덕성에서 주체적 결단 또는 자율적 창의가 무엇보다 중요한 것임을 나타낸다. 따라서 도덕성의 파괴는 곧 자신의 주체 상실을 의미한다. 이러한 현상이 나타나는 것은 주로 부모나 주변 사람들의 관심과 애정의 결여 혹은 도전 실패의 누적에 따른 좌절감이나 자신감의 상실 등에 기인한다. 문제는 이러한 현상이 더 가중되면 최소한의 자존감마저 파괴된 정신 이상의 극단 상황인 사이코패스(psychopath)를 초래할 가능성이 있다는 점이다. 이것은 도덕성이 정서의 안정이나 인격의 완성에 얼마나 중요한 것인가를 잘 나타내고 있다.

이상으로 논의된 바를 종합해 보면, 도덕성은 신체나 정신에서 모두 원활한 소통이 이루어지도록 하는 것에 핵심이 있음을 알 수 있다. 그러한 의미에서 정서는 곧 소통의 문제이며, 이것은 결국 관계의 추구에 뿌리를 두고 있음을 알 수 있다.

　그러나 모든 개체는 각각의 특성 때문에 관계 추구의 필연적 한계가 있으며, 또한 어느 한 개체와의 관계 추구는 곧 다른 개체와의 분리를 초래한다는 역설이 내재한다는 점을 명심할 필요가 있다. 따라서 관계의 추구는 먼저 가급적 상대의 내면에 감추어져 있는 본질을 보고 동일성을 확인할 수 있어야 하며, 단지 외면의 현상만을 보면 그만큼 동일성의 확보는 어렵다고 할 수 있다.

　그리고 한 가지 더 빼놓을 수 없는 것은 소통에 따른 능동적 교감이란 자신이 처하고 있는 시간과 공간의 조화가 이루어지는 현실성 속에서만 가능한 것이라는 점이다. 아무리 자신이 교감하려고 해도 주변의 환경이나 여건이 뒷받침되어 호응이 이루어지지 않으면 교감을 통한 자아 확대가 불가능하게 된다.

(2) 인지능력

　사람이 존재감을 드러내는 데 있어서 무엇보다 중요한 것이 재능이다. 뛰어난 재능의 발휘는 언제나 세인의 주목을 받을 수 있는 여지를 남긴다. 그러한 재능에는 예술적 재능, 문학적 재능, 과학적 재능, 운동 재능, 수학적 재능 등 다양한 분야가 있다. 그런데 지적 재능, 곧 인지능력은 어느 분야를 막론하고 고루 요구되는 능력이다. 이것은 아무리 다른 재능이 뛰어나도 인지능력이 부족하면 그만큼 가치가 반감된다는 점을 고려하면 알 수 있다. 이러한 의미에서 인지능력은 존재감에서 중요한 의미를 지닌다고 할 수 있다.

　인지능력은 자신의 내·외부의 상황을 파악하고 그것을 활용할 수 있는 능력이 중심이 된다. 다시 말해, 인지는 지각과 인식 그리고 사고 등 이성의 작용 측면을 중심으로 총체적 자아를 찾아 일정한 의미를 찾아내려는 경우에 주로 활용된다.

　그러한 의미의 발견은 기본적으로 자신이 지니고 있는 특정의 인지 정보들을 상호 연계하여 비교하고 검토하는 가운데 발생한다. 이것은 인지의 관계적 속성 때문이다. 좀 더 구체적으로 말해서 인지에서 관계성이란 내부의 인지 정보와 그에 대한 외부 상황을 일치시키려 하는 심리의 본원적 경향성이다.

이러한 성향은 감각에 유입된 정보의 해석이나 사고에 따른 판단은 항시 자신의 관계 추구 성향에 따른 일체감에 부합하거나 혹은 그 반대로 구분되어 형성되는 것인 바, 과연 그러한 인지 작용의 결과가 어떻게 판명되는 것인지의 여부가 관건이 된다. 이때, 일치되는 경우에는 쾌감에 따른 안정감이, 그 반대의 경우는 불쾌에 따른 불안감이 유발된다. 따라서 그에 따라 얻어 낸 내부의 인지 정보는 이미 정서와 분리할 수 없는 그 무엇이다. 그리고 이러한 것은 다른 사람들과 어느 정도 일치하는가를 확인하는 작업을 결코 빼놓을 수 없다.

따라서 인지 활동은 자신과 외부와의 원활한 소통을 통하여 형성되는 것임을 알 수 있다. 이러한 소통은 그 과정에서 자신의 생각을 다른 사람에 비추어 끊임없이 재조정하는 과정이 거의 필수적이다. 자신의 생각을 한 곳에 고정해 놓은 채 상대의 이해만을 바라는 것은 그 자체가 일방적 강요의 성격을 지니기 때문이다. 여기서 알 수 있는 것은 개인의 편견과 아집은 외부와 진정한 소통에 방해 요소로 작용되어 바람직한 관계의 형성에 해가 될 뿐이라는 점이다.

얼핏 보아서 인지 활동은 정신 작용의 중심일 뿐이며, 정서와는 대치되는 것으로 생각할 수도 있다. 특히, 최근에 들어서서 사람들이 개인의 인지능력을 중시하는 경향이 더욱 팽배하게 되어 이성과 정서의 관계성보다는 논리적 개념을 바탕으로 한 사고력이나 창의력을 강조함으로써 냉철한 이성만을 높이 사는 경향이 강하다. 그러나 이러한 이성은 비록 강한 논리로 인하여 자아의식을 높일 수는 있으되 총체적 자아개념을 형성하도록 하는 것에는 별반 도움이 되지 못한다. 그러므로 어린 시기에 부모가 자아의식을 강조하고 독립적인 사람만을 요구하는 경우, 자칫 상대적으로 정서 부족을 초래할 가능성이 있음을 알아 둘 필요가 있다.

지금까지 줄곧 살펴온 본 바와 같이 감각에서부터 사고에 이르기까지 인지 활동의 모든 과정에는 정서가 깊이 연계되어 있다. 여기에서는 이러한 의미를 중심으로 인지능력과 정서 안정의 관계를 살펴보고자 한다.

인간의 모든 문제는 인식에 따른 해석의 문제에 맞닿아 있다고 할 수 있다. 같은 상황에서도 그것을 어떻게 해석하고 받아들이는가에 따라 그 결과는 판이하게 달라지기 때문이다.

예컨대, 동일한 어려운 집안 형편을 놓고서 한 학생은 더 이상 헤쳐 나갈 방법이 없는 것으로 판단하여 항상 불평과 불만 속에서 생활하는 데 반해, 다른 학생은 그것을 오히려 성공의 발판으로 삼아 더욱 열심히 노력한다. 그 결과는 서로 다를 수밖에 없다.

결국 자신에게 주어진 단 한 번의 인생을 어떻게 설계하고 진행시켜 나아갈 것인가 하는 문제는 자신의 현 상황을 어떻게 해석하고 활용하는가의 인지능력 여하에 달려 있다. 형편이 좋은 집안에서 태어난 경우에도 패가망신하는 사례가 적지 않으며, 또한 매우 열악한 환경에서 태어난 경우에도 남부럽지 않은 성공을 거둔 사례도 적지 않기 때문이다.

따라서 이러한 반전이 가능한 것은 그 중심에 반드시 출중한 개인적 인지능력이 뒷받침되고 있는 것임을 부인할 수 없다. 간혹 다소 인지능력이 부족해도 오직 노력 하나만으로 성공하는 사례도 없는 것은 아니지만 여기에는 일정한 한계가 있다. 결국 인지능력이 인생을 좌우할 수 있는 바탕이 되는 것임을 알 수 있다.

그러나 이러한 인지능력은 일반적 인식능력과 커다란 차이가 있는 것임을 알지 않으면 안 된다. 후자는 감각자극을 인식의 일반적 절차에 따라 정리하여 일정한 앎의 수준에 이르는 제1차 또는 제2차 인식인 것임에 반해, 전자는 자신의 개념체계를 십분 활용하여 지혜를 모아 인식하는 제3차 또는 제4차 인식에 해당된다. 이것은 감각적 지각에 따른 개념체계에 새로운 알파와 오메가, 곧 새로운 의미를 불어넣음으로써 그러한 가능성이 열리게 된다.

다시 말해, 올바른 인식은 스스로 명확한 개념체계를 구축하고 거기에 새로운 생명을 불어넣을 수 있는 고차원의 수준 높은 인지능력을 지니고 있을 때 비로소 가능하다. 곧, 고도의 인지능력 없이 개인의 성공적 삶은 기약하기 어렵다.

그러나 그러한 인지능력도 기본적으로는 감각에 따른 개념적 사고에 바탕을 두고 있으며, 감각은 또한 물적 조직인 개별적 신체에 근거하므로 일정한 한계가 아직 남아 있다. 그것이 바로 정서 불안정의 원인이 된다고 할 수 있다.

그것은 정서는 본래 기(氣)의 소통 정도에 따라 호불호의 느낌이 피부로 감지되기 때문이다. 이러한 호불호의 판단이 개별적 주관의 특성이 되고, 이것은 더 나아가 타인과의 차별성을 더욱 부각시킴으로써 소통의 불안 요소로 작용한다. 즉, 정서를 기반으로 하는 인식이 강한 자아의식을 낳고 이것은 자신과 타인의 차별성을 부각하여 양자의 합일, 곧 소통의 가능성을 저해한다.

그렇다면 이제 어떻게 강한 배타적 성향의 자아의식에도 불구하고 다른 사람들과의 바람직한 관계를 추구할 수 있는가 하는 의문이 제기된다. 이에 대한 해결은 다시 인식이 정서와 밀접하게 연계되어 있다는 사실에서 실마리를 찾을 수 있다. 다시 말해, 정서와 인식의 상호작용으로 성숙한 자아개념을 얻을 수 있는 기회가 마련되어 배타적 의미를 제거하게 된다. 이러한 의미를 인식의 기초가 되는 개념체계를 중심으로 살펴보면 다음과 같다.

누차 강조한 바와 같이 모든 인식의 토대는 감각이다. 즉, 감각적 인식의 토대가 이루어짐으로써 개념적 인식에 따른 개념체계가 형성된다. 그러므로 아무리 개념적 인식이라고 해도 결코 감각적 인식에 내재하여 있는 정서적 의미를 벗어날 수가 없다. 물론 제4차 인식에서는 어느 정도 감각을 벗어날 수 있는 것은 사실이지만 여기에도 다소의 한계가 있는 것은 부정할 수가 없다.

따라서 누구나 개념체계에는 몸속에 지니고 있는 감각의식에 의한 정서의 흔들림이 내재하여 있다. 이것이 곧 개념체계 내의 정서 감정이 인식을 좌우하게 되는 단초이다. 자신의 개념체계 내에 스며 있는 정서가 불안할수록 개념적 인식에서 흔들림이 발생한다. 인식이 단지 감각적 자극을 수용하여 기계적으로 결과물을 산출해 내는 것이 아니라 그 속에 정서 감정이 개입됨으로써 동일 사태를 서로 다르게 인식하며, 심지어 자신도 때와 장소에 따라 다르게 인식한다.

이러한 인식의 중심에는 항상 자아개념이 자리 잡고 있다. 자아의식이 단순히 자신이 다른 사람과 구별되는 존재라는 것을 자신에게 알려 주는 것임에 반해, 자아개념은 가급적 자신의 실체가 무엇인지를 일깨워 주는 역할을 담당한다. 이것은 앞서 살펴본 바 있는 정체성과도 대동소이(大同小異)한 측면이 있다. 다만, 한 가지 분명한 것은 정체성은 본질의 확인이 중심이 되는 것임에 반해, 자아개념은 자기 평가적 성향이 중심을 이루고 있다는 점이다. 다시 말해, 정체성은 인식 자료 간의 정합성이 중심이 되는 반면, 자아개념은 인식 자료에 대한 평가가 중심이 된다고 할 수 있다.

따라서 자아개념은 정체성의 확인보다 다소 고도의 인식능력이 수반되어야만 가능하다. 평가는 본래 합당한 기준 설정과 알맞은 정도의 측정이라고 하는 복잡한 절차에 의한 것이기 때문이다. 이러한 까닭으로 대부분의 사람은 정확한 자아개념의 형성에 생각만큼 성공하지 못하는 사례를 주변에서 많이 찾아볼 수 있다.

예컨대, 부모의 명성을 자신의 것처럼 생각하거나 공무원이 자신의 신분이 무엇인지를 모르고 일반인들에게 군림하는 등 자신의 처지를 망각한 채 무조건 매사에 주인 행세를 자행하려는 사태를 이루 다 헤아릴 수가 없다.

이것은 인식의 토대인 개념체계의 불안에 따라 보다 분명한 자아개념의 형성에 실패함으로써 불안이 가중되어 나타나는 현상이다. 속칭 주제 파악을 하지 못하고 있는 무척 안타까운 일이 아닐 수 없다. 이처럼 자아개념에 따른 소소한 문제는 대개 단지 해프닝으로 그치고 말지만 그것이 심각한 수준에 이르면 자기 파멸을 재촉하게 된다. 즉, 자아개념 속에는 자칫 자신의 인생을 파탄으로 몰아갈 수 있는 엄중한 이치가 드리워져 있다.

여기에서 자아개념과 개념체계의 관계를 보다 면밀하게 살펴보고자 한다. 처음 자아개념이 형성되는 것은 물론, 자신의 개념체계에 따른다. 하지만 개념체계가 점차 그 정밀성을 더해 가면 개념체계 내부에서 개념 간 상호 관계가 정립되어 일정한 위치에서 비교적 확고부동한 상태가 된다. 이렇게 되면 비로소 자아개념이 보다 명확한 의미를 찾게 된다.

이처럼 자아개념이 어느 정도 성숙한 단계에 이르면, 이제는 역으로 자아개념이 자신의 개념체계를 조정하는 사태가 나타난다. 이러한 사태가 지속되면 이제는 개념체계와 자아개념 간 상호 긴밀한 연계로 양자가 모두 인식의 오차를 최소화하게 된다. 즉, 자아개념이 어느 정도 확고부동한 상태에 진입하면 개념체계가 거의 빈틈없이 조정되고, 이렇게 되면 자아개념은 더욱 확고해지는 상호 연계가 이루어진다. 이러한 상태에 이르러 자연히 발생하는 생각을 신념이라고 한다. 물론 이러한 경지에까지 이른다는 것은 실로 엄청난 자기 정진과 연마가 수반되어야 하는 것임은 재론의 여지가 없다. 이 단계에서는 자신의 정서도 과거와 같이 개념체계에 의하여 좌우되는 것이 아닌 신념에 의하여 좌우된다.

이러한 의미에서 올바른 자아개념은 나름대로의 명확한 신념에 따른 자신에 대한 인식의 총체인 것임을 알 수 있다. 이것은 모든 인간 인식의 궁극에 해당하는 것으로 자아개념의 중요성을 명확하게 나타내 준다.

이러한 자아개념을 지닌 사람들은 자신의 정서가 지닌 자체 한계를 스스로 분명히 인식하고 일상생활 속에서 장시간의 자기 연마를 통하여 정서 안정을 체화(體化)한 사람들이다. 이들은 이미 인간의 관계적 의미를 충분히 인식하고 언제 어디서나 상호 호혜적 관계의 추구를 갈구한다. 그리고 그와 같은 관계 추구는 다시 자신의 정서 안정을 도모하는 선순환을 이어 나간다. 따라서 자아개념의 안정을 접어 두고서 정서 안정은 거의 불가능하다.

그런데 대부분의 사람은 자아개념이 그러한 신념체계의 수준에 이르는 것에 적지 않은 어려움을 겪는다. 그리하여 항상 자아개념의 흔들림에 따른 불안 속에서 살아가고 있다고 할 수 있다. 이러한 불안 상황이 지속되는 경우 개념체계 내의 크고 작은 모순점이 점차 개선되어 나가기보다는 오히려 무너지는 경향이 가속화될 가능성이 언제나 노출된다. 이것은 마치 고층의 건물일수록 기반이 중요한 의미를 지니는 것과 같다. 원래 빈틈은 점차 개선되기보다는 스스로 무너지는 특성이 강한 것이다.

또한 전반적으로 사회 구성원들의 의식 수준이 낮고 그 조직의 역사가 짧을수록 분쟁의 여지가 클 수밖에 없는 것도 모두 이러한 자아개념의 부족에 기인한다. 이와 같이 자아개념이 불안하면 일반적으로 점차 이기적 성향이 강화되는 성향을 나타낸다. 쾌락이나 물질적 이익 등을 점차 강화하는 경향을 나타낸다.

본래 쾌락이나 이익의 추구는 일상 속에서 나타나는 심신의 피로를 해소하거나 생활의 편의를 위한 정도에 한하는 것이어야 한다. 하지만 자아개념이 약하면 쾌락이나 물질 소유에만 집착하는 현상을 나타낸다. 이것은 그러한 행위의 추구가 약한 자아를 달래주기 때문이다.

예컨대, 순간적으로 불안을 떨쳐 내고 쾌락을 제공하여 주는 섹스, 술, 도박, 마약 등의 퇴폐 혹은 저질 문화에 쉽게 중독된다. 이러한 쾌감들은 점차 자극의 증대에 따른 한계 상황을 자초하게 되며, 결국 더 이상 자극을 수용하지 못하는 공황 상태까지 이르러 오히려 불안을 더욱 가중시키는 역현상이 나타난다.

그러므로 대체로 순간적 쾌락이나 개인적 이익을 추구하는 사람들은 주변의 여러 사람과 다툼이 잦은 경향을 나타낸다. 자신의 뜻대로 되지 않는 경우가 많아서 매사를 공격적 자세로 일관한다. 본질적으로 자신의 정서 안정은 타인과의 관계 속에서 찾아야 한다는 것을 깨닫지 못한다.

뿐만 아니라 제반 인지능력의 한계는 무엇보다 소통의 문제를 증폭시켜 나간다. 만약 대인 관계에서 소통의 부재로 마음의 불안이 적체되어 나가면 강약, 고저, 완급 등의 심리적 변화가 심하게 경직됨으로써 정서 불안이 더욱 가중되어 여러 가지 정신적 장애를 겪을 수밖에 없는 현실에 당면하게 된다.

이러한 장애로는 자폐성 은둔형 외톨이에서 분노 조절 장애에 이르기까지 다양한 형태가 나타난다. 심지어 편집성이나 해리성 정신이상 증세에 이를 수도 있다. 이러한 상태에서 응체되어 있는 심리적 긴장을 풀어내기 위한 힐링(healing, 심리치료)은 어느 정도 도움이 되는 것은 사실이지만 근본적 해결책이 되는 것은 아니다.

이상의 의미를 종합하면 쾌락의 추구, 사욕에 대한 집착 등 다양한 문제에 대한 개별적 판단의 중심에는 언제나 자신의 인지능력이 자리 잡고 있다는 점이다. 그러므로 정서 안정의 문제는 언제나 마음의 여백에 따른 상대에 대한 진심 어린 배려 그리고 끝이 없는 자기 정진 등과 깊이 연계되어 있는 것임을 알 수 있다. 따라서 결국 정서 안정은 감각과 제반 사고, 자아개념과 정체성 등과 깊이 연계되어 있다고 할 수 있다.

(3) 예술 감각

예술은 정서의 보고(寶庫)이다. 이것은 예술이 감각을 토대로 이루어지는 까닭도 있지만 본래는 극심한 정서 불안 속에서 발아하기 때문이다. 좀 더 구체적으로 말하여 예술의 본질은 신체와 정신의 분리에서 발생한다는 점에서 찾을 수 있다. 신체가 지닌 근원적인 생명의 한계와 정신이 추구하는 영원성의 분리는 끝없는 정서적 불안을 야기한다. 예술은 이러한 인간의 정서 불안에 뿌리를 내리고 있다.

어찌 보면 정서 불안은 예술의 근원이 되며, 이것이 없다면 예술은 아예 생각할 수가 없는 것이라고 해도 과언이 아니다. 이러한 의미에서 감각이 다소 둔하거나 정서가 어느 정도 안정 상태에 있다면 예술을 논하기 어렵게 된다. 그렇다고 해서 예술인들이 정서적으로 문제가 있는 사람들이라고 할 수 있는 것은 아니다. 오히려 이들은 다른 사람들에 비하여 다소 감각이 예민하고 표현력이 우수한 사람들이다.

예술을 이해하기 위해서는 먼저 그 내용과 형식의 문제를 살펴보는 것이 중요하다. 흔히 말하여 예술품은 그 작품이 표현해 내고자 하는 의미의 내용과 그 의미를 밖으로 드러내는 형식을 모두 구비한다. 간혹 의미의 내용이 없는 순수 형식만의 예술을 논하는 경우도 없는 것은 아니지만, 그것은 하나의 특수한 예로서 아직도 논란은 이어지고 있다. 그러한 논란의 요체는 과연 형식도 하나의 의미로 해석할 수 있는 여지가 있는가 하는 점에 있다. 그러나 예술이 예술로서 의식되는 과정을 살펴볼 때, 예술은 무엇보다 그 표현해 내고자 하는 의미의 내용이 선행되지 않고서는 불가능한 것이라고 보는 것이 타당하다고 할 수 있다. 여기에서 그러한 논란은 일단 논외로 한다.

여하튼 예술은 기본적으로 자신의 내부에 잠재하여 있는 인간 본연의 참다운 모습을 외부로 표출하여 내는 활동이다. 그러므로 자연히 여기에는 진솔한 자기반성과 후회, 자아초월에 대한 욕망과 한계, 인생의 체험적 의미와 불가사의 등에 대한 갈등의 심연이 오롯이 드러나게 된다. 뿐만 아니라 그 표현에는 오직 내부의 간절한 의미를 표출해 내는 사람, 그 자신만의 고유한 특성이 묻어난다. 즉, 예술은 표현해 내고자 하는 내용과 그 표현 형식이 절묘한 조화를 이룰 때만이 의미를 갖는다고 할 수 있다. 다시 말해, 내용은 그 의미에 따른 최적의 표현 형식을 요구하고, 형식은 그 내용을 오롯이 담아 특정의 모습을 드러냄으로써 비로소 하나의 예술작품이 태어난다. 문제는 바로 이 순간 이후이다.

예술로서의 자격 심사를 통과해야 한다. 이것은 전적으로 해당 분야 최고의 식견을 지닌 예술가들의 몫이다. 설령 그 작품이 아무리 작가의 의도를 일정한 형식에 따라 잘 표현하고 있다 하여도 그러한 평가에서 실패하면 기한 없는 세월을 두고 후세의 평가를 기다릴 수밖에 없다. 만약 예술작품이 일반 대중에게 호평을 받는다면 그것은 거의 예술의 영역에 진입할 수가 없다. 그때는 이미 예능의 도구로 전락할 가능성이 많기 때문이다.

물론 예술성이 우수한 경우에도 간혹 대중의 호응을 얻는 경우가 발생하는 것도 사실이지만 그것은 극히 이례적 현상으로 장기적으로는 매우 희박한 사례이다. 대부분의 우수한 예술작품은 대중의 외면과 무관심을 벗어나기 어렵다. 그러나 예술성이 뛰어난 위대한 작품일수록 누구도 흉내 낼 수 없는 고유한 가치를 지니고 영원성을 굳건하게 지키고 있음은 움직일 수 없는 하나의 분명한 사실이다.

그렇다면 예술의 내용과 형식은 각각 어떠한 특성이 있는가 하는 점을 살펴보고자 한다.

우선 내용의 특성을 살펴보면, 사람이 감정과 생각이 있는 한 누구에게나 최소한 다른 사람들과 소통을 위한 나름의 고유한 그 무엇이 없다는 것은 오히려 그것이 더 이상하다고 해야 할 것이다. 그렇다고 하여 일반적으로 일상의 생활 속에서 말과 행동을 통하여 자신의 의사를 표현하지만 그것을 예술이라고 하지는 않는다. 아무리 내부의 것이라고 해도 그것이 예술이 되기 위해서는 내용으로서의 일정한 요건을 갖추어야만 한다. 그것이 바로 개성과 공감이다.

개성은 어느 누구도 쉽게 체험하기 어려운 자신만의 체험에 더하여 고유한 특성을 지니고 있어야 함을 말한다. 어느 특정의 체험이 자신에게는 아무리 생생하고 잊을 수 없는 것일지라도 일상생활 속에서 누구나 대부분 체험하고 있는 것이거나 자신과의 필연성을 찾아보기 어려운 것이라면 의미가 없다. 자신의 신체와 환경의 독특한 여건에 따른 필연성에 기인한 것이 아니면 안 된다.

그리고 공감은 사람들에게 감동을 불러일으킬 수 있는 이상적 표상의 가치가 내재하여 있어야 함을 의미한다. 비록 대다수의 많은 사람에게는 별다른 의미가 없게 여겨질 수도 있지만 소수 몇몇의 사람에게는 더할 수 없는 공감을 불러일으킨다. 그리고 이러한 공감은 시간과 공간을 초월한다는 점이다. 예술은 시대와 장소를 초월하여 영원한 것이어야 한다. 즉, 예술은 다양한 문화적 제약을 넘어서려는 의지와 연계되어 있다. 이것은 예술작품은 그 자체에 이미 그 무엇과 비교할 수 없는 고유한 예술적 가치를 지니고 있기 때문이다.

예술은 이처럼 비록 한때는 많은 사람의 공감을 얻지 못하지만 진정한 예술작품일수록 대체로 지속적으로 깊은 공감을 얻어 내는 힘이 있다는 것은 예술의 중요한 특징이 아닐 수 없다.

다음으로 형식의 특성을 살펴보면, 예술의 내용이 확보된 이후는 그것을 밖으로 드러내는 형식을 구안하여 내는 일이 무엇보다 중요하다. 예술의 내용이 아무리 개성과 공감을 확보한다 하여도 그 표현 형식이 잘못되어 소기의 바라는 바, 의미의 내용이 온전히 드러나지 않는다면 모두가 허사가 될 뿐이다. 내용과 함께 그 형식의 중요성 또한 생각하지 않을 수 없다. 그러한 중요성은 형식의 창의성과 일체감에서 찾을 수 있다.

창의성은 특정의 내용을 자신이 구안한 고유한 방식에 의하여 외부로 표출하여 내는 것을 의미한다. 이것이 가능할 수 있는 것은 누구보다 내용의 미세한 특성까지 명확하게 깨닫고 있을 뿐만 아니라 그 표현 의지가 강하기 때문이다. 예술성은 무엇보다 그동안 함축적으로 잠재되어 있던 그 표현 의지가 얼마나 폭발력을 지니고 있었는가에 따라 결정된다고 해도 과언이 아니다.

그리고 일체감은 내용이 형식에 독특한 형태로 부합되어 절묘한 조화를 이루어야 함을 나타낸다. 같은 내용이라고 해도 그림, 언어, 글, 음률, 몸짓 등 단순 형식을 따를 것인가 아니면 이들을 혼합한 복합 형식을 따를 것인가 하는 문제는 그리 간단하지 않다. 중요한 것은 내용과 형식을 얼마나 일치시킬 수 있는가 하는 것이다. 다시 말해, 형식 속에 내용이 자연스럽게 배어들게 함으로써 내용과 형식의 구분이 사라지고 내용이 곧 형식이며, 형식이 곧 내용이 될 수 있는 단계에 이르도록 해야만 한다.

여기에 진정한 예술작품의 한 가지 예를 볼 수 있다. 그것은 많은 사람이 공감하고 있는 천상병(1930~1993) 시인의 "귀천(歸天)"이라는 시로서 그가 자신의 남다른 고뇌의 삶을 한 편의 시를 통하여 다음과 같이 읊조리고 있다.

나 하늘로 돌아가리라
새벽빛 와 닿으면 스러지는
이슬 더불어 손에 손을 잡고
나 하늘로 돌아가리라
노을빛 함께 단둘이서
기슭에서 놀다가 구름 손짓하면은

나 하늘로 돌아가리라
아름다운 이 세상 소풍 끝내는 날
가서 아름다웠더라고 말하리라

이것은 그가 한때는 촉망받던 엘리트에서 갑자기 다가온 사회의 소용돌이 속에 매몰되어 자신의 삶을 접을 수밖에 없었던 복잡다단한 고뇌의 마음을 3연의 짧은 글로 승화하여 표현한다. 그의 억울한 감금 생활로 인한 불행했던 과거의 삶을 비추어 볼 때 이처럼 아름다운 표현이 의미하는 바는 실로 형언하기 어렵다고 할 수 있다.

이와 같이 예술은 우리에게 특유의 정서를 유발한다. 다른 사람의 체험이 마치 자신의 것인 양 애틋하게 다가오며, 다른 한편으로 소박하고 아름다운 그의 마음에 깊은 감동이 이어진다. 마음속 깊은 곳을 파고들어 자신을 일깨우는 울림의 소리가 있다. 그대 하늘로 돌아가는 날 그토록 아름다울 수 있는가를……아!

이처럼 음악이나 그림 등 예술작품을 감상하는 과정에서 우리가 얻게 되는 감동은 새로운 의미의 발견으로 자아를 넓혀 나가는 계기가 된다. 이러한 의미는 예술이 카타르시스(catharsis) 작용의 중심에 있음을 알려 준다. 이것은 정신의 정화(淨化)와 배설(排泄)의 의미가 중심이 되며, 예술이 인간에게 제공하는 하나의 선물이다. 예술이 정서 안정의 발판이 되는 것은 바로 이 때문이다.

그러나 이와 같이 예술작품 속에서 얻어 내는 의미들은 표현할 때와 감상할 때 각기 다른 형식의 의미로 전환된다. 그것은 바로 예술이 지니고 있는 내용의 진솔함과 간절함 그리고 표현의 절묘함과 특이함 때문이다. 다시 말해, 앞서 살펴본 바와 같이 예술은 내용의 개성과 공감 그리고 형식의 창의성과 일체감이라는 특성의 구분을 피할 수 없다.

우선 표현하는 경우에는 내용 특성보다는 표현 형식의 특성이 자연히 강조된다. 그것은 표현의 내용이 자신의 것이기에 누구보다 진솔함과 간절함이 먼저 확보된다. 그리하여 더 이상 내용에 대한 비판이나 반성의 여지가 없다. 문제는 그것을 어떻게 표현하여 다른 사람들에게 남김없이 알려 줄 수 있는가 하는 것이다. 많은 사람이 대다수 부딪히게 되는 예술의 장벽이 여기에 있다고 할 수 있다. 그러한 장벽의 원인이 표현을 내용과 분리하는 단순 경향에 있는 것임을 의식하지 못한다. 즉, 예술이 예술로서 자리매김할 수 있는 것은 내용과 표현이 분리되지 않는다는 점에 있다는 것을 알아채지 못한다.

따라서 소위 예술가들은 내용과 표현을 절묘함과 특이함으로 일치시키는 사람들이다. 물론 그들도 나름대로의 표현 형식을 사용한다. 작곡, 성악, 회화, 조각, 율동 등이 그것이다.

하지만 그들은 단지 그러한 형식을 각자의 취향에 따라 빌리고 있는 것일 뿐 내용과 형식을 분리하는 하는 것은 꿈에도 생각할 수 없는 일이다. 그것은 그들에게 하나의 금기 사항에 속한다.

그러므로 이들은 그들이 차용하고 있는 기존의 형식마저 벗어 던져버리고 싶은 욕망을 항시 지닌다. 가끔 기존 형식의 틀을 깨는 난해한 표현이 예술에 등장하는 것은 바로 이 때문이다.

그렇다면 이들이 이처럼 형식에 구애받는 것조차도 거부하려는 것은 무슨 까닭인가. 그것은 내용의 진솔함과 간절함 그리고 형식의 절묘함과 특이함이 하나로 통합되어야 하기 때문이다. 이러한 통합의 근원은 형식보다는 내용에서 찾지 않으면 안 된다. 다시 말해, 내용의 진솔함과 간절함의 정도가 곧 질과 양, 폭과 깊이 등에 의하여 표현 형식이 결정되기 때문이다. 그러므로 예술가에게 있어서 작품의 완성은 그 자체가 이미 정신의 정화이다. 이러한 의미는 오로지 예술가들에게만 주어지는 특권이다.

일반적으로 많은 사람은 그러한 예술적 표현에 실패한다. 그러한 이유 중의 대부분은 바로 자신이 간직하고 있는 내용이 그만큼 상대적으로 진솔하거나 간절하지 않다는 점에서 찾을 수 있다. 또한 이것은 감각적 예민성에서도 상대적 차이가 있기 때문이라고도 할 수 있다. 그렇다고 하여서 그들이 표현 의지마저 없는 것은 아니다. 비록 관심을 나타내는 사람도 없고 다른 사람들에게는 아무리 사소한 것처럼 여겨질지언정 자신에게는 간절한 내용이 있을 경우에는 누구인가에게 나름대로의 표현을 하고자 한다. 예술의 창작 과정에 직접 참여하게 된다.

예컨대, 서로 다른 신체적 특성과 현실 때문에 비록 예술성의 차이는 존재하지만 자신이 스스로 노래를 부르거나 그림그리기를 통하여 자신을 표출하고 또한 체육 활동을 통하여 자신의 체력과 능력을 확인해 보고 승패에 따른 즐거움과 패배감을 겪어 보는 것 그리고 응원하면서 동일시를 체험하거나 공감대를 형성하는 것 등은 결코 빼놓을 수 없는 나름대로 하나의 예술성의 발현이자 정서생활의 일부이다. 이것이 중요한 까닭은 자아의 확대를 통하여 내부의 안정을 가능하도록 하는 때문이다.

다음으로 감상하는 경우에는 표현보다는 내용 특성이 주된 관심의 대상이 되지 않을 수 없다. 이때에는 이미 특정의 내용이 표현된 것이 예술작품인 것이기에 그 내용이 확인되지 않는 한, 표현의 절묘함과 특이함을 확인할 방법이 부재하게 되기 때문이다. 예술작품의 감상이 어려운 것은 이러한 역추적 과정 때문이다. 예술작품 감상의 문제는 사실 이러한 역추적 과정의 문제가 근본적인 것이기는 하지만 그보다 다소 복잡한 문제가 내재하여 있다는 점을 살펴볼 필요가 있다.

예술가가 작품을 구안하고 그토록 힘들여 완성하고자 하는 것은 자신의 생각을 분출해 내고자 하는 강한 욕구의 발로이기는 하지만, 가급적 많은 사람이 자신의 생각에 공감하여 주기를 바라는 간절한 소망 때문이다. 예술가의 입장에서 볼 때 작품은 자신을 가장 잘 대변하는 대변인이다. 그런데 정작 많은 사람이 그 대변인의 말뜻을 알아듣지 못한다면 그것처럼 허망한 일은 다시없게 된다. 다시 말해, 자신의 사정을 하소연할 수 있는 길이 폐쇄되어 더 이상 방법이 없다는 느낌을 갖게 될 수밖에 없다.

그렇다고 하여 자신이 나서서 스스로 작품의 내용을 설명하는 것은 그 자체가 자신의 예술을 근원적으로 부정하는 사태로 작가의 긍지를 저버리는 결과를 초래하기 때문에 도저히 생각할 수 없는 일이다. 이것은 모든 예술가가 숙명적으로 감내해야 하는 난제 중의 하나이다. 물론 다른 사람들을 전혀 의식하지 않고 오로지 창작 활동에만 전념하는 예술가도 없는 것은 아니지만 대체적으로 작품에 대한 평가와 호응을 부정하기 어렵다.

그러나 예술 감상은 예술이라는 울타리 안으로 들어가지 못하는 한, 더 이상 예술의 의미를 발견하지 못하고 실패하게 된다. 예술이 결코 문호를 폐쇄하고 있는 것은 아니지만 그 입구를 찾아 들어가는 것이 결코 쉬운 일은 아니다. 따라서 일반 대중은 예술작품의 감상에 어려움을 겪을 수밖에 없다.

사정이 그럼에도 불구하고 대다수 많은 사람이 예술작품 감상을 결코 포기하지는 않는다. 그들 나름대로의 감상법을 갖고 감상에 임한다. 그들이 예술작품 감상을 포기하지 못하는 것은 비록 감상의 어려움은 있어도 표현의 절묘함과 특이함이 안겨 주는 아름다움이 자신의 마음을 정화시키는 역할이 있음을 직감적으로 느끼기 때문이다. 이들은 단지 예술의 울타리를 기웃거리며 먼발치서 쳐다보는 것이 전부라고 해도 각자 능력에 따라 나름대로의 아름다움을 인식한다.

그리고 아예 대중예술이라는 장르를 따로 마련하여 누구나 손쉽게 예술을 접할 수도 있다. 대중가요, 영화나 연극, 무용, 마술 등이 그것이다.

그러나 이러한 것들은 상대적으로 순수 예술과 다소의 거리가 있다는 것이 단점이다. 보통 이러한 예술을 예능이라고 하는 바, 이들의 차이는 예술이 주로 생활의 도구로 활용되는가의 여부에 달려 있다.

예술은 자체 목적으로 의연히 예술의 품격을 지키지만, 예능은 예술의 품격보다는 유용성에 무게의 중심이 있다. 좀 더 구체적으로 말하여 단순히 자신의 생각을 외부로 표출하는 것은 예술에 속하는 반면, 관중들에게 오락을 제공할 목적으로 무엇인가를 보여 주는 활동을 하는 것은 예능이 된다. 그러므로 예술과 달리 예능에는 항상 다소의 트릭(trick)이 들어 있다. 어찌 보면 진정한 예술은 세상의 모든 수단적 가치를 거부하고 오로지 숭고한 정신의 이상향을 추구하는 세상의 이단아이다.

이러한 의미에서 예술적 감각이 둔하거나 예술에 대한 조예가 얕은 사람들은 예술을 접하는 데 한계가 있다. 예술의 본 영역에 들어서서 그것을 하나의 신천지(新天地) 또는 유토피아(utopia)로 여기는 예술적 엘리트들과는 사정이 판이하게 다른 것이다. 그야말로 작가와 자신이 빈틈없이 하나로 일체화되는 절정을 느낀다. 이들은 경제력이 허용하는 한 일반인들과 달리 상상할 수 없는 고액을 지불하면서까지 끊임없이 각종 악기 독주회나 교향악 연주 또는 시화전이나 오페라(opera) 등을 찾아다닌다. 이것은 바로 예술작품이 지닌 고유한 가치의 위력을 결코 소홀히 할 수가 없기 때문이다.

이상의 의미를 종합하면 정서 안정에서 대인 관계, 인지능력, 예술 감각 등은 매우 중요한 의미를 지니고 있다. 이들은 각각의 특성, 즉 도덕성과 사회성, 자아개념, 카타르시스 등에 따라 인간의 정서 안정에 기여하고 있음을 확인하였다.

다만, 대인 관계는 정서 안정에 예방적 성격을 지닌다는 장점이 있는 반면, 신뢰의 구축이 어렵다는 단점이 있다. 또한 인지능력에서는 자아개념이 확보가 되면 비교적 지속적인 정서 안정이 가능하다는 장점이 있는 반면, 그러한 자아개념의 확보가 지극히 어렵다는 단점이 있다. 그리고 마지막으로 예술 감각에서는 정서적으로 카타르시스를 안겨 주는 장점이 있는 반면, 예술적 표현과 감상에 많은 장애가 있다는 단점이 있다고 할 수 있다. 모두가 결코 쉽지 않은 것임을 알려 준다.

2) 저해 요인

앞 절에서 정서의 안정 요인을 살펴보았다. 하지만 정서에는 그와 같은 안정과 관련된 요인만 있는 것이 아니라 반대로 안정을 해치는 저해 요인도 있다. 아무리 나름대로 정서의 안정을 구축해 놓았다 하여도 그것을 순간적으로 허물어 버리는 사태가 발생한다면 문제가 아닐 수 없다. 따라서 여기에서는 정서의 안정을 저해하는 요인은 어떠한 것들이 있는가를 살펴보고자 한다.

우선 대표적 요인으로는 스트레스가 있다. 이것은 정서 발달의 저해 요인이 되기도 한다는 점에서 각별한 관심을 기울여야 한다. 앞서 살펴본 바와 같이 이것은 자신의 의도에 반하는 임의 자극에 대한 저항으로 인한 정서의 불안으로 각자 처한 상황에 따라서 다르게 나타나지만 특히 약자들이 정서 안정의 침해를 받게 되는 주요 요인이다. 따라서 만일 스트레스가 끊이지 않고 이어진다면 정서 발달은 물론 안정에도 중대한 영향을 준다고 할 수 있다.

이러한 요인은 스트레스 이외에도 욕구 좌절이나 신체적 이상 또는 배신이나 소외 등 상황에 따라 여러 가지 요인이 있을 수 있다. 그러나 이러한 요인들은 대부분 일시적인 것으로 내·외부의 여건이 해소되는 경우에는 얼마든지 원상태로의 회복이 가능한 것이어서 평생 지속적인 영향을 미치는 개인적 여건에 따른 요인과는 차이가 있다. 따라서 이 절에서는 항구적으로 정서 안정에 악영향을 주는 결정적 요인을 중심으로 살펴보고자 한다.

일반적으로 정서는 태생적 신체의 한계에서 발아하므로 엄밀한 의미에서 정자와 난자가 만나는 순간부터 시작된다. 그러므로 충실한 정자와 난자가 결합하여 든든한 신체를 형성해 나갈수록 정서 불안은 축소될 가능성이 높다고 하겠다. 뿐만 아니라 신체의 발달이 가급적 좋은 여건하에서 성숙 단계에 이르기까지 진행되어 나갈수록 정서 안정이 촉진된다고 할 수 있다. 즉, 정서 안정의 요건으로서 선천적인 유전적 특성과 후천적인 신체의 발달 과정을 무시할 수 없다.

하지만 전자는 숙명적 요인이므로 그대로 받아들일 수밖에 없다. 다만, 선천적으로 자신이 어떠한 정서적 안정의 한계가 있는가는 확인해 둘 필요가 있다. 여기에서 중요한 것은 후천적 발달 과정에서 얼마나 신체발달에 따른 좋은 여건을 조성해 주는가에 따라서 정서 안정의 가능성이 확대될 수 있다는 점이다.

그러한 여건은 우선 다음과 같은 몇 가지 특성을 지니고 있다. 첫째, 발달의 초기에 해당될수록 영향력이 강력하고 지속된다. 둘째, 물리적 여건보다는 정신적 여건의 영향력이 더 강하고 지속적이다. 셋째, 개별적 성격에 따라서 많은 차이가 나타난다.

이러한 여건의 특성을 감안하면 발달 초기의 애착형성, 혹독한 체험에 따른 트라우마 등은 정서의 안정에 결정적 저해 요인의 가능성이 있음을 알 수 있다. 또한 선천적 개인의 충동적 성향은 정서 안정에 매우 심대한 영향을 미치므로 여기에서 확인해 보고자 한다. 따라서 이 절에서는 그러한 몇 가지 요건에 대하여 좀 더 자세하게 살펴보고자 한다.

(1) 애착형성

애착형성은 정서 안정에 결정적 요인이 되는 동시에 반대급부로 자칫 잘못되면 그에 못하지 않게 악영향을 미칠 수 있는 요인이기 때문에 특별한 주의를 기울이지 않으면 안 된다.

애착형성은 생후 약 1년간에 걸쳐서 형성되며, 어찌 보면 모든 정서의 뿌리가 된다고 할 수 있다. 여기에서 애착형성 과정을 잠시 살펴보면 다음과 같다.

아직 한마디의 말도 할 수가 없는 아기들에게 가장 필요한 것은 신체적 편안함이다. 이를 위해서 아기들의 오감을 만족시킬 수 있는 환경이 무엇보다 중요하다. 적정한 밝기와 소리, 냄새, 입맛, 촉감 등이 두루 갖추어져 있어야 한다. 그런데 여기에는 하나의 선결요건이 있다. 그것은 끊임없이 원기를 보충하는 일이다. 따라서 아기들에게는 젖을 먹는 일이 무엇보다 중요한 사안이 된다.

어찌 보면 모성애는 아기에게 자신의 젖을 내어 주는 일에서 시작된다고 해도 과언이 아니다. 이것은 얼핏 지극히 간단한 일처럼 생각되지만 사실은 다소 복잡한 문제가 내재되어 있다. 여기에는 엄마의 생리주기와 아기의 생리주기를 일치시켜야 한다는 과제가 숨겨져 있기 때문이다.

만약 엄마가 젖이 아직 부족한 때에 아기가 젖을 달라고 보채거나, 반대로 엄마의 젖은 넘치는 데도 아기는 배가 불러서 먹지 않으려 한다면 문제가 발생한다. 젖이 부족하면 아기가 불만스럽게 되고, 반대로 젖이 넘치면 엄마가 가슴에 통증을 느끼게 되는 사태가 발생한다. 이러한 상호 불일치의 상황이 계속 이어진다면 엄마와 아기는 서로 힘겨운 삶을 이어 가는 수밖에 없다. 이렇게 되면 엄마와 아기 사이는 불편한 관계로 전락된다.

그러나 엄마가 가슴에 젖이 가득 차서 아기에게 젖을 주고 싶을 때 마침 아기가 배고픔을 느끼고 젖을 먹으려 한다면 서로의 주고받음이 지극히 자연스럽게 진행된다. 이러한 때 엄마와 아기는 모두 순간적으로 일체감을 이루게 된다. 이러한 일체감은 세상의 그 어느 것보다도 소중한 즐거움이 된다. 마치 부화를 위하여 알을 품고 있던 어미닭이 알 속에 있는 병아리와 협력하여 알을 깨는 쵀탁(啐啄)과 같은 의미를 지닌다고 할 수 있다.

아기가 이처럼 순간의 절묘한 일치를 일상생활 속에서 반복적으로 겪어 나가면 엄마는 아기에 대한 한없는 사랑을, 아기는 엄마에 대한 한없는 고마움을 느끼게 되고 결국 엄마와 아기는 아무리 멀어지려 해도 멀어질 수 없는 감정적 일체감을 형성하게 된다. 서로가 이러한 정서적 일체감을 갖는 심리적 현상을 애착이라 한다. 이러한 정서적 일체감 또는 동질성은 자신의 생각과 타인의 생각이 극적 합일점을 찾는 것에서 비롯되며, 항상 상대적인 것임을 알 수 있다.

유아들은 일단 초기에 그러한 애착형성이 이룩된 이후라야 비로소 주변의 산과 들, 강과 바다, 꽃과 나무, 구름과 바람, 동물과 식물 등과 모두 한결같은 친구가 될 수 있다. 이들과 함께 숨쉬고 기쁨과 슬픔을 나누며, 꿈과 소망을 펼쳐 나가려 한다. 엄마가 자신의 근거로서 의미를 지니는 존재인 것에 반하여, 자연은 자신과 하나가 될 수 있는 친구이다. 이러한 자연과의 관계맺음은 유아들에게 더 없는 사랑을 체험하게 한다. 이러한 사랑은 인간의 사랑과 연계되는 개념 중심 정서의 단계로 나아가는 매우 중요한 토대가 된다.

그러나 만일 발달 초기 애착형성에 실패하면 평생 심각한 정서장애가 발생한다. 뿐만 아니라 이러한 경우 정서 안정의 조성에 또 다른 대안이 없다는 점이다. 또 다른 측면에서 보면 근원적 애착 불안이 연이은 불안감을 유발하여 정신의 이상을 초래하는 것은 단지 시간 문제일 뿐만 아니라 결과적으로 정서 안정에 다시는 회복하기 어려운 상처를 남긴다는 점에서 애착의 중요성은 아무리 강조해도 지나침이 없다. 특히, 사이코패스와 같은 정신질환도 여기에서 원인을 찾을 수 있다고 할 수 있다. 애착을 형성하는 일은 인간에게 있어 피할 수 없는 숙명의 과제이다.

(2) 트라우마

트라우마(trauma)는 일종의 정신적 상처이다. 다시 말해, 신체의 감각적 체험으로 야기되는 정신적 상처이다. 신체의 상처는 워낙 크고 깊은 상처가 아니라면 일정한 시일이 경과되어 자연히 상처가 아물고 원상태로 회복되지만, 정신적 상처인 트라우마는 좀처럼 아물고 치유되지 않으며 정서 불안에 따른 심각한 후유증을 남긴다. 따라서 트라우마는 애착형성과 달리 정서의 안정에 오로지 악영향만을 주는 요인이라는 점에서 차이가 있다.

앞서 언급한 바와 같이 정신은 인식과 사고와 같은 정신적 활동의 근거가 되며, 이것이 불안정하다는 것은 곧 모든 정신적 활동이 그만큼 문제의 소지를 안게 된다는 것을 의미한다.

예컨대, 신체가 허약하면 사회적 활동을 원활하게 할 수 없는 것과 같은 이치이다. 트라우마도 평생 정신 건강을 심각하게 저해하는 요소가 된다는 점에서 동일한 의미를 지닌다.

따라서 트라우마는 사전에 그 발생을 방지하는 것이 최선이며, 일단 형성된 이후에는 별다른 치유 방법이 아직까지는 없다고 할 수 있다. 왜냐하면 트라우마의 특징은 감당하기 어려운 강한 감각적 자극을 체험함으로써 다시는 지울 수 없는 기억을 남긴다는 점에 있기 때문이다. 트라우마는 뇌 손상이 발생하지 않는 한 망각될 수 없는 기억이 중심이 되기 때문에 각별히 조심해야 한다.

트라우마는 어린 나이일수록 발생 가능성이 높을 뿐만 아니라 영향력도 강력하기 때문에 특히 발달 초기에는 더욱 주변 여건의 조성에 관심을 기울일 필요가 있다. 어린 시절은 감각할 수 있는 자극의 가능 영역이 현격하게 협소하고 이해력도 부족하기 때문에 조금만이라도 자극의 규모와 강도가 커지면 깊은 인상을 남길 수 있는 여지가 많기 때문이다.

따라서 혹시라도 아동들에게 강한 자극적 요소가 노출될 수 있는 여지는 없는지를 항상 확인하면서 인도해 나가지 않으면 안 된다. 어른의 입장에서 보면 별것이 아니더라도 아동의 입장에서는 얼마든지 트라우마를 남길 수 있는 여지가 있기 때문이다.

예를 들면, 흔히 주변에서 무심코 자행되고 있는 부모의 아동학대도 정도가 지나치면 평생 동안 커다란 정신적 상처로 남을 가능성은 충분하다. 이것은 순간의 스트레스도 장기간 지속되면 트라우마로 변질되는 것임을 나타낸다.

따라서 누구라도 만일 상상하기 어려운 끔찍한 경험으로 트라우마를 갖게 되면 평소에도 심한 불안과 우울증을 겪게 되거나, 아니면 꿈속에서 상습적으로 동일한 경험이 반복되는 외상후스트레스장애(post traumatic stress disorder)가 나타나 정서 안정에 매우 나쁜 영향을 끼치게 된다. 이렇게 되면 숙면에 장애가 발생되는 것은 물론, 자신감이 저하되고 불안이 가중되어 심한 경우 사회생활 자체가 불가능하게 되기도 한다.

(3) 충동성

충동성은 상기의 두 요인과 달리 개인의 선천적 특성이라는 점에서 주의를 요한다. 사람들은 태어나는 순간부터 각기 저마다 특유의 행동 성향을 갖고 태어난다.

예컨대, 주변 사물에 대한 기호 성향은 대표적인 것이며, 활동의 민첩성과 신체의 지구력, 감각의 예민성, 체력 등에 따른 신체적 성향, 인지력, 사고력, 인내력, 창의성, 집중 경향 등에 따른 정신적 능력 등이 있다. 그 밖에도 기본적 자세와 태도로서 사회성, 책임감, 성실성, 침착성, 충동성, 적극성, 활동성 등이 있고, 인격의 징표로서 도덕적 성향 등의 다양한 측면에서 차별성을 드러낸다.

정서의 안정은 이처럼 선천적으로 타고난 신체적 혹은 정신적 특성은 물론 개인적 성격과도 깊이 연계되어 있다. 이들은 개인에 따라 이미 하늘이 결정하여 준 것이기 때문에 서로 간의 장단점을 보완할 수 있는 특단의 대책이 마련되어 있는 것은 아니다.

하지만 개인적 성향에 따라 정서 안정에 다양한 차이를 나타내고 있는 것만큼은 부인하기 어렵다. 따라서 그중에서 특히 정서 안정을 저해하는 것은 무엇인가를 살펴 평소 자신의 행동에 참고할 필요는 있다.

정서의 안정은 대체적으로 일정한 주기에 편승하여 변화를 이끌어 가는 것이 매우 바람직하다고 할 수 있다. 너무 일방적으로 활동적이거나 적극적이어도 문제지만, 반대로 너무 정적이고 수동적이어도 결코 바람직하다고 할 수는 없다. 이러한 측면에서 특히 충동성은 정서 안정에 매우 심대한 영향을 주는 요소가 된다. 이것은 정서 변화의 일정한 주기가 없어 예측이 불가능하기 때문이다. 이처럼 언제 무엇을 할 것인지를 전혀 예측할 수 없는 것은 그 자체가 이미 정서가 불안정한 상태임을 나타내고 있다.

예를 들어, 주로 유아들에게 많이 나타나는 과잉행동장애(ADHD)가 있다. 이것은 충동적 행동 성향은 물론 주의력 결핍 현상도 나타낸다.

이러한 성향의 소유자는 다음과 같은 두 가지 행동 특징을 나타낸다. 첫째, 일정한 계획이 없이 행동한다. 모든 행동이 무계획적이기 때문에 자신의 행동의 원인과 결과에 대한 연계가 없어서 자신이 기대하고 있는 결과만을 추구하는 조급성을 드러낸다. 둘째, 자기중심적 행동 성향이 강하다. 이들은 오직 자신의 욕구 추구를 위해서는 모든 구속에 저항하고 만일 욕구 충족이 좌절되는 경우에는 강박적으로 강한 불만을 나타내고, 심한 경우 공격적 성향마저 여과 없이 보인다. 한마디로 말해 충동적 성향이 강한 사람들의 특성은 즉흥적이며 강박적이고, 반항적이며 공격적인 성향을 지닌다. 이러한 성향은 원천적으로 정서 안정에 저해 요인이 되고 있다.

이상으로 정서 안정과 관련하여 살펴본 바에 따르면 정서 안정의 주요 요인으로 대인 관계, 인지능력, 예술 감각 등의 능력을 골고루 갖추기도 어렵지만, 그러한 정서 안정을 위해서는 기본적으로 애착형성의 실패, 트라우마, 충동성 등의 제반 저해 요인이 없어야 하므로 실로 정서의 안정은 결코 쉬운 일이 아닌 것임을 알 수 있다.

결국 인간은 생활 속의 크고 작은 문제로 항상 정서 안정에 어려움을 겪고 있으며, 그만큼 인식의 오차가 발생되어 명확한 자아개념을 확립하기가 어렵고 이에 따라 자아를 확대하여 나가는 것에 많은 어려움을 겪고 있는 것임을 나타내고 있다. 그러므로 그토록 소망하는 자아초월의 길은 더욱 험하고 멀다고 할 수 있다.

제3부

신체와 정서 그리고 인지

제7장 신체, 정서, 인지의 관계 및 명상

인간에 대한 모든 이해는 신체, 인지, 정서 등의 영역을 통하여 주로 이루어져 왔다. 그럼에도 불구하고 신체나 인지의 영역과는 달리 정서 영역은 거의 미지의 상태나 다름이 없었다. 그리하여 지금까지 이 책을 통하여 면밀하게 검토하여 본 바에 따르면, 정서는 신체와 인지를 연결하는 매우 중요한 의미를 지니고 있음을 확인하였다. 이제 여기에 정서를 중심으로 신체, 인지 등과 상호 관계를 종합적으로 정리하여 보고자 한다.

또한 정서 안정을 위해서는 무엇보다 지속적으로 바람직한 인간관계를 유지하는 것이 중요하다. 그러나 현실적인 생활 속에서 그러한 관계를 구하는 것은 거의 불가능한 것임을 확인하였다. 그리하여 정서 안정을 위한 가장 효과적인 대안의 하나로 자신 스스로 심리적 안정을 도모할 수 있는 명상에 대하여 살펴보고자 한다.

제7장

신체, 정서, 인지의 관계 및 명상

1. 신체, 정서, 인지의 관계

1) 신체와 정서의 관계

신체와 정서의 관계를 살펴보면, 정서는 항시 일정한 기(氣)의 흐름을 지속적으로 이어 가는 특성을 지닌 신체가 주변의 여건에 따라 감각적 영향을 받게 되는 상태에서 시작된다. 따라서 광활한 우주 공간에서 기(氣)의 흐름이 지속되고 인간의 감각이 살아 있는 한 정서를 피할 수 없다. 삶이 지속되는 한, 죽음의 순간까지 정서를 어느 정도 극복할 수는 있어도 절대로 외면할 수는 없다. 정서는 신체 상태에 따른 직접적인 일종의 반응 양식이기 때문이다.

적어도 일차 정서의 경우는 신체와 거의 맞닿아 있다고 할 수 있다. 신체 내·외부에서 영원히 활동하고 있는 기(氣)의 작용은 이미 그 상호작용 자체가 감각을 부르고 삶과 죽음을 담보하기 때문이다. 또한 개인의 타고난 신체적 특성은 물론 주변 삶의 여건도 자신의 의지에 따라 마음대로 조종할 수 있는 것이 거의 없다. 이러한 사정으로 인하여 인간이 신체의 멍에를 짊어지고 있는 한, 항상 크고 작은 정서의 소용돌이에서 벗어날 수가 없다.

그러므로 생명이 존재하는 한 신체의 정서 반응은 하나의 필연적 현상이다.

문제는 이것이 일정한 양식에 따라 체내에 기억으로 남아서 신체 반응을 약화하거나 강화하는 기능을 담당하기도 하며, 다른 한편으로는 인식을 야기하는 촉매제가 되기도 한다는 점이다. 정서의 흔적이 다시 정서를 불러일으키기도 하고, 인식을 통제하는 역할을 담당하기도 하는 현상이 발생한다.

우선 전자와 관련하여 신체와 정서의 관계를 살펴보면, 처음에 정서는 단지 신체 상태에 연결된 반응일 뿐 별다른 의미를 찾기 어렵다. 하지만 이러한 반응이 일상화되어 일정한 기억을 형성하면 동일한 자극에 대한 내성 또는 과민성이 형성되어 처음의 정서 반응과는 다른 양상을 나타낸다.

예컨대, 누구나 일단 처음 보는 사람에 대하여는 매우 신중한 반응을 하려 하지만 그다음에는 긴장을 다소 완화하게 된다. 또한 뜻하지 않은 화상을 입으면 그다음에는 불 자체를 꺼리게 된다.

이와 같은 현상은 신체와 정서가 상호 순환적 관계임을 나타낸다. 비록 처음에는 신체의 일방적 상태에 따라 정서가 나타나게 되지만, 그러한 정서가 계속 반복적으로 이루어지면 이제는 정서에 따라 신체의 상태가 다르게 형성된다. 이러한 사실은 신체가 정서 반응을 유발하는 일방적 관계가 아니라 정서 역시 신체 상태를 변화시키는 상호 관계가 있는 것임을 알려 준다.

다음 후자와 관련하여 신체와 정서의 관계를 살펴보면, 일정한 정서적 기억은 주변 대상을 선별하거나 가감하여 인식하도록 한다. 자신이 좋아하는 것은 크게 반기지만 싫어하는 것은 못본 체하거나 아예 인식하지 못한다. 이에 대하여 정서와 인지의 관계에서 자세히 살펴보고자 한다.

2) 정서와 인지의 관계

일차적으로 정서는 신체를 근간으로 하여 발생하는 것이지만, 그로 인하여 기억이 나타나고 이것은 다시 신체 내부에서 이루어지는 기(氣)의 흐름이 원활하게 이루어지도록 도움을 주는 자극과 그렇지 않은 자극을 구분하려는 성향으로 나타난다. 정서적 기억이 인식의 모태가 되는 것이다. 다시 말해, 정서적 기억은 정서와 인식의 관계를 확인할 수 있는 단초가 된다.

그 후 이러한 성향이 점차 강하여지면 신체는 그러한 자극의 실체를 보다 명확하게 구분하고자 내부의 신경 활동을 강화하게 된다. 이처럼 신경망을 흐르고 있는 자극 정보를 보다 실체에 근접시키고자 하는 활동이 곧 인식이 된다. 이러한 의미에서 인식은 정서의 안정을 위한 수단적 의미를 지닌다고도 할 수 있다.

따라서 만일 인간이 삶에 있어서 적어도 신체적으로는 아무런 문제가 없다면 굳이 특별한 인식의 필요성이 없다고 할 수 있다. 이것은 삶의 모든 순간이 무의식 속에서 있는 것과 마찬가지가 된다. 이처럼 인식의 발달은 신체의 안위와 깊이 연계되어 있으며, 여기에서 지능이 요구되며 나아가 인지발달을 촉진하게 된다.

다만, 한 가지 중요한 것은 신체와 인지가 직접적으로 연계되어 있는 것은 아니라는 점이다. 앞서 살펴본 바와 같이 신체에는 이미 정서가 밀접하게 연계되어 있기 때문이다. 얼핏 생각하기에는 신체와 인지가 직접적으로 연계되어 있다고 착각하기 쉬우나 여기에는 분명히 자아의식에 따른 개인적 정서가 개입되어 있는 것임을 알지 않으면 안 된다.

그것은 일단 욕구의 발아에서 확인해 볼 수 있다. 욕구는 기본적으로 감각자극에 따른 긴장과 이완의 불안정에서 발생하는 것일 뿐만 아니라 신체를 중심으로 하는 감성적 욕구야말로 욕구의 근원이 된다. 따라서 욕구는 객관성보다는 감각에 따른 주관성을 주도함으로써 인식에 감성을 불어넣는 원동력이 된다. 다시 말해, 객관적 순수 인식에 감각에 따른 주관적 가치가 개입되는 과정을 통하여 인식이 나타난다.

예컨대, '이것은 장미꽃이다.'라는 순수 인식 이전에 자신의 기호에 따른 가치판단의 결과로 '이 꽃은 아름답다.'라는 정서적 인식이 먼저 나타나게 된다.

그런데 문제는 여타 동물과 달리 인간은 단지 감성적 욕구만으로는 신체적 안정을 구하지 못한다는 점에 있다. 다시 이성적 욕구를 찾아 나선다. 그럼에도 불구하고 이것은 절대로 감성적 욕구를 무시하지 못한다. 이성적 욕구 자체가 우선 감성적 욕구의 안정을 토대로 개시되기 때문이다. 따라서 인지의 출발은 바로 이러한 정서의 한가운데 있는 것이라고 해도 과언이 아니다.

일차적으로 감성의 불안을 해소하기 위해 인식을 강화하는 것이 그것이며, 다소 정서의 안정이 확보된 이후에야 보다 참다운 인식의 근원을 찾아 나서는 것이 그것이다. 이러한 의미에서 이성 역시 절대로 감성의 제약을 벗어날 수가 없다. 감성이 없는 순수 이성은 논리적으로는 가능하지만 현실적으로는 절대로 불가능하다.

따라서 정서와 인지의 관계도 신체와 정서의 관계와 거의 동일한 의미를 지닌다고 할 수 있다. 처음 정서의 작용으로 인식이 활성화됨으로써 인지가 발아하게 되지만 이에 따른 인식 활동이 점차 강화됨에 따라 이제는 인지가 정서의 작용에 영향을 주게 되는 현상이 나타난다.

예를 들어, 처음에는 대수롭지 않게 보았던 사람이지만 점차 그 사람의 진면목을 알게 되면서 이제는 반가움을 느끼게 되는 경우가 발생한다. 이러한 현상은 정서와 인지가 결코 일방적 관계가 아니라 상호 순환적 관계임을 나타내고 있다.

이러한 의미에서 정서는 신체와 인지를 매개하고 있는 중요한 의미를 지니고 있음을 알 수 있다. 여기에서 정서의 중요성을 알 수 있다. 어떤 의미에서 인간의 삶의 한 중심에 정서가 있다고 할 수 있다. 정서에 얽매여 평생을 살고 죽어 가는 것이 인생이다.

이러한 의미는 우리의 삶에 한 가지 혜안을 제공하여 준다. 나의 인생을 단지 정서의 노예로 내맡길 것이 아니라 내가 정서의 주인이 되어야 하는 것이다. 만일 그렇게만 된다면 정서에 따른 신체적 불안정은 물론 인식의 부정확성을 극복할 수 있는 계기가 마련되기 때문이다. 그러한 한 가지 방편이 바로 다음 절에서 살펴볼 명상이다.

2. 명상

명상(瞑想)은 본래 눈을 감고 조용히 깊은 생각에 잠기는 것이다. 여기에서 중요한 것은 생각이다. 비교적 많은 사람은 이것을 흔히 무엇에 대한 또는 무엇을 위한 생각이라는 고정된 사고방식에 사로잡혀 있어서 생각에 대한 명확한 관점을 찾지 못한다. 명상은 이러한 생각에 대한 기존의 관점을 벗어나지 못하는 한 이해할 수 없는 것이 된다.

기존의 관점이 안고 있는 결정적 문제는 생각이 주로 의미를 추구한다는 점에 있다. 우리의 모든 생각을 의미의 관점에서 바라보고 있다. 의미는 한마디로 말해 특정의 목적을 위한 수단이 중심이 된다. 수단은 목적에 연계되는 제반 형식적 도구나 과정이 된다. 이러한 의미에서 보면 대다수의 모든 의미가 곧 수단적인 것이 된다. 그리고 대부분 우리의 생각은 모두 이와 밀접하게 연계되어 이루어진다. 즉, 특정의 목적 달성을 위해 얼마나 효율적인 방안이 될 것인가에 따라 그러한 생각의 의미가 부여된다.

거의 모든 사람이 자신의 신체적 안정과 삶의 유지라고 하는 목적을 위하여 생각을 하게 되고 그에 따라 생각의 의미를 찾아 나간다. 이러한 삶 속에서 목적을 등한히 하는 것은 곧 삶을 포기하는 것과 같은 의미를 지닌다. 때문에 누구나 그러한 삶의 목적을 끈질기게 움켜쥐고 그에 따른 수단적 방편을 생각하게 된다. 여기에서는 당연히 경우에 따라 크고 작은 정서가 일어나고 사그라지는 것은 물론, 인지가 중심을 이루는 지능을 통하여 끊임없이 대책을 강구하는 일이 다반사로 이루어진다.

따라서 신체의 생명이 유지되는 한 이러한 일은 지속될 수밖에 없다. 다시 말해, 모든 정서와 인지의 중심에는 항상 자신의 신체적 안위가 있다. 아무리 신체가 정서 또는 인지와 상호 불가분의 관계가 있다고 할지라도 그 근원은 항시 신체에 뿌리를 두고 있는 셈이 된다. 이처럼 신체가 삶의 중심이 되고 있는 한 정서와 인지는 그에 따라 좌우될 수밖에 없다. 정서나 인지의 불안정은 곧 신체의 문제에 기인되는 것임을 부인하기 어렵다.

이러한 까닭으로 인하여 인간은 항상 정서 불안이나 인지장애를 겪게 되고, 때로는 끝 모를 좌절과 절망으로 안타깝게 자신의 삶을 포기하는 일마저도 발생하게 된다. 곧, 가고자 하는 방향의 반대로 역행을 한다. 명상이 빛을 발하는 것은 바로 이러한 순간들이다.

그리하여 고된 생활 속에서 심신이 지친 적지 않은 사람들이 가끔 산사에 들어가 명상에 잠겨 보고자 한다. 실제로 그러한 행사도 이곳저곳에서 흔히 이루어지고 있음을 알 수 있다. 이때, 명상이 주는 가장 큰 효험 중의 하나는 대개 잠시라도 한순간 고된 일상을 벗어날 수 있는 기회가 마련된다는 점이다. 소위 힐링(healing)을 명상의 의미로 파악하려 한다.

그러나 그것은 명상의 의미를 심히 왜곡한다. 설령 그것으로 순간이나마 마음의 안정을 구할 수 있을지는 모르지만 근본적 해결책이 되는 것은 아니다. 그것은 앞서 언급한 바와 같이 누구나 항상 수단적 사고가 중심이 되기 때문이다. 바로 이 점에서 일반적 명상의 문제점을 발견할 수가 있다. 즉, 진정한 명상은 어떠한 경우에도 수단적 사고를 벗어나지 않으면 안 된다.

이를 위해서는 자기부정과 자기반성이 요구된다. 자기부정은 정서와 인지의 근원이 되는 신체를 중심으로 사고하는 것을 거부하는 것이며, 자기반성은 그러한 부정을 기화로 하여 신체에 연이어 서로 맞닿아 있는 정서 그리고 인지 등의 상호작용의 연결고리를 끊어 내는 일이다.

우선 자기부정을 위해서는 앞서 언급한 생각의 의미를 혁신적으로 개선해야만 한다. 여기에서는 절대적으로 자신의 신체와 맞닿아 있는 이해관계를 벗어나는 사전의 준비 과정이 요구된다. 이러한 준비는 기본적으로 욕구의 절제에서 시작되는 것이지만 무한의 우주에 대한 어느 정도의 식견이 요구된다. 먼저 일차적으로 마음을 가라앉혀 심리적 안정을 취하면 준비 과정이 순조롭게 진행되는 것으로 볼 수 있다. 이러한 준비는 명상의 절반 이상을 차지한다고 해도 과언이 아니다.

이렇게 해야만 명상에서 수단적 의미를 점차 배제하게 된다. 명상에서 생각이 중심이 되는 것은 분명하지만 그 어떠한 경우에도 과거와 같이 자신과 연계되어 있는 수단적 생각이 개입되어서는 안 된다. 특정의 목적이 있어서 생각하는 것이 아니라 심리적 안정 속에서 그저 단순하게 특정의 대상을 면밀하게 살펴 헤아려 보는 것이다. 여기에서 굳이 생각의 특징을 말한다면 일정한 대상의 존재 이유를 관계적으로 살펴보는 것이다.

이러한 과정을 매일 지속하여 자기부정의 의미를 깨닫게 되기까지는 수많은 연마의 과정이 요구된다.

다음으로 자기반성을 위하여 중요한 것은 기존의 당연지사를 무조건 일단 의심하고 다시 살펴보는 것이다. 일종의 의구심에 따른 생각이다. 기존의 자신의 생각에 반드시 어떠한 문제가 있음을 전제로 무엇이 문제가 되는 것인가를 살펴야 한다. 아무리 자신에게 절실하게 다가오는 문제라고 할지라도 그것이 전부가 아닐 수 있으며, 심지어 전혀 가당치도 않은 것일 수도 있다. 그 반대의 경우도 얼마든지 있을 수 있다는 점을 다시금 살펴보는 것이 중요하다.

이러한 과정에서 반드시 거쳐야 하는 중요한 과정이 나타난다. 깊은 생각에 잠기면 잠길수록 지금까지 자신의 생각에 많은 오류가 있었음을 발견하게 되고 그에 따라 자신에 대한 원망과 증오가 증대되어 오히려 더 고통의 수렁으로 빠져드는 순간이 나타난다. 명상은 이와 같은 고통의 수렁에서 빠져드는 과정에 진입하지 못하는 한 의미가 없다. 대부분의 사람은 이 단계에 진입하지 못하고 명상을 포기하여 다시금 과거의 생각으로 되돌아간다. 그렇게 되면 당연히 일상의 어려움이 계속되는 사태가 계속 이어질 수밖에 없다.

하지만 명상의 진정한 의미는 그에 따른 고통이 심화되면 될수록 더욱 분발하여 오류를 확인하고 원인을 찾아내 그것을 해결하고자 사력을 다해 고군분투(孤軍奮鬪)해야만 비로소 그러한 고통의 굴레를 벗어나게 된다는 점에 있다고 할 수 있다.

명상이 어려운 것은 이처럼 철저한 자기부정과 자기반성이 요구되기 때문이다. 어찌 보면 지금까지 그토록 소중하게 여겨왔던 자신의 신체를 한순간에 놓아 버린다는 것과 자기 내부에서 끓어오르고 있는 감정의 용출을 말처럼 쉽게 가라앉힌다는 것은 일면 불가능에 가까운 일이다. 하지만 현재 우리가 당면하고 있는 현실이 실제로는 우리의 생각과 전혀 다른 것일 수도 있다는 가능성마저 저버릴 수는 없다. 이를 위해서 무엇보다 신체가 요구하는 욕구의 실체를 면밀히 검토해 보아야 한다. 모든 감정이 욕구로부터 비롯되기 때문이다.

특히 자신의 열등감과 자신감은 그러한 욕구의 중심에 있다. 전자는 다른 사람과의 상대적 열세에, 후자는 자신의 주체적 만족감에 근원을 두고 있다. 그럼에도 불구하고 이들은 상호 밀접하게 연계되어 있다. 자신감이 부족하면 자연히 열등감이 증가하게 되고, 열등감이 증가하면 자신감이 떨어지는 현상이 나타난다. 또한 제아무리 상대적으로 우월하다고 생각하여도 자신감이 부족하면 진정한 우월감을 갖게 될 수는 없다. 즉, 자신의 한계를 절감하면 필요 이상의 열등감을 갖게 된다.

여기에서 중요한 것은 열등감은 비교하는 상대에 따라 다르게 나타나는 것이지만, 자신감은 오로지 자신만의 문제라는 점이다. 이러한 상황에서 욕구 부족에 따른 해결 방안은 자신을 기만하거나 다른 사람들을 평가 절하하는 방법을 주로 활용한다. 자기기만은 자신을 필요 이상으로 부풀리는 전략이며, 평가 절하는 상대의 주위 사람들을 속여서 상대를 비하시키는 전략이다. 모두 속임수가 활용된다는 점이 공통점이다.

예컨대, 지나친 명예와 출세, 재력의 추구 등은 자기기만에 활용하는 수단이고, 시기, 중상, 모략 등은 대부분 평가 절하에 활용하는 수단이다. 이것은 인간 욕구의 절박성을 단적으로 나타내고 있다.

대다수의 사람이 왜 그토록 자신의 명예와 출세를 갈망하고 끊임없이 질시와 중상을 일삼는 것인지를 조금 더 면밀하게 살펴보는 일에서 우리의 취약성에 대한 약간의 실마리를 찾을 수 있는 것은 아닌가 하는 생각을 멈출 수가 없다. 하지만 이 역시 결코 간단하지만은 않은 것이기에 인생의 고뇌가 있는 것이 아닌가 한다. 이러한 의미에서 명상 역시 우선 자신의 진정한 실체를 확인하는 일이 중심에 있다고 보인다.

[찾아보기]

저자 소개

함세정(Ham Sei Jeong)
경인교육대학교 졸업
동국대학교 교육학과 졸업
동국대학교 대학원 졸업(교육학 박사)
내기초등학교 교사
한국교육개발원 연구원
충청대학교 유아교육과 교수
경인교육대학교, 서울교육대학교, 충북대학교, 한국교원대학교, 홍익대학교 강사

함승환(Ham Seung Hwan)
한양대학교 교육학과 졸업
미국 미시간 주립대학교(MSU) 대학원 졸업(교육정책 박사)
미국 미시간 주립대학교 교사교육학과 강사
포항공과대학교 교육개발센터 부센터장(연구교수)
현 한양대학교 교육학과 교수

인간의 정서

HUMAN SENSIBILITY AND EMOTION

2019년 4월 10일 1판 1쇄 인쇄
2019년 4월 15일 1판 1쇄 발행

지은이 • 함세정 · 함승환
펴낸이 • 김진환
펴낸곳 • ㈜ 학지사

　　　　04031 서울특별시 마포구 양화로 15길 20 마인드월드빌딩
대표전화 • 02)330-5114　　　　팩스 • 02)324-2345
등록번호 • 제313-2006-000265호

홈페이지 • http://www.hakjisa.co.kr
페이스북 • https://www.facebook.com/hakjisa

ISBN 978-89-997-1822-9 93370

정가 20,000원

이 도서의 국립중앙도서관 출판시도서목록(CIP)은 서지정보유통지
원시스템 홈페이지(http://seoji.nl.go.kr)와 국가자료공동목록시스템
(http://www.nl.go.kr/kolisnet)에서 이용하실 수 있습니다.
(CIP 제어번호: CIP2019012356)

교육문화출판미디어그룹 학지사

심리검사연구소 **인싸이트** www.inpsyt.co.kr
원격교육연수원 **카운피아** www.counpia.com
학술논문서비스 **뉴논문** www.newnonmun.com
간호보건의학출판 **학지사메디컬** www.hakjisamd.co.kr